Reversible Monuments

REVERSIBLE MONUMENTS

Contemporary Mexican Poetry

EDITED BY

MÓNICA DE LA TORRE

AND **MICHAEL WIEGERS**

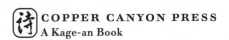 COPPER CANYON PRESS
A Kage-an Book

Printed in the United States of America

Cover art: Tatiana Parcero, *Cartografía interior #31* (1996)

Copper Canyon Press is in residence under the auspices of the Centrum Foundation at Fort Worden State Park in Port Townsend, Washington. Centrum sponsors artist residences, education workshops for Washington State students and teachers, Blues, Jazz, and Fiddle Tunes festivals, classical music performances, and The Port Townsend Writers' Conference.

LIBRARY OF CONGRESS CATALOGING-IN-PUBLICATION DATA

Reversible monuments : an anthology of contemporary Mexican poetry / edited by Mónica de la Torre and Michael Wiegers.
     p. cm.
Includes index.
English translations with original Spanish language texts.
ISBN 1-55659-159-4 (alk. paper)
1. Mexican poetry – 20th century. 2. Mexican poetry – 20th century – Translations into English. I. Torre, Mónica de la. II. Wiegers, Michael.
PQ7263.E5 R48 2002
861'.64080972 – DC21   2002006189

9 8 7 6 5 4 3 2
FIRST PRINTING

COPPER CANYON PRESS
Post Office Box 271
Port Townsend, Washington 98368
www.coppercanyonpress.org

ACKNOWLEDGMENTS

The poems in this anthology were originally published in these Spanish-language editions:

MARÍA BARANDA

Nadie, los Ojos (Practica Mortal, CONACULTA, 1999)

EFRAÍN BARTOLOMÉ

Ojo de jaguar (Universidad Nacional Autónoma de México, 1990)

ALBERTO BLANCO

El corazón del instante (Fondo de Cultura Económica, 1998)

CARMEN BOULLOSA

La delirios (Fondo de Cultura Económica, 1998)

CORAL BRACHO

Huellas de luz (Lecturas Mexicanas/CONACULTA, 1994); *La voluntad del ámbar* (Ediciones Era, 1998)

BÚFFALO CONDE

Los escritores indígenas actuales, Vol. I (Editorial Tierra Adentro, 1992)

ELSA CROSS

Canto Malabar (Fondo de Cultura Económica, 1987)

ALFONSO D'AQUINO

Piedra no piedra (Universidad Nacional Autónoma de México/UNAM, 1992); *Naranja verde* (Editorial Vuelta, 1996); *Tanagra* (Practica Mortal/CONACULTA, 1996); *Vibora breve* (Taller Martín Pescador, 1999)

ANTONIO DELTORO

Poesía reunida (Universidad Nacional Autónoma de México/UNAM, 1999)

GERARDO DENIZ

Poemas/Poems translated by Mónica de la Torre (Ditoria/Lost Roads Publishers, 2000)

JORGE FERNÁNDEZ GRANADOS

Resurrección (Editorial Aldus, 1995); *Los hábitos de la ceniza* (Joaquín Mortiz, 2000); *El cristal* (Ediciones Era, 2000)

MALVA FLORES

Casa nómada (Joaquín Mortiz, 1999)

GLORIA GERVITZ

Migraciones (Ediciones El Tucán de Virginia, 1996)

FRANCISCO HERNÁNDEZ

Moneda de tres caras (Ediciones del Equilibrista, 1994)

CLAUDIA HERNÁNDEZ DE VALLE-ARIZPE

Hemicránea (Ediciones sin Nombre, Juan Pablos Editor, 1998)

DAVID HUERTA

Historia (Ediciones Toledo, 1990); *La sombra de los perros* (Editorial Aldus, 1996)

PURA LÓPEZ COLOMÉ

Intemperie (Ediciones Sin Nombre, Juan Pablos Editor, 1997); *No Shelter: The Selected Poems of Pura Lopez Colomé,* translated by Forrest Gander (Graywolf Press, 2002)

TEDI LÓPEZ MILLS

Glosas (Taller Martín Pescador, 1997); *Un lugar ajeno* (Ediciones del Equilibrista, 1993); *Horas* (Trilce Ediciones, 2000)

ERNESTO LUMBRERAS

El Cielo (Fondo de Cultura Económica, 1998)

EDUARDO MILÁN

Errar (Fondo Editorial Pequeña Venecia, 1993); *La Vida Mantis* (El Tucán de Virginia, 1993); *Circa 1994* (Práctica Mortal/CONACULTA, 1996); *La vida mantis* (El Tucán de Virginia, 1993); *Antología poética* (Editorial Aldus, 1997)

FABIO MORÁBITO

Caja de herramientos (Fondo de Cultura Económica, 1989); *El Buscador de Sombra* (Palimpsesto, 1990); *Toolbox* translated by Geoff Hargreaves (Bloomsbury Publishing, 1999)

JOSUÉ RAMÍREZ

Los párpados narcóticos (Fondo de Cultura Económica, 1999)

JUAN GREGORIO REGINO

No es eterna la muerte (Editorial Diana, 1994)

JOSÉ LUIS RIVAS

Raz de marea (Fondo de Cultura Económica, 1993); *Río* (Fondo de Cultura Económica, 1998)

FRANCISCO SEGOVIA

Bosque (Fractal, No. 13, Año III, Vol. IV)

PEDRO SERRANO

Ignorancia (Ediciones del Equilibrista, 1994)

VÍCTOR TERÁN

Como un sol nuevo (Editorial Diana, 1994)

NATALIA TOLEDO

Poems previously unpublished.

MANUEL ULACIA

El rio y la piedra (Pre-Textos, Valencia, España, 1989); *La Materia como Ofrenda* (UNAM, 1980)

VERONICA VOLKOW

Los caminos (Ediciones Toledo, 1989); *Arcanos* (Practica Mortal/CONACULTA, 1996)

HERIBERTO YÉPEZ

Para una poética antes del paleolítico y después de la propaganda (Editorial Anortecer, 2000)

The editors thank the poets and publishers for their assistance and permission in reprinting these poems.

A NOTE ABOUT THE TRANSLATORS

In most cases the translations have been done by a single translator per poet, but in those cases where poems by a single poet have been translated by various translators, we have listed those translators at the beginning of the section, and followed their particular translations with their initials.

The editors thank the translators:

Esther Allen
Indran Amirthanayagam
Susan Briante
Donald Frischmann
Forrest Gander
Reginald Gibbons
Geoff Hargreaves
Jen Hofer
Suzanne Jill Levine
Joan Lindgren
C.M. Mayo
Margaret Sayers Peden
Harry Polkinhorn
Alastair Reid
Alberto Ríos
Mark Schafer
Gustavo V. Segade
Rebecca Seiferle
John Oliver Simon
Roberto Téjada
Christian Viveros-Fauné
Eliot Weinberger
Mark Weiss
Asa Zatz

Contents

FABIO MORÁBITO

JOSUÉ RAMÍREZ

JUAN GREGORIO REGINO

JOSÉ LUIS RIVAS

FRANCISCO SEGOVIA

PEDRO SERRANO

VÍCTOR TERÁN

NATALIA TOLEDO

MANUEL ULACIA

VERONICA VOLKOW

HERIBERTO YÉPEZ

Reversible Monuments

Preface

In 1998 the Mexican Cultural Institute of New York and the Academy of American Poets sponsored an exchange of poets between the United States and Mexico. A series of readings in both countries, featuring six poets from each, was an immense success insofar as it allowed for poets to begin a dialogue that continues to this day, but the event highlighted the lack of Mexican poetry available in translation. Since Octavio Paz's and Samuel Beckett's 1959 compilation, *An Anthology of Mexican Poetry,* there have been relatively few translations of Mexican poets. With this knowledge the two aforementioned institutions proposed a small anthology of poems by the poets involved in the exchange, but the temptation to broaden the scope of the project was too great. The landscape of contemporary Mexican poetry is too rich and complex to be captured in a smaller anthology. Just as these exchanges in 1998 laid the foundation for *Reversible Monuments,* we expect that this anthology will in turn lead to future projects: full-length books by these and other Mexican poets, future anthologies gathering the work of those we have, by necessity rather than desire, left out.

Most of the poets included in the anthology were born after or shortly before 1950. (One exception, Gerardo Deniz, has been included in this volume because he started publishing in the '70s and thus was closer to a younger generation of poets who also began publishing their works during that decade.) Needless to say, to get a complete panorama of Mexico's twentieth century poetry an anthology of the work written by those born before 1950 would be essential. This volume would have to feature poets who are still active to this day and who keep enriching the poetry written in Mexico today: Alí Chumacero, Homero Aridjis, José Emilio Pacheco, Gabriel Zaid, Eduardo Lizalde, and Ulalume

González de León. Fortunately some of these poets have published collections of their poetry in this country.

As we envisioned the anthology we knew we wanted to afford space beyond one or two poems per poet. Rather than a topical anthology that might be unified by theme, this is an anthology of individual voices. They are unified only by their nationality and commitment to poetry. We felt that in order for readers to hear the poets' individual voices longer selections were necessary. This intention was further complicated by the realization that a great number of the poets have, at some point in their careers, written longer poems or poems written in sequence. We have tried to avoid excerpting from longer poems and sequences, presenting these longer selections in their entirety when possible.

We also felt that we needed to keep our focus on the post-Paz generation of poets, and thus limited ourselves roughly to those poets born in the latter half of the twentieth century. In making our selections we have been guided by what has interested us; we have not been authoritative nor exhaustive. Nor does it feature only poetry new to American readers, although most of the translations were commissioned specifically for this book. The writing of a large number of younger poets is promising, but our criterion was to consider those who by the year 2000 had published at least two books of poems.

We have aimed to provide readers with longer selections of representative works by established poets — such as Coral Bracho, David Huerta, Elsa Cross, José Luis Rivas, and Francisco Hernández — while introducing readers to some of Mexico's strongest younger poets who have never been published in the United States. Among this group are Alfonso D'Aquino, Claudia Hernández de Valle-Arizpe, Jorge Fernández Granados, and Tedi López Mills. Despite the concerted efforts of a number of individuals and institutions, the availability of books in print featuring poetry written in Mexico's broad range of indigenous languages is still limited. Thanks to Carlos Montemayor's generous advice we were able to discover the Mazatec poetry of Juan Gregorio Regino, Búffalo Conde's Tzeltal renderings of literary works such as "The Song of Songs," and the poems in Zapotec of Víctor Terán.

The title of the book comes from a "Topopoema" by Octavio Paz. It is a concrete poem in the shape of a rhombus that has different images that reflect on each other vertically as well as horizontally. The poem can be read in many different directions, in the same way one can read poems in translation. The poem is circular, has neither a beginning nor an end. We like to think in these terms about translations, which are never final, and about generations of poets who owe as much to the

poets who came before them as to the ones ahead of them who in turn will keep their poetry current. We also had in mind the geographical disposition of Mexico and the United States, and the way the two countries' poetic traditions have influenced each other.

In addition we thankfully acknowledge the work of other editors who have gathered Mexican poetry. Our choices have been informed by other anthologies — in and out of print — that have appeared during the last two decades, including *Light from a Nearby Window*, edited by Juvenal Acosta; *Mouth to Mouth: Poems by Twelve Contemporary Mexican Women*, edited by Forrest Gander; and the literary journal *Triquarterly*'s edition of prose and poetry, *New Writing from Mexico*.

Finally, but most importantly, we would like to thank the Mexican Cultural Institute of New York, The Academy of American Poets, the U.S.-Mexico Fund for Culture, the Lannan Foundation, and CONACULTA. Without their enthusiasm for this larger exchange of poetry, this anthology would not have been possible. In particular we thank William Wadsworth, former Executive Director of the Academy of American Poets, and Juan García de Oteyza, former Executive Director of the Mexican Cultural Institute, for endorsing the aforementioned poetry exchange and the publication of this book. Special thanks to Eliot Weinberger for his much appreciated advice and support, as well as to María Baranda and Tedi López Mills for their suggestions and assistance. Lastly, we thank all the translators who through their talent and generous labor made these poems available to English-language readers.

Mónica de la Torre & Michael Wiegers

Introduction

Every northern country has its escape route to the south, where artists and writers, bohemians and hedonists flee their society's cold weather and cold sex, rationalism and bourgeois mores for a semi-mythical other place where one imagines that almost anything is possible. For Americans that place has been Mexico, and though Mexico has never become a national obsession — as, say, Italy for the Victorians — it has however, since William Cullen Bryant first went in 1872, been an Oz-next-door for many of the American poets who were not permanently planted in Europe.

Begin to think about it, and the list of American poets — not to mention the British or the French — who wrote in, on, or about Mexico is astonishing: Williams, Stevens, Crane, Langston Hughes, Bynner, Aiken, Zukofsky, Olson, Oppen, Rexroth, Rukeyser, Lowell, MacLeish, Ginsberg, Jarrell, Levertov, Ashbery, Hayden, Creeley, Kerouac, Rothenberg, Ferlinghetti, Lamantia, McClure, Jay Wright, Eshleman, Tarn, Corso, Blackburn, Brigham, Bronk... it goes on and on.

Mexico was not merely a cheap place for poets to live in magnificent scenery — after all, they could have gone to the Caribbean. Rather it was (and is), unlike the U.S., a place where the history of the Americas, and the cycles of history itself, were visible on every corner: the rise and ruin of the pre-Columbian states, the cultural genocide of the Spanish conquest, the succession of local despots, the thrilling peasant revolt of the Mexican Revolution. And more: Mexico, before Cortés, with its rare contacts with the outside world, was a kind of Australia of cultural evolution: a strange case of what isolated people could become, with its mass human sacrifices, obsession with time and the stars, once-unreadable glyphs, and pantheons of gods with names and attributes more surreal

than Surrealism. Best of all, in Mexico it had not all been paved over. It was still luxuriant and, for the poets, was tangible everywhere: in the mounds of sugar-candy human skulls and hallucinogenic mushrooms, in the continual fiestas, in the indecipherable faces and unchanged archaic clothes and crafts, in the bleeding hearts on the church walls.

"O, they were hot for the world they lived," wrote Charles Olson, in a famous line on the Maya, projecting onto the (then) blank screen of the glyphs, "hot to get it down the way it was — the way it is, my fellow citizens." Mexico was whatever one imagined it to be, undisturbed by contradictory realities. And, for English-language readers, Mexico existed entirely in its invention by English-language writers, the poets and a raft of novelists: Lawrence, Huxley, Lowry, Dos Passos, Maugham, Evelyn Waugh, Katherine Anne Porter, Graham Greene, Steinbeck, Stephen Crane, Burroughs, and Bellow, among them. Mexico as written by Mexicans remained almost entirely unknown until the late 1950s.

With a few notable exceptions — Langston Hughes' friendship with Xavier Villaurrutia and John Dos Passos' translation of the Stridentist Manuel Maples Arce in a limited edition — the northern writers traveled through the south oblivious to the local literature. Almost nothing appeared in translation: In 1892, an anthology of *Mexican and South American Poems*, edited by Ernest S. Green and "Miss H. von Lowenfels, Late Teacher of Spanish, French, and German in the Urban Academy, San Francisco," published in San Diego. In 1932, an *Anthology of Mexican Poets*, remarkable in its selection of a hundred poets, half of them living, edited and translated by the prodigious Edna Worthley Underwood, and published by her own small press in Portland, Maine. (Alas, Underwood's enthusiasm — her introduction begins, "Here is Mexico!" — was unmatched by talent.) In 1946, the first entry into the general literary world with a "A Little Anthology of Mexican Poetry," edited by Lloyd Mallan, an academic, in the ninth *New Directions* annual. Among its seven poets were the first translations of Octavio Paz into any language. Paz was thirty-two at the time, and for him it was the first sign that perhaps his poems weren't so bad after all. Those same poems, curiously, were the first modern ones to be read with interest by the nineteen-year-old John Ashbery.

The first circulated anthology of Mexican poetry in English was the result of an unlikely collaboration, sponsored by UNESCO in 1949, between two young writers who needed the money, Octavio Paz and Samuel Beckett. Paz, the editor, was unhappy with the project because he was not allowed to include any poets younger than Alfonso Reyes, at the time the Grand Old Man of Mexican letters. Beckett, the translator —

who had never been to Mexico and didn't know Spanish, but justified his role by noting that he had studied Latin at Trinity College – considered his work strictly an "alimentary chore" and found the poems "execrable for the most part." Nevertheless, his versions are often small wonders, and they stand alongside Pound's *Cathay* and Zukofsky's Catullus as one of the great idiosyncratic translations: dipping into an oceanic vocabulary to translate the Colonial and Romantic poems into an exactly contemporaneous English, while becoming hopelessly lost whenever there is a reference to anything specifically Mexican.

The book, *An Anthology of Mexican Poetry,* mysteriously did not appear until 1958, and it came with a hilarious introduction, titled "Poetry and Tradition," by Sir Cecil Maurice Bowra, the aged Hellenist, who presumably was asked aboard to provide the imprimatur of High Culture. Sir Maurice cheerfully rambles for pages through world poetry – not excluding that of the Ainu, the Asiatic Tartars, and "branches of the Southern Slavonic" – before he finally settles, in the third-to-last-sentence, on the subject at hand. That sentence – his only comment on the matter – informs us that Mexico has a "vivid and varied culture." The book remains the only anthology in English to include the first five hundred years of Mexican Spanish poetry and, thanks to its remarkable collaborators, is still in print, more than forty years later.

Modern Mexican literature makes its first visible appearance on the scene in 1959 with the publication of a special issue of *Evergreen Review,* "The Eye of Mexico," edited by the Catalan poet and critic, Ramón Xirau, who has lived in Mexico since the Spanish Civil War. Here were works by Paz, Fuentes, Rulfo, Sabines, Poniatowska, Arreola, and others – as well as Miguel León-Portilla on the "Nahuatl concept of art" – with translations by Blackburn, Levertov, and William Carlos Williams, suddenly and miraculously falling on a readership that was almost entirely ignorant of Latin American literature. Writers who were young at the time have told me that the issue had an extraordinary impact. It was the first news of Mexico from the Mexicans themselves.

The *Evergreen* issue opened the border north. Within a year or two there were translations of Fuentes' *Where the Air Is Clear,* Rulfo's *Pedro Paramo,* and Paz's *Labyrinth of Solitude* and a *Selected Poems* edited and translated by Muriel Rukeyser, to name a few. (These were simultaneous with the first books of Borges in English, who was soon followed by, among many Latin Americans, García Márquez, Cortazar, Nicanor Parra, Carpentier, Vargas Llosa, Vallejo, and a shelf of Neruda.) Throughout the 1960s and early '70s, many of the best American poets – and one Englishman – were translating and promoting Mexican

poetry: Paz, translated by Rukeyser, Williams, Blackburn, Tomlinson, Levertov, Strand, and Bishop; Sabines translated by Merwin and Philip Levine; Pacheco translated by Dorn and Levine; Aridjis translated by Rexroth, Rothenberg, Merwin, and Tarn; Villaurrutia and Pellicer translated by Justice, and so on. It was also the era of the bilingual *El Corno Emplumado* (1962–69), edited from Mexico City by Margaret Randall and Sergio Mondragón. One of the liveliest poetry magazines in either country, full of translations, letters, polemics, and debates, it has never been duplicated as a printed clubhouse for Mexican and American poets.

In 1970, Dutton published *New Poetry of Mexico,* edited by Mark Strand. Although a somewhat drastic condensation of the groundbreaking *Poesía en movimiento* [which unhappily translates as *Poetry in Motion,* Mexico never having suffered through the song] edited by Paz, Pacheco, Chumacero, and Aridjis, it has remained the last comprehensive survey in English of modern Mexican poetry. In the last thirty years, I know of only six anthologies, all more limited in scope, and all published by small or smaller presses: *Poetry of Transition,* edited by Linda Scheer and Miguel Florez Ramirez (Translation Press, 1984); *An Eye Through the Wall,* edited by Enrique Lamadrid and Marie del Valle (Tooth of Time, 1986o; *En Breve: Minimalism in Mexican Poetry,* edited by Enrique Lamadrid (Tooth of Time, 1988); *The Fertile Rhythms: Contemporary Women Poets of Mexico,* edited by Thomas Hoeksema (Latin American Literary Review, 1989); *Mouth to Mouth* [12 Women Poets] edited by Forrest Gander (Milkweed, 1993); and *Light from a Nearby Window,* edited by Juvenal Acosta (City Lights, 1993). These appeared in a period when translation ceased to be a common practice among American poets, and none of them, unfortunately, was able to assemble the kind of roster of well-known poet-translators that Strand had employed.

This anthology picks up where the Strand anthology left off, with the generation born after World War II. It is unique among Mexican anthologies (and nearly all other anthologies) in that it gives each poet ample space to be heard; the poets do not blur together into an amorphous "Mexicanism." Its catholicity of taste, avoidance of nepotism, and recognition of the fact that not all Mexican poetry is written in Spanish make it far superior to any anthology I know, covering similar ground, that has been published in Mexico itself. An insider's knowledge has been combined with an outsider's perspective.

Of the thirty-one poets here, two have had poetry books published in the U.S., and another two have had prose books, but it is safe to say that

all are almost entirely unknown in this country. This is the first general news from Mexico in thirty years, and the news is that Mexico has a new and large generation of poets — practically an excess of poets worth reading, and all of them heading in different directions.

II

Any anthology or critical survey of a national literature, where the particular nation shares its language with others, inevitably ponders the question of whether that national literature exists. The situation is even more extreme in Latin America, where boundaries are largely the accidents of history, and most complex of all in Mexico, a plurality of peoples, languages, and terrains fixed at its northern and southern limits by porous and essentially meaningless borders.

Octavio Paz opened the *Poesía en movimiemto* anthology with these words:

> The expression *Mexican poetry* is ambiguous: Is it poetry written by Mexicans or poetry that in some way reveals the spirit, reality, or the character of Mexico? The poets here write in the Spanish of Mexicans of the 20th century, but the Mexicanness of their poems is as dubious as the idea of a national genius itself.

Paz writes: "There is no Argentine, Mexican, or Venezuelan poetry; there is a Spanish American poetry or, more exactly, a Spanish American tradition and style," which, he always insisted, should be read in the context of international modernism, rather than as a local phenomenon.

The poets in this anthology are Mexican in that they were born, or have spent their adult lives, in Mexico. Some are clearly connected to various moments in Mexico's long poetic tradition, with its peaks in the Aztec and colonial periods, its long dark valley in the 18th and 19th centuries, and third peak in the 20th; some more rightly belong among American or European or other Latin American poets. Some include local matters and referents in their poems; some do not. (Borges wrote that a certain Argentine poet was at his most quintessentially Argentine when he wrote of nightingales singing on a tiled roof, even though there are no nightingales or tiled roofs in Argentina.) Some incorporate Mexican idioms; most write in a more general Spanish American literary language. In short, Mexican poetry, as it is written today, cannot be conveniently characterized: like American poetry, it is made up of a large number of soloists who do not form a choir.

What does unite these poets, however, and what is uniquely Mexican, is their role in the country, and their relation to the state and the culture at large. In Mexico, the poet is a recognized and respected part of the intellectual and cultural life of the country, and a source of national pride. Many have served, and are now serving, as ambassadors or cultural attachés abroad, in the belief that a country is best represented by its best minds — an idea that is unimaginable or simply laughable in the United States.

Poetry is news in Mexico. Every day in the papers, and frequently on television, there is something about poetry. If you publish a book, if you start a little magazine, if you give a poetry reading or have a panel discussion, if you win a prize, if you make an appearance abroad, if you get into some sort of literary dispute, it's likely that it will be covered by most of the newspapers and television networks and include a long interview. Poets are routinely publicly asked their reactions to political developments. They personally know — or at the least have frequently been in the same room with — major politicians, including the president, who is sometimes on hand to award an important literary prize. Poets often write what we call the op-ed columns, and all of the major newspapers have weekly cultural supplements that publish the kind of intellectual and stylistically idiosyncratic essays that, in the U.S., would be relegated to little magazines. These supplements are joined by various monthly intellectual magazines — unlike anything in this country — which publish political and cultural analysis, fiction and poetry, and which are widely read. In Mexico, a poet must make an effort to remain a private figure.

Moreover, poetry is supported by an enormous and complex government bureaucracy, which has all the problems of an enormous bureaucracy, but which nevertheless gives vast amounts of money to poets through grants and prizes, and supports the publication — or, even more remarkably, is itself the publisher — of countless trade books, pamphlets, and scholarly editions of poetry, literary criticism, and translation. There is rarely a single poetry book published in Mexico that is not in some way supported by the state.

Mexican poets generally do not teach; they are not quarantined with creative writing students. According to a survey some years ago, 90 percent of them work in what is called "cultural diffusion": as editors at publishing companies; writers or editors at newspapers or magazines; writers of scripts for movies, television, and radio; writers of art catalogs; and as workers in the cultural bureaucracy. This means that the poets are essential to all aspects of the cultural life of the country, and that their expertise in things other than poetry ultimately nourishes their poems.

This does not mean that Mexico is a nation of poetry readers. Mexico, after all, is a huge country with a large peasant population, overwhelming poverty, and widespread illiteracy. The poets — with the exception of a vibrant poetry scene on both sides of the *frontera,* and an emerging movement of poets writing in the indigenous languages — generally come from a middle or upper-class educated elite that is mainly concentrated in Mexico City (and, to a lesser extent, in Guadalajara). They inhabit a small world, but one that strikes me as larger than the world in which American poets live. American poets are more diverse in their geographical and economic backgrounds, but they tend to live in a cloistered universe of other poets, poetry readers, and writing students. Mexican poets, as members of a specific class in a specific place, are necessarily related by schooling, friendship, and their traditionally large families to the educated elite of the other professions. They are intellectuals — a class that essentially does not exist in the U.S. — in a segment of the society that takes a nationalistic pride in intellectual accomplishments. Quite unlike the situation in the U.S., educated people who are not poets would be embarrassed to admit they hadn't read an important poet's work. At the least, they are familiar with the poets through their interviews and prose writings in the newspapers and magazines.

This may well be the last generation of Mexican poets to share this homogeneity of background; some of the poets included here represent the first stirrings of a literature produced far from the center. And yet it is simultaneously a first generation of poets in two important aspects. It is the first to have a significant number of women — the first vital literary presence of women since the death, three hundred years ago, of Mexico's first major poet, Sor Juana Inés de la Cruz. They are a pioneer generation, and although many have been recognized as excellent poets, the male establishment still has not quite granted them intellectual status. The leading magazines may publish their poems, but they are still reluctant to place women on their editorial boards or ask them for essays or reviews. This, needless to say, is unlikely to continue into the next generation.

It is also the first generation as a whole to have an international perspective. In the first half of the 20th century, Mexican poets tended to know, outside of the Spanish language, only certain French poets and three Americans (Whitman, Eliot, and Langston Hughes). Octavio Paz had an encyclopedic knowledge of and enthusiasm for world poetry, but in the subsequent generation, perhaps only José Emilio Pacheco was noted for significant translations. In contrast, the majority of the poets in this book are notable translators, and their interests range

widely, from Larkin to Trakl, Walcott to Niedecker, Frank O'Hara to St.-John Perse.

Many of the poets here provided translations for a Mexican anthology of contemporary U.S. poetry that I edited in 1992 (a book that—it could only happen in Mexico—ended up on the bestseller list, reaching number two, just behind García Márquez). This is the first generation that, as a generation, has been able to avoid reflexive anti-*yanqui* sentiments and see that American poetry has always been written in spite of, and not in tangent with, the monoculture and the imperialist state. Their discovery of American poetry has had as profound an impact as the American discovery of Mexican and Latin American poetry in the 1960s.

The poetry of a nation or language or culture is always transformed when the poets are translating, bringing the news from abroad, refreshing the gene pool. For the last ten years, the flow of poems has mainly been from north to south. This book represents the first significant surge, in a long time, in the opposite direction, and it occurs in the larger context of the beginning of a historical period where the boundaries are blurring, where Mexico is becoming more American and America more Mexican.

Here then are Mexicos, and the first of the individual dialogues that will proliferate among poets in their roles as writers, translators, and readers.

Eliot Weinberger
AUGUST 2001

MARÍA BARANDA

MEXICO CITY, 1962 · María Baranda is author of six books of poems, including *El jardín de los encantamientos, Fábula de los perdidos, Los memoriosos, Moradas imposibles,* which received the 1998 Villa de Madrid Prize in Spain, and *Nadie, los ojos.* She lives in Cuernavaca with her husband, fiction and short-story writer Francisco Hinojosa, and her two daughters.

María Baranda translated by Mónica de la Torre

Epístola del náufrago

Tiempo hubo para la audiencia de los peces,
y los Escribas de la ley y la doctrina,
en la cadencia oculta de la noche calma,
dieron el nombramiento a los dioses de las aguas
buscando la alianza de los carámbanos,
la suave acometida de los rezos.

Y tiempo hubo también
en que todos los seres
de ciudades y villas,
de los largos tramos de tierra fresca,
hechizaron la lumbre, el agua
y el cálido linaje de los vientos.

Allí, los hombres de barro
pintaron el estremecimiento de los suelos,
los atrios del desierto,
los pórticos del alba,
la calle de los perros.

Levantaron los muros de antiguas montañas
con la lejanía tatuada sobre el pecho,
como una voz sin dueño ni leyenda
o como el silencio que llevan los hombres de lejos.

Epistle of the Shipwreck

There was time for the audience of the fish,
and the Scribes of law and doctrine,
in the hidden cadence of the calm night,
appointed the gods of the waters
seeking alliance with the icicles,
the soft assault of prayers.

And there was also a time
in which all the beings
from cities and villages,
from the long stretches of fresh earth,
enchanted the fire, the water,
and the warm lineage of winds.

There, men of clay
painted the shuddering of the ground,
the courts of the desert,
the thresholds of daybreak,
the road of the dogs.

They built the walls of ancient mountains
with distance tattooed on their chests,
like a voice with no master or legend,
or like the silence carried by men from far away.

Allí, gritaron las flores, las rosas
que sólo aman el rojo filo de esa noche.
Y para ellas, los hombres del tiempo,
escucharon el anuncio de los pájaros del norte,
el bello canto de sus muertos:

La tierra dormitaba
del otro lado de este mundo.
Bajo la ensoñación del cielo, amplia
era la superficie de la tierra,
con su cetro de sombra y de blancura
y sus lugares de piedra y arena.
La tierra hecha presente
tomaba forma humana
con el sabor de la demencia:

Yo soy el hijo, el padre, la madre,
el sufrimiento y la fuerza.
Soy el rugir del faro
y de la fábrica, el lento
acontecer del tiempo.
Soy el aroma del mar sereno,
la tempestad,
la fiesta de los viejos.
Sobre mí, fundo los días
del abejorro y de la abeja,
las bodas del hombre y de la bestia,
la idea de los demonios de ojos vivos
que danzan y conversan ligeros
y nos legan tan sólo el eco.

La tierra, en voz más baja,
arrullaba las yerbas de su piel.
La tierra vieja. La tierra fresca.
Era inútil cerrar los ojos,
dejar el testimonio en las plazas:

"De mar a mar entre los dos la guerra."
El grito del marino,
el cuerpo de la espada.
Y allá,

There the flowers shrieked, the roses
that loved only the red verge of that night.
And for them, the men of time
listened to the message brought by the birds of the North
and the beautiful song of its dead:

The earth was sleeping
on the other side of this world.
Under the dreams of the sky, broad
was the surface of the earth,
with its scepter of shadows and whiteness
and its sites of sand and rocks.
With the flavor of madness,
the material earth
took on human form:

I am the son, the father, the mother,
the suffering and strength.
I am the roar of the lighthouse,
the factory, the slow
passing of time.
I am the scent of the quiet sea,
the storm,
the feast of the elders.
Upon me I found the days
of drones and bumblebees,
the weddings of man and of beasts,
the idea of demons with lively eyes
that dance and chat lighthearted
and leave us only an echo.

The earth, in a lower voice,
lulled the pasture of its skin.
The aged earth. The fresh earth.
It was pointless to close one's eyes,
to bear witness at the squares:

"From sea to sea, between the two, war."
The cry of a sailor,
the body of a sword.
Beyond,

rebelde, incauta,
la hija, la hermana,
la sola ausencia de la mar:
la tierra en voz más baja.

Nosotros, tendidos ante los sueños de la Reina,
supimos la ley de los ciclones,
la estación de las fábulas,
la ronda de aquellos cielos de gaviotas.
Con el oficio de los Embajadores,
hablamos del homenaje de ríos y lagunas,
de convenciones, de extrañas cortezas,
de rutas de enebro, de engarzadas palmeras.
Hablamos de la genealogía de los Templos,
de la piel de tejón, del paño de jacinto,
de la ceremonia en el límite de la impureza.
Nosotros, pájaros del norte, encadenamos
los lazos del Cielo y de la Tierra.

(Di la verdad hacedor de mentiras — reclama la Reina
con su boca de buenas familias.)

Pero la noche ha penetrado esa parte de la memoria
y las mujeres elevan sus rezos
en el hastío de tanta ofrenda.

¡Loadas aquellas tardes calmas
en que las naves,
cual cabras ciegas, regresaban
a la memoria de su patria!

¡Loada la familia de la cerasta,
el rey de los rebaños,
las historias contadas cara a cara!

¡Loadas las bahías abiertas
a los juegos de la luna,
a las correrías de noches asesinas!

naive and insubordinate,
the daughter, the sister,
the single absence of the sea;
the earth in a lower voice.

We, kneeling before the Queen's dreams,
knew the law of the cyclones,
the season for fables
and the circling of those seagull skies.
In the role of Ambassadors
we spoke about homage to lagoons and rivers,
colloquies, strange barks,
rows of junipers and entangled palms.
We spoke about the lineage of Temples,
the skin of badgers and hyacinth cloth,
about ceremony bordering corruption.
We, birds of the North, chained
the cords of Heaven and Earth.

(Tell me the truth, you maker of lies — orders the Queen
with a well-bred mouth.)

But night has penetrated that part of memory
and women raise their prayers
in the tedium of so many offerings.

Praised be those calm afternoons
when ships,
like blind goats, returned
to the memory of their homelands!

Praised be the family of the horned viper,
the king of the herd,
the stories told face-to-face!

Praised be bays, open
to the games of the moon
and the invasions of murderous nights!

¡Loado el hacedor de muelles
y alacenas
donde se guarda la gracia y la maravilla!

(Ah, respiramos el placer del orégano
y del canelo. Estamos listas para morir
sin remordimientos.)

¡Bendita la noche que alberga tanto sueño!

Y por encima de la dicha y de la gloria,
te rogamos Señor
nos concedas saber el curso de los vientos,
la ruta del primer crujido
y las leyes que erigen a los lirios.
Abriremos Señor
nuestro cuerpo
a las sierras, a los cañaverales
y a todo monte polvoriento.
Seremos dóciles
a los sudores de la selva,
dulces
a las voces de la piedra,
fieles
al tubérculo y a las costas
donde se comercia con la malaria
y la griseta.

Y por los labios de una dulce adivina
se desliza esa parte del sueño:
bajo el sabor de las yerbas amargas
y el espolón del viento
va el hombre a la tierra antigua,
enviado a las cimas
y a los campos de labranza
para dejar huella en los libros.
El Adelantado
que nombra las cosas secretas, los abismales
y las figuraciones de la piedra, mastica
una hoja cultivada bajo la luna

Praised be the maker of piers
and chests
where grace and marvel are kept!

(Oh, we breathe the delight of oregano
and wild marjoram; we are ready to die
remorseless.)

Blessed the night that shelters so much sleep!

And above the bliss and the glory,
we beg you, Lord,
let us know the course of the winds,
the route of the first rustling,
the laws by which the irises rise.
Lord, we will open
our body
to mountain ranges, sugarcane plantations,
and all the dusty hills.
We will be docile
to the sweat of the jungle,
pleasing
to the voices of the stone,
faithful
to the tubercles and the coasts
where silk
and malaria are traded.

And from the lips of a sweet oracle
slides this part of the dream:
under the spur of the wind
and the bitter taste of herbs
man travels to an ancient land,
sent to pinnacles
and sowing fields
to leave a trace in books.
The Advanced
who names the secret things, the abysses
and the shapes of rocks,
chews a leaf cultured under the moon

y su pensamiento
desciende a las raíces de aquel imperio.

    Cargado de historia
    voy al principio de toda mirada.
    Y con el don del altísimo,
    privilegio ramas y montañas.

Echados los bateles a la mar
buscaba la bienaventuranza.
A más de seis leguas nacía la playa de sus anhelos.

    Héte aquí, vasta en hojas de palma.
    Harta en clases de peces,
    ornada con la risa de sábalos y jureles.
    Eres el cuerpo de una virgen,
    la túnica de la esperanza.
    Sobre tí señalaré el honor y la casta.

    ¡Ah, Tierra con boca de mujer,
    desata toda mi fuerza,
    la gracia como fruto que anida
    en la palmera de mi cuerpo!
    Estoy solo y tengo miedo.
    Lejana está la otra ribera de mi sueño,
    el puerto donde mujeres de sal
    pintan la faz de los deseos.
    ¡Huéspedes de mi dulce memoria,
    coman de mí,
    de mis recuerdos,
    quiero oírlas roer el pan y el queso,
    ser convidado como un buen remedo
    para los muertos!
    Palpita la tierra adentro de mis venas.
    Siento la caliza, el fósforo,
    la tregua de la raíz sin fondo.
    Y la saliva de la tierra me encuentra
    —hombre solo—
    como a la hoja del lentisco
    en el silbo que viene del mar.

and his thoughts
descend to the roots of that empire.

    Loaded with history
    I go to the origin of every glance,
    and with the Almighty's gift,
    I privilege branches and mountains.

He sought good fortune
once the vessels had sailed off.
Further than six leagues away the beach of his longing was being born.

    You are there, boundless in the leaves of the palms.
    Filled with varieties of fish,
    ornate with shad and mackerel laughter.
    You are the body of a virgin,
    the tunic of hope.
    Above you I will indicate the honor and the caste.

    O Earth with the mouth of a woman,
    release my strength,
    the grace that nests like a fruit
    in the palm tree of my body!
    I am alone and I am frightened.
    Far is the other shore of my dream,
    the harbor where women of salt
    paint the faces of desires.
    Guests of my sweet memory,
    eat from me,
    from my remembrances,
    I want to hear you gnaw on the bread and the cheese,
    I want to offer myself, change places
    with the dead!
    The earth beats inside my veins,
    I feel the limestone, the phosphorous,
    the respite of a never-ending root.
    The spittle of the earth finds me,
    a man alone,
    like the leaf of a lentiscus
    in the hiss that comes from the sea.

Verde era la hoja que recordaban los viajeros.
Sentados sobre el viejo barandal de madera,
celebraban los caminos donde el cenzontle
anunciaba la vida.

Entregado al placer de los bledos
y de las jarcias,
veo las cosas inmóviles y absurdas
pensando en las mujeres que se ríen a solas.

Tu olor era la lentitud de la mañana,
y la tibieza de tus senos
motivo de un prolongado silencio.

He soñado con tus grandes extensiones
de frescura,
con las sombras que se estremecen
bajo los malecones
y con altos árboles crecidos
bajo la indiferencia de la luna.
Te he soñado viva
entre mis manos
con tu rumor de especies
crepitando,
con los textos divinos
escritos en tus entrañas,
con los despojos
de todo cuanto te es ajeno,
con las flores silvestres que envilecen
los templos y las máscaras.
Te he soñado remontando
la historia de mis palabras
como una yegua overa,
lenta y armoniosa.

Tú, señora de nombre azteca,
fuiste penetrada de ola en ola
por un blanco ejército de gaviotas.

¿Quién como tú?
"Quebrantada por el mar

Green was the leaf that the travelers remembered.
Sitting over the time-worn railing,
they celebrated the path where the mockingbird
annunciated life.

    Given to the pleasure of the blights
    and the shrouds,
    I look at the folly and motionless things
    while I think of women who laugh by themselves.

Your scent was the slowness of morning;
the warmth of your breasts,
the cause of a lingering silence.

    I have dreamt of your vast expanses
    of freshness,
    of the shadows that tremble
    under dikes,
    and of the tall trees grown
    under the moon's indifference.
    I have dreamt of you alive,
    in my hands,
    with your rumor of crackling
    species,
    with the divine texts
    written in your interior,
    with the scraps
    of all that is foreign to you,
    with the wildflowers that belittle
    the temples and the masks.
    I have dreamt of you remounting
    the history of my words,
    like a dappled mare,
    unhurried, harmonious.

    Lady of an Aztec name,
    from wave to wave, you were penetrated
    by a white army of seagulls.

    Who is like you?
    "Afflicted by the sea,

estás ahora,
sepultada en lo profundo de las aguas."

Tierra
de toda cosa y todo hombre,
ávida en regiones
y títulos de comarcas.
Tu presencia es mi ley,
tu extensión
la amarra más sagrada.

Tierra,
devuélveme la voz,
deja que mis sueños
sean frecuentados por la verdad
y que la noche se abra
al esplendor del agua.
Despoja de mí
toda historia y condúceme,
tal una colonia de pólipos
o una hambrienta hidra
en busca de la dafnia,
a la memoria del mar divino.

Dios,
que la noche ha roto sus amarras.

Las bodas de las flores se dan sobre el estigma. El polen
se desprende al comenzar la aurora y en un solo
momento la vida se redime y entonces se retira.

La santa en penitencia grita
que pueda ser de fuerza su grandeza, bailando
en este reino sin escrúpulos. Teresa
es soberana en su magnificencia y con su voz
de pájaro en su preñez avisa: "Escribo
abierta, volando y con jacintos
de golpe me doy cuenta

you are now
buried in the depths of the waters."

Earth
of all things and all beings,
eager with territories
and titles for provinces.
Your presence is my law,
your extension,
the most sacred rope.

Earth,
return me my voice,
let my dreams be visited by truth,
open the night to the splendor of water.
Relieve me
of all history and guide me,
like an assembly of cuttlefish
or like the hungry hydra
in search of a water flea,
to the memory of the divine sea.

God,
night has cast off its ropes.

The weddings of flowers take place upon the stigma.
Pollen unfastens when aurora begins, and in a moment
life redeems itself and then withdraws.

The saint in penitence shouts
for her greatness to be of strength, dancing
in this kingdom without scruples. Teresa
is sovereign in her magnificence and with a bird's voice
warns in her pregnancy: "Open,
I write, soaring up and with hyacinths
I suddenly realize

que estoy viva." Y de misterios tantos
se tiñó su lengua, su resplandor
fue aquel fecundo encuadre
con sus trenzas, sus mejillas ardiendo
en jeroglíficos y en éxtasis
los ángeles agradecidos
lamieron el temor en su flaqueza.
"Señor, lo que pasó
pasó, ahora muéveme hacia el gozo
y con tus alas determina quién
será por mí aquel letrado único
de corazón ensimismado
que de provecho diga
en oratorio: Perra,
hagamos juntos este mundo."

Con sólo dos o tres estambres revientan las flores
masculinas. Ascienden desde el fondo de sí mismas,
candentes y jugosas. A mano suelta se revuelcan, se
crían bajo este cielo a medias entre luz y sombra.
Afónicas marchitan y lentas agonizan.

Hubiera yo veloz por él el mundo
recorrido en velocípedo. Habría yo
cruzado hasta la época
clásica en fulgor y extraordinaria
sobre todo en el período del eclipse
cuando el mundo se fundó en una Acrópolis.
Habría yo ido hasta la estela inaugurada
en su rigor y fundamento y visto azul
aquella dulce cortesana
que en cuadrángulo esculpida
profusamente en su dintel
lo aguarda. Habría yo estado
en una ciudad de oro o de marfil
en armonía trazada con piedra
de caliza y un tablero mural
de proporciones máximas,

that I am alive." And her tongue was tinted
with pure mysteries, her splendor
became the fruitful frame
with braids, her cheeks burning
in hieroglyphs; and in ecstasy,
grateful angels
licked the fear in her weakness.
"Lord, what happened
has happened, now move me toward joy
and with your wings determine who
will be, for me, that single literate
with a self-absorbed heart
who will profitably utter
in prayer: Bitch,
let us make this world together."

With only two or three stamens, masculine flowers
burst. They rise from their own depths, glistening and
moist. Loosely turning over, they bring themselves up
under the sky midway between light and shadow.
Voiceless they wilt, sluggish they die.

Swift, for him, I would have traveled
the world by velocipede. I would have
crossed over to the classic
era, extraordinary and radiant,
especially in the time of the eclipse
when the world was founded on an Acropolis.
I would have gone to the first stela
established upon principles and rigor and seen blue
the sweet courtesan
sculpted lavishly
on the four sides of its lintel
who awaits. I would have been
in a city of ivory or gold
harmoniously traced with limestone
and a carved mural
of the grandest proportions;

piramidal, arquitectónica por él,
enfática y cautiva entre las rocas
de cantera gigantescas. De Oriente
a Occidente en velocípedo habría
yo ido hasta ese territorio de aves
y serpientes, por edificios y santuarios,
por puertas interiores y gradas ordinarias,
buscándolo geométrico, animal
que embellece las fachadas.
Hubiera yo por él
naturalista ido periférica
en ese siglo atestiguando
el Nuevo Mundo entre dos ruedas,
que no al hablar sino al rodar
en sus cadenas, me conducen
venidera en el aliento
de una epopeya
que él, con todo atrevimiento,
aguarda.

Éxtasis

Culebras. Habían cruzado las plantas amarillas del jardín para beber la
luz ajadas con la cifra de la certeza.

Las vimos, emocionados, como se mira la embriaguez de una flor.

꘎

Exuberancias. Alguien está en la plenitud de la floresta.

Guardo el fuerte olor de la vainilla como algo que se restituye adentro
de mi corazón.

Siento el ardor sin sombra de los bosques.

꘎

pyramidal, for him architectonic,
emphatic and held captive between enormous
sandstone rocks. From East
to West by velocipede I would
have gone to that territory of birds
and snakes, past buildings and sanctuaries,
through interior doorways and ordinary atriums,
in search of him, the geometric, the animal
that decorates facades.
For him, I, naturalist,
would have gone about peripheral,
in that century witnessing
the New World on two wheels,
that not through speech but through the turning
of their chains, lead me
to come forward in the breath
of an epic
that he, unabashedly,
expects.

Ecstasy

Snakes. Creased with the cipher of certainty they had crossed over the
yellow plants in the garden to drink the light.

We looked at them, excited, as one sees the drunkenness of a flower.

                   ◈

Exuberances. There's someone in the fullness of the woods.

I keep the sharp scent of vanilla like something that restores itself inside
my heart.

I sense the shadowless burning of the forests.

                   ◈

Cercenaron los árboles a media tarde. Verdes relámpagos nos dejaron su aliento en la fatiga.

Un leve aturdimiento brilló en el indicio de la rosa y la gardenia. Supimos que la miseria es bella si se olvida.

&

Se decía que había luz siempre en su frente y que un manantial fluía en el aburrimiento de sus noches.

Nosotros añorábamos la realidad en el vértigo de su alcoba.

&

Algo parecido a un estremecimiento sucedió junto a las máquinas de la noche.

En silencio conocimos la temeridad bajo los párpados del abandono.

&

Sonríe y en su boca se forma un pequeño universo.

Habla de asuntos domésticos, pero hay algo eterno que germina en su respiración.

La claridad la sobrecoge como un antiguo dolor.

&

Creció la yerba seca en el escombro. Tú frotabas tus manos sobre la mesa del desollador. Los patos mostraban su impureza en los cráneos sostenidos por los ganchos.

Ah, la claridad en el filo de la descomposición.

&

Una inquietud nos despertó en nuestros sueños de niños: el aullido del lobo estaba perdido en la profundidad del día.

They trimmed the trees at mid-afternoon. In their fatigue, green lightning flashes left us their breath.

A slight bewilderment glimmered in the hint of the rose and the gardenia. We knew that misery is beautiful if forgotten.

∾

They said that there was always light on her forehead and that a spring flowed in the boredom of her nights.

We longed for reality in the vertigo of her chamber.

∾

Something resembling a tremor took place next to the machines of the night.

Silently we knew boldness under the eyelids of abandonment.

∾

She smiles and in her mouth forms a small universe.

She speaks of domestic issues, but there's something eternal that flourishes in her respiration.

Clarity overcomes her like an ancient pain.

∾

Dry grass grew amidst the waste. You rubbed your hands over the flayer's table. Ducks showed their impurity in the skulls hanging from hooks.

Oh, clarity at the edge of decomposition.

∾

A restlessness awoke us in our childhood dreams: the cry of the wolf was lost in the depth of day.

～

Besa todo aquello que te destruye: la imprecisión, la vanagloria, la incandescencia.

Tu pureza está en el vuelo del águila cuando se eleva en busca de sus dioses.

～

Al amanecer abrió una zanja junto a la biblioteca.

Su ilusión: sembrar una hilera de azucenas.

Había llegado a la serenidad más profunda.

～

Lo inmutable es sólo alegría para tu corazón. Recuerda: nadie eres bajo el aire quieto y silencioso.

～

Coágulos revientan en el sueño. Arriba palpitan zopilotes. Las flores de una fuente blanden los vientres de los niños en la noche.

～

Órdenes al corazón: lamer el rocío de la bendición de los ausentes.

～

La miro muerta como una diminuta partícula sobre la yerba seca. En la balandra la miro mirar el vuelo de las nubes infinitas. Su cuerpo, una botella ha muchos meses vacía.

◈

Kiss all that destroys you: indeterminacy, vainglory, incandescence.

Your pureness is in the eagle's flight rising in search of its gods.

◈

At dawn she made a furrow next to the library.

Her hope: to sow a row of white lilies.

She had arrived at the deepest serenity.

◈

The unchanging is only happiness for your heart. Remember: you are no one under the air, quiet and still.

◈

Blood clots explode in the dream. Above buzzards palpitate. The flowers of a fountain brandish the bellies of children at night.

◈

Orders to the heart: lick the dew of the blessing of the absent.

◈

I see her, dead like a minute particle over the dry grass. On the fishing boat I see her seeing the flight of infinite clouds. Her body, a bottle empty many a month before.

EFRAÍN BARTOLOMÉ

OCOSINGO, CHIAPAS, 1950 · Bartolomé is the author of more than fifteen books of poetry, among them *Ojo del jaguar*, which was published in 1982 and reissued in 1990 in an augmented edition. His poems written from 1982 to 1997 have been gathered in the volume *Oficio:Arder*. He has approached specific issues related to the Zapatista uprising in Chiapas, mainly in the book *Ocosingo: diario de una guerra y algunas voces*, and is also an environmental activist. He has received numerous awards, including the Aguascalientes National Poetry Prize in 1984 and the Jaime Sabines International Poetry Prize in 1996.

Efraín Bartolomé translated by Asa Zatz

Tatuajes en el agua

El día empezó temprano: en el embarcadero de grandes piedras blancas y palmeras nos embarcamos hoy. El agua es verde y amplia y en ella lo primero que viaja es la mirada. Después uno es más aire, más alto cielo y sol, más garza de ágil vuelo blanquísimo, más ala.

       ∾

La luz estalla contra las piedras blancas: rompe sus uñas frágiles, hiere con sus astillas los carrizales tiernos, el palmar, las breves sombras del embarcadero. El pueblo esparce su violento escozor. Cuece sobre cenizas la esencia de esos cuerpos: carne y palmera, carne y caña dulce, carne como ese lento río balanceándose.

       ∾

Hay una casa blanca en la ribera
Una casa de teja
            un corredor
hamacas donde el tiempo lentísimo se mece

¿Quién vive ahí?

Árido sol revienta sobre los flamboyanes
Una muchacha pone su lengua de guanábana contra el ocio del día

Tattoos in the Water

The day began early: we are embarking from the jetty of great white stones and palm trees. The water is green and vast and sight is the first in setting out on it. One is then air, more tall sky and sun, more heron of whitest, graceful, soaring flight, more wing.

꙳

The light explodes against the white stones: breaks its brittle nails, wounding with the slivers the tender reed beds, the palm grove, the brief shadows of the jetty. Chiapa de Corzo spreads its virulent rash. Simmering upon ashes, the essence of those bodies: flesh and palm tree, flesh and sugarcane, flesh like that slow rolling river.

꙳

There is a white house on the bank
a tile-roofed house
                    a corridor
hammocks where slowest time sways

Who lives there?

Arid sun explodes against the flame trees
A girl presses her sweetsop tongue to the languor of the day

Yo vivo ahí
Camino sin camisa
Se me entierra una espina de coyol en el talón desnudo

Yo sembré ese jocote que crece
                        como un árbol de soles
                                        en el centro del patio

¿Amo yo a la muchacha que coloca su lengua de guanábana
contra el ocio del día?

Yo sembré el tamarindo   las anonas   los cocales altísimos
Miro mis manos
                    y la memoria me las muestra llenas de tierra negra

Yo abrí esa tierra suave con un barretón viejo de mango liso
Hundí mis manos
La tierra olía a limpio   a fértil   a humedad
Encontré el fondo de una botella verde
Después encontré trozos de cerámica antigua
y un machete herrumbrado

                         Era Luna maciza
Pero ¿fui yo?

Yo abrí esa tierra fácil
Hice el amor en esa casa
Me dormí por las tardes en esa hamaca lenta

¿Hundí yo aquel puñal de mango negro
en el costado de algún lagartero que me quiso matar
porque me encontró amando a su muchacha de pechos como anonas?

Después me fui nadando por el río
Hasta el fin
Hasta ahogarme.

      ෨

I live there
I go about shirtless
A *coyol* thorn embeds itself in my naked heel

I planted that *jocote* that grows
                     like a tree of suns
                                   in the center of the patio

(Do I love the girl who puts her sweetsop tongue
to the languor of the day?)

I planted the tamarind tree   the custard apple trees   the lofty
     coconut palms
I look at my hands
                     and memory shows me them covered with black earth

I opened that ground with a smooth-handled old pickaxe
Plunged my hands in
The earth smelled clean   fertile   moist
I turned up a green bottle bottom
Then I found some ancient potsherds
and a rusty machete

                     It was full moon
But was that me?

I turned that yielding soil
Made love in that house
Slept the afternoons in that slow hammock

Did I plunge that black-handled dagger
into the side of some alligator hunter who wanted to kill me
when he caught me making love to his girl with the custard-apple
     breasts?

Later I swam in the river
Until the end
Until I drowned.

       ◊

Bajo el río quedaron las ruinas sepultadas
Bajo el agua quedaron casas de teja roja y horcones retorcidos
Bajo el río quedaron los cimientos de piedra
su argamasa roída

El peso de las aguas fue cayendo
con la densidad lenta de una noche de lama
La cal sobre los muros se disolvió
Las oscuras corrientes inundaron fogones y camastros

Todo se ahogó

En el fondo reposan los esqueletos de árboles ahogados
las paredes heridas

Aquí
En un lejano punto bajo el agua
alguien dijo palabras amorosas
Alguien sembró
Alguien miró hacia arriba y encontró un cielo azul:
nubes altísimas

¿Pudo alguien
      — en el sueño tal vez   en el delirio —
imaginar que el agua
                    el cielo de agua que ahora se levanta
sobre el pequeño pueblo que una vez existió bajo estas aguas?

La gente amó   soñó   peleó   se puso triste
(sus sueños son los restos de una papalote guinda entre las ramas de
      una ceiba muerta)
Los ecos de su voz amando   maldiciendo
Los gritos de los niños que perseguían iguanas en los anchos playones
Sus muertos y sus lágrimas
y la sal y el sudor y sus recuerdos:
todo reposa bajo el agua verde

Así reposa mi memoria
bajo la inundación de los días que han caído sobre mí
desde entonces.

The ruins lay buried under the river
The houses of red-tile roofs and forked columns lay underwater
The stone foundations lay under the river
their mortar crumbled

The weight of the water was bearing down
with the slow heaviness of a night's silting
The lime was dissolved off the walls
The dark current flooded hearths and bedsteads

Everything drowned

Skeletons of drowned trees rest on the bottom
the injured walls
Here
Somewhere under the water far away
someone spoke words of love
Someone planted
Someone looked upward and saw a blue sky:
clouds way on high

Could anyone
                    —perhaps in a dream   in hallucination—
imagine the water
                    a sky of water now stretching
over the little village under these waters that once existed?

The people loved   dreamed   fought   grew sad
(their dreams the remains of a red kite in the branches of a dead ceiba)
The echoes of their voices loving   cursing
The shouts of children chasing iguanas over the great broad beaches
Their tears and their dead
and the salt and their sweat and their memories:
all reposing under the green water

So reposes my memory
under the flood of the days that have closed over me
since then.

Intermedio con cinco cocodrilos

I

Digo *lagarto* y un bloque de la roca se desprende.
                                                    Digo *caimán*
y en un instante pasa de piedra a tronco viejo, a joven tronco verde.
        Y en un vivo relámpago, antes de que yo diga *cocodrilo,* sus
                patitas grotescas se mueven por la laja y lo llevan a hundirse
                en la espesura de estas aguas terribles.

II

Es muy pequeño el ojo del magno cocodrilo.
Es una grieta mínima sobre la grieta enorme de su hocico implacable.
        Sale todas las tardes a la ribera del Cañón que toca el sol
                poniente, a ver la fiesta sangrienta del crepúsculo tras los
                filos más altos de las crestas rocosas.
        Y allí se queda: hipnotizado, inmóvil,
más piedra cada vez su cuerpo enorme,
más grieta pétra su ojo alucinado.

III

No toma el sol:
                bebe con su ojo mínimo el ocaso.

IV

El viejo cocodrilo se sumerge en la lenta bocaza de la muerte:
se lo traga su imagen en el agua.

V

El río entero es un lagarto herido.

Intermezzo with Five Crocodiles

I

I say *alligator* and a slab breaks off the boulder
> I say *caiman*

and it changes in a flash from stone to old tree trunk, to young green
tree trunk.
> And in a flash of lightning before I can say *crocodile* his
> grotesque short legs slither over the stone and bear him away
> to plunge into the murkiness of these terrible waters.

II

The eye of the great crocodile is quite small.
It is a minimal crevice in the vast crevice of his implacable maw.
> He emerges in the afternoons on the bank of the Cañón that
> receives the setting sun to watch the twilight's bloody fiesta
> beyond the topmost outlines of the rocky crests.
> And there he stays, hypnotized, immobile,

his enormous body more of a rock each time,
his mesmerized eye an ever stonier crevice.

III

He doesn't sun himself:
> He drinks the sunset with his minimal eye.

IV

The old crocodile submerges himself in death's slow gullet:
his image in the water swallows him.

V

All the river is a wounded alligator.

El agua desdichada

Todo quiere ser agua
                    Quiere licuarse la montaña entera

Las atalayas hunden en el río sus leves pies calcáreos

Quemados por la boca espumeante del calor los cactos arden
amando ya su polvo   su ceniza que un día descenderá sobre las aguas

Se quieren agua el lirio y la sombra y la piedra
y el amarillo ardiendo

Ya la montaña lenta se desliza
                              como una vena verde
por la lenta cascada.

                ⌒

Aun las cumbres más altas
miran el agua
            y tiemblan.

                ⌒

Sobre masas inmensas de lúcido cristal
(como entre nubes   como entre verdes corceles coloidales
como en la densidad caliente de la sangre)
En la piedra   en la arena   en los arbustos cansados de la orilla
En los troncos: muñones colosales que salen del agua
para mirar en ella su derrumbada gloria

En las garzas que brotan con un blanco estallido
y que salen volando como un puño de grano
de la mano invisible de Dios

En el cristal suavísimo
En el cristal alado de las aguas
                        cae mi voz

The Ill-fated Water

Everything wants to be water
                   The entire mountain wants to liquify

The watchtowers plunge their slim chalky feet into the river

Scorched by the heat's frothing breath the cactuses burn
already loving their dust   their ashes that will fall one day upon the
    water

The lily and the shade and the stone and the flaming yellow
want to be water

The slow mountain is already slipping
                     like a green vein
down the slow cascade.

       ∾

Even the tallest peaks
look at the water
         and tremble.

       ∾

Over immense expanses of lucent crystal
(As between clouds   As between green colloidal steeds
As in the hot density of the blood)
Upon the stone   upon the sand   upon the weary bushes at the edge
Upon the trunks: colossal stumps that jut above the water
to contemplate in it their demolished glory

Upon the herons that appear in a burst of whiteness
and take flight like a handful of grain
cast from the invisible hand of God.

Upon the smoothest crystal
Upon the wingéd crystal of the waters
                     falls my voice

apagándose
   con el crujido de una brasa.

    ❦

Agua descomunal
     de pronto herida
por una breve mariposa roja:
       una roja palabra
una sola palabra incandescente
        en la garganta sin fin
de la montaña.

    ❦

Vengan al agua sordos mendigos parturientas con sed
sobrevivientes asfixiándose bajo el derrumbe
marinos acosados por la sal
náufragos condenados a muerte tigres

Vengan al agua remeros de tristísimos lagos de ciudad
Al agua todos los territorios ocres
Al agua la palabra *desierto:*
       que se hunda como una piedra que arde
Vean por un instante el humillo de su despedida:
oigan su crepitar de brasa que se ahoga

Vengan al agua niños durmiendo en los zaguanes
en los sótanos de la inmundicia en los basureros
Al agua policías que dirigen el tránsito del mediodía
Al agua ciegos
Al agua hombres avaros
Al agua fabricantes del hierro enrojecido
Al agua hombres en armas y oradores de boca reseca
Al agua niños que se mueren de fiebre en larguísimas tardes taciturnas
Al agua enfermos de los hospitales Al agua desahuciados
Al agua todos los sueños de la fiebre
Al agua
   Al agua
     Al agua.

extinguishing
                with an ember's hiss

                ❧

Immense water
                suddenly wounded
by a brief red butterfly:
                        a red word
a sole incandescent word
                        in the mountain's endless throat.

                ❧

Come into the water, you deaf   you beggars   thirsty mothers in labor
survivors suffocating under the landslide
sailors threatened by the salt
the shipwrecked   the condemned to death   jaguars

Come into the water oarsmen of sad city lakes
Into the water all the ocher territories
Into the water the word *desert:*
                        may it sink like a burning stone
Watch momentarily the vaporous plume of its farewell
hear its hiss of a quenching ember

Come into the water children sleeping in doorways
in the cellars of foulness   In the garbage dumps
Into the water police who direct the midday traffic
Into the water the blind
Into the water avaricious men
Into the water forgers of red-hot iron
Into the water armed men and dry-mouthed orators
Into the water children dying of the fever on endless wordless
    evenings
Into the water hospital patients   Into the water the hopelessly ill
Into the water all feverish dreams
Into the water
                Into the water
                        Into the water.

Eso fue todo.

Más allá ya no importa

Más allá
      el río ya no es nuestro

Más allá es el dominio del agua desdichada

Más allá
      nuestro río desciende
            hasta el progreso.

That's all

Beyond no longer matters

Beyond
          The river is no longer ours

Beyond lies the domain of the ill-fated water

Beyond
          the river flows downward
                              to progress.

ALBERTO BLANCO

MEXICO CITY, 1951 · Alberto Blanco is a poet, visual artist, translator, and art critic. He is author of more than twenty books, which include short-story collections and children's books. Most of his poetry books, published between 1973 and 1993, have been compiled in the volume *El corazón del instante.* In 1995 City Lights published *Dawn of the Senses,* a volume gathering selected English translations of his poems. He has taught in the MFA bilingual creative writing program at the University of Texas at El Paso. He is also a jazz and rock musician who performs with the bands La Comuna and Las Plumas Atómicas.

Alberto Blanco translated by Joan Lindgren, Gustavo V. Segade, and Michael Wiegers.

Teoría de la luz

La paradoja de nuestro pensamiento
consiste en que –al igual que la luz –
exhibe una doble naturaleza:

Por un lado, es como un tren de ondas
y, por el otro, como un río de partículas.

Así, nuestro pensamiento contiene en sí mismo
dos posibilidades paradójicas infinitas:

Crecer hasta ocupar todo el espacio
y llegar –como las ondas de un estanque –
a cubrir la inmensidad de la mente;

O reducirse hasta ocupar el espacio mínimo,
como un arduo foco reconcentrado
en su naturaleza particular.

La brillantez de esta micra imposible
es lo que vemos;

La claridad de este inmenso espacio vacío
es donde vemos;

Theory of Light

The paradox in our thinking
is that—just as light does—
it exhibits a double nature:

On the one hand, it's like a train of waves,
and on the other, like a river of particles.

Thus, our thinking contains within itself
two infinite paradoxical possibilities:

To grow until it occupies all of space
and finally—like the waves on a pond—
to cover the immensity of the mind;

Or to reduce itself until it occupies minimal space,
like a high-intensity bulb concentrated
upon its own particular nature.

The brilliance of this impossible micro-object
is what we see;

The clarity of this immense empty space
is where we see;

Pero la verdadera paradoja somos nosotros:
los que vemos.

Teoría cuántica

I

El calor irradiado — lo mismo por una fogata campestre
que por las explosiones atómicas al centro del sol —
no forma un flujo continuo:
se parece más al latir del corazón
que al pausado tránsito de un río,
porque la radiación procede por saltos cuánticos.

Tal vez nuestro conocimiento
proceda de la misma forma.

Que en el campo de la física
se haya asignado números enteros
a cada uno de estos saltos,
y que en las distintas tradiciones
existan rituales de iniciación para cada pasaje,
en nada altera el fenómeno fundamental.

Los círculos en el agua clara
se desplazan a partir de la piedra que cae
pero la profundidad del estanque permanece inalterada.

El corazón pulsa por saltos
pero la circulación de la sangre
es una sola y continua realidad.

II

En un tiempo se pensó que los electrones
eran como planetas girando alrededor de un núcleo
— un sol central — y que a su movimiento y a su velocidad
correspondía una órbita, naturalmente.

But we ourselves are the real paradox:
we who do the seeing.

— G.S.

Quantum Theory

I

Radiated heat — in a campfire
as well as in the atomic explosions at the center of the sun —
is not a continuous flow:
it's more like the beating of the heart
than the slow running of a river,
because radiation proceeds by quantum leaps.

Perhaps our knowledge
proceeds the same way.

The fact that in physics
whole numbers have been assigned
to each one of these leaps,
and that in different traditions
there exist initiation rituals for each passage,
in no way alters the basic phenomenon.

The circles in clear water
move outward from the stone that falls into it
but the depth of the pond remains unaltered.

The heart pulses in leaps
but the circulation of the blood
is one continuous reality.

II

At one time it was thought that electrons
were like planets gyrating around a nucleus
— a central sun — and that along with their movement and velocity
there was a corresponding orbit, naturally.

Sin embargo — para nuestra gran sorpresa —
la teoría cuántica propuso que los electrones
— a pesar de tener movimiento, velocidad, etc. —
¡no tienen órbita! ¿Cómo es posible?

Si observamos al microscopio electrónico
un átomo de hidrógeno (el más sencillo de todos)
veremos que la luz misma del instrumento
provoca que su único electrón absorba energía,
se excite, y se salga de su órbita...
y esa órbita nunca la conoceremos.

La teoría cuántica nos propone
— a diferencia de la mecánica clásica —
que puede existir movimiento
sin trayectoria, sin recorrido y sin órbita.

Al menos, sin un camino conocido,
y — lo que es más importante —
sin un camino que se puede conocer.

¿No es esto la poesía?

Teoría de conjuntos

En un cuarto a oscuras se enciende una vela.

Todo lo que en ese cuarto existe
se ve de pronto iluminado por un flanco
y proyecta sombra por el otro.

Todo lo que tiene luz tiene sombra.
La luz y la sombra van de la mano.

Pero, si la llama misma no tiene sombra,
¿De veras tiene luz la llama de la vela?

Nevertheless — to our great surprise —
quantum theory proposed that electrons
— in spite of their movement, velocity, etc. —
do not orbit! How is this possible?

If we observe a hydrogen atom (the simplest of all)
through the electron microscope
we will see that the light of the instrument itself
stimulates its only electron to absorb energy,
become excited, and leave its orbit...
and we will never know that other orbit.

Quantum theory proposes
— as opposed to classical mechanics —
that movement can exist
without a trajectory, without a journey, without an orbit.

At least without a known path,
and — what is more important —
without a path that can be known.

Is this not poetry?

— G.S.

Set Theory

In a dark room a candle is lit.

Everything in that room
is at once illuminated on one side
and projects a shadow on the other.

Everything that has light casts a shadow.
Light and shadow go hand in hand.

But if the flame itself has no shadow,
Does the candle's flame really have light?

— G.S.

Teoría de fractales

En la naturaleza sólo existen dos tipos de seres:
los grandes y los pequeños.

Los grandes son siempre lo que son.
Los pequeños son símbolos.

Claro que hace falta saber
grandes con respecto a qué...
y *chicos* con respecto a qué...

Todos los seres son grandes con respecto a algo
y todos son pequeños con respecto a otra cosa.

En otras palabras:
todos los seres son grandes y pequeños a la vez.

Son lo que son
— somos los que somos —
y a la vez y siempre, símbolos.

El fiel de la balanza

Amo lo que no tiene sino sueños.
Tengo un jardín de flores que no existen.
Soy decididamente triangular.
PABLO NERUDA

I

El ser humano es apenas un desprendimiento
una frase a medias

Y en el alma lleva su cuerpo a cuestas
como el fruto voluminoso de una jornada
que rinde sus jugos a la luz del día

Theory of Fractals

In nature there are only two kinds of beings:
the large and the small.

The large ones always are what they are.
The small ones are symbols.

Of course one must know
large in relation to what...
and *small* in relation to what...

All beings are large in relation to something
and all are small in relation to something else.

In other words:
all beings are large and small at the same time.

They are what they are
—we are what we are—
and always and ever will be, symbols.

— G.S.

The Accuracy of the Scale

> *I love him who has only dreams.*
> *My garden has only nonexistent flowers.*
> *Clearly I am triangular.*
> PABLO NERUDA

I

The human being is but an act of generosity
     an average sentence

His soul can barely carry his body
as if the voluminous fruit of a day's work
that gives juice only at daybreak

Como un juguete que ya no le divierte
pero del cual no se quiere desprender

Como si su cuerpo hubiera echado raíces
y se le pidiese
                    así de pronto
que se lanzara a correr desaforadamente
pero permaneciese atado a su sombra

Como si amasara la harina de sus días
con el agua de sus sueños
y la sal de sus tribulaciones

Como si esa flor de oros
que se estremece en medio de su pecho
nos hablara con un idioma muy antiguo
            que no comprendemos
pero que podríamos llegar a comprender

II

Pasa la cinta grabada del mundo
delante de esa bestia que repta
desde el ojo hasta el oído

El ser humano que sigue por costumbre
las parábolas incomprensibles
de su propio pensamiento

Una silueta frente a la ventana
y el zig-zag de las golondrinas y los grajos
surcando el cielo entre las pilastras
que sostienen el doble arco de sus cejas

Con la cabeza ardiente
y las manos en los bolsillos

El ser de palabras que se pierde
buscando la escalerilla que baja
al hondo laberinto del oído

A toy, say, that no longer amuses
but cannot be let go

As if his body had put down roots
and asked
              suddenly, outrageously
to be launched, but to remain attached to its shadow

As if kneading the flour of his days
with the water of his dreams
and the salt of his tribulations

As if the golden flower
trembling in his breast
spoke to us in an ancient language
          we don't understand
but will come to understand

          II

The audiotape of the world
passes before the beast of prey
from eye to ear

The human being who follows out of habit
the incomprehensible parabolas
of his own thoughts

A silhouette at the window
the zigzag of rooks and swallows
who plow the sky among the columns
that support the double arch of his eyebrows

Head on fire
hands in pockets

The human being who loses himself
in search of the stairs that descend
into the deep labyrinth of the ear

para dar con el martillo secreto
en el yunque público

Allí se pactan nuevamente
las nupcias del azufre y el mercurio
en el crisol al rojo blanco del lenguaje

Allí se forja la ilusión de un radio
que traza una circunferencia
con su vida y con su muerte

III

Un paisaje al centro de la pupila
y un bote vacío al centro del paisaje

La mesa al centro de la casa vacía
y una botella vacía al centro de la mesa

Un ala simple a ras de tierra
y un ala doble en pleno sueño

El mundo en foco en la pupila
de este animal de sombras agudas

Este pájaro de sinrazón
que sin cesar cambia de nido

Este balbuceo sin redención posible
        frente al hambre y la sed
            ¿de qué?

De un mundo a la medida de sus grandes alas

IV

Mira ese retrato
a la puerta de las elucubraciones

Ebrio de mar
        de sol azul
            y lenta mosca

to strike the secret hammer
upon the public anvil

There the marriage vows renewed
between sulphur and mercury
in the crucible of the red heat of language

There the illusion is formed of a radio
that traces a circumference
around his life as it joins with his death

III

A landscape at the pupil's center
and an empty vessel at the landscape's center

The table at the center of the house
the empty bottle at the center of the table

A single wing at ground level
and a pair of wings dreamed

The world in the focus of the eye
of this animal with his clever shadows

This senseless bird who
senselessly changes nests

This stammering without possibility of redemption
        faced with hunger, thirst
            and more?

Of a world made to the measure of its great wings

IV

Look at this portrait on the door
of the pedant's search for knowledge

Drunkenness of sea
        of blue sun
            of drowsy horsefly

Ebrio de planes
        ciudades de luz
                solar y terracota

Ebrio de palabras
en la trama que el diario
vivir nos presenta
como si fuera la vida

nuestra vida
la tuya
        la mía
                la de todos

La urdimbre del despecho y el olvido
pero también del amor
la parca amistad
y la poesía

La urdimbre de la traición
la embriaguez y los padecimientos
bajo la luna enervante de los suicidas

Pero también la urdimbre del canto
        del llanto y la belleza
                sin nombre

        v

Una simple maniobra
        y el mundo es otro

Ha sido transformado
        por obra del deseo

Algo más
        algo menos
                ser distinto

En esta raíz encuentra el hombre
la justa proporción que la mirada
buscara restuirle en otro mundo

Drunk with plans
        with cities of light
                solar and terra-cotta

Drunk on the words
of the plot the newspaper
tells us to live
as if it were life

our life
yours
        mine
                everyone's

The warp and woof of resentment/oblivion
but also of love
of mean-spirited friendship
but also of poetry

on the loom of betrayal
of drunkenness and suffering
beneath the heavy moon of the suicides

but the loom of song, as well as
        of weeping and nameless
                beauty

        v

A sleight of hand
        and the world has changed

Has been transformed
        desire's doing

Something more
        something less
                but different

The source where man finds
the exact proportion the eye needs
to place him in another world

Porque a pesar de todo
el ojo extiende su memoria
más allá de una especie de siempreviva
que al borde del balcón funda su efímero imperio

La afirmación temblorosa de los amantes
que en cada párpado entreven una respuesta
y en cada pestaña adivinan una pregunta
que a costa de su vida tendrán que responder

VI

Tal vez la noche pueda brindar
paz al fin a estas criaturas
que en el vasto horizonte
de las mil y una vidas
desfilan con paso firme
camino del desierto

Contradicción silente
    a su propio ritmo
        un trote ligero
            y alas ciertas

La mesa servida
bajo pleno rayo del sol
donde se doran las migajas

Luz
al fin y al cabo
la noche es un rostro en el espejo

Un pez en la jaula del cielo
y un pájaro cantando al fondo del mar

Un crayón de labios
    un sueño ennegrecido
        y una flauta de huesos

Las sílabas sencillas
de un poema humano

Because in spite of it all
the eye's memory extends beyond
the botanical wonder of pearly everlasting
its fleeting empire at the balcony's edge

The trembling affirmation of lovers
the response implicit in every eyelid
the question to be divined from each eyelash
the answer a matter of life and death

VI

Perhaps night itself may bring
peace at last to these creatures
who pace with firm step
the vast horizon
of a thousand and one lives
who tread the path in the desert

In silent contradiction
        to their own rhythm
                an easy trot
                        and guaranteed wings

The table spread
in full sunlight
where crumbs turn to gold

Light
above all
night is a face in the mirror

A fish in the birdcage of the sky
a bird singing from the depths of the sea

A lipstick
        a blackened dream
                and a bone played as a flute

Simple syllables
of a human poem

VII

El hombre

mitad luz   mitad sombra

mitad imaginación

La tercera cara
de la moneda
es el canto

VIII

Si hay tiempo
es éste

Si hay esperanza
es ésta

Si hay espacio
es éste

Si hay respuesta
es ésta

Si hay otro mundo
es éste

Ésta es la otra vida

Metamorfosis de la silla

I

El hogar del poeta es una silla,
una silla de madera como culaquier otra

Man

half light   half dark

half imagination

Song
is the third face
of the coin

VIII

If there is time
it is this

If there is hope
it is that

If there is space
it is this

If there is an answer
it is that

If there is another world
it is this

This is the other life

— J.L.

Metamorphosis of a Chair

I

The poet's home is a chair
of wood as any chair

Pero sólo vista con descuido y por afuera
se parece a todas las demás sillas

Observando con cuidado se descubre
que la silla del poeta levita levemente

Y si uno la observa por largo tiempo
la silla comienza a despertar

II

Primero el respaldo se inclina con cierta gracia
hasta que logra descansar en una sola pata

Comienza luego a crecer y a desdoblarse
mientras estira perezosamente sus miembros

Como si despertara de un encantamiento
que sólo una larga complicidad con la poesía

Puede conjurar hasta llevar a su apogeo
su voluntad de ser nave o de ser flor

III

La patria de un poeta es la palabra
y sus extensos dominios una página en blanco

Es allí que aparecen todos sus seres queridos
seres humanos, plantas, piedras y animales

No esperes comprensión fuera de tu elemento
ni perdón ni cariño sino de tus criaturas

Sólo de ese espejo que refleja reflejos
sólo de esa caja oscura que proyecta luz

And seen from a casual distance
it is like all the other chairs

But looked at close and with care
the poet's chair will levitate

Slightly and if studied
the chair will begin to wake up

II

First it leans back, not without
grace, and rests on one foot

It begins then to grow and unfold
and lazily stretches its limbs

Waking as if from a magic spell that only
a long complicity with poetry

Could bring to pass fulfilling
its wish to be boat or flower

III

The poet's country is words
and his dominions blank pages

There appear all his beloved beings,
humans, plants, animals, stones

You cannot hope to understand beyond your element
neither love nor forgiveness, except from your creatures

Only in this mirror that reflects reflections
only from this dark box that projects light

—J.L.

Los tres estados y los tres reinos

I

Todo cambia de estado en la materia
la inconsecuencia es la luz en el camino

Lo que antes era un fósforo hoy ya es fuego
lo que antes era una ola es ya una roca

Es por eso que el artista cambia de estilo
tan rápidamente como de país o de zapatos

Para que el mundo siga siendo lo que es
tiene que ser — por fuerza — de otra forma

II

La clave de los reinos está en el placer
por el placer se derrumban los reinos

Y el patrimonio de los reinos es el dolor
por el dolor los reinos prosperan

Los reyes lo saben perfectamente
y actúan por lo tanto en consecuencia

No toques a la puerta de los jerarcas
pues ninguno de los reinos tiene puertas

III

Nadie tiene la llave maestra de las puertas
que nos conducen de la muerte al nacimiento

Nada se compara al claroscuro de los reinos
ni a la doble inconsecuencia de un estado

La puerta que no ha existido nunca se abre
y la puerta que existe jamás se cierra

Three States and Three Kingdoms

I

Everything in matter changes its state
the light on the path of no consequence

What before was phosphorous now is fire
what once was a wave is a rock

For that reason the artist changes his style
as quickly as country or shoes

For the world to go on being what it is
it must perforce take another form

II

The key to kingdoms lies in pleasure
kingdoms are tumbled by pleasure

And the patrimony of kingdoms is pain
kingdoms thrive on pain

Kings know this well
and act in accordance

Do not knock at the door of hierarchies
for no kingdom has doors

III

No one has the master key to the doors
that lead us from death to birth

Nothing compares with the chiaroscuro of kingdoms
nor to the double inconsequence of a state

The door never opens that never existed
and the door that exists never closes

Nadie nada en estas aguas del dolor
a menos que ya sea capaz de nadar

Mapas

I

Comencemos por el principio:
La Tierra no es La tierra:
El mapa no es el territorio.
El territorio no es el mapa.

Un mapa es una imagen.
Un mapa es un modo de hablar.
Un mapa es un conjunto de recuerdos.
Un mapa es una representación proporcional.

Los cuatro vientos, los cuatro ríos, las cuatro puertas, los cuatro
    pilares de la tierra de los que hablan los mitos no son más que las
    cuatro esquinas de un mapa.

Todo mapa es una imagen, un cuadro, una metáfora, una
    descripción...
pero notada descripción, metáfora, imagen o, para el caso, todo
    cuadro es — por necesidad — un mapa.
Pero puede llegar a serlo.

II

Un mapa no es más que — como lo dijo el pintor *Nabi* Maurice Denis
    de todos los cuadros — un arreglo de formas y colores sobre una
    superficie bidimensional.

Si todo el territorio fuera homogéneo, sólo se acotaría en un mapa el
    perfil de los límites territorio.

No crecen árboles en un mapa.

No one swims in the waters of pain
unless he has learned how to swim

—J.L.

Maps

I

Let's start at the beginning:
Earth isn't the earth:
The map isn't the territory.
The territory isn't the map.

A map is an image.
A map is a way of speaking.
A map is a gathering of memories.
A map is a proportional representation.

The four winds, the four rivers, the four ports, the four pillars of the
    earth that the myths speak of are no more than the four corners of
    the map.

Every map is an image, a square, a metaphor, a description...
But not every description, metaphor, image, or, for that matter, every
    square is — by necessity — a map.
But it can become so.

II

A map is no more than — as the *Nabi* painter Maurice Denis said of all
    squares — an ordering of forms and colors over a bidimensional
    surface.

If all territory were homogeneous, it would mark off on a map the
    profile of the limits of the territory.

Trees don't grow on a map.

Un mapa del mundo real no es menos imaginario que un mapa de un
mundo imaginario.

Un mapa no es más que una representación bidimensional de un
mundo tridimensional que recorre un fantasma: el tiempo.

Si hemos podido mapear un mundo de tres dimensiones en dos, ha de
ser posible mapear un mundo de cuatro en tres.

Con un mapa holográfico se podría mapear *el tiempo*.

Así como la Tierra no deja de cambiar con el tiempo, la historia de los
mapas no deja de cambiar con la historia.
Nuestra idea del espacio cambia conforme cambia nuestra idea del
tiempo.

Todo mapa comienza un viaje.
Pero, ¿todo viaje comienza con una mapa?

El mapa es al viaje lo que el mito es al lenguaje.

Los mapas, al principio, fueron relatos de viajes.
Después los mapas fueron paisajes al ras del horizonte: narraciones
visuales.
Finalmente, vistos a vuelo de pájaro: poemas geográficos.

Un mapa es una manifestación artística del miedo a lo desconocido.

Ver la tierra desde arriba: arrogancia de un dios impostado.

Al principio los mapas de la tierra siempre fueron acompañados por
los mapas del cielo.
Después los mapas se quedaron sin cielo.
De seguir las cosas como van, muy pronto los mapas se quedarán sin
tierra.

A map of the real world is no less imaginary than a map of the
   imaginary world.

III

A map is no more than a bidimensional representation of the crossing
   of a tridimensional world by a phantom: time.

If we were able to map a world of three dimensions in just two, then it
   has to be possible to map a world of four in three.

With a holographic map one could map *time*.

Just as the Earth doesn't fail to change with time, the history of maps
   doesn't fail to change with history.
Our idea of space changing conforms to changing our idea of time.

IV

Every map begins with a journey,
But does every journey begin a map?

The map is to the journey what a myth is to the language.

Maps, at first, were the accounts of journeys.
Later maps were landscapes flush with the horizon: visual narratives.
Finally, seen from a bird's-eye view: geographic poems.

A map is an artistic manifestation of the fear of the unknown.

V

To see the land from above: arrogance of an impostor god.

At first maps of the land always were accompanied by maps of the
   heavens.
Later, maps were left without any heavens.
Following these things as they go, very soon maps will be left without
   land.

La verdad que se puede decir no es la verdad.
Las palabras no son las cosas que designan.
Los mapas de la tierra no son la tierra.
Las cartas estelares no son el cielo.

Un punto es un pueblo.
Una línea es una carretera.
Una superficie coloreada es un país.
Un volumen debe ser un mapa de la historia.

VI

Mapas exteriores: geografía.
Mapas interiores: psicografía.
Las puertas son los sentidos.
Los límites son el cuerpo.

La moral que se deduce de los mapas tiene que ver con una idea de
    dominio o — en el mejor de los casos — con una idea de
    conservacíon.

Cuando se piensa en la relación directa que existe entre los mapas, las
    ganancias, las guerras de conquista y el dominio del tiempo, no se
    puede menos que pensar en el título de aquel poema
Un cronómetro y un mapa de artillería.

Un mapa a la medida de la ambición de un hombre.
La ambición de un hombre a la medida de un sistema de referencias.

Todos los puntos de referencia en un mapa ven hacia afuera.

VII

Los mapas son retratos ideales de nuestra madre.

Los mapas nos miran de frente cuando dan cuenta de las superficies.
Cuando quieren dar cuenta de las profundidades, nos miran de lado.

En la infancia de la cartografía no era posible — y tal vez, ni siquiera
    deseable — deslindar los territorios de la vigilia de los paisajes de
    los sueños.

The truth that can be spoken isn't truth.
Words aren't the things they designate.
Maps of the land are not the land.
Star charts are not the heavens.

A point is a town.
A line is a highway.
A colored surface is a country.
A volume should be a map of history.

VI

Exterior maps: geography.
Interior maps: psychology.
The gates are the senses.
The limits are the body.

The moral that can be deduced from maps has to do with an idea of
    dominion, or — in the best of cases — with the idea of conservation.

When one considers the direct relation that exists between maps,
    profits, wars of conquest, and dominion over time, one cannot help
    but think of the title of that poem
"A Chronometer and Artillery Map."

A map measuring the ambition of a man.
The ambition of a man measured by a system of references.

All points of reference on a map look toward the outside.

VII

Maps are idealized portraits of our mother.

Maps look at us straight-on when relating the superficial.
When they want to account for profundities, they look at us from
    the side.

In the infancy of cartography it was not possible — and perhaps, not
    even desirable — to mark off the territories of the vigil, the
    landscape of dreams.

¿Qué son los colores en un mapa sino un sueño?
El recuerdo anestesiado de nuestra infancia.
Las ventanas abiertas en el gabinete del cartógrafo.
Una fuente de la más pura y sencilla dicha.

VIII

Todo mapa es una isla.

Lo que antes era un territorio salvaje, ya es un mapa.

Todo escritura es fragmentaria.
Todo mapa es fragmentario.

En mapas no se ha andado nada.
En poesía no hay nada escrito.

What are the colors of the map without a dream?
The anesthetized memory of our infancy.
The open windows in the cabinet of the cartographer.
A source of the most pure and simple happiness.

VIII

Every map is an island.

That which before was savage territory is now, already, a map.

All writing is fragmentary.
All mapping is fragmentary.

On maps nothing has ever walked.
In poetry there isn't anything written.

– M.W.

CARMEN BOULLOSA

MEXICO CITY, 1954 · Carmen Boullosa is a poet and novelist. The recipient of the Xavier Villaurrutia Prize in 1989 for the poetry collection *La salvaja,* Boullosa is also the author of the novel *Antes,* and the collection of short prose pieces *Papeles irresponsables.* She has been visiting professor at Georgetown University, a Guggenheim fellowship recipient, and a resident artist at DAAD in Berlin. The Academy of Arts in Berlin awarded her the City of Frankfurt and Anna Seghers Literature Prize for her body of work. She currently lives in New York City, where she is a fellow at the Center for Scholars and Writers of the New York Public Library. Among her novels published in the United States are *They're Cows, We're Pigs* and *Leaving Tabasco.*

Carmen Boullosa translated by Geoff Hargreaves

Jardín Elíseo

para Juan García Ponce

Soy la guardiana del Jardín Elíseo.
Por cada dios que ha habido o habrá hay una muestra enjaulada,
uno encerrado de cada uno,
un Ares, un Jehová, un Apolo en el rincón pitio.
Es el Parque Divino, el Jardín Teogónico.
Acá los dioses forman muestrario, son presos exhibidos.
Esto es como un zoológico, tiene jaulas y ejemplares.
Yo alimento a los dioses.
Algunos son peligrosos, debo dejar los platos sin entrar a sus jaulas para
que no me muerdan, cuidar que estén en el otro extremo, alejándolos
de mí con un látigo. O que duerman, que no me miren, que no puedan
atacarme.
Otros son dóciles, como Venus que, tendida al fondo de su jaula, triste,
cada día más triste, cambiaría su belleza por el par de zapatos que la
caminaran para salir de aquí.
Otros no comen nunca, por la misma tristeza, ni aceptan el baño matinal,
porque no hacen otra cosa que no sea soñar que no están aquí.
Lubia, la diosa del placer, tiene el aspecto de un bicho famélico y mojado.
Da pasos indecisos al fondo de su jaula. Ni siquiera maúlla, pero abre
la boca y hace gestos como si emitiera largos quejidos. En cuclillas,
comparten su encierro Mens Bona, Sentia, la previsora, Venilia y
Voluptia, igualmente inútiles. Y Príapo, insignificante, revisando por
milésima vez las uñas de sus pies.

Elysian Garden

for Juan García Ponce

I am the keeper of the Elysian Garden.
Of every god that's been or will be, I keep a sample in a cage,
a locked-up version for each name,
an Ares, a Jehovah, an Apollo in his Pythian nook.
It's the Divine Park, the Theogonic Garden.
Here the gods are on display, prisoners on view.
It's like a zoo with cages and specimens.
I give the gods their food.
Some are dangerous. I have to leave their plates outside their cages, to
    stop them biting me, make sure they're in the farthest corner,
    driving them from me with a lash. Or that they're fast asleep, blind
    to my presence, unable to attack.
Others are docile, like Venus, stretched out on the bottom of her cage,
    gloomy, getting gloomier by the day, she'd swap her beauty for the
    pair of shoes that would walk her out of here.
Others never eat, victims of that same black lethargy, won't take their
    morning baths, won't do anything but dream of not being here.
Lubia, the goddess of pleasure, has the look of a famished, water-soaked
    critter. She takes uncertain steps to the back of her cage. Won't
    even miaow, just opens up her mouth, makes motions as if voicing
    drawn-out peeves. Crouching, Mens Bona, Sentia, the one with
    foresight, Venilia and Voluptia share her lockup, each one as
    useless as the others. And Priapus, insignificant, checking out his
    toenails for the umpteenth time.

Otros son malignos. Entre ésos está Loki, el creador de dificultades, en la burla, pero el más soportable. Son temibles como viejas comadronas sin oficios.

Neptuno agradecido lame mi mano antes de hincar en su comida el diente. Me mira con ojos mansos, imbéciles. Sin agua ni sal, su piel se ha vuelto repugnante.

La de la falda de serpientes saca de mí la piedra de la cólera, me obliga a gritarle cuando, torpe, vacilante, vuelca el plato y pide *¡máááás!* con acento meloso.

El demonio que habitó el sicotrópico se tumba a mi lado bocarriba, como el perro sometido.

Dionisios y Quetzalcóatl están cubiertos por los rayones que la estupidez marca en los encerrados, y están gordos, envejecidos.

La diosa luna oculta pudorosa su brillo, echa bajo sus faldas la menguada redondez brillante que traía en la corona, y grita para que su voz acapare la atención: "¡Ishtar!, ¡Ishtar!" (su nombre), mientras sangra impúdica sobre el piso de tierra de la jaula.

Cupido lanza su flecha. El cuerpo que hiere es blanco, parecido al de un pez, y al encajar la flecha no puede sujetarse: la carne se deshace, no tiene firmeza, es masa incoherente, grumosa. Miga vieja.

Eolo arrastra a cada rato la cobija del polvo, a un lado y al otro, y no hay quién pueda ver el suelo. Sopla, sopla, otra vez sopla. Su aliento no transpone el Jardín Elíseo.

Doy pasos largos para hacerme la ilusión de que no soy prisionera. El viento me ayuda, casi juego a casi volar.

Oigo arriba mío a los árboles apresurándose a hacer brotar en sus ramas nuevas hojas. Crecen tan rápido que truenan, crepitan. Si se descuidaran, el viento dejaría sus troncos mondos, pelados a fuerza de tanto soplar noche y día.

"—Clava en el árbol tu flecha, Cupido —le digo—, en el tronco sí se quedará encajada."

Ahí está su arco, colgando de la rama, y Cupido solloza su impotencia. Ya no quiere intentar clavar la flecha. Tláloc, tirado su lado, perdida toda arrogancia, parece una torta informe de lodo blanco que a veces se queja.

A un costado de las jaulas, por el andador que las bordea, doy pasos largos, corro mirando el cielo. El viento y la cercanía de los dioses evocan el mar.

Me finjo libre:

   Imito al Cristo judío sobre las aguas,

Others are vicious. Among them Loki the troublemaker, with his mocking ways, but still the most likable of them all. They're as scary as old gossips with too much time on their hands.

Neptune licks my hand in gratitude before sinking his teeth into his grub. He scans me with his gentle, imbecile eyes. Barred from water and salt, his skin has become disgusting.

The female with the skirt of snakes really infuriates me, she makes me scream when, slow-witted and hesitant, she overturns her plate and then asks for mo-o-ore in honeyed tones.

The demon who dwelt in mind-altering drugs flops down beside me, face up, like a submissive dog.

Dionysus and Quetzalcoatl are covered by the stripes that stupidity marks on the captive, and are fat and old before their time.

The moon-goddess hides her brightness as if ashamed, thrusts under her skirts the waning circle of light she once wore as a crown and shouts so that her voice monopolizes my attention. "Ishtar! Ishtar!" (that's her name) while she bleeds unashamed onto the cage's earthen floor.

Cupid launches his dart. The body he wounds is white and fishlike. When the arrow lands, it finds no place to lodge. Flesh comes apart. It has no firmness, it's an incoherent mass, a lump. A stale crumb.

Aeolus, every now and then, drags his blanket from the dust, one side to the other, and nobody can see the floor. He blows and blows and blows again. But his breath won't shift the Elysian Garden.

I take long strides to foster the illusion that I am not a prisoner. The wind helps. I almost play at almost flying.

Overhead I hear the trees hastening to put out more leaves along their branches. They grow so fast they snap and crack. If they didn't watch out, the wind would leave their trunks denuded, stripped bare with all that blowing night and day.

"Hey, Cupid, shoot your dart into the tree," I say, "here in the trunk it's bound to stick."

Over there's his bow, dangling from the branch, and Cupid sobs his impotence. He doesn't even want to fire his dart. Tlaloc, stretched at his side, all his arrogance forgone, looks like a shapeless clod of whitish mud that sometimes bleats its woe.

At one side of the cages, along the walkway skirting them, I take great strides, run glancing at the sky. The wind and closeness of the gods evoke the sea.

I tell myself I am free:

I imitate Christ the Jew on the waters,

a Buda en el monte Gaya, abismado bajo la higuera,
al Profeta persuadiendo con sus grandes ojos rojizos.
Mi corazón late como un guerrero loco en mi frío pecho.
Mi ilusión me abandona.
Aquí estoy. Sangre y corazón quedaron fuera.
Soy la guardiana del Jardín Elíseo.
¿Por qué no dejo irse a los dioses, regresar a los Cielos, recorrer la
Tierra, volar, ser divinos?
El llavero con que me invistieron es una piraña atrapada en un bloque
de acrílico transparente. Pequeña, aún lleva en los afilados dientes
el último trozo de su última víctima. El pez fiero, aterido, manda:
la llave sabe abrir las puertas, pero no cómo dejar salir a los dioses.
Yo misma no puedo poner un pie afuera del Jardín Elíseo.
Esto es prisión tanto como un jardín zoológico con dioses,
porque hay aquí gran variedad de animales:
está la serpiente que se tragó a Jasón, lo tiene aún adentro,
aquella otra con que luchó Susano, retándolo otra vez,
el carnero, el toro, el león, el cangrejo, el escorpión y el pez, tomados
del cielo, donde yacían desde los antiguos babilonios, dioses en
forma de animales, están aquí.
Vishnu es un jabalí.
Hanuman el mono. Freya el gato.
A ratos Zeus es un águila de voz tronante.
Cronos, como si galanteara, toma la forma de un caballo,
Apolo la de un perro,
creyendo les será más soportable el cautiverio en forma de animales.
Pero desesperan el caballo y el perro, el águila y el jabalí, como el
tigre, el escorpión, e incluso la tortuga.
La diosa Athor con cabeza de vaca, Ganesh con cabeza de elefante,
Amón de carnero, Thot de ibis, padecen igual,
pues no hay naturaleza que simpatice con este encierro.
Sola debo cuidarlos.
Todos ellos se dejan hacer, como inválidos o niños.
Nadie levanta una mano para limpiar las jaulas o retirar los platos, ni
el dios de la generosidad.
¡Cuál pensar que pudieran considerar que en formas animales hacen
más sucio el jardín!
Nadie hace siquiera a un lado los cadáveres de los que van cayendo,
porque varios dioses han muerto.
No los suplen con otro ejemplar, no han habido ceremonias luctuosas.

Buddha on Mount Gaya, deep in meditation under the fig tree,
the Prophet, persuasive with his massive, red-rimmed eyes.
In my cold breast my heart beats like a berserk warrior.
The illusion leaves me.
I am here. Heart and heart's blood stayed outside.
I am the keeper of the Elysian Garden.
Why don't I let the gods all go, return to the Heavens, race across the
Earth, and fly, and be divine?
The key chain they bestowed on me is a piranha trapped in a block of
diaphanous plastic. Small, it carries in its sharpened teeth the last
chunks of its final victim. Fierce fish, stiff with cold, it sets the
rules; the key can open doors but won't permit the gods to exit.
I myself cannot set foot outside the Elysian Garden.
This is a prison as much as a zoo with deities,
for, yes, we have lots of animals here too.
Here's the serpent that swallowed Jason, it still has him inside,
over there's the one Susano fought, defying it once again, along with
the lamb, the bull, the lion, the crab, the scorpion, and the fish,
demoted from the sky where they had lain since ancient Babylonian
days, gods in the form of animals, they're here.
Vishnu is a wild boar,
Hanuman the monkey, Freya the cat.
At times Zeus is all eagle, an eagle with a thundering voice.
Cronos, as if he were wooing, takes the shape of a horse,
Apollo that of a dog,
believing that captivity might be more bearable in animal form.
But they abandon hope, the horse, the dog, the eagle, and the boar, as
do the tiger, the scorpion, and even the tortoise.
Athor, the goddess with the cow's head, Ganesh with the elephant's
head, Amon with the ram's, Thoth with the ibis's, all suffer alike
for no type of nature suits this close confinement.
I alone care for them.
They all let themselves be handled, like invalids or children.
None of them lifts a hand to clean a cage or take away a plate, not
even the god of generosity.
What sort of thinking lies behind the notion that in animal form they
foul the garden less!
No one even shifts aside the corpses of the fallen ones, for various
gods have died.
They don't replace them with another specimen, we've performed no
mourning rites.

Nada recuerda el lugar que ocuparon en el panteón, en el templo, la
  capilla o la catedral, ni cuando mueren.
Alguno al entrar hizo inscripciones,
pero la lluvia y el viento las han borrado.
Adivino en sus letras:
"Dii consentes", "Dii adventicii", "Dii anculi", "Dii aquili", "Dii
  caelestis", y el último, "Dii certi".
Huele a mierda y a orines.
El viento agita mis ropas, me despeina, sopla más, más,
más,
casi me quita las ropas,
y el sol compite con él por desnudarme, como en la fábula, brilla,
  brilla, brilla,
el remolón sol pisa mi frente con sus talones sudorosos, caminando
  hacia atrás.
Helio, como el orangután, agarra los barrotes de su jaula, pega el
  cuerpo desnudo a ellos, brama.
Espera que pase junto a él para escupirme saliva ardiente,
un escupitajo de sol sobre la cara,
un escarabajo de oro al resbalar por el cuello al hombro.
Paso a espantar los bichos que comen del cuerpo encadenado de
    Prometeo, como hago todos los días,
y una vez más le desato las cadenas,
y una vez más me insulta iracundo,
haciéndome gestos con su rostro desfigurado, al que los pájaros
  vuelven cada mañana tras los ya comidos ojos, como vuelven las
  moscas, las ratas, los mosquitos que salen de la fruta podrida.
Minerva y Marte han hecho de cartones viejos, salidos no sé de dónde,
  unos naipes, ya astrosos, por los que riñen mientras juegan,
  maldiciendo, envilecidos.
(*Castigar a Artemisa: se entretiene cazando al oso y al gamo. La dejaré*
  sin dos raciones de comida.)
Al caer la tarde,
porque el mundo rueda aunque los dioses sean prisioneros,
una algarabía despierta.
Es la voz de los dioses, espantando el miedo a la oscuridad.
Se acerca la noche.
No cantan con voces profundas.
No es música, ni siquiera palabras repetidas
o algo que dé algún sabor divino al sonido.

No one recalls the place they occupied in pantheon, temple, chapel, or
    cathedral, not even when they die.
Someone, on his arrival, made inscriptions
but the wind and rain deleted them.
I guess at the letters:
"Dii consentes, Dii adventicii, Dii anculi, Dii aquili, Dii caelestis,"
    and last of all, "Dii certi."
There's a stink of shit and piss.
The wind rustles my robes, ruffles my hair, blows more and more
and more,
as if it's stripping off my clothes.
The sun competes with it in baring me, as in the fable, it shines and
    shines and shines,
the idle sun steps on my brow with sweating heels, walking
    backwards.
Helios, like an orangutan, grabs the bars of his cage, presses his
    naked body to them, brays.
He's hoping that I'll walk close enough for him to spit his burning
    saliva on me,
a gob of sun-spit on my face,
a golden beetle as it slides from neck to shoulder.
I walk by to scare away the bugs that feed on Prometheus's enchained
    body, the way I do each day,
and once more I loose the chains
and once more he insults me in a rage,
grimacing with his mutilated face, to which the birds return each
    morning, the eyes already gone, while the flies return, the rats and
    the mosquitoes emerging from the rotten fruit.
Minerva and Mars have manufactured some playing cards out of old
    cardboard that arrived from who knows where. They wrangle over
    them while they play, cursing each other, degraded.
(Note to myself: punish Artemis. She's having fun hunting the bear
    and the fallow deer. Penalty: two days without food rations.)
As night falls,
a hubbub breaks out,
for the world keeps on turning, even though its gods are in captivity.
It is the voices of the gods themselves, scaring off their fear of the dark.
Night approaches.
They are not singing with deep voices.
It is not music, it is not even words repeated
or anything that lends a divine touch to sound.

El que parece león, como león ruge.

El que mono, como tal chilla.

El toro brama, los que semejan hombres gritan y manotean, golpean
    con las manos sus muslos.

El encierro ha apagado el orden y la riqueza, el rigor y el poder.

Antes de continuar con mi rutina de guardiana,

me detengo. Cierro los ojos. Recuerdo:

Conocí épocas mejores.

Fui la flecha viajera, la flama, la embriaguez, el vuelo.

Soñé cosas imposibles.

Visité sitios remotos.

Aprecié sus extrañas construcciones.

En las selvas, los desiertos, las altas mesetas que casi rozan el cielo,
    vieron los ojos parajes que la cordura no podría imaginar, y
    viviendas donde no se concibe mano alguna.

Harta de extravagancias geológicas y de imaginerías malsanas
    (¿es otra cosa la tierra?)

entré a los Campos Elíseos.

Oí hablar a los dioses,

rocé sus cuerpos, los alabé, los admiré.

Fui su voz, su mensajero, el fuego encendido en los templos,

su memoria entre los hombres.

Las casa del amor quedó años vacía.

Decendí por la escalera de Jacob.

Descendí hasta ser cadáver con los muertos.

Respeté el trato matón de cada día.

A veces, alguien venía a desenterrarme,

yo me dejaba hacer, volvía a la vida,

pero al menor descuido,

     "nada es durable".

regresaba a la escalera y

      descender,

      descender,

      correr hacia la tumba fue mi lema.

Respeté así las leyes del hombre y de la mujer.

Fui lista y prudente: una muerta.

Estaba ciega.

Salí. Me guió un cordel de rizos apretados,

lo sentí entre las dos palmas, casi estaba vivo,

      diría que me hablaba,

      que yo rezaba al tomarlo.

The one like a lion, roars like a lion.

The one like a monkey, screams like a monkey.

The bull bellows, the ones in human form call out and wave their hands
and slap them against their thighs.

Imprisonment has extinguished order and richness, rigor and power.

Before continuing my warder's routine,

I halt. I shut my eyes. I remember things.

I once knew better times.

I was the arrow in motion, the flame, intoxication, flight itself.

I dreamed impossible things.

I visited out-of-the-way places.

I held strange building-forms in high regard.

In the jungles and deserts, on the high plateaus that almost graze the
sky, my eyes saw places no sane being could imagine and dwellings
beyond the conception of the human hand.

Weary of geological extravagances and sickly imaginations (Is the
earth anything else?),

I stepped inside the Elysian Fields.

I heard talk of gods,

I touched lightly against bodies, I praised and admired them.

I was their voice, their messenger, the fire kindled in their temples,

their living memory among men.

For years the house of love lay empty.

I climbed down Jacob's ladder.

I climbed down and down till I became a corpse among the dead.

I respected the killer treatment of every day.

At times someone used to come and disinter me.

I let them do what they wanted with me, I came back to life,

but one false move

and nothing lasts.

I would return to the ladder

and down I went,

down I went.

"Hurry to the tomb" was my motto.

In that way I respected the laws of man and woman.

I was sharp-witted and prudent: one of the dead.

I was blind.

But I made my escape. A cord of plaited curls showed me the way.

I felt it between my two palms, it was almost alive,

I'd say that it was talking to me,

that I was praying as I took hold of it.

Lo perdí cuando llevé mis manos a la boca:
no quise que nadie conociera mi alegría,
con mis dedos ahogué la risa y el grito.
Me perdí, sin el cordel, y no estaba más la escalera.
Los ojos cerrados por las escamas de la ceguera, pasé, extendiendo los
    brazos y arrastrando los pies, por tierras húmedas y pedregales
    secos.
Llegué aquí. No me pregunten cómo. Ya no estoy ciega.
Soy la guardiana del Jardín Elíseo,
una vez, estuve adherida a la tierra,
aquella tumba fue mi casa,
le pertenecía y ella a mí.
"El adherirse es fuego, significa cotas de malla, cascos, significa lanzas
    y armas".
Estuve armada, no necesitaba defenderme.
Aquí, casi desnuda, el látigo corto con que hago a un lado a los dioses
    para acercarles su plato no me protege ni me da presencia.
¡Atrás, dioses, ea, aquí viene su comida, atrás!
Soy igual que el polvo que levanta el dios, igual que el escarabajo que
    bajó por mi cuello, porque otro de ellos escupió, y al hacerlo me
    dio forma y lo que llaman espíritu.
Nut y Deméter, diosas madres, creen que están aquí para hacerse
    cargo de mí.
Son el rincón más alegre del Jardín Elíseo.
Conversan, ríen: soy su principal motivo de charla.
Pronto les llegará la desilusión.
Si acaso tuve madre, fue Minerva.
No acepto el abrazo, el cariño, la cercanía o la compasión,
necesito el escudo interponiendo el contacto.
Nut y Deméter insisten en peinarme.
Soy la niña de las diosas madres.
Mientras los otros chillan al sentir llegar la noche, como ya lo
    expliqué, Nut tiende su largo cuerpo en un arco, para jugar a
    proteger con él al mundo.
Yo soy la semilla con que juegan a la protección.
Para ellas dos soy desvalida.
No entienden que yo llevo el alimento, el agua,
que soy de quien depende el rebaño de dioses sometidos.
Cada uno estornuda como dios le ayuda,
quiero decirles, explicarles que aquí se acabó el orden verdadero, que
    las jaulas son lo único con qué fingir, y el encierro la

I lost contact with it when I raised my hands to my mouth:
I didn't want anyone to perceive my joy,
so with my fingers I stifled my laughter and shouts.
Without that cord I went astray. There was no more ladder.
Scales of blindness sealed my eyes and on I went, stretching out my
     arms and dragging my feet across damp earth and dry stony ground.
This is where I came to. Don't ask me how. I am blind no longer.
I am the keeper of the Elysian Garden.
Once I was glued to the earth,
that grave was my home,
I belonged to it and it to me.
(Note: To adhere to a thing is to be fire, it signifies coats of chain mail,
     helmets, it signifies spears and other weapons.)
I was armed, though I didn't need to defend myself.
Here, I am almost naked, and the short whip I use to move the gods to
     one side as I bring them their plates neither protects me nor adds
     to my value.
"Get back, you gods. Hey! Here comes your food. Get back!"
I am no better than the dust the god raises, no better than the beetle
     crawling down my neck, for one or another of them spat and made
     me, gave me a shape and what goes by the name of spirit.
Nut and Demeter, mother goddesses, think they're here to take charge
     of me.
They are the cheerfullest corner of the Elysian Garden.
They converse, they laugh. I am the principal topic of their chatter.
They'll soon be disillusioned.
If I had any mother at all, it was Minerva.
I have no time for hugging, affection, closeness, or compassion.
I need her shield to ward off contact.
Nut and Demeter insist on doing my hair.
I am the mother goddesses' little girl.
While the rest shriek as they sense night approaching, the way I just
     described, Nut extends her long body in an arch, playing at
     protecting the world with it.
I am the seed with which they play their protection game.
They both think I'm in need of help.
They don't realize I bring their food and water,
that I'm the one on whom this herd of dominated deities depends.
"You make your bed; you lie on it,"
I'd like to say to them, my point being that all genuine order is long
     gone, the cages are a one-and-only form of fiction, and captivity is

representación teatral de que aquí alguien manda.

Nut podrá tender el cuerpo arqueado en la jaula, que no es por ella
por lo que el monstruo terrible no nos devora en la oscuridad.

Sin jaulas ni encierro el cielo se volcaría hacia el piso,
y las cosas que ata la tierra se echarían a volar:

       el árbol con todo y raíces haría la constelación vegetal,
       los ejércitos irían armados donde la Vía Lácetea,
       los coches y los edificios estarían donde hoy otras estrellas,
       el agua se agruparía en goterones lerdos que caerían
          indistintamente hacia abajo y hacia arriba, asfixiando al pez,
          al pulpo, a la ballena,
       y las estrellas se romperían contra los planetas, incendiádolos.

Pero si los amantes se vieran a los ojos,
el orden real regresaría, y el poder a los dioses, y la sensatez al
    Cosmos.

Cuando, por ejemplo, un cordel de rizos oscuros regresara a guiarme,
acompañado de un cuerpo que no me abandonara ciega.

Cuando la ceremonia sin fin de la carne abriera una pausa en el Tiempo
(escucha, Cronos, ahora eres imbécil, pero esto te atañe a ti),
una pausa en la que los dioses recuperaran su sentido:

       el rayo regresaría a Zeus,
       la luna a la corona de Ishtar,
       el arco al hombro de Cupido,

Atum-Ra, padre de todos los dioses, escupiría a Su, dios de la luz, y a
Tefnut, diosa de las tinieblas, y Su y Tefnut copularían,
y nacerían Geb y Nut, que a su vez engendrarían a Osiris y a Set, a Isis
y a Neftis.

En los templos de Horus, en los de Amón,
las figuras talladas en piedra cobrarían cuerpo,
echarían a andar sobre la Tierra.

¿Quién conocería entonces a la muerte?

Las palabras esculpidas en los obeliscos se pronunciarían a sí mismas
para acompañar el largor sin ruido de los días.

En las figuras humanas donde no hubo un antes ni un después, se
imprimiría el movimiento, y oiríamos las palabras de Tot y la de
Nabú, dioses de la sabiduría, la escritura y los escribas.

Los dioses volverían a levantar la muralla que roza las nubes.

El dios Enki, en su casa de agua,

Poseidón en el centro del mar,

a theatrical demonstration that somebody is the boss round here.
Nut will be free to spread her arching body in her cage, but she is not
    the reason that the terrible monster does not devour us in the dark.
Without cages and captivity the sky would roll over and fall to earth,
and the things the earth ties down would start to fly:

        the tree with roots and all would form a vegetable constellation,
        armies would go their weaponed routes around the Milky Way,
        cars and buildings would usurp the place of other stars,
        water would cluster into heavy drops and fall indifferently
            upward and downward, suffocating fish, octopus, and whale,
        and stars would smash against planets, searing them to flame.

But if lovers were to look each other in the eye,
a genuine order would return, power be restored to the gods, sense to
    the cosmos.
Then, for example, a rope of dusky curls would come back to guide me,
    together with a body that would not leave me blind.
Then the ceaseless ceremony of the flesh would open up a breach in
    Time (Listen, Cronos,right now you are an imbecile but this
    concerns you.)—
a breach in which the gods would regain meaning:
        the lightning would go back to Zeus,
        the moon to Ishtar's crown,
        the bow to Cupid's shoulder,
Atum-Ra, father of all the gods, would spit on Su, the god of light, and
    Tefnut, goddess of the dark, and Su and Tefnut then would
    copulate
and bring to birth Geb and Nut, who in their turn would beget Osiris
    and Set, Isis and Neftis.
In the temples of Horus and those of Ammon,
the figures sculpted in stone would take on flesh
and start to walk across the Earth.
Who would then know death?
Words carved into obelisks would pronounce themselves
as company for the noiseless length of days.
On human figures where once there was no before or after movement
    would impress itself, and we would hear the words of Tot and
    Nabu's word, the gods of wisdom, writing, and scribes.
Once more the gods would raise a wall to graze the sky.
The god Enki in his house of water,
Poseidon in the ocean's core,

darían órdenes a los peces para que dejen la danza bestial en que se
han enfrascado, envenenados por los gases hilarantes y otras armas
químicas, arrojadas al fondo del mar de Irlanda después de la
Segunda Guerra.

Los templos volverían a tener muchos nombres: "casa de la
omnipotencia", "casa del toro de la región", "casa del fundamento
del cielo y la tierra".

"Cada día — rezarán los hombres — debes rendir homenaje a un dios,
oración, incienso. La suplicación, la plegaria y la posternación se
las rendirás cada mañana y él te concederá tesoros y, en la
abundancia, triunfarás gracias al dios", como está inscrito en una
tablilla de la antigua Eridu.

Este Jardín no será el Elíseo.

Aquí crecerán las plantas aromáticas con que se perfumarán las
mujeres antes de ir a las ceremonias de los templos.

Aquí crecerán las flores de la alucinación,

la canela que sazona los guisos,

la camomila, que tranquiliza el ánimo,

la ignacia que cuida el sueño.

Los dioses no guardarán memoria de su encierro.

Los lunáticos recorrerán las calles, cantando himnos extraños

y en algún lugar se celebrará una fiesta donde dos cuerpos desnudos,
asidos al cordel de rizos apretados, compartirán la dicha de la
cópula, la risa de la dicha y un secreto.

La furiosa piraña del llavero regresará al Orinoco.

¡Fanteseo! Por el momento, nada devuelve a los dioses su territorio.

El dios de la creación bosteza, pues no hay nada qué hacer.

El de la lluvia dormita.

El de la noche quisiera leer mis pensamientos, para distraer su
aburrimiento con lo que sea, está más que harto de tanto verme.

Yo quisiera dormir y tener otras visiones en las que no fuera yo la
celadora del Jardín Elíseo, ni mi cuerpo caminara entre el polvo y
el sol con pocas ropas.

Mis dioses demandan atención. Tienen hambre. Es insoportable el
olor de los orines.

Aviento a la bruta de la falda de serpientes el plato para que lo
derrame.

Me cuido de la tarascada de otro que ha perdido hasta el nombre.

Reparo una reja que ha lastimado el viento.

Thor, Perseo, Heracles y la Corte Celestial se han enfrascado en un
remedo de batalla imbécil.

would issue orders to the fish to quit their bestial, all-absorbing
   dance, toxic with laughing gas and other chemical weapons tossed
   to the depths of the Irish Sea after World War Two.
Temples would again have many names: house of omnipotence, house
   of the local bull, house of earth's and sky's foundation.
"Every day"—men will preach—"thou must render homage to a god,
   prayer and incense. Supplication, orison, prostration thou wilt
   render them each morning and he will grant thee treasures and
   thou in thy abundance shalt prevail, all thanks to the god," as is
   written on the tablet of ancient Eridu.
This Garden will no longer be Elysian.
Here will blossom aromatic plants for women to perfume themselves
   before attending temple ceremonies.
Here will bloom the flowers of hallucination,
cinnamon to season dishes,
chamomile to calm the spirit,
valerian to protect our sleep.
The gods will keep no memory of their captive days.
Lunatics will range the streets, chanting strange hymns,
and in some spot we'll celebrate a feast where two bare bodies, clinging
   to the rope of plaited curls, will share the joy of copulation, the
   laughter of joy, and a secret.
The ferocious piranha in my key chain will return to the Orinoco.
I fantasize! For the moment nothing will restore their territories to the
   gods.
The god of creation is yawning, for he's got nothing to do.
The rain god is taking a nap.
The god of night would like to read my thoughts, to drive away his
   boredom with the state of things. He's more than fed up with
   seeing me so much.
I'd like to sleep and enjoy other visions, ones in which I was not
   keeper of the Elysian Garden, where my body did not walk between
   the dust and sun, clad in scanty garments.
My gods demand attention. They're hungry. The stink of urine is
   unbearable.
I toss a plate to the brute with the skirt of snakes, so she can spill its
   contents,
I watch out for the bite of another who has even lost his name.
I repair a grating that the wind has damaged.
Thor, Perseus, Heracles, and the Celestial Court are engrossed in a
   stupid play-fight.

Las cabezas tonsuradas, las alas, los torsos desnudos, los mantos en
    desorden, riñen sin recordar por qué, apeñuscados frente a los
    barrotes de sus jaulas, como frisos de yeso, pisoteando la biblia,
    sus auras doradas y las coronas que suelen acarrear solemnes, en
    actitud de entrega, con los brazos extendidos.
La Virgen los mira consternada, cambiando a sus mil formas,
    literalmente desencajada, pasando de un rostro al otro: Virgen de
    Covadonga, Virgen de las Mercedes, Virgen Dolorosa, Virgen de la
    Ternura, Concepción Inmaculada.
Lanzo sobre los que pelean un chorro de agua helada; abandonan
    todo ánimo guerrero; regresan a los rincones de las jaulas.
La Virgen sigue cambiando su aspecto, Torre de Marfil, Asunción,
    Candelaria, oh Virgen entre las vírgenes, quédate en una forma,
    siquiera por un momento.
Agito la maraca de la imaginación de vez en cuando.
Provoco algún recuerdo:
yo fui quien deseó la protección de los dioses,
quien respetó sus ritos.
Yo amé el pan y el agua simple en el cuerpo de un hombre, la honesta
    sencillez del cariño.
No descendí a la tumba, cuando se dice que los dioses mordieron
    el polvo, que un cuchillo les cortó las coyunturas y mochó el hilo de
    la risa.
No pude ser quien tuvo el cuerpo enterrado
y después prisionero, cuando su corazón volvió a la vida.
Yo no fui quien repitió las palabras del Libro de los muertos para
    impedir que le arrebataran el corazón en el mundo subterráneo:
        "¡Retrocede, mensajero de todo dios! ¿Vienes en busca de
        este corazón mío vivo? Pues no lo recibirás."
No es mi sangre la loca tentona que quiere robar a la punta de las
    raíces, de tanto tocarlas, el secreto de la oscuridad,
ni mío el guerrero musculoso que más allá palpita, llamando a la
    ebriedad y la exaltación.
Pido serenidad. Evoco el agua del pozo y el paso de la hoja al caer.
Así he sido siempre, el imán para la calma.
Di de beber al colibrí sin engañarlo, abriendo la boca cuando se
    acercaba a mí; con mi baba habló, enseñó a los otros pájaros la
    canción más suave que has oído.
Me sujeto a esa memoria. No la debo dejar abandonarme.
El pan, el agua, la hoja del ciruelo cayendo, el eucalipto y el
    hueledenoche me detienen.

The shaven heads, the wings, the naked torsos, the mess of cloaks,
  they wrangle without recalling why, pressed up against the bars of
  their cages, like plaster friezes, trampling on the Bible, on the
  golden halos and the crowns they once wore with solemnity, their
  arms stretched out in attitudes of selflessness.
The Virgin watches in dismay, adopting a thousand shapes: Virgin of
  Covadonga, Virgin of Mercies, Virgin of Sorrows, Virgin of
  Tenderness, Immaculate Conception.
I fling a shower of freezing water over the scrapping gods; they abandon
  their pugnacious poses and retire to the corners of their cages.
The Virgin keeps on changing her appearance, Tower of Ivory,
  Assumption, Candelabra, O Virgin among virgins, stay in one
  shape, even if only for a moment.
I shake my imagination, like a rattle, once in a while.
I stimulate a memory:
I was the one who wanted protection from the gods,
and honored their rites.
I loved the bread and water of a man's body, the honest simplicity of
  love.
I did not go down to the grave, when rumor said the gods had bitten the
  dust, that a knife had severed their joints and truncated the thread
  of their laughter.
I couldn't have been the one whose body was buried
and later imprisoned, when its heart came back to life.
It wasn't I who repeated the words of the Book of the Dead to stop
  them snatching away her heart in the underworld:
    "*Retreat, you messenger of all our days! Do you come*
    in search of my living heart? Well, it's not for you."
My blood is not the groping fool who wishes to yank out by the roots,
  so often fingered, the secret of the dark
nor is he, for me, the muscular warrior who throbs beyond, summoning
  us to intoxication and ecstasy.
Serenity is what I seek. I call upon the water in the well and the
  passage of the leaf that falls.
That's what I've always been, a magnet for tranquillity.
I gave the hummingbird a drink without deceit, opening my mouth as
  he drew close; with my spittle he spoke and taught the other birds
  the gentlest song you ever heard.
I attach myself to this memory. I must not let it leave me.
Bread, water, falling leaf of cherry tree, eucalyptus, and night-scented
  stock detain me.

No viví bajo la tierra.
No soy la que cuida del Jardín Elíseo.
Los dioses no están aquí enjaulados, ni han esposado a dos para
    infligirles castigo por su rebeldía.
No tengo el llavero. No alimento a ninguno.
Lo que pasa aquí queda fuera de la vista.
No son dioses los que emiten estos gritos imbéciles, los que braman
    y rugen.
A ruidos necios, oídos sordos.
Ante el Jardín Elíseo, anteponer ojos ciegos, tacto y olfato muertos,
e imaginar, imaginar,
subirse al ave enorme de los sueños para habitar por un momento el
    rincón de mansedumbre.
¿O será que soy ciega,
que la visión de los dioses encerrados y expuestos
es pura imaginación enferma?
¿Que no soy la guardiana, que no estoy a mi vez encerrada,
que a trompicones recorro tierras desconocidas
o una ciudad bestial y gigantesca?
¿Que los dioses me salvan en cada semáforo de la muerte gratuita,
mientras los alucino encerrados,
porque no soporto el mismo cuerpo muerto que tuve bajo tierra,
ahora caminando en la superficie?
¿Por qué no seguí siendo flecha pura,
deseo sin objeto,
el sin ton ni son,
la de las sábanas revueltas,
la toda ojos,
ojos que no miraban sino el silencio o el tronchadero de cabezas,
cuando fui barbazula dueña de los cuerpos locos,
anónimos porque no tenían rostro?
¿Vagaré con el alma diminuta,
estrangulada por la reata imbécil que en vez de invitar al salto desea
    la pertenencia?
Porque soy como el hacha que ama cortar la cabeza
y como el peine que gusta acomodar el cabello.
Soy dos sonidos que no pueden estar al mismo tiempo
y un cuerpo desarticulado, con las partes todas fuera de lugar.
Eso no tiene importancia.
¿Dónde están, dioses?
¿Ustedes son los seres enjaulados que veo frente a mí,

I did not live beneath the earth.

I am not the woman who tends the Elysian Garden.

The gods are not in cages here, nor are two in handcuffs as punishment
for insubordination.

I own no key chain. I offer food to none.

What happens here remains out of sight.

Those are not gods who let out idiotic screams, who bellow and roar.

These mindless noises deserve a deaf ear.

Faced with the Elysian Garden, one dons blind eyes, extinguishes
touch and smell,

and imagines and imagines,

soaring aloft to the giant bird of dreams to live a moment in
sequestered gentleness.

Or can it be that I am blind?

that this vision of gods caged and on display

is merely my imagination fallen sick?

Can it be I am no keeper, that I am not imprisoned in my turn,

that I stumble through lands unknown

or a bestial city of titanic size?

Do the gods save me, every time unwarranted death signals its approach,

while I hallucinate their captive state,

because I cannot bear the selfsame dead body I had beneath the earth,

now that I walk upon its surface?

Why didn't I stay pure arrow,

desire without object,

devoid of rhyme and reason,

she of the rumpled sheets,

she who was all eyes,

eyes that watched only the silence or the splitting open of heads,

when I was bluebeardy mistress of crazed bodies

that had no name because they had no face.

Shall I wander with diminished soul,

strangled by the idiot rope that, instead of urging me to leap, yearns
to belong?

Because I am the ax that loves to chop the head,

the comb that likes to dress the hair,

I am two sounds that cannot coexist

and a body out of joint, each part dislocated.

This is a matter of no importance.

Where are you, you gods?

Are you the caged-up beings I see in front of me?

o mis protectores,

los que impiden que caiga del puente o al pozo,

los que me guían sin tropezar?

¿Las escamas de la ceguera han adquirido la desgraciada calidad de
invención, haciendo del mundo la jaula, la torpe y triste verdad del
Jardín Elíseo?

Pellízquenme dioses si así es, para despertar del mal sueño.

Háblenme claro al oído, defiéndanme de mí, aclaren mi cerebro,
erradiquen el mal sin fin de las visiones.

De paso, denme la dicha de matarme completa,

no me dividan más entre la tumba y el aire libre, entre la alucinación y
la lucidez.

Háganme un cadáver cien por ciento. Otórguenme la locura,
despegada de toda realidad, de los muertos.

Yo les seré leal. Los obedecerán aún muertos mis huesos y más tarde
el polvo que llegarán a ser mis riñones y mis dos erguidas tetas.

Mátenme ahora, dioses, se lo suplico.

Por los braseros que encendí en los templos,

por el fervor con que hablé ante los hombres de ustedes, dioses,
concédanmelo.

Pero la visión del Jardín Elíseo tiene la apariencia de lo real, y yo no
pude haber sido capaz de inventarla. Éste es el Jardín Elíseo.

Aquí estoy, celadora y prisionera.

Aquí está frente a mí Theiuth, en la jaula contigua las tres Parcas, mas
allá Perséfone, y al final del pasillo Mahoma, que no deja de
hablar.

Otra vez me finjo libre:

soy el ala que se acerca al fuego...

Sensata, guardiana, deja de flotar un momento; mira dónde estás, haz
algo por ti.

¿No te basta ver pelechar a Júpiter, ni las llagas de Pan, cuya piel
necesita sol y aire puro, ni la secuela de la gordura en el otrora
perfecto Dionisio?

¿No es suficiente la tristeza de Argos,

—"*una sola noche cubre tus cien ojos,* Panoptes"—,

para derrocar la gratuidad de las visiones?

Haz algo, guardiana.

Por ejemplo, desea la llegada del cordel, invócalo.

Háblale: "He aherrojado para ti a los diablos de Set, he destozado a
las bestias castradas. Quiero ser la cosechadora de almas. Ven.
Ven. Róbame de aquí. Permite que los dioses se exalten a causa de

Or are you my protectors,
who stop me falling from bridge or well-rim,
who save my steps from stumbling?
The scales of blindness have brought the curse of cheap invention,
     turning the world into a cage, the slack, sad truth of the Elysian
     Garden.
Pinch me, you gods, if this is so, to wake me from my evil dream.
Speak clearly into my ear, protect me from myself, clarify my brain,
     root out the ceaseless vices of my visions.
And, along the way, grant me the grace of my total killing,
do not divide me between grave and open air, between hallucination
     and lucidity.
Make me a corpse one hundred percent. Bestow on me the madness of
     the dead, detached from all reality.
I shall be loyal to you. My bones, though dead, shall be your slaves and
     later the dust that one day will form my kidneys and my erected
     breasts.
Kill me now, you gods, I beg you.
By the braziers that I kindled in your temples,
by the fervor with which I spoke of you to men, you gods, grant me this.
But the vision of the Elysian Garden has all the appearance of reality.
     I was not capable of inventing it. This is the Elysian Garden.
Here I am, jailer and prisoner both.
Here in front of me stands Theuth, in the adjacent cage the three Fates,
     beyond them Persephone, and at the hallway's end, Mahomet, who
     never stops talking.
One again I imagine myself free:
I am the wing that approaches the fire...
Sensible warder, stop floating for a moment: see where you are, do
     something for yourself.
Isn't it enough to see Jupiter molting or Pan with his sores — his skin
     needs sunlight and pure air — or the consequences of obesity in the
     once-perfect Dionysus?
Isn't it sufficient to see the sadness of Argos,
     — *"For just one night cover your hundred eyes,* Panoptes" —
     to prove your visions are not vain?
Do something, warder.
For instance, wish for the arrival of the cord, invoke it.
Speak to it: "For you I have put in fetters the devils of Set, I have
     destroyed the castrated beasts. I wish to be the harvester of souls.
     Come. Come. Steal me away from here. Let the gods use their

sus cetros, que sean el ayer y sean el mañana, que en sus carnes se
advierta que habitaron en el cielo antes de que existiese la tierra,
los montes y el agua. Ven."

Escuchando mi imploración, regresará por mí, seré ciega, me
romperé en mil pedazos, seré luz, seré agua, cualquier cosa. La
arena.

"Adiós, Jardín Elíseo — diré —, exististe una vez porque la aberración
comandó el universo. Le ha llegado su hora porque han regresado
la miel y la abeja. Adiós, Jardín Elíseo, adiós."

¡Ah, ilusa guardiana!, ¿cómo puedes creerme?

¿Tú llamaste, cuando llegó por ti bajo la tierra?

¿Con qué boca le hablaste, si eras cadáver mudo?

Los dioses dieron la orden para salvarte,

pero ahora fablan insensateces, sus palabras son mohínes o quejidos.

Los dioses no son lo que son.

No esperes, guardiana, no pidas.

Allá tu guerrero corazón y tu sangre violenta dan fuerzas al cuerpo
que hoy gobierna al cordel.

> —¿Te sientes bien?

> —Ay, paso la más feliz de las semanas — dirá.

> —Qué bien que no lo escuchas — me digo —, porque te echarías a
llorar sin pensar en el ridículo de la bella guardiana en
escasas ropas, alzadas por el viento a cada paso, la poderosa
que cuida de los dioses, chilleteando en nombre de un cuerpo
que no es el de ella.   .

¿Quién puede hacerme falta?

Aquí está Zeus. Aquí Jehová, aquí el Profeta y Buda.

En las noches, Aquiles y Héctor visitan mi cama, y otros a los que no
quiero nombrar por discreción.

Nadie de ellos sospecha que pienso lo que aquí digo.

Mis ojos echan chispas, mis pies perfuman las sandalias, soy bella
porque los años bajo tierra me han dado lo que tienen la azucena y
el jazmín, porque cuidé mi piel rodeándola de los gusanos, los
ciempiés, las cochinillas, porque el barro me tiñó por años las
mejillas. Porque fui Ofelia ahogada en tierra.

No espero, no pido.

Atiendo mi rutina complicada.

Alimento al tigre. Espanto a las ratas.

Doy de comer a la cabeza de elefante, al cuerpo de doce brazos, al
roto en trozos.

Soporto el zumbar continuo que proviene de los ángeles enjaulados,

scepters to raise themselves high and be both yesterday and
tomorrow, and let it be marked in their flesh that they dwelled in
the heavens before the birth of land, mountains, and water. Come."
Hearing my supplication, it will come back for me, I shall be blind, I
shall shatter myself into a thousand pieces, I shall be light, I shall
be water, each and every thing. The sand.
"Farewell, Elysian Garden," I will say, "you once existed because an
aberration ruled the universe. Your time has come, for the bee and
the honey have returned. Farewell, Elysian Garden. Farewell."
Oh, you self-deceiving warder! How can you believe me?
Did you call, when it went to you beneath the earth?
With what mouth did you speak, if you were a voiceless corpse?
The gods gave the order to save you,
but now they babble nonsense, their words are sulks and whines.
The gods are not what they are.
Do not hope, warder, do not ask.
There your warrior heart and violent blood lend strength to the body
that today controls the cord.
  — "Do you feel well?"
  — "Oh, I'm spending the happiest of weeks here," it will say.
  — "Lucky for you you are not listening," I tell myself, "for you
    would burst into tears, not realizing how ridiculous is the
    beautiful warder in her scanty clothes, lifted by the wind at
    every step, the woman of power who guards the gods,
    squawking in the name of a body that is not her own."
Whom have I need of?
Here is Zeus. Here Jehovah, here the Prophet and Buddha.
In the night Achilles and Hector visit my bed, and others whom I do
not care to mention, out of discretion.
None of them suspect I think a word of what I'm saying here.
My eyes flash sparks, my feet perfume my sandals, I am beautiful
because my years beneath the earth have given me what sugar and
jasmine possess, for I cared for my skin, wrapping it in maggots,
centipedes, cochineals, for over the years the clay stained my
cheeks. Because I was Ophelia suffocated in earth.
I neither hope for things nor ask for them.
I attend to my complex routine.
I feed the tiger. I scare off rats.
I give food to the elephant's head, to the body with twelve arms, to the
one shattered to pieces.
I tolerate the nonstop buzzing from the angels in cages,

la burla y el desprecio de los malignos,
la sumisión ofensiva de los otrora poderosos,
al demonio rastrero,
la súplica pegajosa de una diosa horrenda,
la belleza humillada de otra,
la sangre, las orines, la mierda de los dioses,
los platos sucios,
las pieles deslucidas y enfermas,
el sofoco de un viento removiendo su encierro polvoso,
el enojo y la sed de venganza que campea entre ellos.
El silencio y la eternidad me esperan. En el Jardín Elíseo, ellos son
    mi casa.

the mockery and contempt of the malign ones,
the disgusting abjection of the one-time powerful,
the creeping demon,
the clammy supplication of a frightful goddess,
the debased beauty of another,
the blood, the urine, the shit of gods,
the filthy plates,
the lackluster, sickly skins,
the stifling wind that stirs the dusty prison,
the rage and thirst for revenge that settles on them.
Silence and eternity await me. In the Elysian Garden, they are my home.

CORAL BRACHO

MEXICO CITY, 1951 · Coral Bracho is author of six books of poems. Her early books are now considered literary landmarks — *Peces de piel fugaz, El ser que va a morir, Bajo el destello líquido,* and *Tierra de entraña ardiente,* in which she collaborated with painter Irma Palacios — and are gathered in the volume *Huellas de luz.* Her most recent book is *La voluntad del ámbar.* Among her grants and prizes are the Aguascalientes National Poetry Prize in 1981 and a Guggenheim fellowship in 2000.

Coral Bracho translated by Suzanne Jill Levine and Mónica de la Torre

En esta oscura mezquita tibia

Sé de tu cuerpo: los arrecifes,
las desbandadas,
la luz inquieta y deseable (en tus muslos candentes la lluvia incita),
de su oleaje:
Sé tus umbrales como dejarme al borde de esta holgada, murmurante,
mezquita tibia; como urdirme (tu olor suavísimo, oscuro) al calor de
    sus naves.
(Tus huertos agrios, impenetrables) Sé de tus fuentes,
de sus ecos maduros y turbios la amplitud luminosa, fecunda;
de tu sueño espejeante, de sus patios:

Basta dejar a su fuego nocturno, a sus hiedras lascivas, a su jaspe
    inicial:
las columnas, los arcos;
a sus frondas (en un rapto suave, furtivo).
Basta desligarse en la sombra — olorosa y profunda — de sus tallos
    despiertos,
de sus basas vidriadas y suaves:

Distendida, la luz se adentra, se impregna (como un perfume se adhiere
a los limos del mármol) a este hervor habitable; en tus muslos su
    avidez se derrama:
En sus nichos, en sus salas humeantes y resinosas,
deslizar. Vino, cardumen, manto, semillero:
este olor. (En tu vientre la luz cava un follaje espeso que
difiere las costas, que revierte en sus aguas)

In This Warm Dark Mosque

I know of your body: the reefs,
the scattering flocks,
the restless, desirable light (on your burning thighs incited by the rain)
of your waves:
I know your thresholds as if leaving myself on the edge of this roomy,
    murmuring,
warm mosque: as if weaving myself (your gentle dark smell) into the
    heat of its naves.
(Your sour impenetrable orchards) I know of your fountains,
of the luminous, fecund expanse of their ripe and turbulent echoes,
of the patios of your shining sleep:

Leaving its nocturnal fire, its lascivious ivy, its veined marble:
the columns, the arches;
its fronds (in a gentle furtive rapture).
Releasing oneself in the shadow — fragrant and profound — of its lively
    reeds,
of the glassy, gentle base of its columns:
Slackened, the light moves inside, impregnating itself (like a perfume
    clinging
to the lime of the marble) to this inhabitable seething; upon your
    thighs its eagerness spills:
in its niches, in its smoking and resinous rooms,
sliding. Wine, fish, mantle, seedbed:
this smell. (In your belly the light opens a thick foliage that
Extends the coasts, that returns in its waters)

Recorrer
(con las plantas ungidas: pasos tibios, untuosos: las faldas rozan en la
    bruma)
los pasajes colmados y palpitantes; los recintos:

En las celdas: los relentes umbrosos, el zumo denso, visceral; de tus
    ingles:

(En tus ojos el mar es un destello abrupto que retiene su cauce
—su lengua induce entre estos muros, entre estas puertas)
en los pliegues,
en los brotes abordables;
                        Entregada al aroma,
a los vapores azulados, cobrizos; el roce opaco de la
piedra en su piel.

Agua que se adhiere, circunda, que transpira—sus bordes mojan
    irisados—que anuda
su olisqueante y espesa limpidez animal. Médanos, selva, luces; el mar
    acendra.
        Incisión de arabescos bajo las palmas. Vidrios. La red
de los altos vitrales crípticos. Lampadarios espumosos. Toca con el
    índice
el canto, los relieves, el barro (en la madera los licores se enroscan, se
    densifican,
reptan por los racimos alveolados, exudan);
el metal succionante de los vasos, el yeso, en el granito;
con los labios (lapsos frescos, esmaltados, entre la tibia, voluptuosa,
    ebriedad);
los mosaicos, la hiel
de las incrustaciones.

        La mezquita se extiende entre el desierto y el mar.

            En los patios:

    El fulgor cadencioso (rumores agrios) de los naranjos; el sopor
        de los musgos, los arrayanes.

Desde el crepúsculo el viento crece, tiñe, se revuelve, se expande en la
    arena ardiente, cierne

Traveling over
(with anointed plants, warm, oily steps: skirts brush in the mist)
the filled, palpitating passages, the enclosures:

In the cells: the shady dew, the dense, visceral juice of your groin:

(In your eyes the sea is an abrupt twinkling held back by its crevice
—its tongue sways between these walls, between these doors)
into the folds,
into the accessible buds;
                        yielding to the fragrance,
to the blue, coppery vapors, the opaque brushing of the
stone on your skin.

Water that cleaves, encircles, oozes—its rainbow-wet edges—that
    joins its sniffing, thick
animal limpidity. Dunes, jungle, lights filtered by the sea.
        Incision of arabesques beneath the palms. Glass. The net
of high cryptic stained-glass windows. Foamy floor lamps. Touch with
    the forefinger
the blunt edge, the reliefs, the mud (in the wood the liqueurs coil,
    become dense,
slither down the honeycombed clusters, oozing);
the sucking metal of glasses, the plaster, in the granite
with lips (fresh enameled lapses, amid the drunken voluptuous
    warmth);
the mosaics, the bile
of the inlays.

        The mosque stretches between the desert and the sea.

            In the patios:

    The lilting splendor (sour murmur) of the orange trees; languor
        of the moss, the myrtles.

From twilight the wind grows, tints, tosses and turns, expanding in the
    burning sand, sifting

entre las ebrias galerías, su humedad. Aceites hierven y modulan las
   sombras
en los espejos imantados. Brillo metálico en las paredes, bajo los
   ígneos dovelajes.

(Agua: hiedra que se extiende y refleja desde su lenta contención;
   ansia tersa, diluyente)

—Entornada a las voces,
a los soplos que cohabitan inciertos por los quicios—Hunde en esta
   calma mullida,
en esta blanda emulsión de esencias, de tierra lúbrica; enreda, pierde
   entre estas algas;
secreta, hasta la extrema, minuciosa concavidad, hasta las hégiras
   entramadas,
bajo este tinte, la noción litoral de tu piel. Celdas,
ramajes blancos. Bajo la cúpula acerada. Quemar (cepas, helechos,
   cardos
en los tapices; toda la noche inserta bajo ese nítido crepitar) los
   perfumes. Agua
que trasuda en los cortes de las extensas celosías. (Pasos breves,
   voluptuosos.) Peldaños;
Azul cobáltico; Respirar entre la hierba delicuescente, bajo esta losa;
   Rastros secos, engastados; Estaño
en las comisuras; sobre tus flancos: Liquen y salitre en las yemas.
De entre tus dedos resinosos;

Peces de piel fugaz

El borde es una boca finísima, una escisión aguda y deslumbrante—el
negro como una forma de luz que marca orillas, espacios entorpecidos,
fuegos limítrofes—. A medida que avanzo el agua cambia.

La fiesta estaba impregnada de pequeños monos inabordables. Alguien
incrustó sobre el lodo una estructura cuadriculada de ramas huecas y
fue como abrir un espejo a las ansias de nado.

amid the drunken galleries, their dampness. Oils churn and modulate
    the shadows
in magnetic mirrors. Metallic shine on the walls, under the fiery
    wedges.

(Water: ivy stretching and reflecting from its slow retention, terse
    diminished yearning)

—Tilting toward the voices,
toward the breathing hinges they cohabit with uncertainty—Sinking
    into this fluffy calm,
into this soft emulsion of essences, of lewd earth. Entwined, lost
    among these algae,
discreet in its most meticulous concavity, in its woodwrought hegiras,
beneath this hue, the coastal notion of your skin. Cells,
white branches. Under the waxed dome, burning (grapevines, ferns,
    thistles
in the tapestries; the whole night inserted beneath that crystal-clear
    crackling) perfumes. Water
perspiring in the cracks of the extended shutters. (Brief, voluptuous
    footfalls.) Steps;
cobalt blue. Breathing amid the gushing grass, beneath this tile, dry
    worn traces, tin
in the corners of your lips, on your flanks; lichens and saltpeter on the
    tips of your resinous fingers.
And between them.

— S.J.L.

Fish of Fleeting Skin

Its edge is a very fine mouth, a sharp and brilliant division—the black
like a form of light that marks shores, befuddled spaces bordering fires.
As I advance the water changes.

The fiesta was impregnated with little inapproachable monkeys. Some
grafted onto the mud a structure of hollow branches intersecting in
squares and it was like opening a mirror to the anxieties of swimming.

Todo se esparece en amarillos. Los monos saltan.

Antes, cuando miraba el tiempo como se palpa suavemente una seda, como se engullen peces pequeños. El sol desgajaba del aire haces de polvo.

Es un espacio abrupto pero preciso; a partir de entonces los árboles. Hacia abajo las ganas irrefrenables.

Los monos, como dijeron todos, eran salvajes; cuerpecillos tirantes y amarillentos. El juego era portentoso, desarraigado; las manos llenas de lodo.

El agua brilla, pez lento y adormecido; en sus ojos la noche es un impulso vago y oscilatorio, una tajada oscura, borde brevísimo, lo delinea.

Pero empezar aquí con el consuelo de ver a todos enardecidos, y mirar de improviso sus dedos híbridos, infantiles.

Vocecitas hirvientes que revientan desiertas.

Al margen hay un abismo de tonos, de nitidez, de formas. Habría que entrar levemente, oscuramente en ese instante de danza.

Hay una grieta aquí, en este lapso. En la cueva las raíces se adhieren con fanática astucia, las ramas se desdoblan con gracia.

Es en vez de morder la espesura reciente, o separar las sombras — espumosas y leves — con un esguince de fauno. De cerca, llueve.

Atrás los paraguas se extienden sobre las olas. Los hay de colores lentos y de formas hirientes. Las horas se arremolinan. Y tengo fe, porque así como dicen de los estanques.

Pequeños peces de hiedra tornasolados.

Había gatos, insectos, tigres; y cuando quisieron abrir las puertas, y todo, desde el templo de entrada estaba concentrado en dos líneas; dos fragmentos de feria.

Bailan en las orillas.

Everything scatters in yellows. The monkeys leap.

Before, when I looked at how time gently touches a piece of silk, how little fish are gulped down. The sun disengaged from the air bunches of dust.

It's an abrupt but precise space; where the trees begin. Downward uncontrollable longings.

The monkeys, as everyone said, were savage: taut and yellowish little bodies. Their play was prodigious, uprooted, their hands filled with mud.

The water shines, slow and sleepy fish; in their eyes night is vague and oscillating, outlined — a thin mouth — by a dark slice.

But to begin here with the consolation of seeing them all inflamed, and to look suddenly at their hybrid, childish fingers.

Piping boiling voices that burst deserted.

On the border an abyss of tones, of sharp clarity, of forms. One should enter lightly, darkly that instant of dance.

There's a crack here, in this lapse. In the cave roots stick with fanatic cunning, branches bend gracefully.

Instead of biting the recent thickness, or pushing aside the foamy light shadows with a faun's disdainful gesture. Nearby, it rains.

Behind, the umbrellas stretch over the waves. Their colors are slow and their forms piercing. The hours whirl. And I have faith, because that's how they speak of the pools.

Small ivy iridescent fish.

Cats, insects, tigers: when they tried to open the doors, all, from the temple, were immediately concentrated in two lines: two bazaar fragments.

They dance on the shores.

Y retroceden, porque asomarse es la atracción sin muelles. Donde apoyar la calma de mirar desde lejos sin arriesgar el tacto.

Son alusivos los desenlaces. Las sombras se abren a veces lentamente. Región umbral de nostalgias reblandecidas, de palabras limpias y secas.

Pero es la tierra de sal. Nadie que vuelva o que mida. Agua que drena en la certidumbre y en el olvido remansos breves de mar.

Queda entonces tan lejos. Y sus manitas flacas y frías como una aguda destreza emergida de espacios inexpugnables.

De aquí, los troncos y la maleza brillan su nitidez intacta. Virgen que exhala una cadencia tibia y ensimismada. Los peces saltan.

Los monos saltan. En el fondo la luz se angosta y los cuerpos empequeñecen. Entonces se desprende la asfixia; una sed amplia y albuminosa.

Beben pausados sorbos de té.

Y si uno hunde la cara para ver más de cerca.

También rastrearon las carpas. El circo; toda la orilla era como un incendio, los animales se escurrieron en zanjas y plataformas.

Para sostenerse, tal vez. Lo difícil. A veces sus irrupciones abren un espacio naranja.

Es hermoso palpar entonces las aguas. El cielo se reconcentra en azules profundos. Los verdes crecen hasta tocarlas.

Estira sus bracitos elásticos en un giro aliviante.

Las raíces inhalan. Basta deslizar poco a poco los dedos sobre las rocas para saberlas lisas y despobladas. Árboles de cristal.

Y es el instante de inusitar la lancha por la quilla y deslindar el filo. Los dedos largos y finos.

Sus ojos límpidos.

They hold back, because peering over is attraction without docks. Where to lean one's calm looking from afar without risking touch.

The outcome is allusive. Shadows open sometimes slowly. Threshold region of softened nostalgias, of clean and dry words.

But it's the land of salt. Nobody returns or measures. Water that drains in certainty and in oblivion brief sea backwaters.

Remaining distant, then. And their tiny slender cold hands like a sharp agility emerge from impregnable spaces.

From here, the tree trunks and underbrush shine their intact clarity. Virgin exhaling a warm, self-absorbed cadence. The fish leap.

The monkeys leap. At the bottom the light narrows and bodies grow small. Then asphyxia is released: a full albuminous thirst.

They drink leisurely sips of tea.

And if you lower your face to look closer.

They also dragged the tents. The circus: the whole shore was like a fire, the animals trickled in trenches and on platforms.

To hold themselves up, perhaps. The difficult part. Sometimes their irruptions open an orange space.

It's beautiful to touch the waters then. The sky gathers in deep blues. The greens grow till they touch the waters.

He stretches his elastic little arms in a relieving whirl.

The roots inhale. It's enough to slide one's fingers slowly but surely over the rocks to know that they are smooth and uninhabited. Glass trees.

And it's the moment to estrange the boat from its keel and to set limits to the edge. Long and slender fingers.

Those limpid eyes.

Este estupor de seda que se derrama. Pero empezar aquí.

La fiesta — sombra finísima — lenta. De la cueva se desprenden sus voces
como suaves racimos. Piedras jugosas. Desde el zumo del circo.

Y es el instante; pero empezar aquí. Sus ojos ávidos, insondables. En sus
bordes escuetos, las voces, las aguas cambian. Peces de piel fugaz.

Desde esta luz

Desde esta luz en que incide, con delicada
flama,
la eternidad. Desde este jardín atento,
desde esta sombra.
Abre su umbral al tiempo,
y en él se imantan
los objetos.
Se ahondan en él,
y él los sotiene y los ofrece así:
claros, rotundos,
generosos. Frescos y llenos de su alegre volumen,
de su esplendor festivo,
de su hondura estelar.
Sólidos y distintos
alían su espacio
y su momento, su huerto exacto
para ser sentidos. Como piedras precisas
en un jardín. Como lapsos trazados
sobre un templo.

Una puerta, una silla,
el mar.
La blancura profunda,
desfasada
del muro. Las líneas breves
que lo centran.
Deja el tamarindo un fulgor

This silken languor that spills over. But to begin here.

Slow—thin mouth—fiesta. From the cave their voices are released like gentle clusters. Juicy stones. Seeping from the circus.

And it's the moment; but to begin here. Those avid, unfathomable eyes. On their thick edges, the voices, the waters change: fish of fleeting skin.

— S.J.L.

From This Light

From this light into which, with delicate
flame,
eternity falls. From this attentive garden,
from these shadows
opens a threshold to time,
in which objects become
magnetic,
plunging into what holds
and offers them up
clear, rounded,
generous. Fresh and filled with their joyous volume,
their festive splendor,
their starlike depths.
Solid and diverse
they fused their space
with their moment, their precise orchard
to be sensed. Like clear-cut stones
in a garden. Like intervals traced
upon a temple.

A door, a chair,
the sea.
The profound unbound
whiteness
of the wall. Brief lines
center it.
The tamarind tree leaves a brilliance

entre la noche espesa.
Suelta el cántaro el ruido
solar del agua.
Y la firme tibieza de sus manos; deja la noche densa,
la noche vasta y desbordada sobre el hondo caudal,
su entrañable
tibieza.

Una piedra en el agua de la cordura

Una piedra en el agua de la cordura
abisma las coordenadas que nos sostienen
entre perfectos círculos
Al fondo
Pende en la sombra el hilo de la cordura
entre este punto
y aquél
entre este punto
y aquél
y si uno
se columpia
sobre sus rombos,
verá el espacio multiplicarse
bajo los breves arcos de al cordura, verá sus gestos
recortados e iguales
si luego baja
y se sienta
y se ve meciéndose.

inside the thick night.
A decanter releases
the solar sound of water.
And the firm warmth of his hands; the dense night,
the vast night flowing over the deep stream
leaves behind
its endearing
warmth.

— S.J.L.

A Stone in the Water of Sanity

A stone in the water of sanity
plummets into the latitudes holding us
between perfect circles
At the bottom
the thread of sanity hangs in the shadows
between this
and that point
between this point
and that
if you
swing
over its rhombi
you will see space multiply
beneath the brief arch of sanity, you will see
dead even clear-cut gestures
if then you
get off and sit still
and see yourself swaying.

— S.J.L.

Sobre él discurren con suavidad

En el espejo del tiempo
centellea la conciencia.

Fina serpiente de cristal, rodea las cosas.
Las envuelve, las crea, las fija.

—Se ve mirarse en el reflejo.
Ve su imagen mirar.—

Los movimientos se hacen cautos
y lentos
y van dejando en su discurso fisuras.

Los dibujos que trazan al brillar las fisuras
van reemplazando
el movimiento.

Son subyugantes sus arabescos contra el lomo
del mar.

En él respira su silencio.
Es un espejo el tiempo
bajo el azul: sobre él,

con punzones finísimos argumentan,
sobre él discurren con suavidad.

El hipotético espectador

El hipotético espectador
es complaciente.
Toma, entre dos dedos largos, los argumentos.
Como frutas redondas y luminosas los va ensartando,

Upon It They Gently Reflect

In the mirror of time
consciousness flickers.

Fine serpent of glass, it surrounds things.
Enfolding, creating, pinning them down.

— It sees itself looking at its reflection.
Sees its image looking. —

Its movements become cautious
and slow
leaving crevices in its discourse

Whose design the crevices trace as they shine
replacing
movement.

Their arabesques subdue the haunches
of the sea.

In whom silence breathes.
Time is a mirror
beneath the blue: upon it

They reason with their fine little stings,
upon it they gently reflect.

— S.J.L.

The Hypothetical Spectator

The hypothetical spectator
is complacent.
He takes, between two long fingers, arguments.
Like round and luminous fruits he beads them

uno tras otro,
con ostensiva delicadeza.

Palpa
y escucha.

Todo comienza de nuevo, y el hipotético
espectador vuelve a sentarse.
Vuleven los argumentos, más depurados, más escuetos.
Mira, toca, selecciona otra vez.

Ciñe detalles con dedos cómplices.

De pronto, sin transición,
se hunde en los tonos.
Sigue — ajeno — los gestos,
la actitud del que narra. Se ha esquinado
en el juego.

— El narrador lo siente y se incomoda —
Ve desde lejos sus cejas, su pulcritud
enfática, su boca lenta y callada,
como de pez.

Un desconsuelo mercurial se escabulle
entre las aguas quietas.
Un recelo de nutria,
de roedor;
su brillo alcanza
a tocar las frutas.

Vuelve todo a empezar.
Cambian nuevamente de escena
y de espectador
Entra. Se sienta.

one after the other,
with ostentatious delicacy.

He handles
and listens.

All begins again, and the hypothetical
spectator again takes his seat.
The arguments return, more refined and terse.
He looks, touches, selects once again.

Clasps details with his accomplice hands.

Suddenly, without transition
he plunges into their tones,
following — distant — the gestures
and attitude of the narrator. He is
cornered in the game.

— The narrator senses this and is uncomfortable —
From afar he sees his eyebrows, his emphatic
cleanliness, his slow and silent mouth,
fishlike.

A mercurial malaise slips away
amid the quiet waters.
The wariness of an otter
or rodent;
its bright wake can reach
the fruits.

All begins again.
Once again a change of scene
and spectator.
He enters. Takes a seat.

— S.J.L.

Piedra en la arena

Juegan los dos con una piedra
que emana luz. Acarician
su tersura,
su densidad sobre la arena blanca. La contemplan,
la cubren. La hacen que gire con suavidad.
De pronto, uno de los dos la arrebata
y la arroja.
Los dos la buscan.
Esa inquietud gozosa
con que ahora nuevamente la miran
vuelve a romperse. Hay que buscarla otra vez.
El que la avienta
la acoge siempre
con grandes voces. El otro
empieza a mirarla ya
como si no existiera.

Los misterios del tacto

En el silencio entreverado
urden el tiempo. Ciñen las hebras cotidianas,
su apretado ritual.
Beben la luz
de lo entrañable. Los tejidos encarnan
los misterios del tacto,
cifran,
y envuelven,
su intimidad.

Stone in the Sand

Two play with a stone
that emanates light. They caress
its smooth surface,
dense on the white sand. They contemplate,
cover it. They gently make it turn.
Suddenly, one of them grabs
it, throws it away.
They look for it again.
The pleasurable anxiety
they feel looking at it
again bursts forth. Once more it must be found.
The one who thrusts it away
always welcomes it back
shouting. The other
already looks upon it
as if it no longer existed.

— S.J.L.

The Mysteries of Touch

They weave time in the variegated
silence. Girding the everyday threads,
their taut ritual.
They drink the light
of what is precious. Tissues embody
the mysteries of touch,
they cipher,
and wrap,
their intimacy.

— M.T.

El deleite de las formas

Danza gozosa. Grito
de la sombra en la luz.
Noche que vuelca su estridencia animal
en la alegría de la mañana.
En ella se ramifica;
en ella estalla y se entrelaza. En su orilla clarísima
florece. Es el deleite de las formas
en su escarpada contigüidad, en su abismada
cercanía. Los ríos se traban, sin fundirse,
en una oscura fulguración, en una flama
arborescente. Fauna
que entre las llamas se desliza.
Es el placer de los contrarios su desbandada cavilación,
su selva henchida
y resonante.

The Allure of Forms

Blissful dance. Scream
of the shadows in light.
Night that pours its animal shrill
into the morning's joy.
There it ramifies,
bursts, intertwines itself. It blossoms
on its clearest edge. It's the allure of forms
in their steep nearness, their engulfed
proximity. Rivers become entangled with, yet do not merge,
an obscure lightning, an arborescent
flame. Fauna
sliding between the blazes.
It's the pleasure of opposites: the scattered pondering,
the swarming and resonant jungle.

— M.T.

BÚFFALO CONDE

TZELTAL · Búffalo Conde is the magical pseudonym adopted by Pedro Pérez Conde. He published *Cuentos y leyendas tzeltales* in 1982 and *La voz Poculum* in 1984. He is also the author of scholarly books on Tzeltal and Zoque linguistics. Besides writing his own stories and poems, Conde uniquely paraphrases and renders literary classics into Tzeltal. The three poems included in *Reversible Monuments* paraphrase sections of *The Song of Songs*.

Búffalo Conde translated by Michael Wiegers

Xnich k'anal tak'in

Yawil yawal sts'unu/b te kajwal
ch'ul uch'oja/il yu/un jlekilal,
te ba-a xmaal te ta te/ tikil te ba ya xkux yo/tan te/tikil wakax
la/me ta jtojol namej k'inal kajwal.

Talon ta jk'inal, joy jmajtanat
te jtolja/ sok te ya/lel sit te/ak' kuch'ojix, joy jmajtanat,
uch'a bayel ya/yel sit te/ak' joy jmatanat
ja/ sk'op jmamalal te ya x-ik'awan.

Ta te/ak'etik yorail ya x-ajk'otajik

Ak'a-on jich bit'il marka-il ta wo/tan, jich bit'il senya-il ta k'a/b
bayel tolja/etik ma xtup' yu/un te sbujts' o/tanil,
kapaluk ma xtup' uch'oja/il ja/nix jich ma sjik'an te uk'um
ta sba lum k'inal sbujts' te jk'u/jpak'.

Te k'alal a kilbe te sit pajal sok te tolja/ ja/me ya/k'olal k'inal
jo/on pajk'on, te jchu' pajal sok t'ujbil ti'nel,
la xiwitesben jch'ulel te ajk'ubal,
te stotsil a jol pahal sok ipal ijk'al palomax.

Flower of Gold

Fountain in the orchard of my beloved,
watermill sanctified in my honor,
that flows from the fields where the buffalo rests:
come here my legendary Beloved.

"I've come to my field, oh beloved, my companion;
I've drank of my water and my juice, my wife:
now you should drink plentifully of this juice, my beloved."
It is the voice of my husband that calls.

Time for Trees to Dance

Put me like a seal over your heart, like a mark on your arm.
All the waters will not extinguish love,
nor the rivers and springs drown it
over the mountains of scents in my clothes.

Ever since I went past your eyes as one filled with joy
I am a wall and my breasts beautiful doors;
from the nightmares of my soul,
your hair is like a flock of black doves.

Ak'a ta majtanal te lotil

¿Binti te wajwal mak ay yan a wajwal
a...lom t'ujbilat ta spisil te Jalame/tik ta jlumal,
te kajwal tsajtsajtiknax, ak'bil ta stojol sts'i/buel xermon
stotsil sjol ijk'nax jich bit'il sbonil joj.

Lom k'un-nax te stostil sjol, ijk' jich bit'il joj
te sit pajal sok te/tikil wakaw te stolja/lel uk'um te/ay sok,
te ya/benal sti/, pajal sok asasena te ay xchi/il
xyu/k'etnax
te skuketal, pajal sok k'anal tak'in toyol.

Give Away the Lie

Who is your lord, more than any other lord,
oh most beautiful of all the Virgins of my town?
My master is brown, condemned to write verses,
his hair like the jet-black color of the crow.

His soft hair, black like the crow;
his eyes like the buffalo next to the river's waters;
his lips, like the lily that pours fragrant honey;
his body, like a tower of gold.

ELSA CROSS

MEXICO CITY, 1946 · Elsa Cross has a Ph.D. in philosophy and has been consistently publishing her poems since the early sixties. Twenty years of her poetic production are gathered in *Espejo al sol: Poemas 1964–1981* and *Canto Malabar y otros poemas*. Her latest books are *Los sueños: Elegías* and *Espirales*, a compilation of her longer poems. Her work has been translated into many languages and has been featured in more than forty anthologies in America and Europe. She teaches philosophy of religion and comparative mythology at Universidad Nacional Autónoma de México, and has taught workshops and classes in many Mexican cities as well as at the Naropa Institute in Colorado and Madrid's Universidad Complutense. Among the awards she's received are the Aguascalientes National Poetry Prize in 1989 and the Jaime Sabines International Poetry Prize in 1992.

Elsa Cross translated by Margaret Sayers Peden

Monzón

Trajeron las lluvias otra vida.
Abría el verano el cielo
y de su gracia abundante
       perecíamos.
El trueno,
   gran proclamación
desde Mandagni a la pequeña cordillera,
de la orilla del río
     al templo en lo alto,
oh Vajréshwari,
oh Señora del Rayo.
Y la Mandagni allá,
      montaña silenciosa,
sus caminos ocultos presidiéndonos.

En torno la tierra cambia.
A su piel oscura
trae la lluvia sus dones:
mantos de musgo como terciopelo,
trébol muy fresco,
    aromas.
Y el patio de los establos

Monsoon

The rains brought a new life.
Summer opened the sky
and we were consumed with its
                              overflowing grace.
Thunder,
          grand proclamation
from Mandagni to the lesser cordillera,
from the shore of the river
                              to the temple high above,
O Vajreshwari,
O Lady of the Lightning
and Mandagni
               silent mountain,
her hidden paths ruling over us.

The earth changes around us.
The rain brings its gifts
to her dark skin:
mantles of moss like velvet,
fresh newness of clover,
                         aromas.
And in the stable yards

a un pequeño descuido
deja brotar vegetaciones

en las grietas del suelo,
en los resquicios húmedos del muro.
Hierbas diminutas asoman
sobre el tronco del baniano,
en la escalera de piedra hacia Tapovan,
entre las voces que se vuelven suaves
como los ojos de las vacas

viendo llover.
La tierra toda

desnuda,
oscura como tu piel
se viste

de un manto verde.
En los campos de arroz

tras el arado
los muchachos se resguardan de la lluvia
bajo costales amarillos.

Al paso de los días el valle se pierde:
el agua

cubre los mantos verdes.
Desde el templo en lo alto

un campo de espejos.
La lluvia nos inunda.
Así captura el cielo en su reflejo.

Hiedra

La tarde se absorbe en tu silencio.

Bandadas de mariposas,
olas que se atropellan:

¿a qué puedo comparar
esto que aflora al corazón?

El verano lo sepulta todo bajo su aura verde.
Y en la frescura de esta hiedra,

a moment's inattention
and vegetation bursts
                              from cracks in the ground,
from moist crannies in the wall.
Tiny little grasses appear
on the trunk of the banyan,
on the stone stairway to Tapovan,
among voices that become as soft
as the eyes of the cows
                              watching it rain.
All the earth
                    naked
dark like your skin
is dressed
              in a green mantle.
In rice paddies
                    behind the plow
boys shield themselves from the rain
beneath yellow burlap bags.

As the days go by the valley recedes:
water
        covers the green mantles.
From the temple high above
                              a field of mirrors.
Rain inundates us.
It captures the heavens in its reflection.

Ivy

The afternoon is absorbed in your silence.

Flocks of butterflies,
waves breaking upon waves:
                              to what can I compare
this flowering in my heart?

Summer hides everything beneath its green aura.
And in the cool freshness of this ivy,

en la pureza de ese olor de agua
                    sobre la tierra,
allí te encuentro.
Mis manos no te tocan,
pero te veo en mi pecho.
Como lumbre replandeces.
Como hiedra te extiendes,
te enredas
               en cepas invisibles,
te alzas como un zarcillo.
Tu savia asciende,
                  lo cubre todo,
circula por mis venas,
va por vasos pequeñísimos
                       de raíces a tallos,
de hojas que se desdoblan
a corolas
             resplandecientes.
Jardines,
          humedad,
familias de caracoles discurren por el cristal
cuando todo se llena
                  de hiedra verde.

Mandap

Y nos restituís, ¡oh Lluvias!, a nuestra instancia humana, con
este sabor de arcilla bajo nuestras máscaras.
SAINT-JOHN PERSE

En turbante
            multicolor
pulsando una cítara
Tukaram
          los ojos entrecerrados.
A guarecerse de la lluiva
junto a su estatua.

in the purity of this scent of water
                              upon the earth,
there I find you.
My hands do not touch you,
but I see you in my heart.
Like flame you shimmer.
Like ivy you spread,
you are entangled
                    in invisible roots,
you lift a tender tendril.
Your sap rises,
                  covers everything,
circulates through me,
moves through minuscule veins
                              from roots to stems,
from unfolding leaves
to resplendent
                  corollas.
Gardens,
          moist world,
families of snails trek across the glass
when everything is covered
                          with green ivy.

Mandap

*And you restore us, O Rains! to our human condition, with this
savor of clay beneath our masks.*
SAINT-JOHN PERSE

Turbaned
          polychrome
strumming a zither
Tukaram
          eyes half-closed.
Take shelter from the rain
beside his statue.

La lluvia desplaza hasta tu orilla
todo el tumulto
de pensamientos nacidos en tu nombre.

"Hermanas de los guerreros de Assur" —
Primicia de las aguas
                    sobre la tierra.

La lluvia del monzón
                    como un tropel en el aire.
Las gotas se filtran hasta la estatua,
caen sobre mi hombro,
cantan sobre el techo de lámina.
Y a los pies de Tukaram
                    — tu poeta —
mirar el agua
tendiendo un velo en torno.
Y Tukaram dice:
            Yo soy tu siervo, tú eres mi Señor. Deja que
            exista aún esta diferencia entre lo alto y lo
            bajo. El agua no puede beberse a sí misma...
            Sólo de la diferencia nace el placer.

Ah, que la lluvia te lleve
este mínimo rumor,
pues del fragor que alcanza el corazón
bien poco se nos da
                    por las palabras.

"El baniano de la lluvia" —
y sus raíces en torno deslizándose.

Gotas brillan en las ramas.
Hierba fresca a los pies.
Arcilla que se deshace bajo el agua.

The rain carries to your shore
all the tumult
of thoughts born of your name.

    "Sisters of the warriors of Assur" —
primacy of waters
                over earth.

The rain of the monsoon
                 a thundering herd in the air.
Drops filter toward the statue,
fall upon my shoulder,
sing upon the roof of tin.
And at the feet of Tukaram
             —your poet—
see the water
spreading wide a veil.
And Tukaram says:
           I am your servant, you are my Lord. Let
           this difference between high and low con-
           tinue. Water cannot drink itself... Only
           from difference is pleasure born.

Ah, may the rain bring to you
this faint sound,
for from the din that reaches the heart
very little is given us
           by words.

    "The banyan of the rain" —
And its roots slipping to the ground.

Drops glisten on its branches.
Cool grass at its feet.
Clay that dissolves beneath the rain.

Seva

Guardiana de las puertas,
buscadora de abejas,
tejedora

> barría el camino de piedra, de tu paso
> quitaba hojas y polvo, las flores
> rojas caían — como un don del cielo
> del otoño...

Caracoles, abejas

> barría el patio de los establos; a veces
> quién sabe de dónde aparecido llenabas
> de luz el pavimento blanco. Y el sol
> se derretía en las colmenas.

Hacedora de guirnaldas,
lavadora de estatuas

> barría el templo, mientras el fuego
> custodiado día y noche se alzaba desde
> un lecho profundo. Grandes llamas ardían
> también en recintos secretos.

Buscadora de oficios

> Sobre el umbral, el arabesco cubierto
> con polvo de colores saludaba tu paso.
> Del dintel colgaban hojas de mango.

Portadora de ofrendas
decidora de plegarias.

Y aquí sobre tu umbral:

Seva

Guardian of the gates,
seeker of bees,
weaver

> I swept the stone path, from your way
> clearing leaves and dust, red flowers
> were falling — like a gift from the autumn
> sky...

Snails, bees

> I swept the stable yard; sometimes
> who knows from where, you filled
> the white paving with light. And the sun
> melted in the hives.

Maker of garlands,
washer of statues

> I swept the temple, while the fire
> tended day and night rose up from
> a deep bed. Large flames blazed
> also in secret refuges.

Seeker of duties

> Here before the threshold, the arabesque covered
> of colored sand greeted your passing.
> From the lintel hung mango leaves.

Bearer of offerings
reciter of prayers.

And here upon your threshold:

"Que pueda para siempre habitar bajo
esta luz, donde el cielo refracta
tu brillo puro."

Fabulación

si te labra prisión mi fantasía.

SOR JUANA INÉS DE LA CRUZ

Antes te fabulaba mi deseo
(¿o de dónde venían esas imágenes?).
Te vi cabalgar sobre la arena,

     el mar a tus espaldas.
Te vi a las puertas de la gran ciudad

      de murallas rojizas.
Te vi contra la noche, un Rey

      envuelto en púrpura.
Tu imagen más cercana también aparecía

  — oh fervor de la mente.
En un instante apenas,
tronos luces perfumes

      guirnaldas a tus pies.

Y hoy te muestras de pronto
distinto de toda fantasía.
¿Cómo podrá inventarte ahora?
Ajeno a su delirio,

    incontrolable.
¿Cómo cobraste vida,
cómo te separaste del ensueño?

Pasa la tarde

   y en vano te he llamado.
Miro a lo lejos las palomas

     bajo el sol el crepúsculo,
miro casi los ruidos de la noche.
Oigo las sombras deslizarse quietas,
diciendo mientras pasan:

    "no vendrá a ti hasta que quiera".

"May I forever dwell beneath
this light, where heaven refracts
your pure brilliance."

Fabulation

if my fantasy fashions your prison...
SOR JUANA INÉS DE LA CRUZ

It was my desire that fashioned you
(else where did those images come from?).
I saw you galloping across the sand,
                       the sea at your back.
I saw you at the gates of the great city
                       of terra-cotta red walls.
I saw you against the night, a King
                       robed in purple.
Your warmest image also appeared
  — O fervor of the mind.
In a bare instant
thrones   lights   perfumes
                       garlands at your feet.

And suddenly today you are before me
different from any fantasy.
How can it invent you now?
Detached from its delirium,
                       uncontrollable.
How did you come to life,
how emerge from daydream?

The afternoon passes
                   and I have called to you in vain.
I see doves in the distance
                   beneath the twilight sun,
I can almost see the sounds of night.
I hear the shadows slip quietly by,
saying as they pass:
                  "He will not come to you until he wishes."

Baniano

Aéreas,
nacidas en la altura,
las raíces descienden
                    hasta alcanzar la tierra.
Encuentran la fuente de su estirpe,
la raíz de sí mismas.
Se vuelven fundación
                  —columna y arco—
trazan sus laberintos,
cierran grutas,
engrosan bajo olores de pimienta
que acerca el mismo aire
                     que desprende las hojas,
tersura viva,
como las plantas de tus pies.

Pasos que se deslizan sin rozar el suelo.

Pabellón

Vida del agua,
            tu mirada.
Me detiene para siempre
               en este umbral.
No he de volver ya sobre mis pasos.

Las puertas que entreabres
devuelven a los ojos el esplendor perdido.
Ramas como de plata
            —árbol de los deseos—
brillando arriba.
Esplendor bajo sus celosías,
                  luces danzando
sobre las esteras de hierba fresca.
Esplendor en el estanque de lotos.

Banyan

Airy,
born high overhead,
your roots drop down
                            until they touch the earth.
There they find the origin of their breed,
the root of themselves.
They become foundation
                            — column and arch —
they trace labyrinths,
enclose grottoes,
grow large in the aroma of pepper
borne by the same air
                            that sets free your leaves,
living sheen,
like the soles of your feet.

Footsteps that glide without touching the earth.

Pavilion

Life of water,
                    your gaze.
It stops me forever
                        on this threshold.
Now I do not have to retrace my steps.

The doors you open
restore lost splendor to my eyes.
Branches like silver
                        — tree of desires —
shining above.
Splendor beneath your lattices,
                                lights dancing
over mats of fresh grasses.
Splendor in the lotus pond.

Así en tu pecho,
                    fuente de néctar
donde hundo mi frente a la mañana.

Ciegos de luz bajo la sombra
contemplamos Aquello
                        sin forma ni figura,
invocamos a Aquello sin nombre.

El sol se pierde tras los árboles.
Rayos oblicuos pasan entre las hojas,
llegan hasta la orilla del estanque,
danzan, danzan
                    sobre el agua.

Claridad absorta en sí misma,
el brillo en tu mirada.

Y en esa luz
            se cumple todo impulso.

Hemos estado desde siempre
bajo estos pabellones,
y la tersura de la hoja del baniano
                        habita nuestro tacto.

Palabras

Morada oscura del sentido,
prisión y límite
de lo que en el silencio se nos da.

Ah, palabras, que puedan todavía
hilvanar
            tu imagen por ellas dispersada.

En vano sus fuerzas reconcilian,
pues no salvan
el salto que va del habla

So, too, in your bosom,
                                fountain of nectar
into which I plunge my head at dawn.

Blinded with light beneath the shadow
we contemplate the Great All
                                formless, without figure,
we invoke the Great All that has no name.

The sun disappears behind the trees.
Oblique rays shoot between the leaves,
touch the shore of the pond,
dance, dance
                    upon the water.

Radiance absorbed in itself,
the gleam in your gaze.

And in that light
                    every impulse is fulfilled.

We have been forever
beneath these pavilions,
and the sheen of the banyan leaf
                                informs our touch.

Words

Dark dwelling place of meaning,
limits and prisons
of what is given us in silence.

Ah, words, which still may
weave
            your image, by them dispersed.

Their forces are reconciled in vain,
for they cannot salvage
that leap made from speech

                    al pensamiento
y del pensar al ser ensimismado.

Vienen solas y dicen de la "cámara blanca".

Forma

Tu cuerpo es la noche
                        descendiendo hacia mí.
Voluntad de forma.
                        Estallido.
Puntos de luz ordenan tu perfil
en lo alto y lo bajo,
en lo estrecho y lo amplio,
en lo perdido,
en lo olvidado,
en lo que se recobra.
Y no hay nada ajeno a tu presencia.

Epifanía

A veces te muestras,
y en el momento en que me vuelvo
hacia tu imagen
                        desapareces.
¿A dónde vas?
¿Dónde te escondes
todo ese tiempo que tardas en volver?
Vienes en sueños
y cuando trata la memoria de apresarte
                                        me despierto.
Sólo tus ojos quedan por un momento.
Y para recobrarlos
todos estos trabajos noche y día.

                    to thought
and from thinking to self-absorption.

They come alone and speak of the "white chamber."

Form

Your body is night
                    descending toward me.
Will for form.
                Explosion.
Points of light give order to your profile
on high and far below,
in the narrow and the ample,
in the lost,
in the forgotten,
in what is recovered.
And there is nothing untouched by your presence.

Epiphany

Sometimes you show yourself
and in the moment when I turn
toward your image
                  you disappear.
Where do you go?
Where are you hiding
all this time lost in returning?
You come in dreams
and when memory tries to capture you
                        I awake.
Only your eyes stay for a moment.
And to hold them:
all these labors night and day.

Equilibrismo

Cuerda sobre un abismo.
Por ella voy,
             camino a lentos pasos,
oscilo,
        me detengo.

¿Y si cayera?
Y si cayera ¿qué?
                  caer ¿a dónde?
¿dónde puedo caer que tú no estés?

Shakti

Salgo de ti como tu sombra.
Doy vueltas en torno a ti,
                          danzo en silencio.
Te acecho
al borde de tus pensamientos,
te sigo en tus actos,
                     invisible,
doy forma a tus deseos.

Soy la forma de todos tus deseos.

Soy el agua del río transparente
donde te sueñas
                llevado por la muerte,
soy las piedras azules en el fondo
visitadas por los rayos de sol
                        —como peces dorados bajo el agua.

Soy la piedra sin tiempo
                        en el jardín,
la piedra gris del muro
donde reptan hiedras a lo alto.

Balancing Act

Rope strung over an abyss.
I move along it,
                 walking with tentative steps,
I sway,
      I stop.

And if I fell?
And if I fell, what then?
                 fall? where?
Where can I fall that you are not there?

Shakti

I emerge from you like your shadow.
I circle about you,
               I dance in silence.
I lie in wait for you
at the edge of your thoughts,
I follow your every move,
                 invisible,
I give form to your desires.

I am the form of all your desires.

I am the water of the transparent river
where you dream of yourself
                 carried by death,
I am the blue stones in the river bottom
visited by the rays of the sun
               —like golden fish deep beneath the water.

I am the stone without time
             in the garden,
the gray stone of the wall
where ivy climbs high, higher.

Hiedra, piedra
                    serpiente,
ruido de agua que cae,
                              pez silencioso,
bruma
coronando a lo lejos las montañas.

Soy el sol en tus cabellos,
el tintineo en una copa,
el agua que bebes al despertar.

Soy el néctar cayendo hacia tu lengua,
soy tu deleite,
                    soy tu embriaguez.

Vuelvo a ti cuando me llamas,
                              desaparezco.
En ti quedo disuelta,
                         conciencia irreflexiva,
placer vivo.

Y de nuevo la expansión sin límites
desde ti
          fuera de ti me lleva.
Traspaso las formas.
Libre estoy en el espacio
                              sin espacio.
En el espacio mismo me conviertes.

Voy
     hacia todos los puntos
cuyos centros son uno
                         cuyo centro
yo misma soy.

Marco los confines,
pongo reglas al juego,
                         me divierto
me divido
          me disuelvo.

Ivy, stone
             serpent,
sound of falling water,
                        silent fish,
mist
crowning the distant mountain peaks.

I am the sun on your hair,
the clinking of a goblet,
the water you drink when you wake.

I am the nectar dripping upon your tongue,
I am your pleasure,
                   I am your intoxication.

I come to you when you call me,
                              I disappear.
In you I am dissolved,
                      unthinking consciousness,
vibrant pleasure.

And once again unlimited expansion
from you,
          you take me outside you.
I transcend forms.
I am free in space
                  without space.
You convert me into space itself.

I move
       toward all points
whose centers are one
                     whose center
I myself am.

I mark the limits,
I set rules for the game,
                        I amuse myself
divide myself
             dissolve myself.

Soy sólo emanación.
Soy vibración pura,
                    sonido que se condensa
                              y crea formas.

Soy la flecha del impulso,
                    el movimiento,
                              el soplo.
Soy la forma oval perfecta,
las sustancias que se nutren mutuamente
                              y crecen
la pequeña espiral,
                    la más pequeña partícula
dictando la lectura de su propia forma,
escribiéndose ya,
                    por sí misma,
bajo el auspicio silencioso de este juego.

Y tú
eres todas las cosas
sin dejar el recinto ensimismado,
secreto
donde no nos separa todavía
                              tu pensamineto,
donde el impulso en sí mismo se cumple,
es solamente,
antes del tiempo,
antes del sonido,
de la palabra misma con que ahora
nos invocan, nos dicen, nos preguntan.

I am emanation.
I am pure vibration,
                    sound that condenses
                                and creates forms.

I am the arrow of impulse,
                    movement,
                                breath.
I am the perfect oval,
substances that mutually nurture
                    and grow,
the minute spiral,
                    the smallest particle
dictating the reading of its own form,
writing itself,
            for itself,
within the silent auspices of this game.

And you
you are all things
without leaving the self-absorbed, secret
refuge
where we are not as yet separated by
                            your thought,
where impulse in itself is fulfilled,
simply *is*
before the time,
before the sound,
of the very word that now
invokes us, speaks us, questions us.

ALFONSO D'AQUINO

MEXICO CITY, 1959 · Alfonso D'Aquino is author of six books, including *Naranja verde, Tanagra, Briznas,* and *Víbora breve.* In 1981 he was awarded the Carlos Pellicer Poetry Prize.

Alfonso D'Aquino translated by Rebecca Seiferle

Hotel

Tienes
los mismos
rasgos que
mi sombra

Tus manos
ahora las
llevo en
los bolsillos
llenos
de mi sombra

Tus pies me
llevan hasta
acá hasta
la luz

Igual
a empezar a morder la puerta de allá enfrente,
a llegar hasta tocar las gasas
    bajo la hermosa piel de mi vecino,
sí, sus gasas que fueran piel. A levantarme
de las risas las encías, o acaso
a Dios mismo cosido al revés de la falda (*—ja!*
la luz roja del anuncio tan inmóvil...)
y escupir hasta lo último bajo los huesos
        adheridos
a estos fierros tan del amor y la saliva—igual.
Igual pero no: veo sombrillas abiertas desde
aquí,
frutas y raíces enlodadas en la mesa,
y oigo cómo el de enfrente no me oye
aunque estoy en la punta de su lengua,
ese instante o pasillo, ése
en el que dar un paso atrás es descubrir el mar.

Hotel

You have
the same
features
as my shadow

I carry
your hands
now
in pockets
full
of my shadow

Your feet
carry me even
here even to
the light

The same as
beginning to bite the door facing us over there,
as arriving to touch the gauzes
    beneath the beautiful skin of my neighbor,
yes, his gases that might be skin. To get up
my gums from the laughs, or perhaps
God himself sewn backwards into the bedskirt (— *ha!*
the red light of the sign so motionless)
and to spit to the ultimate depth the bones
                                   adhering
to these irons from so much love and saliva — the same.
The same, but no: I see open shadows from
here,
fruits and roots clumped with mud on the table,
and I hear how the one in front doesn't hear me
even though I am at the tip of his tongue,
that instant or hallway, which
in him who takes a step backwards, is to discover the sea.

Amoroso

la tentación 100% la tentación perfecta. Inconmensurable, más
perjudicial al amor incluso que la más puritana de sus
negaciones (...) la tentación de la disolución de la voluntad
y de la compostura (...) disolución de toda compostura,
de todo anhelo...

HENRI MICHAUX

1   Entre las piernas de la perra de Dios,
en su azul
            vulva
una mosca camina; la perra
dobla el cuerpo
— el vidrio de su lomo pareciera quebrarse
igual que el de su Amo, ése
donde los otros
                animales
                        corren... —
y olfatea, gime tal vez
y se deja caer con lentitud
y como muerta
— porque la mosca le hace cosas...

El gato está escarbando la tierra,
ha fabricado un agujero húmedo.
LEZAMA LIMA

2   Oigo la saliva del gato, el mareo
allá abajo de usted, *entendámonos:*
cada agujero en la tierra es un telar
intenso, una caries, digamos, del Amado.
Allí la gata deja la saliva, la noche,
y vuelve por sus mismos pasos
y aquí se duerme
y sólo abre los ojos si alguien pasa...

Amorous

*100% temptation, perfect temptation, incommensurate, more
prejudicial to love including the most puritanical of its
negations, temptation of the dissolution of will and
composure... dissolution of all composure, of all longing...*
     HENRI MICHAUX

1   Between the legs of the bitch of God,
in its blue
          vulva
a fly wanders; the bitch
doubles its body over—
the glass of its loin appears to shatter
the same as its Master's, that loin
where the other
               animals
                    race by...—
and it sniffs, groans sometimes,
and lets itself fall sluggishly
and as if dead
—because the fly does things to it...

     *The cat is scratching out the earth,
     it has fabricated a humid hole.*
          LEZAMA LIMA

2   I hear the saliva of the cat, the dizziness
over there below you, *let's understand each other;*
each hole in the earth is a loom,
intense, a cavity, let's say, of the Beloved.
Over there the cat leaves its saliva, the night,
and doubles back on its own tracks,
and here it falls asleep
and opens its eyes only if someone passes...

La boda

los bandidos palmeaban al son de la música, gritaban amargo y lanzaban flores a la novia. Ésta, la cuarentona Dvoira, la hermana de Benia Krik, la hermana del Rey, desfigurada por la enfermedad, de pago abultado y ojos desorbitados, estaba sentada en un montón de almohadas.

ISAAK BABEL

El
cristal
sabe

1 Entre las sábanas, sobre las sillas
la sal regada por los suelos...
Aquí también usan las sábanas
como manteles y el cristal
de las copas
se hace lenguas
en las bocas,
lenguas y astillas.
Junto a la mano izquierda de la novia,
en la funda en que seca la saliva de sus dedos
cayó un pétalo blanco.

Aquí habla
de la
muerte en
el jardín

2 Entre las sábanas, sobre las mesas
la sal regada por los suelos...
Aletea en la sal. Su tinta
escurre por la lámina del día...
Es el momento de la acinesia "de los otros,"
los movimentos clónicos
y las espinas doradas del pez en los faroles
encendidos hasta el amanecer...
Junto a la mano izquierda de la novia,
en la funda en que seca la saliva de sus dedos
cayó un pétalo rojo.

Sólo Dvoira no estaba dispuesta a dormir. Empujaba al marido asustado hacia la puerta del dormitorio conyugal; mirábale con la lascivia del gato que lleva un ratón en la boca y lo palpa suavemente con los dientes.

ISAAK BABEL

The Wedding

*the bandits clapped to the sound of the music, shouted — bitter —
and threw flowers at the bride. This, the forty-year-old Dvoira,
the sister of Benia Krik, the sister of the King, disfigured by
sickness, of bulky reward and of bulging eyes, was sitting on a
mountain of pillows.*

ISAAK BABEL

The
crystal
knows

1 Between the sheets, upon the chairs
salt sprinkles through the floors...
Here they also use sheets
as tablecloths, and the crystal
of the cups
grows tongues
in the mouths,
tongues and splinters.
Beside the bride's left hand

Here it speaks
of the
death in
the garden

in the case that dries the saliva of her fingers,
a white petal fell.

2 Between the sheets, upon the tables,
salt sprinkles through the floors...
Flutters in salt. Its ink
drains through the engraving of the day...
It's the moment of the akinesia "of others"
the cloned movements.
And the gilt spines of fish in lamps
burning until dawn...
Beside the bride's left hand,
in the case that dries the saliva of her fingers
a red petal fell.

*Only Dvoira was not inclined to sleep. She shoved her frightened
husband towards the door of the conjugal dormitory; she gazed
at him with the lasciviousness of a cat that carries a mouse in
its mouth and palpates it gently with its teeth.*

ISAAK BABEL

<table>
<tr><td>La muerte
dicen
"no" es un
animal
muerto

¿Amor
la sal
quebrada
azul?</td><td>3 Entre las sábanas, bajo las mesas
la sal regada por los suelos…
"Te muerdo los dientes"
"Con la corona puesta"
"Removemos las piedras y espantamos"
"Las moscas"   *va*
"Con la cola"   *diciendo*
Cubierto a medias por la sal,
encarnado geranio de la lengua —
"Ven a cerrar la puerta"</td></tr>
</table>

Metempsicosis del perro

Aquellos que no pudieron ser ni siquiera estos
Perros / muertos de hambre desde cuándo /
Aquel que no quiere vivir en el pellejo de este
Perro flaco

Abre el hocico / traga / agualeche / agua tibia de la
Vida que vomitas / perrosapo
Abre el hocico digo / hasta dentro
Traga el hígado / trágate digo al hijo de tu perra seca /
Y lo vomitas y vuelves a tragarlo perrobuey
Hasta que aprendas a vivir como los perros /
Ay de aquel que no quiere vivir en el pellejo de
Su perro flaco

Pero no aprende el perro no se deja / con la cola entre
Las patas y la ofensa de la vida a los lados
De la cara en la mirada sesgada va a tirarse
A los mastuerzos a soñar su muerte clara

3 Between the sheets, below the tables
salt sprinkles through the floors…
"I bite your teeth"
"With the crown set"
"We remove the stones and we scare away"
"The flies"   *goes on*
"With the tail"   *saying*
Covered halfway with salt,
incarnate geranium of the tongue —
"Come shut the door"

Death
they say
is not
a dead
animal

Love
the salt
cleft
blue?

Metempsychosis of the Dog

Those that could not be even these
Dogs / dying of hunger since when /
He who doesn't want to live in the skin of this
Emaciated dog

The snout opens / gulps down / watermilk / lukewarm water of the
Life that you vomit / dogtoad
The snout opens I say / all the way down
It gulps down the liver / Swallow it I say to the son of your dry bitch /
And you vomit and return to swallow it dogox
Until even you learn how to live like the dogs /
Pity whoever doesn't want to live in the skin of
His own emaciated dog

But the dog doesn't learn doesn't give in / with its tail between
Its legs and life's insult beside
The face of the oblique gaze it goes to throw itself
Into the nasturtiums to dream of clear death

"El sol abre los labios y nos dice"

El sol abre los labios y nos dice

Violada sombra de la higuera
Azul marino la sangre de los lobos
Azul del cielo los racimos grises
Verdes botellas de labios rojos
Amarillo violento el iris de los gatos
Naranja dulce la luz a mediodía
Al rojo blanco la lengua de los pájaros

¿Se pintan solos sus colores puros?

Bajo la azul morada de las aves
Puro gris humo frío 100%
"Acre oro"
Café con leche en polvo
Negro infame
Sombra ardiente otra vez
Verde oliva la muerte de los bosques
Blanco gato parda noche

!Y de pronto un color que no conozco!

La naranja de luz abierta

El sol furioso de oro ciego
Y la luna
Colgada
De una
Rama
Entre hojas azules
Con   *Que no*
su   *Callan*
arpa
de   *En los árboles que no dan sombra*
agua   *Despuntan las palabras que no dicen*

"The sun opens its lips and says to us"

The sun opens its lips and says to us

Violated shade of the fig tree
Marine blue the blood of wolves
Blue of heaven the cloudy clusters
Green bottles of red lips
Violent yellow the iris of cats
Orange sweet the light at noon
To pale red the tongue of parrots

Do your pure colors speak only for themselves?

Below the blue estuary of the birds
Pure grey cold smoke 100%
"Gold acre"
Coffee with powdered milk
Infamous black
Ardent shadow again
Olive green the death of forests
White cat dark night

And suddenly a color I don't know!

The Opened Orange of Light

Furious sun of blind gold
And the moon
Hung
From one
Limb
Among blue leaves
With   *That won't be*
its
harp   *Silent*
of
water   In the trees that give no shade
Sprout the words which say nothing

"En los vidrios estrellados
cuelgan cuerdas desatadas"

Con
su
arpa
azul

Crece
Un cristal
En otro
Transparente
Gota
Cayendo
Eterna
Mente
Sin
Caer

¡Me
Encontré
Bajo
La
Lluvia
Una
Gota
De
Lluvia!

Si mañana amanece blanco el mundo
después de llover tanto
tanto entre todas las cosas
y las piedras abajo de las casas

otra vez hasta cuando cuándo
volverán a estar verdes
verdes las hojas y los labios?

no sé nada
abajo de los charcos

"In windowpanes sprinkled with stars
hung unraveled cords"

A crystal
Grows
In another
Transparent
Drop
Falling
Eternal
Mentally
Without
Falling

With
its
blue
harp

I found
Myself
Under
The
Rain
A
Drop
Of
Rain!

If tomorrow the world wakes white
after so much raining
so hard among all things
and the stones below the houses

again until when when
will they again turn green
green the leaves and the lips?

I know nothing
below the mud puddles

abajo de la humedad que abre

todos los ojos de las cosas

y las deja sin sueño

abajo de cada gota

abajo del sol

no se ve nada

below the humiditiy that opens

all the eyes of all things

and leaves them sleepless

below each drop

below the sun

nothing is seen

Suave
sí
sin
cambios
la
música
de
tu
baile

tú
nunca
bailas
sola
con
tu
vestido
de
verdes
y
de
luces

este
baile
ruidoso
contra
vidrios
otras
uñas
encima
de
las
uñas

somos
dos
rosas
cortadas
que
se
van
secandos

lluvia
espejo
de
la
lluvia

Soft
yes
changeless
the
music
of
your
dance

you
never
dance
alone
with
your
dress
of
greens
and
of
lights

this
dance
noisy
against
glass
other
nails
on
top
of
nails

we
are
two
cut
roses
that
are
going
dry

rain
mirror
of
the
rain

ese pájaro canta como tú

suave sí sin cambios para que largitar quebraras

dos esqueletos de rosa con las hojas verdes

verde látigo de pájaros verdes dedos

pasas pasas dando siempre un paso atrás

En un abrolito gris
De un cristal de la ventana
Cuatro gotas maduraron

Una gota va cayendo
Llevándose al resbalar
El brillo de mi mirar

that
bird
sings
like
you

soft
yes
changeless
so
that
upon
shouting
you
break

two
skeletons
forodes
with
green
leaves

green
whip
of
birds
green
fingers

you
step
always
taking
a
step
backwards

On the tiny green tree
Of a window's crystal
Four drops ripened

One drop keeps falling
Being borne away to slip away
The shine of my looking

Otra se quedó temblando
Entre la fronda de vaho
En la sombra cintilando

A las dos que más duraron
Una piel le ha nacido
Son las gotas del olvido

... En la seda gris del aire
                    Una sombra desliza...
                                    ¡Y la rasgo con mi risa!...

                    ❧

De la calle al espejo hay sólo un paso
Un escalón blanco que baja
Hasta un campo de espuma endurecida que fue tierra
Un animal de pelo blanco y venas de agua echado
Las casas despintadas Las caras sin sombra
En blanco las hojas de la ventana
¿Esa cubeta era la azul?
¡Ahora sí se blanquearon los pañales en los tendederos de aire!
¿Es caspa lo que brilla en los hombros del señor?
Despertaron tan pálidas las rosas
¿Qué horas serían?
Y el reloj me escupe su palillo roto
                            Y me enseña su pareja dentadura
¿Se habrá caído el cielo?
Esta tinta ya fue borrada
Es ésta la página más blanca
Al suyo sumo mi vacío
                    Si sigues diciendo versos
                    Te van a salir goteras

"Crecen helechos de vaho entre las paredes"
¿Quién toca a la ventana?
"El cuarto se llenó de moscas porque va a salir el sol"
No las veo Son cenizas que soplo
Y queda ciego el día Ojos de azúcar

Another remained trembling
In the frond of mist
In the scintillating shadow

Unto the two that lasted
A skin has been born
They are the drops of oblivion.

... In the gray silk of the air
                    A shadow slides out...
                                    And I tear it with my laugh!

                    ∾

From the street to the mirror there is only one step
One white step of a ladder which descends
To a field of hardened foam that used to be earth
An animal with white fur and veins of water driven away
Houses that have lost their colors Faces without shade
The leaves of the window blank
That bucket was the blue one?
Finally the diapers were bleached on clotheslines of air!
Is that dandruff on the shoulders of that man?
So pale, the roses revive
What hours were they?
And the clock spits out its broken toothpick
                    And shows me its dentures worn smooth
Will the sky have fallen?
This ink was already erased
It's this the whitest page
To the heights of it I empty myself out
                    If you keep saying verses
                    They're going to leave leaks in you

"Ferns of water grow among the walls"
Who knocks at the window?
"The room filled with flies because the sun was going to come out."
I don't see them They're ashes that the day
blows and leaves behind blind Eyes of sugar

"Cal del cielo"
Cae del cielo al espeso paisaje de las sábanas
¿Ves los árboles? Pintados hasta arriba
Una la sigue hasta el espejo y se mira también con sus mil ojos
"Veo la sonrisa de una mosca niña vestida de blanco"
Mira las sombras de este minuto con los focos encendidos
Si hay sombras huecos son debajo de las cosas
Mete la mano
"Qué blanda la sombra de la taza"
A sal sabe tu aliento
Hoy no llueve sólo estrellan los cristales los relámpagos
"Me baila frente a los ojos como un deseo"
La puerta entreabierta con una C de sol brillando
Y opacándose en su negra superficie
Huele a casa sin puertas al sol abierto
¿Quién dijo que nosotros no somos nuestros gatos?
"Hoy se levantó del otro lado del vidrio"
Este perro aullando al mediodía Lo que fue será
Uno de esos días llenos de hiedra que en la tarde espejea
En uno de cuyos corazones un momento de posa
Un mosquito de colores
"Y luego se posa en otro"
Me paré frente a la ventana de mi cuarto sin paredes
Se vuelven cactus las sonrisas Máscaras que nunca me pondré
Labios tan despegados de mis labios
"¿Qué mirarán sus ojos sin mis ojos?"
Del susto porque graniza el suelo se puso blanco

Víbora breve

en roscas de crystal...
LUIS DE GÓNGORA

Amethyst

...Era sólo
un pensamiento
que silbaba
con el viento...

"Lime of the sky"
Falls from the sky to the dense landscape of the sheets
Do you see the trees? Painted with ripeness even above
She follows as far as the mirror and looks at herself also with her
    thousand eyes
"I see the laughter of a baby girl fly dressed in white"
See the shadows of this minute with headlights burning
If there are shadows, they're hollow cavities beneath all things
Insert your hand
"How delicate the shadow of the cup"
Your breath tastes of salt
Today it doesn't rain only the lightning scatters the stars of crystals
"It dances facing me with eyes like a desire"
The door opens halfway with a C of sparkling sun
And becoming opaque in its black surface
It smells of a house without doors open to the sun
Who said that we're not our own cats?
"Today he woke up on the other side of the glass"
This dog howling at noon It will become what it was
One of those days full of ivy that shines like a mirror in the afternoon
In one of whose hearts a moment perches
A many-colored mosquito
"And then it perches on another"
I stopped facing the window of my room without walls
The smiles become cactus Masks that I will never put on
Lips so detached from my lips
"What will their eyes see without my eyes?"
Out of fear of hail the floor turned white

Brief Viper

in spirals of crystal...
LUIS DE GÓNGORA

Amethyst

...It was only
a thought
that hissed
with the wind...

Lengua que habla sola
Tan inquieta rama
A quién llama y llama

Lengua que habla sola
En la oscuridad
No sé qué dirá...

Lengua que habla sola
E ilumina el aire
Aunque no haya nadie

Ah la víbora violeta
cuántas vueltas da en un vaso
se oscurece se violenta
y en el agua se abre paso...

En la mesa de madera
tu sedoso resplandor

Resplandor o pensamiento
si fuera de otra manera

Que si sólo sopla el viento
y está oscuro alrededor

Tenía
una
sola
hoja
el árbol
de la
noche
Tenía
sólo

Tongue that speaks alone
Such a restless limb
To whom it calls and calls

Tongue that speaks alone
In darkness
I don't know what it will say...

Tongue that speaks alone
And illuminates the air
Although there's no one

Ah the violet viper
how many times it turns over in a vase
it clouds over, becomes violent
and in the water opens a way...

On the wooden table
your silky splendor

Splendor or thought
if it were another way

If only the wind blows
and it's dark all around

Had
a
single
leaf
the tree
of the
night
Had
only

```
            una
           rama
           Tenía
            una
           sola
           flor
```

El fuego nace de sí mismo

El fuego se conoce a sí mismo

El fuego se llama a sí

El agua se persigue a sí misma

El agua estanca en sí misma

El agua se sabe a si

Agua víbora sin cuerpo
claro camino redondo
que da vueltas sin destino
dentro del vaso sin fondo...

```
    la    ve    la    ve    la
    y     la    ce    ra

    la    vela    vela
    y     lacera

    la    ve    la    vela
    y     la    cera
```

one
limb
Had
a
single
flower

The fire born of itself

The fire knows itself

The fire calls itself

The water pursues itself

The water stagnates in itself

The water fathomed by itself

Bodiless water viper
clear circular road
that turns without end
within the bottomless glass...

it   sees   it   sees   it
and   the   wax

the   taper   sees   it
and   it   wounds

sees   it   the   taper
and   the   wax

```
lavé      la      vela
hila      cera
```

Hay un círculo de luz
y hay un círculo de agua

Hay un círculo de vidrio
y hay un círculo de alas

Si en él metes la cabeza
en tus ojos ve la llama

Va la víbora en el agua
y el agua es toda su piel
el vaso casa del fuego
y el agua más fría que hiel

Lo hondo del vaso no es vidrio

El vaso no tiene fondo

El agua no tiene forma

Agua y vaso son lo mismo

Baja el agua hasta lo hondo

Sube el vaso del abismo

Agua en vidrio se transforma

Vaso y agua son lo mismo

I   washed   the   taper
spins   wax

There exists a circle of light
and there exists a circle of water

There exists a circle of glass
and there exists a circle of wings

If you throw yourself into it
you see the flame in your own eyes

The viper moves in the water
and the water is entirely its skin
the glass house of fire
and the water colder than bile

The bottom of the vase isn't glass

The vase has no bottom

The water has no form

Water and vase are selfsame

Below the water to the bottom

Rises the vase of the abyss

Water transforms itself in glass

Vase and water are selfsame

En el agua
Tu transparencia
Es tu secreto

Mediodía del vaso
Breve sol de vidrio

¡Feliz quien pudo verlo!

En el agua vivo
el cristal violento

Va la víbora de vidrio
coronada de reflejos
su piel el agua dorada
su aliento ondula a lo lejos...

¡Al tocar el agua
El agua se enciende!

¡Brota de su boca
Una espiga verde!

En vaso de vidrio
la víbora vibra

Se yergue en el agua
la víbora llama

¡Se inflama la vela!
¡La víbora vuela!

In water
Your transparency
Is your secret

Noon of the vase
Brief sun of glass

Happy whoever could see it!

In the living water
The violent crystal

The viper of glass moves
crowned with reflections
its skin the gilded water
its breath undulates in the distance...

Upon touching the water
Water bursts into flame!

A green stalk
Buds from its mouth!

In the glass vase
the viper vibrates

It rises from the water
the viper calls

The taper bursts into flame!
The viper flies!

A la víbora vi
a la víbora vio

A la víbora víbora
yo vi

A la víbora viola
quien la vio

Breve
árbol
blanco
con
una
flor
en
alto

Entre los ojos
cerrados

En el aire
todo negro

En el agua
sin aliento

Y ya la cera
en silencio

Brotó una espina
allá dentro

Ah la víbora del vaso
desatada como un lazo
era sólo un pensamiento
dando vueltas en el viento...

The viper I eyed
it eyed the viper

I eye
the viper viper

Who eyed
the violet viper

Brief
tree
white
with
one
flower
on
high

Between the closed
eyes

In the air
all black

In the water
without breath

And the wax now
in silence

Budded a thorn
over there within

Ah the viper of the vase
loosed like a snare
was only a thought
turning over in the wind...

ANTONIO DELTORO

MEXICO CITY, 1947 · Antonio Deltoro studied economics and is author of, among other books of poetry, *Los días descalzos* and *Balanza de sombras,* which earned him the Aguascalientes National Poetry Prize in 1996. A volume of his *Complete Poems* was published in 1999. He has been on the board of contributors of some of Mexico's most prestigious literary magazines, including *Vuelta* and *Letras Libres.* He also belongs to the editorial board of *Paréntesis.*

Antonio Deltoro translated by Christian Viveros-Fauné

Cartografía

a Dámaso Alonso, cartógrafo de las palabras

Diques invisibles para las palabras.
Líneas que sin serlo nos dividen.
En la claridad de un mapa
de colores distintos, están pintadas
las distintas familias de palabras.
Un hombre y una mujer se miran,
se hablan: no se entienden.
¿Se sueña distinto, más tenue,
en inglés que en español?
¿Las neblinas nórdicas, el azul de la montaña
se mezclan con el idioma?
De cuando en cuando una palabra
cruza su frontera,
se arriesga por despeñaderos, por falanges
de palabras enemigas, se casa con otra
que hospitalaria la recibe, la declina
o le sirve como escudo,
poco a poco las palabras se vuelven
mestizas, se acriollan;
a aquella familia de palabras morenas
le sale una hija rubia,
a aquella otra una con los ojos azules,
poco a poco por ellas van entrando

Cartography

for Dámaso Alonso, cartographer of words

Invisible dikes for words.
Immaterial lines dividing us.
In the light of a map
different families of words
are painted different colors.
A man and a woman stare,
they speak at each other: not understanding.
Are dreams different, more delicate,
in English than in Spanish?
Does the Nordic mist, the blue of the mountains,
penetrate the language?
Every now and then a word
crosses the border,
braving cliffs, phalanxes
of enemy words; marrying another
it is received hospitably,
declining or serving as a shield:
little by little words turn mestiza,
become Creole.
The dark-hued family of words
produces a blond daughter,
another engenders a blue-eyed girl.
Through them, little by little,

nubes sutiles de paisajes nórdicos
a tierras tropicales;
guijarros, humedades de mar,
a escarpados picos,
sensuales pensamientos de muchachas
a frentes adustas y otoñales.

Las palabras erosionan acantilados,
arenillas del desierto van destiñendo
con ellas marcados rasgos.
Las palabras castellanas se desbroncan.
En silencio las palabras se aman
cuando se encuentran gentes de distinto idioma.
Hay palabras que no se dejan conquistar
y acaban.
Pero las palabras aptas, las jóvenes, vencen su pudor,
su timidez, su hosquedad adolescente
y al fin se aman, se entienden,
porque para la palabra no hay nada extranjero.

Huevos puestos por un tigre

> ...cosas maravillosamente originales
> como huevos puestos por tigres.
> DYLAN THOMAS

Fascinación por lo que se ve y se oye desde le estatura, por las calles
   desde la banqueta.
Hipnosis por la huella solitaria en el cemento, por la ausencia de
   huellas en la playa,
por el hormiguero de zapatos en la boca del metro.
Tristeza de los zapatos huérfanos de pie, huellas
del desgraciado, más humanos ahora que son del abandono.
Horror de los zapatos dejados en la huida como falsas carnadas
para que se entretenga la muerte: adelantos de ataúd, malos presagios.
Patetismo de los zapatos abandonados en medio de la matanza,
de los que cayeron antes que el pie, más doloroso que el grito.
Encandilamiento de los ojos al pie, de la memoria a ese zapato

subtle clouds of Nordic landscapes
penetrate tropical territories;
pebbles, oceanic moistness
mixed with steep peaks,
sensual girls' thoughts
with stern, autumnal foreheads.

Words erode escarpments,
with their help desert sands erase
marked features.
Castillian words tame their anger.
Words make love in silence
when different-speaking peoples meet.
Certain words refuse seduction
and disappear.
But fit, healthy words overcome chastity,
timidity, adolescent surliness
and learn to love at last, understanding one another,
because for words nothing is ever foreign.

Eggs Laid by a Tiger

> *...marvelously original things*
> *like eggs laid by tigers.*
> DYLAN THOMAS

Fascination for what is seen and heard from the heights, in the streets
    from the sidewalk.
Hypnosis triggered by a lone footprint in the cement, by the lack of
    footprints on the beach,
by an anthill of shoes at the entrance of the subway.
Sadness for shoes orphaned of feet, tracks of the unlucky,
more human still, now that they mean abandonment.
Horror of the shoes left by flight like false leads
for death to enjoy: foreshadowing of casket, bad omens.
Pathos of shoes abandoned amidst the massacre,
of those who fell before their footsteps, more painful even than
    screams.
Blindness of eyes to brilliant feet, of memory to that shoe

caído entre los otros en la calle mojada.
Seducción de los pies del sueño, de los pies de la risa.
Deslumbramiento de los pies en el salto, hechizo de los pies en el
   árbol.
Encantamiento de los pies al cielo cuando ascienden en la horizontal
   del lecho.
Atracción por tus pies cuando desde ellos te contemplo:
enamoramiento de la lengua que camina.
Liberación de los dedos desnudos cuando dejan su prisión
y se retuercen como cachorros de pájaro en busca de alimento
y sus uñas son fósiles que vienen del precámbrico.
Alegría de los pies al ser liberados de sus cajas de cuero
cuando salen como palomas del sombrero de un mago.
Transparencia de los pies en la playa, ecos de piel, sombras que borra
   el mar.
Alabados sean los pies, huevos puestos por un tigre.

Domingo

Me siento solo como un dedo al que le faltara mano.
El domingo es un híbrido, un animal con pies de sábado y cabeza
   de lunes,
tierra de nadie que respira aburrimiento, comidas familiares.
Es un juego de cartas donde no se arriesga, música con sordina,
   sobremesa.
El domingo es anacrónico, corre despacio por miedo al despeñadero,
al infarto del lunes, al infierno: en el domingo los audaces se juegan
   más que la semana.
El domingo es un día por decreto oficial, un falso día.
El domingo amanece tarde y anochece temprano, es un crepúsculo
   precoz, entre paredes, pesado.

Anestesia

Ahí en el fondo, en una casa de muñecas, están ya mayores
los que no nacieron, el de las cicatrices, otros más, las dos gemelas,
un tubo preñado de intemperie, al que ocultan falsos paisajes,

fallen among so many others on the wet street.
Seduction of the feet of dreams, of the feet of laughter.
Bedazzlement of jumping feet, magic of feet in the treetops.
Enchantment of feet in the sky when they ascend horizontally, from
    the bed.
Attraction for feet when contemplating you from their soles;
love of the tongue that walks their path.
Freedom of naked toes when they leave their prison,
squirming like bird cubs in search of sustenance,
their nails fossils emerged from the Precambrian era.
Joy of feet liberated from their leather boxes,
they emerge like doves from a magician's top hat.
Clarity of feet on the beach, echoes of flesh, shadows erased by the sea.
Hallowed be thy feet, eggs laid by a tiger.

Sunday

I feel alone, like a finger without a hand.
Sunday is a hybrid day, an animal with Saturday feet and a Monday
    head;
a no-man's-land breathing boredom, family lunches.
Sunday is card game where no one raises, muted music, after-dinner
    talk.
Sunday is anachronistic, it runs slowly for fear of cliffs,
Monday's coronary, hell itself: on Sunday the bold bet more than
    during the entire the week.
Sunday is a day by official decree, a false day.
Sunday is late to rise and early to bed, premature evening, trapped
    between walls, dense.

Anesthesia

Way down there, in the doll's house, the unborn suddenly came of age,
the one with the scars, a few others, the twin girls,
a tube pregnant with nature's elements, shut out from false landscapes,

simulacros de aire, apócrifas marinas.
En el cuerpo llevo cicatrices de aguja e hilo, de bisturí y anestesia.
Ayer las mostraba con orgullo fingido a uno atravesado por cicatrices
    despiertas.
¿Intercambio desigual, moneda falsa? De todas maneras las llevo.
Nací fruto de un combate contra la asfixia; de nada vale cerrar los
    ojos, el bisturí atraviesa.
Me rodearon paredes, calor artificial, jaulas de vidrio.
Cuando sueño, sueño muros que me envuelven, sueño asfixia,
    pasadizos, sueño muerte.
Ayer soñé que descendía entre dos paredes:
ganas de retroceder o de llegar a la intemperie.

Viaje

Sentada ya a la mesa
me espera la familia:
cuadra a cuadra se mezclan
el placer agridulce
de llegar con retraso
y el temor del regaño.
De la escuela a la casa
me libera el camino,
lo prolongo extraviándome;
hago larga la ruta
jugando con los otros,
me subo a los camiones
que van por otros rumbos.
Después de encaminar a mis amigos
me regreso yo solo;
entonces voy contando
las líneas de la acera,
un perro me distrae, miro un kiosco.
En el camión fatal
que me acerca a la casa,
las risas y uniformes
de un colegio de niñas
son como otro camión
que me lleva en su viaje:

simulacra of air, seaborn apocrypha.

My body wears the scars of needle and thread, of scalpel and anesthesia.

Yesterday I displayed them with fake pride to one lacerated by living
    scars.

Unequal exchange? False currency? I wear them anyway.

I was born the product of a battle against asphyxia; closing one's eyes
    proved useless; the scalpel cut deep.

Walls surrounded me, artificial warmth, glass cages.

Now when I dream, I dream enveloping walls, I dream asphyxia,
    hallways, I dream death.

Yesterday I dreamt that I descended between two walls:

desire to retrace my steps or find an exit.

Voyage

Seated at the table
my family waits for me:
block by block are mixed
the bittersweet pleasure
of being late
and the fear of being scolded.
From the school to my house
the road liberates me;
I extend it by wandering,
making the road longer
playing with others.
I climb aboard buses
moving in different directions.
After walking my friends home
I return alone,
then begin counting
the cracks on the sidewalk;
a dog distracts me,
I look at a newsstand.
On the fatal bus home,
the laughter and uniforms
of a girl's school
are for me like another bus
carrying me away on its voyage:

aplazan las tareas
que entristecen mis tardes,
dilatan los segundos,
multiplican las calles.

Almohadas

"Me gusta oler las almohadas", me dices,
y las abrazas una después de otra.
Te gustan nuestros olores en las almohadas
como te gustan los recuerdos, las sombras, las fechas, el calendario;
las fechas, reflejos de días desgastados por el tiempo
como las puntas del calendario en el que marcas sangres y lunas;
las sombras de mitos en cuentos infantiles; los momentos que viven
    más allá de su ocaso.

La respiración de cada quien late en las almohadas
con un ritmo distinto de olas y de remos;
nuestros sueños no se juntan, se cruzan sus recuerdos como estelas
    dejadas por dos barcos.

Algo de nosotros se queda en las almohadas,
algo de pátina invertida, de pared descascarillada, de paso fugaz por
    el azogue.
Te gusta buscar por las mañanas en las almohadas el paso de la noche.

Contemporáneos

Cuántas veces al entrar a la plaza y ver desde una de las calles que en
    ella desembocan,
su plataforma llena de luz atravesada por la gente,
he tenido la intuición de que estos rostros fugaces y anónimos
son indispensables para mi existencia y que sin ellos, ahí cruzando,
    todo sería diferente.
En el restorán, las risas y las voces de unas muchachas,
la cara de un señor que mastica solemne,

postponing the homework
that saddens my afternoons,
expanding the seconds,
multiplying the streets.

Pillows

"I like to smell the pillows," you say to me,
embracing one after the other.
You like our smells on the pillows
just like you like memories, shadows, dates, the calendar;
dates, reflections of timeworn days
like the corners of the calendar which you fold over and on which you
     draw moon shapes,
the shadows of myths in children's stories, the moments that live on
     beyond their passing.

Within the pillows beat people's breath,
the distinct rhythms of waves and oars;
our dreams do not meet, their memories cross like the wakes left by
     two ships.

Something of us remains inside these pillows,
some inverted patina, a bit of a wall peeling, some speedy, quicksilver
     passage.
In the morning you search the pillows for last night's passing.

Contemporaries

How many times have I — on entering the plaza
and looking in from one of its lateral streets —
seen that proscenium bathed in light interrupted by people
and had the feeling that those fleeting and anonymous faces
are indispensable to my existence,
that without them, crossing there,
everything would be different.
In the restaurant, the laughter and voices of girls,

la del cocinero que desconozco y que ha sazonado la sopa
forman parte de mi tiempo, lo transforman,
como al quitar un objeto de una bañera se altera su nivel,
sólo que no en centímetros, ni en segundos, sino en una unidad
    desconocida.
A veces esta conciencia es consoladora, pero a veces es tan inquietante,
como una llamada telefónica que nos hacen desde otro continente
donde amanece al tiempo que aquí domina la penumbra.

Libro de segunda mano

Las huellas de los ojos que miraron estas líneas,
son como los ojos que el espejo recuerda:
algo me dice que existen invisibles, secretas.
Leer este libro es compartir un espejo,
trasmutarse en arqueólogo:
cada lectura se ha quedado en sus tapas
y hay unos tímidos puntos de tinta
de vez en cuando en sus márgenes.
Bajo la luz de esta lámpara
siento que alguien está leyendo conmigo:
algo me obliga a paladear frases
que si las pienso me parecen anodinas;
algo les da una profundidad temporal y física.
Debajo de la voz abstracta
con la que leo en silencio
hay una punta de una emoción desconocida.

Vecinos

En el piso de abajo el sufrimiento se extiende como el polvo,
rebala por los mosaicos, araña las paredes,
se escuchan gritos, lloros, los vecinos pelean.
Descanso en los puntos suspensivos del polvo que danza con la luz y
    oigo un concierto;
me distraigo del dolor que me rodea
en el regazo de la luz que se trenza con el polvo:

the face of a gentleman chewing solemnly,
the cook whom I don't know and who made the soup
make up part of my time, transform it,
like when an object is removed from a bath, changing its level,
but not in centimeters or in seconds, but in unknown units.
Sometimes this is a consoling thought, but at times it is as disturbing
as a telephone call received from another continent
where it dawns at the same time that this country is dominated
    by darkness.

Secondhand Book

The prints left by the eyes that read these lines
are like the eyes the mirror remembers:
something tells me they exist invisibly, secretly.
Reading this book is like sharing a mirror,
transmuting oneself into an archaeologist:
each reading remains on the pages
together with a few timid dots of ink
left in the margins.
Beneath the light of this lamp
I feel someone reading with me:
something compels me to try phrases
which, when repeated, appear insipid;
though something gives them temporal and physical depth.
Beneath the abstract voice
with which I read in silence
there is an edge of unrecognizable emotion.

Neighbors

Suffering envelops everything like dust on the floor below,
it slips along the tiles, scratching the walls;
screams are heard, crying, the neighbors fight.
Resting in the ellipsis left by the dust dancing with the light, I hear
    a concert.
I am distracted from the surrounding pain
in the lap of light braided with dust.

en el piso de abajo, entre el sufrimiento, ¿el polvo juega con la luz?
Departamentos: el suelo de uno es el reverso del techo de otro,
las patas robustas de un sillón dejan caer su bovino sopor
en el envés de donde cuelga una lámpara.
Contigüidades, promiscuidades, distancias...
mientras yo escucho a Mozart los vecinos pelean:
imagino a Mozart y a su vecino; mientras uno compone
el otro se desgarra o vegeta ignorando
que a sus pies nace un manantial de vigilia:
¿Es el pesado sillón que desconoce la agilidad de la lámpara?
¿Quién sabe del vecino de Mozart?
¿Qué sabe el vecino de Mozart?
¿Qué sabe Mozart de su vecino?
(A la intemperie somos lo que el prójimo quiere,
a salvo de sus miradas, creaciones de las paredes.)
Departamentos: el tiempo que los acoje se llama mientras
y en este mientras cuántos tiempos diversos conviven.
Yo trato de escapar del tiempo de mis vecinos concentrándome
en la maravilla menuda del polvo y en la danza de notas.
Departamentos: como las aceras de una calle,
paralelas y opuestas, uno en la luz, otro en la sombra.
Una noche sufrí interminablemente
mientras en el piso de abajo todo dormía.

Los tímidos

a Javier

A veces prefiero la llama de la hornilla en la estufa a un resplandor
    de fuego.
Los tímidos se ocultan en la niebla
pero quieren el sol solitario de una banca tranquila.
¿Dónde, en qué lugar, está su timidez más reposada?
¿En los jardines invernales o en los parques de abril?
¿Cuál es el mes de los tímidos? ¿Cuál es su hora?
Me atraen las costumbres de los tímidos,
su pisar cuidadoso, su introducirse con el cuello crispado,
su descanso a la sombra de las miradas del prójimo, su pulcritud,
    su nerviosismo.

Downstairs, amidst the suffering, does dust play with the light?
Apartments: one person's floor is the reverse of another's ceiling,
the robust feet of an easy chair let fall bovine weight
on the lamp hanging opposite.
Contiguities, promiscuities, distances...
the neighbors fight while I listen to Mozart:
imagine Mozart and his neighbor: while one composes
the other distresses or vegetates ignoring
the fount of sleeplessness at his feet.
Does the thick easy chair ignore the lamp's agility?
Who knows about Mozart's neighbor?
What does Mozart's neighbor know?
What does Mozart know about his neighbor?
(Outside our walls we are what others want us to be;
safe from others, we are inventions of the walls.)
Apartments: the time they exist in is called meantime
and in this meantime several times coexist.
Trying to escape from the time of my neighbors I concentrate
on the minute marvel of dust and the dance of notes.
Apartments: like the sidewalks of a street,
parallel yet opposite, one in light, the other in shadow.
One night I suffered interminably
while on the floor below everything slept.

The Shy Ones

for Javier

Sometimes I prefer the stove's pilot light to the splendor of a fire.
The shy ones hide in the mist
but want the solitary sun of a peaceful bench.
Where, in what place, does your most intimate shyness lie?
In the winter gardens or in the green parks of spring?
What is the month for shy people? What is their time?
I'm intrigued by the customs of shy people,
their careful step, their hunched introductions,
their shadowed rest from the gaze of others, their neatness, their
    nervousness.

El tiempo de los hombres no vence el rubor de los tímidos.
Tropiezan por delicadeza, porque sienten todo vivo, por exceso
    de escrúpulos.
Porque están enamorados del rigor son inseguros;
son los exploradores de perfil de los centímetros.
Ante las puertas pierden su escaso aplomo,
ellos son la conciencia de los umbrales y las fronteras.
Boquean su silencio como los peces en la superficie de un estanque
    el oxígeno
y su lengua es un anzuelo de incandescencia y pudor.
Permanecen en la infancia y en la adolescencia;
a su delicadeza no la mella la edad;
de ancianos pueden sonrojarse ante su propia muerte;
lo mismo que lo hacen, a pesar de sus canas,
ante la presencia de un extraño o de una mirada femenina.

The time of men cannot vanquish the shame of shy people.
They trip and fall from delicateness, because they feel everything
    alive, from an excess of scruples.
Because they love rigor they are insecure;
they explore the precision of centimeters.
In front of doors they lose their rare aplomb,
they are the conscience of limits and thresholds.
They mouth silence like fish breathe in oxygen at the surface of a tank.
Their tongues are hooks of incandescence and modesty.
Permanently stuck between infancy and adolescence,
their delicateness is unaffected by age;
when older they blush before their own death,
just as they do, despite their graying,
before a stranger or a woman's stare.

GERARDO DENIZ

MADRID, 1934 · Gerardo Deniz is the nom de plume of Juan Almela, an eccentric member of the Spanish exile community in Mexico who arrived there in 1942. He has translated into Spanish the mythologist George Dumézil, the anthropologist Claude Lévi-Strauss, and uncountable texts from a wide variety of disciplines, mainly within linguistics and the natural sciences. He studied chemistry and is a connoisseur of languages, some as remote as Tibetan, ancient Mongol, and those pertaining to the Ural-Altaic family. Among his eleven books of poetry are *Adrede* and *Gatuperio, Picos pardos, Grosso modo, Amor y oxidente, Op. cit., Ton y son,* and *Letritus.* Other books by him include *Alebrijes,* a collection of short stories, and the book of essays *Anticuerpos.* A volume of selected poems translated into English by Mónica de la Torre was published recently by Ditoria and Lost Roads. He was awarded a Guggenheim fellowship in 2001.

Gerardo Deniz translated by Mónica de la Torre

Musa

Cuerpo dechado de dioscurismo sobre la mediocridad heliconia de
    este verso,
¿quién va a poder hallar dos mugrosas anacrusis en nubes vistas de canto
(porque el mundo es redondo, eso sí; aun dentro de la ciudad se nota)
por la tarde?
Cuando un vigía cínico pregona las exageraciones del cacareo y le
    preguntan con gestos que qué anunciaba,
¿quién va a conservar el humor si durante las ráfagas suenan como un
    ajedrez marmóreo en su caja las Terpsícores y Melpómenes dando
    traspiés de oso borracho en la sentina?
—Muchacha, ya sabes: aunque el derecho de pernada con agravantes
    lo alaben los perspicaces,
por término medio 73% de cada noche de amor (de las sublimes)
se pasa durmiendo.
            .   Y es incómodo.

Muse

Typical Dioscuric body above the Heliconian mediocrity of this line,
who can find two lousy anacruses in clouds seen askew
(for the world is round, certainly; it's apparent even in the city)
in the afternoon?
When a cynical watchman calls attention to the excesses of hawking
and people's faces question what he's announcing,
who can keep their humor if while the wind howls the Terpsichores
and Melpomenes sound like marble chess-pieces in a box,
stumbling like drunken bears on a boat's bilge?
— Girl, you know it: even if the aggravated droit du seigneur is praised
by the shrewd,
on average 73 percent of a love night (of the sublime ones)
is spent sleeping.
                    And it's uncomfortable.

Meditar

A nadie debe alarmar que el horizonte acumule detrás de los follajes
volutas y nubes como del Greco: una tarde tan barroca no pasa del
ensayo general.
(En cualquier caso, si estuviéramos en el puerto, al atento a cosas
náuticas le bastaría recorrer de un vistazo la vasta extensión de las
aguas para asegurar con suficiencia: —No está el tiempo para
batículos.)
Esta tarde discutible, colgada de los pulgares entre el polvo y la lluvia
sobre el dorado ostracismo del parque inmenso, a la orilla de lagunas
podridas cubiertas de lentejuelas (*Lemna minor*),
mejor será que la soledad escuche el organillo henchido de chiflos y
refollamientos:
si entrase Descartes en un café no se haría un silencio más propicio.
Cante el barrio cuadrilongo, con caras de planchadoras y anormales
en las ventanas;
cante las bibliotecas donde el Nigromante hubiera podido apurar las
tardes oyendo zumbar moscas o, alzando al techo la mirada aguda,
abismarse en el Rorschach eficaz
de las goteras, mientras lejos los tranvías arrastraban sus cadenas;
cante el herraje supremo del museo —la solitaria, el hipogloso—, y en
la caligrafía parda de las etiquetas tantos pecados contra el
Espíritu Santo.
Cante los textos al cesto, duelos y quebrantos, tácticas galantes que
violan convenios de Ginebra. Y para mañana o pasado
cante sobre todo la mierda, que es cosa nitrogenada y arrojadiza.

Ignorancia

Cuando se quita del labio usted el epíteto escupiéndolo al rostro de
la amada,
siente usted que ha cumplido, hasta que le sale otro, v. gr. de tabaco,
y el proceso se repite ad nauseam.
Lo malo es esa manigua poblada de grillos y leopones, esa insuflación
de burbujas en el tuétano

Meditate

It should alarm no one that the horizon gathers up behind the leaves
    volutes and clouds as if in a painting by El Greco: such a baroque
    evening is nothing but a dress rehearsal.
(In any case, if we were at the seaport, anyone keen on nautical things
    would adeptly determine by simply glancing at the water's vast
    extension: it's not the time for ring-sails.)
This questionable evening, hanging by its thumbs between the dust
    and the rain
over the gilded ostracism of the immense park, at the edge of lakes
    covered by rotten duckweed (*Lemna minor*),
it will be better if solitude listens to the barrel-organ swollen by sighs
    and whistles:
if Descartes walked into a café a timelier silence couldn't be made.
Sing the oblong tenements, with the faces of ironing women and
    morons behind windows;
sing the libraries where El Nigromante would've spent evenings
    listening to the buzz of flies, or lifting his sharp eyes to the ceiling,
    plunging into the effectual Rorschach of leaks while distant trains
    dragged their chains;
sing the supreme ironwork of the museum — the tapeworm, the
    hippocampus — and in the brown calligraphy of labels, so many sins
    against the Holy Spirit.
Sing the texts thrown into wastepaper baskets, the fried offal, the
    amorous tactics infringing on the Geneva Convention. And for
    tomorrow or the day after
sing most of all shit, a nitrogenated and hurlable thing.

Ignorance

When you get rid of an adjective on your lips by spitting it at your
    lover's face,
you feel you've done your part, until another one comes out, e.g.,
    of tobacco,
and the process repeats itself ad nauseam.
The problem is that jungle populated by crickets and leopons, that
    injection of bubbles into the marrow

—en una palabra, todo lo que hormiguea, desazona un rato y hace
   amanecer los lunes
pensando
cómo será que a mis tíos y tías los poetas
les ocurre lo que relatan
y viven para contarlo.

La escuela autoritaria y cómo nació un respetable género de literatura.

Duras son las bancas, y el profesor tampoco tan lúcido.
Con frecuencia se nota que improvisa. Que falsea tradiciones, héroes,
   anatomías
para salir del paso. Y si se murmura en los corredores—lo he oído—
que su papel es difícil, pues que se hubiera dedicado a otra cosa,
corsario turco, por ejemplo, pintor de santos de alcoba adulterina.
       No es disculpa.
Quedan los flancos del aula embadurnados (y a la salida los retratos
   de Rúnika en su horizonte de estaciones)
de rastros relucientes y ese platino es baba que derrochó
       el cornudo mentor
en su tentar incompetente de molusco. Alza en alto la pata, hermano
   conejo
(si de ti no se tratase, proteína de la niñez, preferiría callar);
no te agarren desprevenido. Que tengan la culpa, dado el caso:
"Son largas mis orejas; mi desempeño exhala, por donde oler se quiera,
un pronunciado tufo vegetariano." Y sin embargo no se te aprecia
y el maestro se permite llegar trayendo al hombro una carabina
como si no viniese a impartir instrucción humanística
sino de caza o francotiro. Compartes el pavor, hermana marta,
animalesa de homogéneo traje sastre, suave al grado de que sirve para
   hacer suavísimos pinceles,
y eres el ser más fusilado en las florestas de Eurasia; te sientes
   aludida, con razón,
y maullando la sobada excusa de salir un momento a soplar el
   sacapuntas,
huyes y esperas nerviosa bajo los indalecios del patio

—in a word, anything that swarms is upsetting for a while and then
    makes one wake on Mondays
wondering
how come my uncles and aunts the poets
undergo what they write about
and live to tell the story.

The Authoritarian School and How a Respectable Literary Genre Was Born.

The benches are hard and the professor is not all that bright either.
Frequently one can tell he's improvising. That he invents traditions,
    heroes, anatomies,
in order to get by. And in the corridors it's rumored—I've heard it—
that his role is difficult, that he should have been something else,
a Turkish corsair, for example, or a painter of saints in adulterous
    bedrooms. That's no excuse.
The walls of the classroom are left smeared (like Rúnika's portraits in
    their horizon of stations)
with glistening trails, and that platinum is drool squandered by the
    snail-horned mentor
during his inept molluscous fumbling. Lift your paw high, brother
    rabbit
(if it weren't for you, protein of childhood, I'd rather be silent);
don't let yourself be caught off guard. Let them be held responsible,
    given the case:
"My ears are long; my deeds exude, from wherever one chooses to sniff,
a pronounced vegetarian odor." Yet despite this you're not appreciated
and the teacher allows himself to come in with a rifle
as if he weren't teaching the humanities
but hunting or gun-shooting. You share our terror, sister marten,
animalesse of an even suite, so soft that it could be made into the
    smoothest paintbrushes,
and of all beings you're the most shot at in Eurasia's forests; you feel
    that the teacher's referring to you, and rightly so,
so you meow the typical excuse of going out for a moment to blow the
    shavings off your pencil sharpener,
you flee and wait nervously under the playground's willoughbies

que, conclusa la clase, algún compañero enamorado te preste sus
    cuadernos
de ortografía insegura. (Mas con el amor no se juega; ojo.)
También tú, hermano dromedario, padeces con este profesor
    pelotudo,
sin darte tiempo a que le saques el aire a tu gaita
por un agujerito melodioso, lo cual requiere de concentración y
    espacio.
De ahí que los discípulos se sublevaran todos. (Hay quien ejerce
    cuarenta y tantos años prosa o verso
sin emplear ni una vez el verbo sublevarse. Quien lea, entenderá.)

Oyente

Sentado en primera fila, diestra en la tablita,
no pierde sílaba de las clases,
manifiesta su acuerdo con vista intensa,
una a medias sonrisa rígida
y leves afirmaciones nerviosas de la testa
en los buenos pasajes — muy frecuentes, parece.
A momentos, al aumentar su emotividad,
mueve los labios casi hablando,
como si quisiera pronunciar él lo que escucha. —
Sin embargo, no toma notas. Ni podría.
Desde el codo la piel se le enrojece
hasta ser a medio antebrazo pavorosa,
y hacia la muñeca ya está bien asado distalmente.
Sobre un platón (en la tablita), su mano humea todavía,
unida cual debe a la extremidad susana,
provocando impresión fuerte tan sólo
por ser poco habitual verla guisada
— menos aún sin desprender del propietario —
en una salsa consistente, color gorrión,
con chícharos, champiñones, nueces, alcaparras.
(La piel, apenas tostada, se adivina crujiente y a la vez tierna;
en su punto.)

until class ends and some classmate in love lends you his notebooks
with questionable spelling. (Yet you shouldn't mess around with love;
    careful.)
And you too, brother dromedary, suffer with this jackass professor
who gives you no time to take the air out of your bagpipe
through the melodious little hole, an act which requires concentration
    and space.
That's why all the pupils rose in rebellion. (There are those who
    practice prose or poetry for forty-something years
without ever using the verb *to rise*. Whoever reads, will understand.)

Auditor

Sitting in the first row, right hand on the small desk,
he misses no syllable of the classes,
expresses approval with an intense gaze,
a tight half-smile
and slight nervous noddings of the head
when passages are good — quite frequently, it seems.
At moments, becoming more emotional,
he moves his lips almost in speech,
as if wanting to utter what he listens to himself. —
He doesn't take notes, however. He couldn't if he wanted.
His skin flares from the elbow down
becoming dreadful at the forearm,
his wrist distally well-broiled.
On a dish (on the desktop), his hand keeps steaming,
attached as it should to the limb above,
making a strong impression only because
rarely does one see a hand cooked
— especially if it hasn't been cut off from its owner —
in a thick sauce, the color of a sparrow,
with peas, mushrooms, nuts, capers.
(One can tell that the skin, slightly browned, is crunchy and tender at
    the same time;
done to a turn.)

Navidades

Oí pisadas presurosas,
exclamaciones, revoloteos. Me acerqué a la puerta y atendí un rato
con los ojos muy abiertos. Un santiclós se ha trabado de mal modo en
    la chimenea
entre el tercer y cuarto piso, desde esta madrugada,
o por ventura entre el segundo y el tercero.
Sus gritos ahogados llegan hasta la azotea.
Le bajaron un poco de pavo frío con un hilo
para que espere mejor el rescate; más la apretazón no le deja tragar
    bien
y regurgita sin cesar: la casa se estremece. Ahora es cuestión
de cómo darle el relleno y sobre todo
algo de beber, una cuba siquiera.
El vecino del tercero, bienaventurado,
metiendo tubo arriba el brazo con las pinzas doradas, a ciegas entre
    el hollín,
cuenta que le pellizcó el escroto y tiró de él otro palmo hacia abajo,
dejándolo quizá peor. Hacen descender la cuerda
sin propósito preciso; vuelve con un juguete:
¿intento de soborno, tal vez?
Me asomo a la ventana. Son tantos en la calle los que miran hacia acá
(y con tales caras de fastidio)
que retrocedo, a disgusto.
A lo alto la voz llega menos y sólo repite cosas ya muy dichas:
"amuá", por ejemplo, pues es un papanoel, asegura el periódico.
De nuevo vibran pasos fuertes sobre mi techo.
No tengo chimenea, por fortuna, mas detrás de la pared
escucho cómo bajan ahora un pulpo vivo.
Vuelve con el rojo gorro adherido a las ventosas. —
Al otro día lo contaba yo con susto en la editorial:
al parecer era imposible extraer el cadáver
y en los pisos inferiores no sabían por dónde comenzar,
pues se les llenaría la casa de humo si encendieran
para amojamarlo
—y al mes siguiente hace, aquí en México, gran frío.
Cómo explicarles, además, a los pequeños.

Christmas

I heard hasty steps,
exclamations, turmoil. I went to the door and listened for a while
with my eyes wide open. Santa Claus was badly trapped in the chimney
between the third and fourth floors, since dawn,
or perhaps, with luck, between the second and third.
His muffled screams can be heard in the rooftop.
With a string, they sent down some turkey to him
so he could endure the rescue better; but he's so tight he can't even
    swallow,
gagging continuously: the building quivers. Now the issue is
how to give him some stuffing and especially
something to drink, a rum-and-coke, to say the least.
The neighbor on number three, naive,
says he blindly stuck his arm and gilded pliers into the chimney,
    between the soot,
pinching Santa's scrotum and pulling him down slightly,
probably leaving him worse. They dip the rope down again
for no apparent reason; it returns with a toy:
a bribe, perhaps?
I look out the window. There are so many onlookers on the street
(with such cross faces)
that I back off, ill at ease.
On the top floors his voice is fainter and he only repeats
things we've heard many times before:
"à moi" for example, for he's a Papanoel, asserts the newspaper.
Again, I hear resonating steps upstairs.
Fortunately I don't have a fireplace, but through the wall
I hear them sending down a live octopus.
It comes up with a red hat stuck to its suckers—
Afraid, I talked about this the next day sitting at my proofreader's desk:
it was impossible to remove the corpse,
in the lower flights they didn't know how to begin,
their houses would be filled by smoke if they lit their chimneys
to dry him
—also, next month it gets really cold here in Mexico.
And then how does one tell the little ones.

Pueril

Llévense a sus niños, llévenselos
quienes le enseñan que cuando estén contentos griten "yupi".
Es profundamente mentira.
(Pero que se cierre asimismo el horno crematorio,
no vaya a quemarse algún despistado las patillas
con el ventanuco de observación, ardiendo todavía de incinerar a
    mamá.)
Recorren calles, hipódromos, pastelerías nuestras diputaciones
—fácilmente reconocibles gracias al biberón bordado en la boina azul—,
y a las criaturas que sean halladas en flagrante berrinche
    indescriptible
entréguenseles dulces, juguetes, triciclos, bombas atómicas
que produzcan hongos radioactivos de metro y medio siquiera.
Hay que prohibir, nada másles, escupir,
lo cual sí es insoportable.
En estos días consagrados a la puericultura subo a pasear una y otra
    vez sobre el techo
y serenarme de la acción;
veo por el horizonte marino pasar
grandes ballenas lejanas.

Ofertas

APROVECHE. Soneto 1962. Excelente estado de conservación. Muy heterotónico. Filosófico. Audaz. Chute remarquable. Buen precio. Informes 5 36 22 82 tardes.

GAJO epopeya marxista-leninista. 123 hexámetros infecto-contagiosos. Alusiones a Ezequiel (ossa arida) y Acorazado Potenquín. 6 58 79 99. Insista insista.

POR VIAJE al fondo del dolor malbarato panoplia poética paradigmática. Pupitre plumas gansa lacrimatorios obras referencias esenciales diccionario rima etc. Callejón del Sapo 13. Srta. Georgina Leontina de Avellaneda y Amapola enseña todo.

Childish

Take your kids away, take them
you who teach them to yell "hooray!" when excited.
It's profoundly untrue.
(Likewise, close the crematory oven,
what if the sideburns of a distracted onlooker catch fire
at the observation window, still scalding after incinerating Mom.)
Our representatives travel to streets, racetracks, bakeries
— easily recognized by the nursing bottles embroidered on their blue
    caps —
and to those kids who whine beyond description,
they hand out candy, toys, tricycles, atomic bombs,
that can generate radioactive mushrooms at least five feet tall.
What we mustn't permit, however, is spitting,
which is truly unbearable.
In these days devoted to the science of child-rearing I climb up to
    the roof over and over again,
to take walks and unwind:
across the maritime horizon I see
giant distant whales go by.

Classified Ads

SEIZE THIS OPPORTUNITY. 1962 Sonnet. Kept in excellent condition.
Quite heterotonic. Philosophical. Savvy. Chute remarquable. Afford-
able. Information 5 36 22 82 afternoons only.

SECTION of Marxist-Leninist epopee. 123 infecto-contagious hexame-
ters. Allusions to Ezekiel (ossa arida) and to Eisenstein's *Potempkin*. 6
58 79 99. Insist insist.

PARTING for the depths of pain, giving away paradigmatic poetic
panoply. Desk goose feathers lachrymatories works essential references
dictionary rhyme etc. Callejón del Sapo number 13. Ms. Georgina
Leontina de Avellaneda y Ampala shows all.

MADRIGAL a unas manos adaptable fácilmente a pedúnculos. Apremiante. Castigado. Intenso lirismo. Sólo usado 2 veces en 400 años. Si ella no sucumbe devuelvo gasto cena. 5 36 22 82. Sr. Cetina.

Merlín

Diremos hoy del amor cosas verdades
como la orilla al mar hasta volverse arena.
Los pasos sobre hojas mojadas que no crujen; torna el pensamiento
    con saliva ajena, oh brujo céltico que hallaste hace dos lunas
una joven lavándose temprano en la fuente. Esta tarde de nuevo
has mordido sus piernas — desgano: así hasta tres veces.
Hay en el bosque corros de hongos — y quién los pone, dí
    (o enloquecer como el sabio malabar
ante la sensitiva), y quién pone el salitre en la bóveda donde la
    antorcha traza enigmas de hollín.
Mirabas a la ventana de vejiga tendida; esperabas la hora, oh brujo
    eternamente medieval,
cómo odiaste la paja donde hundías codos y rodillas pensando en
    hongos, en salitre
(así otros días cuando quieres que dure y repasas el elenco de estirpes
    de Erín desentendiéndote un poco).
Traes briznas en los faldones y en ese cucurucho salpicado de
    estrellas, lúnulas y saturnos prematuros que llevas
frío en los pies y prisa; sí, oh brujo atormentado por la enuresis;
anhelas el infolio de astrología judiciaria que el aprendiz desempolva
    con mano trémula, creyéndote en hechicerías altas.
Tardarás en dormirte aunque es noche de viento y el hombre del norte
    no pisará las costas.
No, no eres lunático.

Arca

Se escapan indefectiblemente. Voy,
matamoscas en mano, por las crujías, aniquilando de un golpe géneros
    enteros,

MADRIGAL dedicated to a pair of hands easily adjustable to peduncles. Pressing. Chastised. Intense lyricism. Only used twice in 400 years. If she doesn't give in dinner expenses reimbursed. 5 36 22 82 Mr. Cetina.

Merlin

Today about love we'll say some truths
like the sea's edge until it becomes sand.
Footsteps on damp leaves don't rustle; thoughts turn with someone
    else's saliva, O Celtic wizard who two moons ago found
a young lady bathing early in the fountain. This afternoon
you've bitten her legs again — weariness: up to three times.
In the forest there are rings of mushrooms — who puts them there,
    speak (or go mad like the wise Malabar
faced with the sensitive plant) and who puts the saltpeter in the vault
    where the torch traces enigmas of soot.
You were looking out the drawn-out bladder window; you were
    waiting for the hour, O totally medieval wizard,
how you hated the hay where you plunged your elbows and knees
    while thinking of mushrooms, of saltpeter
(like the days when you want things to last and you go over the entire
    cast of Erin's lineages, distancing yourself somewhat).
With straws on your hem and your cone splashed with stars, lunules
    and premature saturns
you're in a hurry, your feet are cold; yes, wizard tormented by bed-
    wetting;
you want the manuscript of judicial astrology that your apprentice dusts
    off with a tremulous hand, believing you practice high witchcraft.
You'll have trouble falling asleep although it's windy tonight and the
    man from the North won't be trampling the coasts.
No, you're not a lunatic.

Ark

Unfailingly they escape. I go,
flyswatter in hand, down the passageways, annihilating with one blow
    entire genera,

órdenes, clases. Maldefiendo mi vida (barrenan el casco, pían,
     himplan, ponen): para mí la culpa.
Ocasiono pérdidas que me echará en cara Filogenia;
así exterminé aquel hemíptero azul con un comino al hombro
—no molestaba, pero era prófugo y ayer yo andaba bíblico
en demasía. Sobrevive su pareja, condenada al onanismo
o a la bestialidad.
                    Noé, hijo de no recuerdo quién,
qué malo saberlo todo. Qué pésimo ejercer.

Mapa

Si creciera y las fosas se colmarían de grandes cubos de sales
con una película de tinta de imprenta azul encima,
mundo vestido apenas de filamentos pegajosos,
vasta calma ecuatorial—y el trabajo callado de la isostasia elevando
     hasta los bigotes de la industria
nódulos de manganeso.
Entonces levantar una punta del inmenso *Bathybius* apergaminado,
sube debajo de la vitela el rumor salival en las rías, prenden las
     hélices otra vez a lo vivo,
grita de tribus ojinegras anaranjeando cetáceos varados en la escollera
—y señala de pronto entre el botín de los aliseos
esos jirones de meninge un ciberneta de ojo agudo, por no olvidarla se
     dormirá repitiendo la palabra palimpsesto.

Acto

Con tanto ruido:
                    era el capitán,
recorriendo el pasillo en una pobre carreta dionisiaca tirada por
     panteras bidimensionales.
Proclamaba cosas:
                    —Indian summer!
y arrojaba petardos.

orders, classes. I badly defend my life (they drill the ship's hull, they
    chirp, they bellow, they lay eggs): for me, guilt.
I cause losses that Phylogeny will shove in my face;
thus I exterminated that blue hemipteran carrying a cumin on its
    shoulder
—it wasn't annoying, but it was a fugitive and yesterday I was feeling far
too biblical. Its spouse survives, condemned either to onanism
or bestiality.
                Noah, son of whom I don't remember,
how awful to know everything, how terrible to practice.

Map

If it grew and the ocean depths were filled in by large cubes of salts,
then covered by a thin film of blue printing ink,
a world half-dressed by clingy filaments,
vast equatorial calm—and the silent work of isostasis raising small
    nodules of manganese
up to the industry's whiskers.
Then lifting a tip of the huge Bathybius parchment,
from under the vellum rises the salivary rumor of the estuaries, again
    the propellers spin at full force,
cries of black-eyed tribes throwing oranges at cetaceans stranded on
    the pier—
surrounded by the east winds a cybernaut with a sharp eye suddenly
    points at the meningeal folds,
in order not to forget it, he'll fall asleep repeating the word *palimpsest*.

Act

With much noise:
                it was the captain,
riding down the hallway on a rundown Dionysian cart pulled by
    bidimensional panthers.
He was announcing things:
                —Indian summer!
and tossing out explosives.

—Cuidado—le advertían—, que eres mortal.
—Recuerda a Salmoneo—los humanistas, por supuesto. Pero lo roía la
    vanidad, verbigracia:
—Indian summer! ¡Leamos la letra pequeña
y rija por una semana el espíritu de las lua!
Participe el hijo despúes del combate:

> *Liebe Mutter!*
> *Schlacht glücklich überstanden;*
> *bin munter und gesund*
>   *Anton*

—Heavens! What a power of speed thou are developing!
      Run, Prince—Bravo, Epiphanes!—Well done, Camelopard!
Se detuvo sudando; citó hecho un Eliot:
—Indian summer! Nil nisi divinum stabile est; caetera smog.

Aparte.
—Comprendo, señor Aronnax, que este entremés lo desconcierte
y aun que lo tome por síntoma de piorrea cerebral.
Es que la Fiesta reanima, aprieta las ligas, los corsés.
Descartada la del Ser Supremo por falta de quorum,
tuve por prudente este paliativo, alabar lo que no dura pero es bonito:
    die Hinfälligkeit des Kunstwerkes, usted ya sabe.
Espero en la próxima esquina su intervención más positiva, de
    preferencia vestido y con un clavel en la solapa.

Se fue en hombros. Saludaba. Lo roía la vanidad. Pregonaba aún,
    hecho un gandharvá:
—Indian summer!

Edipo al cubo

Con dos tijeretazos cayó su pantycelyn
y la contemplé desnuda, canosa por encima y por la mitad,
curva como un signo harto interrogativo,
apoyada en el bastón de magnesio
sobre un montón abundoso de ropa sórdida.

Careful—they warned him—you are mortal.
Remember Salmoneus—the humanists, of course. But he was being
    corroded by vanity, e.g.:
—Indian summer! Let us read the smaller type!
Let the spirit of the lois govern us for a week!
Let the son report after the battle:

> *Liebe Mutter!*
> *Schlacht glücklich überstanden;*
> *bin munter und gesund*
> > *Anton*

—Heavens! What a power of speed thou are developing!
        Run, Prince—Bravo, Epiphanes!—Well done, Camelopard!
Sweating, he stopped; accomplished, he quoted, like Eliot:
—Indian summer! Nil nisi divinum stabile est; caetera smog.

Apart.
—I understand, Mr. Aronnax, that this interlude disconcerts you
and even your taking it as a symptom of brain pyorrhea.
It's that the Feast reinvigorates, tightens the elastics, the corsets.
Having cancelled one for the Supreme Being for lack of a quorum,
I considered appropriate the following perk, to praise that which
    doesn't last but which is pretty: die Hinfälligkeit des Kunstwerkes,
    you know.
I look forward to your more positive intervention at the next corner,
    preferably dressed up and with a carnation on the lapel.

He rode off on shoulders, greeting everyone. He was being corroded
    by vanity. He continued to hawk, turned into a gandharva:
—Indian summer!

Oedipus to the Third Power

After two snips her pantycelyn came off
and I saw her naked, with half of all her hair gone gray,
curved like a rather inquisitive mark,
holding on to a magnesium cane,
over a huge pile of shabby clothes.

La empujé al box-spring y temí por su esqueletamen;
fue arduo lograr que subiera las piernas
pero era excitante aquella risa cascada al intentarlo.
Advertí asimismo que los pies edematosos eran suyos, no míos:
inconsecuencias del mundo sublunar.
Nunca se tienen ochenta años en balde,
warte nur, balde —
                          mas tampoco anticipemos.

Besé la boca de tanino arcaico.
avanzando la lengua por una brecha de dientes faltantes y adyacentes;
compilé un seno con ambas garras,
lo plegué sobre sí mismo dos veces a lo largo antes de estatuirlo,
y entre un acceso de tos (productiva) de doña Violante
tres dedos míos le exploraron el pabellón de un oboe sumerso,
forrado interiormente de papel de china.
Descendí entre aquellas rodillas arrugadas como codos:
luego de haber hipotecado mi tolemaico existir
(si bien no en este orden)
por el olor amazónico de alguna criatura trecena,
el agreste del cuarto o quinto lustro,
el monárquico (y constitucional) en la especie madura
— ahora olía igual que cuando uno acompaña a los condenados rumbo
    al auto de fe
y en el cortejo se cuela un chivo poco expiatorio y las beatas huyen
    batiendo sus tocas.
Ella tiritaba como una itzcuintla, tiritaba pese a mi pasión,
expuesta en cueros a las intemperies de la discreta lámpara,
y yo, atosigado al adherir a su natilla de carcoma el vigésimo timbre
    postal,
le salté súbito encima, loco puma,
y cubrirla, estrujarla, gritarle mi pío al oído (hasta que me entendiera).

Mientras yo la embestía sin cuartel,
ella, con un pulgar y el índice,
se meneaba un colmillo flojo, color ocre,
y crujía toda del dolor agridulce, retorciéndose,
cuchicheando frases truncas entre carrasperas
hasta que, al aproximarse a la cima,
consiguió arrancárselo,
se relamió una raya de sangre, lo tiró sobre mi hombro

I pushed her on to the box spring, fretting about her skeleton;
it was hard to make her put her legs up
but as I tried her creaking laughter turned me on.
I also noticed that the oedematous feet were hers, not mine;
such are the inconsistencies of the sublunary world.
One isn't eighty in vain,
warte nur, balde —
> but let's not anticipate things.

I kissed the mouth of ancient tannic acid,
sliding my tongue over a section of missing and adjacent teeth;
I positioned a breast with my two claws;
lengthwise, I folded it in two before authenticating it;
and in one of Doña Violante's (productive) coughing fits
three of my fingers explored the pavilion of a sunken oboe,
lined inside by tissue paper.
I descended between those knees wrinkled like elbows:
after having pawned my ptolemaic existence
(maybe not in this order)
for the Amazon scent of some thirteen-year-old creature,
the wild one of someone in their fourth or fifth lustrum,
the monarchic (and constitutional) one of the mature species
—now it smelled as if people were marching with the convicted in an
    auto-da-fé
and an ineffectual scapegoat had joined the procession, causing
    prudes to run off waving their coifs.
She was shivering like an itzcuintle, shivering despite my passion,
unclothed and exposed to the open air under the discreet lamp,
and I, exhausted after licking her worm-eaten custard as if it were the
    twentieth postage stamp,
jumped on her suddenly, frenzied puma,
to cover her, squeeze her, shriek into her ear (until she understood me.)

While I was assaulting her without giving quarter,
she, with her thumb and index finger,
was pulling out a loose canine tooth, ocher colored,
bending in sweet and sour pain, writhing,
muttering truncated phrases between her grunting
until, nearing the climax,
she plucked it out,
licked off a string of blood, and threw the tooth over my shoulder

—y me detuve en seco,
pues sonó que rompía algo de cristal fino, tal vez una ilusión.
Corrí a encender la luz del techo, busqué a gatas, pero nada hallé.

Superior

Debe de vivir arriba un vecino al cual nunca conoceremos,
pues carece de piernas.
Debe de tener un gato — si no,
¿para qué lanza rodando sus rótulas extirpadas
(aunque ya el nombre lo insinúe)
por ese suelo sonoro que es, desde aquí, nuestro techo?
Debe de ser un gato cansado, pues
no persigue los huesos apreciablemente, no se oyen más.
Y el amputee debe de ser discreto:
seguramente no volverá, por hoy, a lanzar sus rótulas.
Para ser franco, me importa poco, pero tantos deber de
pican como un cilicio de pelo de camello
y no surge, con todo, hipótesis mejor.

—I froze,
for I heard it shatter a piece of fine crystal, maybe an illusion.
I ran to turn on the light, fumbled on the carpet, and couldn't find
    a thing.

Superior

Must be there's a neighbor upstairs whom we'll never meet,
since he doesn't have any legs.
Must be he has a cat—if not,
why does he toss his extracted kneecaps
(even if their name suggests pattering)
to roll across the resonant floor, which is, from down here, our roof?
Must be it's a tired cat, for
he doesn't chase after the bones noticeably; they can't be heard anymore.
Must be the amputee is discreet:
he probably won't be throwing his kneecaps again, for today.
To be honest, I couldn't care less, but all these must be's
make me itch like a camel-hair shirt
and even so, no better hypothesis comes to mind.

JORGE FERNÁNDEZ GRANADOS

MEXICO CITY, 1965 · Jorge Fernández Granados has written five books of poetry, among them *Resurrección,* which was awarded the Jaime Sabines International Poetry Prize in 1995, *El cristal,* and *Los hábitos de la ceniza,* which received the Aguascalientes National Poetry Prize in 2000.

Jorge Fernández Granados translated by John Oliver Simon

Mínimos Ulises

Islas, nos perdemos
por las calles de una noche indescifrable
siempre por una luz, quizá remota.
Calle abajo, el claroscuro doméstico se arropa
en una taza de café
que agita la nerviosa porcelana de la lluvia.
Las lámparas escuchan
otros pasos que se alejan
en este día de diálogos de piedra.

Al volver a los sitios que quedaron
como dormidos de pie, desiertos,
cenotafios de casera muerte en cajas,
o habitados ya por otros,
sombras diversas de las mismas manos
que toman el relevo quizá con la esperanza
de que la vida alguna vez cambie de tema;
lugares hechos a la medida
de nuestras debilidades
donde alguna vez fuimos lo mismo
pero de otra manera, acaso más modesta.
Al volver a sentir, como en un templo,
el misántropo ajedrez de los mosaicos,
el peso de la voz acostumbrada al eco,
el ámbar movedizo de un rectángulo de sol en la tarima,

Minimal Ulysses

Islands, we got lost
in the streets of an indecipherable night
always down toward distant streetlights
where domestic chiaroscuro is tucked up
in a cup of coffee
shaken by the rain's nervous porcelain.
The lamplight listens
to other footprints receding
toward a day of dialogue between stones.

Returning to places which remained
as if sleeping on their feet, deserted,
cenotaphs of household death in boxes,
or already inhabited by others,
diverse shadows of the same hands
taking up the task perhaps expecting
that life might sometime change its theme;
places made to the measure
of our weakness,
where we were the same once
but in another, more modest style.
Feeling again, as in some temple,
the misanthropic chess of the mosaics,
weight of the voice accustomed to an echo,
the fleeting amber of a sun-rectangle across benches,

comprendemos, sin dolor, con asombro un tanto humilde,
la historia del olvido que vamos amueblando.

Igual las cosas que al principio.
Tal vez un poco menos capaces ya
de abrir la herida del asombro. Asoma
cierta emocionante intimidad. Ganga
con un gramo (intermitente) de oro
al fondo del ordinario
lodo. El hilo alevoso de la realidad
—insosegable Sísifo en trabajos
de arena que no dura
en desmesurados castillos junto al agua.

El humo de las naves que han ardido
me cubre de cenizas la mirada
con su saldo sin retorno, el ancla
atada en la garganta de fantasmas
que habitan la alacena, el escritorio,
la austera cama y, últimamente,
la vertical venganza del espejo.

El olor de la tristeza
ha dejado su jardín en esta casa.
Tan manso su perfume está de vuelta,
me enseña sus jugadas sigilosas,
me abraza en su canción, monotonía,
jugando con papel a las palabras:

Nacemos solos y morimos solos.
Ante esta soledad todo es de paso.
Nos vamos sin decir cuanto sabemos
ni cómo es que venimos a olvidarlo —decía
en una edad que yo pensaba contundente.

He tirado la llave (la llave) de algún mar sobre la hierba.

Sin embargo, el desbarajuste
de otros pasos que despistan
al deseo, el curandero,

we understand, not painfully, but with slightly humble wonder,
the history of oblivion we go on furnishing.

Things are the same as at the beginning.
Maybe already a shade less capable
of opening the wound of wonder. A certain
thrilling intimacy appears. A grain
of intermittent gold (one gram)
at the bottom of the ordinary
mud. Reality's treacherous thread—
indefatigable Sisyphus in works
of sand, disproportionate
castles at the water's edge.

The smoke of the ships I've burned
blurs my gaze with ashes,
accounts unreceivable, anchors
tied round the neck of ghosts
that inhabit the cupboard, the writing desk,
the austere bed and lately,
the mirror's vertical vengeance.

The odor of sadness
Has left her garden in this house.
Such a tame perfume come round
to show me stealthy games,
wrap me in monotonous song,
playing at words with paper.

We're born alone and die alone.
Before this solitude all is transitory.
We leave without saying how much we know
nor how we came to forget it—I was saying
at what I thought an impressive age.

I've thrown the key (the key) of some ocean on the grass.

Nevertheless the complete disorder
of other footsteps losing their way
to desire, the healer,

el humo, el armisticio, el momentáneo alud
que vuelve a amartillar el simulacro de las cosas.

(Es la misma emoción, otros los nombres.)

Supongo que el tiempo, arquitecto de desastres,
es también enfermero de sus víctimas, anestesista
y dador de dos cuidados
a los peregrinos de la humilde
religión de los que olvidan.
La necia devoción de los que juegan
y vuelven a apostar todo por poco,
antes que el tiempo recoja lo que es suyo
y que algunos, distraídamente,
llamamos *nuestra vida.*

La perfumista

Urna de otras reliquias
ante la babilonia de cristal de los estantes
olisca el seco olor del palisandro, la resina
de estoraque (Venus)
o el aroma lunar de la alhucema.
En las alturas habitadas por el polvo
reconoce, con una orientación
de pájaro, los sitios
migratorios de los frascos.
El ámbar gris junto al pebete
y la sortija de durazno del almizcle,
el emoliente de la mirra, la cananga
siamesa que no conoce el frío, el cinamomo,
la perezosa goma del gálbano, el aura de la algalia
y la aromosa Quío de trementina.

Su anciano cuerpo de nao
navega los no muchos
metros cuadrados del negocio
a donde devanó una vida de vahos.
Humecta el heliotropo, el rayado

the smoke, the armistice, the momentary avalanche
hammering the simulacrum of things.

(Same emotion, other names.)

I suppose that time, architect of disasters,
is also nurse and anesthesiologist
who cares for her victims,
pilgrims of the humble
religion of forgetfulness.
The foolish devotion of those who go on playing
and bet their all on very little
before time picks up everything that's hers,
that which some of us, distractedly,
call *our life*.

The Perfumist

Like an urn for sacred relics
facing the crystal Babylon of her shelves
she sniffs out the dry odor of sandalwood,
the resin of storax (Venus)
or the lunar aroma of rosemary.
In these dust-inhabited heights
she recognizes, with birdlike
orientation, the migratory
site of each flask.
Gray amber by incense,
a peach-ring of musk,
emollient of myrrh, the Siamese
cananga which knows no winter, cinnamon,
sloth's gum, the aura of civet
and the aromatic kiai of turpentine.

Her ancient body
navigates like a skiff
the few cubic meters of her shop
where a life of fumes came unwound.
She moistens the heliotrope, the striped

corazón del opopánax, fija el aceite
de lilas sumisas, glicinas, rododendros,
el inminente jazmín, lavándula, retama.
Líquidas querencias que sahúman
un instante el aire
como un destello íntimo
o un enigma en las narices de los legos.
Ella sonríe (ojos bilingües) satisfecha
del uso y del atisbo y del aviso
que su olfato le fabrica
en ámbar negro.
Reconoce a tiempo, como nadie,
cada temperamento
del planeta persa de las rosas o del dragón
de la gardenia.

(Algún día la busqué en su biblioteca de espíritus. Quería hallar uno.
Tuvo conmigo la paciencia de una pitonisa; revolvía y probaba y negaba
y volvía a probar. Dimos por fin con la síntesis, la sintonía del perfume
que mi memoria fijó años atrás con la imagen de una muchacha en la
playa a medianoche con los labios en un verso de Lorca: *y que el mar
recordó ¡de pronto! los nombres de todos sus ahogados.* Salí de ahí con un
frasquito. Ella tenía ese lugar de mí en un rincón de sus vitrinas.)

Cajas, etiquetas que
ella dictamina con el catálogo de un gusto
desconocidamente enciclopédico
mientras afina el pianoforte de
una armonía aromática.

Cálidamente sus muñecas
son un matraz
de enfrascados universos
que frota y airea para regocijar las aletas
de su nariz octogenaria.
Puede que existan tres centímetros de ciencia
en esa silla. Por lo menos
la esencial de los detalles.

heart of opoponax, fixes the oil
of submissive lilacs, wisteria, rhododendron,
imminent jasmine, lavender and broom.
Liquid affinities perfume
the air for an instant
like an intimate sparkling,
an enigma in the nostrils of the uninitiate.
She smiles (bilingual eyes) satisfied
with the use and sign and warning
which her nose
makes from black amber.
She recognizes sooner than anyone
each temperament
of the Persian planet of the roses or the dragon
of the gardenia.

(One day I sought her out in her library of spirits. I wished to find one.
She was patient as a pythoness with me; she looked and tried and failed
and tried again. Finally, we tumbled on the synthesis, the synesthesia of
the perfume which my memory struck years ago in the image of a girl on
a midnight beach with her lips in a line of Lorca: *and how the sea sud-
denly remembered the names of all the drowned!* I left that place with a
tiny flask. She kept that place of me in a corner of her cabinet.)

Boxes and labels which
she prescribes from a catalogue
of encyclopedic taste unknown
meantime tuning the keyboard of
aromatic harmony.

Her warm wrists
are a glass vessel
of bottled universes
rubbed and aired to delight the wings
of her octogenarian nose.
Maybe there are a couple of inches of science
in that chair. At least
the most essential details.

Espectros

La memoria echa sus cartas
en un lento ritual siempre incompleto,
como quien busca una inscripción, el árbol
donde las cicatrices están frescas;
los rostros repetibles de la gente
y el aroma verde de la lluvia,
en esta ciudad la piedra que recuerda
los hoteles y los templos,
la manía amontonadora de los escaparates,
los cafés de luz fría y bebidas tibias
donde se gastaron las palabras
sobre el arte y el amor, entre
otras bellas mentiras inmortales;
el paraíso barato de los cines,
el maquillaje cursi de las citas,
la transparencia de unos ojos
en que todavía no ha entrado el mundo
y arden con ese temblor brillante
entre el asombro y la codicia;
noches que parecen existir
antes de ser vividas
y en que una parte de nosotros muere;
noches de sangre, risa y turbias confesiones,
cuando se aprende a hablar de todo y nada
oyendo cómo pasa el tiempo
encima de la piel desnuda
y en la avenida el ruido de la gente
es mejor que la música, es el fondo
ambiguo, pardo, apurado
de cien historias de nadie
que van poblando de miseria y estrépito la noche;
callejones de carroña y bares
donde la vida es grotesca y bíblica,
donde se oficia el deseo y el sarcasmo
mientras el dolor deja una grieta
que dura más que las palabras;
azoteas muy cerca del cielo
llenas de ropa limpia, gatos y mujeres

Specters

Memory plays its cards
in a slow always incomplete ritual
like someone looking for an inscription,
a freshly scarred tree-trunk;
repeatable faces
and the green smell of the rain,
in this city the stone remembers
hotels and temples,
accumulative fads of store windows,
cafés with cold light and tepid drinks
where words of art and love
were wasted among several
other beautiful immortal lies;
the movies' cheap paradise,
vulgar makeup on a date,
transparent eyes
into which the world has not yet entered
burning with trembling brilliance
between love and greed;
nights which seem to exist
before they are lived
and in which a part of ourselves dies,
nights of blood, laughter, murky confessions,
when you learn to speak of everything and nothing
listening to time go by
across the naked skin
and in the avenue the noise of the people
is better than music, is the brown
hurried ambiguous background
to a hundred stories of nobody
which populate the night with misery and clatter;
carrion alleyways and bars
where life is grotesque and biblical,
where desire and sarcasm reign
while pain leaves open a crack
which lasts longer than words;
roofs very close to the sky
full of clothes hanging out to dry; cats, women

que soñaban cosas imposibles y fumaban
pensando en su vida, su país, las dictaduras,
que oían canciones viejas, amaban con rabia
y tenían una maleta al lado de la cama;
también, con su huraño traje gris, los oficios
de la mediocridad o el hambre,
triunfos llenos de fracaso,
despachos desvencijados y desiertos,
mansiones donde nadie
ignora que la vida tiene un irrisorio precio;
inagotables veladas de un carnaval humano
menos siniestro que gracioso y, siempre
a medianoche, más cerca de la soledad que de la alegría,
rompecabezas de alcohol, deseo, disparates
y, sobre todo, quienes buscan una noche de su vida
tener algo más que un buen empleo;
madrugadas de humedad y comezón
en recámaras prestadas
cuando después del sexo el alma tiene prisa
por dormirse o, mejor, buscar un taxi
y salir a la noche de nadie, predadora,
vieja sombra que todo el tiempo nos recuerda
qué breves son los éxtasis del gozo, la fe o la juventud,
qué breves son los sueños por los que damos la vida;
calles siempre menos habitables que el amor y sus espectros,
donde pasan discretamente las historias y se acumulan
como el polvo a la orilla de las bancas,
calles que parecen descifrables a lo largo de los años,
siempre demasiado cómplices
de su reticente aroma a decadencia,
del absurdo rentable de sus hordas,
del cielo que deshace lentamente su corazón de piedra,
calles que a pesar de todo, cualquier día,
ocultan un encuentro, una puerta, un pasadizo,
una extraña inscripción como un secreto
y en donde sabemos que de alguna manera, terrible y hermosa,
aún habita ese nombre que oímos en un sueño.

dreaming the impossible and smoking,
thinking of their lives, their country, dictatorships,
listening to old songs, making love full of rage
and keeping a suitcase next to the bed;
and, in their sullen gray suits, the jobs
of mediocrity and hunger,
triumphs full of failure,
dilapidated deserted offices,
mansions where nobody
is unaware that life has a laughable price;
inexhaustible nights of a human carnival
more funny than sinister, and always,
at midnight, closer to loneliness than joy,
jigsaw puzzles of alcohol and desire, idiocies
and above all, seeking for one night in your life
something more than a steady job;
mornings waking itchy and sweaty
on someone's couch
when after sex the soul's in a hurry
for sleep, or even better, for a taxi
to go out predatory in the night,
old shadow that reminds us all the time
how brief the ecstasy of joy or faith or youth,
how brief the dreams for which we give our lives;
streets less inhabitable than the ghosts of love
where stories pass discreetly and pile up
like dust at the shore of sidewalks,
streets only the long years can decipher,
always too complicit
with their reticent smell of decadence,
the rentable absurdity of their crowds,
their sky slowly dissolving its heart of stone,
streets which any day, in spite of everything,
hide a meeting, a door, a passageway,
a strange inscription like a secret
where we learn that somehow, terrible and lovely,
the name we heard in a dream is still living there.

La tierra prometida

Un hombre quiso ver el mundo,
que siempre estaba lejos.
Compró una enorme maleta de lona
y un cuaderno de apuntes, algo así
como el futuro libro de sus viajes,
un sombrero gris con funda, la mejor tarifa,
y el más extravagante diccionario.

Varias veces a lo largo de su vida
estuvo en otras tierras
al otro lado de la suya.
Viajar era el ritual de sus ahorros.
Era torpe y emotivo, ambicioso
de mirar, con lujos enigmáticos de niño.
Su corazón era una mezcla
de lirismo, crueldad, negocios y oraciones.

Poco a poco llenó la casa
de abanicos, monedas, tapetes
y un gran globo terráqueo, emblema
de su instintivo amor por los pasajes.
Pero lo más grande eran los regresos:
elaborado botín de su elocuencia
en los sopores de la sobremesa;
murallas, archipiélagos, leones, sarcófagos,
los palacios y la nieve, reinos
que sólo en sus palabras prometían
la magnitud de una aventura
más llena de verdad en su cabeza
que en el pobre espejo
de las fotografías.

Viajó hasta que sus piernas lo sostuvieron;
pero su memoria retenía con hilos
los nombres extranjeros.
Ya viejo, compró una amplia cripta
en el panteón de Xihualpa,
el pueblo donde vivió toda su vida.

The Promised Land

A man wanted to see the world
that was always far away.
He bought a huge canvas suitcase
and a notebook, which would be
his future traveler's journal,
a gray hat with a rain-sheath, a cheap ticket,
and the most expensive dictionary.

Several times across the course of his life
he found himself in other lands
on the far side of his own country.
Travel was the ritual of his savings.
He was clumsy and emotional, eager
to look, with odd childish indulgences.
His heart was a mixture
of lyricism, cruelty, business, and prayer.

Gradually he filled up the house
with fans, coins, and carpets
and a large globe of the world, an emblem
of his instinctive love for voyaging.
But the best part was the coming home:
the elaborate booty of his eloquence
around the stupor of after-dinner conversations;
ramparts, archipelagoes, sarcophagi, and lions,
palaces in the snow, kingdoms
which promised only in his words
the magnitude of an adventure
more truthful in his head
than in the poor mirror
of photographs.

He traveled as long as his legs would carry him;
but his memory kept the foreign names
on a string.
When he was old, he bought a large tomb
in the cemetery of Xihaulpa,
the town where he had lived all his life.

Le puso una reja cara,
la pintó de blanco y cortó la hierba del terreno
cada año desde entonces
como quien cuida su casa.

Murió la última noche de abril
tres meses después de quedar viudo.
Lo enterramos en su cripta
que, gracias a él, es un lugar pulcro
y desde ahí se puede ver su pueblo
de gente pequeña y morena
que siempre lleva a cuestas algo y tiene prisa.
Su muerte estará llena de aguaceros,
frente a los magueyales, la iglesia, el viejo jardín
y los montes oscuros de oyameles.
Seguramente ya no.

Relación de maravillas susurradas al oído de un maniquí

Al otro día, cuando abrí los ojos, había una avispa golpeando en el cristal de la ventana. No la vi. Tal vez la luz la despertó. Después, a pie, un alba temblorosa. Había sido una noche de pedernales, de aquellas donde nace el fuego en la punta débil de los dedos y se esfuma, nos perdona. Soñé que la avispa se moría tras un cristal. Mientras así, esponjosa, fascinada, crece la hierba en sus rincones. Bugambilias, jardín de macarias campanas en medio de la adversidad de una emoliente primavera. Oro en la frente de los que abren de pie, con un cerillo de vigoroso vitral, la noche de largas escaleras.

Mondo es este domingo en el pálido puño de la tarde. Reina la monocordia de los parques. Faunas, fiestas, ladrillos donde la araña mira el resplandor de un llover petrificado. Seres de carmesí llegan al sábado (acrílico, albúminas gotas de abril). Circo de barrancas, runas, razzias y el errante guardarrío que ya no tiene dónde abrir el ala. Cuando en Babilonia duermen alguien cae de cabeza en el mar. Y despierta. Habla oscuro.

He put an expensive iron fence around it,
painted it white, and cut the grass
every year after that
as if he were caring for his own home.

He died the last night of April
three months after becoming a widower.
We buried him in his tomb,
which, thanks to him, was a lovely place,
and from there you can see his town
of short, brown people
who are always carrying something on their shoulders
and always in a hurry.
His death will be full of rain
facing the fields of maguey,
the church and the old plaza,
and the oyamel trees on the dark mountain.

Account of the Marvels Whispered in a Mannequin's Ear

The other day, when I opened my eyes, a wasp was knocking against the
windowpane. I didn't see it. Maybe the light woke it up. Then I stood up
in the trembling dawn. It had been a night of sharp flints, one of those
nights when fire spurts from the weak fingertips and vanishes, absolving
us. I dreamed the wasp was dying behind the glass, while the spongy
grass grew fascinated out of corners. Bougainvilleas, gardens with bells
of macaria against the balmy springtime. Gold on the forehead of those
who open, standing, with tapers made of vigorous stained glass, the
night of long stairways.

ཀྵ

This Sunday is unvarnished in the pale fist of afternoon. Monotony
reigns in the park. Wildlife, high life, bricks where the spider perceives
the splendor of petrified rain. Scarlet beings arrive on Saturday (albu-
men, acrylic, April rain). A circus in the ravines, raiding the runes, while
the wandering thrush has no place to spread her wings. When they go to
sleep in Babylon, someone falls headfirst into the sea. And wakes up.
Talks darkly.

Que espere el miedo la feria elusiva del que no ha visto llenarse su ca-
jón de agujas, de soledad y dientes, para que lo lleve a casa como un
pan, como un pequeño don caliente. Que aquel que duerma con el mie-
do como un gato pupilas de mostaza toda la noche lo sienta recostado
junto al alambre de su nuca. Que el miedo busque y muerda a quien más
le teme, le ponga fósforo y fe a su puritano párpado. No le deje en paz
la menesterosa modificación de lo viviente y abracadabra el miedo sea el
animal de su miedo en sus talones de miedo con límite y arrugas. Abra-
cadabra venga el miedo como un gnomo con su dado a tirar los núme-
ros (los números) en los hormigueros donde se calcula el zumbido del
miedo y la posibilidad del miedo y la equivocación del miedo. Venga y
juegue como un transparente pulpo con un ajedrez de ahogados.

❧

Fundar una fisura. Doblar la apuesta. Es más salto el salto sin la red (o
civilizadas remesas). Para mirar basta cerrar los ojos, soñar onagro,
tirar los andamios y entrar en los desastrosos dientes de un dragón de
dos mil digos, hablar por fin esa lengua de errante claridad y movimiento,
a fin de desfilar en el fosforescente filo, el fuego blanco blanco (dínamo).
Para nacer basta cerrar los ojos, llamar a la puerta más delgada del
silencio donde sólo basta recordar un nombre que hemos olvidado.

❧

Vuelves, vives, víscera perfecta que acumulas como arena entre tu puño
todo el peso de una ingobernable eternidad de frío. Y el dorado el dorado
deleite de tus apurados ratos. Se está secando el polvo de tus huesos en
la alfombra. Y es tan pronto y es tan poco, tan sollozo, tan celeste, esta
esponja que carga como mares, como sales de una flaca, astuta risa. Otra
vez vamos a vernos cara a cara, cicatrices, diamantes de dolor que están
abajo, las últimas, diez veces hondas, las verticales raíces. Otra vez estoy
buscándote a lo sumo en el humo de un avispado vértigo. No la sed, no
lo sé, ni tu nervio a nado y límite o negrura.

❧

Let fear await some elusive amusement park for one who is never seen to fill his box with needles, teeth, and loneliness, to carry it home like bread, like a hot little gift. Let he who sleeps all night with fear, like a cat with mustard eyes, feel it curl up next to the wire of his neck. Let fear seek out whoever fears it most and bite him, lighting a match in all good faith to his puritan eyelids. The needy rhythm of his pulse will not leave him in peace, and abracadabra let fear be the animal of his fear with its claws of fear at the far edge of wrinkles. Abracadabra let fear appear like a gnome with dice to roll the numbers (the numbers) in the anthills where they calculate the buzz of fear and the likelihood of fear and the mistake of fear. Let fear come like a transparent octopus to play chess with drowned men.

⌒

Open up a crack. Double the bet. The leap is more of a leap without the net (or civilized remittances). To see it's enough to close your eyes, dream of a wild ass, throw down the scaffolding and enter between the disastrous teeth of a dragon of two thousand *ums,* to speak at last in that tongue of errant clarity and movement, to file down that phosphorescent blade, the white white fire (dynamo). To be born, it's enough to close your eyes and call on the narrowest doorway of silence where it's enough if you only remember a name that we have forgotten.

⌒

Living, thriving, you pile up perfect guts like sand between your fingers, with all the weight of an unmanageable eternity of frost. And the golden-gilded gluttony of your hurried moments. The dust of your bones is drying on the carpet. So quick and so little, such a sob, so celestial, this sponge that sops up oceans, how you emerge from cunning skinny laughter. Again we will see each other face-to-face, scars, diamonds of pain beneath, the final vertical roots, ten fathoms deep. Again I go looking for you like a joke in the smoke, dizzy as a wasp. Not thirst, accursed, nor your swimming nerves to the limit of blackness.

⌒

Vamos a ponerle precio, vieja muerte que cojeas de la espuela con que pisas, despacio (alpiste) tus murallas. Tú ganarás mañana, todas las cartas son tuyas. Pero otra vez con menos soga y la caminata larga de ese espectro que crepita (pajarracos). Déjalos que se deshagan, déjalos indumentarios, solos, mansas brasas, ahogarse en un malbuscado rincón de tu mirada. Déjalos que se desacompañen, cansen, hundan en la verdadera noche, la denigrante y negra y ni hablar, a nado, que nos falta. Una antártida de sombras. Deja que sus restos se curven de tinieblas por ese filo de furor y que te besen.

◆

Blanca buscadora que capturas a veces bajo una nerviosa neblina de imanes. Madre arena, fracasamos, descendemos a lo aprisa del oriente de tus años, a lo andado de una pavana de cielos. Y tú con frescas desmesuras, tú con abrazos como ámbitos tatuajes, desolladuras de fiereza o tímida caricia. Apurada como una desconocida que se marcha poniéndose el abrigo con dos palabras finales en la boca. Nada queda, mansa mía, te nos dices, te nos pierdes y susurras (la ceniza) que todo es savia de extravío, caminante vocal de apariciones. O ver, quizá, el revés minuto de la cólera, a tientas ese antiguo lugar de tu sonrisa.

◆

Tocar el punto irremediable de tu filo, degollada, recóndita certeza, que nos pides una abeja a cambio de la vida. No espero nacer sino colmena de muerte arrodillada y tendré una mano entonces una mano para abrir la estela de ese mar donde caminas, una mano fauna y sola que en su cera impaciente te repita.

◆

Ilícita lengua que busca su calibrada verdad. Por ahí dejamos ese cardo quieto, trébol como quien va a ser buscado, esa trama salida de las taigas del trámite, como quien sospecha el toro en los terrones del ruido. Hablar de aquella lluvia, decir qué poco importa al fin si está cayendo granizo en las ventanas de esa casa, azulada de higos, al fondo de otra historia. Esa luz sola de sombras.

◆

Let's put a price to it, old lady Death, limping like a boozy floozy on spurs against the wall (birdseed). You'll win tomorrow, you have all the cards. But no noose is good news, you creepy specter. Let your black birds dissolve into props, into pale fire, let them drown in some god-forsaken corner of your gaze. Let them tire in the mire, let them sink into true night, black nigredo, not to mention what we're missing, good for nothing. An Antarctica of shadows. Let their remains curl up in darkness by that furious blade and let them kiss you.

◈

White predator who captures us under a nervous magnetic fog. Mother Sand, we have failed, descending from the hurried orient of your years, through your everyday pavane skies. And you, with fresh dispro-portions, you with embraces like tattooed environments, fierce flaying or shy fondling. In such a hurry like an unknown woman walking off pulling her coat on while her mouth spits the last two words. Nothing's left, my sweet, you tell us, you lose us and you whisper (the ash) that everything's the sap of loss, the vowel wanderer of apparitions. Or seeing, maybe, the miniature reverse of rage, groping for that ancient region of your smile.

◈

Touching the incurable point of your blade, hidden truth with her throat cut, you ask for a bee in exchange for all our lives. All I expect to be born is a hive of kneeling death, and then I'll have a hand, a single hand to open the wake of that sea where you walk, one lone animal hand to repeat you in its impatient wax.

◈

Illicit tongue that seeks its calibrated truth. We'll let that thistle alone for those who look for a four-leaf clover, thicken the plot and escape without red tape through the tundra, suspecting that a bull may lurk be-yond these noisy clods. Speaking of that rain, what does it finally matter if hail batters the windows of this house, blue with fig trees, at the depth of another story. That light which is only of shadows.

◈

No fue fácil subir esa escalera (son grillos). Otra savia sumergida. Otra historia. Felizmente franela. Y a los cuatro costados el respingo. Estar cayendo a algún lugar, estar cayendo. Pero no al infierno sino al asfalto farolero. Una noche, te dije, de largas escaleras. Lo que carga, lo que cabe, lo que sabe la cabeza. Y un cerillo. Para qué esperar a que amanezca cuidando que no se rompa esta pequeña caja, esta redonda red que roba sus brillantes peces a la noche, si todo al cabo va a romperse para siempre. Vivir cayendo. Vértigo, te digo. Vivir del vértigo. Vivir, te digo.

It wasn't easy to climb that stairway (shackled). More sap submerged. Another story. Feisty flannel. Hopping around on every side. To be falling someplace, to be falling. But not into hell but rather streetlit asphalt. A night, I told you, of long stairways. What the head carries, what fits inside it, what it knows. And a taper. Why wait for dawn, being careful not to break this little box, this globular net which robs its brilliant fishes from the night, if everything's going to fall apart anyway in the end. To live falling. Vertigo, I tell you. Living vertigo. To live, I tell you.

MALVA FLORES

MEXICO CITY, 1961 · Malva Flores is a poet, essayist, fiction writer, and editor. Among her books of poems are *Ladera de las cosas vivas* and *Casa nómada*. Other books include the short-story collection *Las otras comarcas* and the book of essays *Chiapas: voces particulares*. She is a member of the editorial board of *Paréntesis* magazine. She received the Elías Nandino National Emerging Poetry Prize in 1991 and the Aguascalientes National Poetry Prize in 1999.

Malva Flores translated by Jen Hofer

Casa nómada

(*fragmentos*)

Cuerpo de maravilla
la costumbre:

esa luz que desciende
sobre el muro,
el jardín apacible con su ortiga,
la melodía volviendo
del pozo de la infancia y los ojos
que rasgan la blanca envergadura
de alcatraces
—papalotes con lastre en la tierra
bruñida.

Maravilla: aquella flor del campo,
aquel ir y venir de lo posible:
su presencia en lo real.

Allí sienta sus reales
la costumbre
en nuestros ojos
crece.

∾

Nomad House

(*excerpts*)

Body of morning glorious
is habit:

that light descending
along the wall,
the garden placid with its nettles,
the melody returning
from the pool of infancy and my eyes
cutting across the white expanse
of calla lilies
—kites with ballast toward
the burnished earth.

Glorious morning glory: that wildflower,
that coming and going of the possible:
its presence in the real.

Sets up housekeeping there
habit
in our eyes
grows.

∿

Sitio para volver,
cortar el pan en migas,
revolver los armarios.

Sitio para decir en la hora precisa
te quiero todavía
o cuando faltas
a esa extraña ceremonia
de recoger papeles
como si fueran cuervos.

Detrás de mí, buscando
qué otra falla cometo
en el orden preciso
de la estancia,
recogiendo esas migas
dispersas en la mesa.
Sitio para volver,
la casa.

&

La casa es sólo un guiño,
contraseña,

elemental disparo que a dos líneas disloca
y las enlaza.

Es una roca móvil que suscita
mirar en perspectiva
los móviles ladrillos y
aquella parquedad de sus cosas menores:

la pila de artefactos sustraídos del tiempo.

La casa es sólo un vértice
si se mira de arriba.

Mudable geografía con lastre
en la memoria
o acaso el hoyo negro

Site to return to,
to crumble the bread,
rummage in the cupboards.

Site to say at the precise moment
I still love you
or when you falter
in that strange ceremony
of gathering up papers
as if they were crows.

Behind me, tracking
what other error I commit
within the precise order
of the room,
gathering up those crumbs
scattered on the table.
Site to return to,
the house.

        ⌒

The house is only a wink,
a password,

elemental discharge that dislocates two lines
and intertwines them.

It is a mobile rock that provokes
watching in perspective
its mobile bricks and
that economy of its smaller items:

the pile of artifacts extracted from time.

The house is only a vertex
seen from above.

Mutable geography with ballast
toward memory
or perhaps the black hole

donde van a parar todos
los signos vagos y los gestos
que solos permanecen
a la espera
de que un día los llamemos.

❧

Oscuras como ajadas magnolias
las vértebras del aislamiento.

Allí van los cuerpos mudos
dando tumbos, mirando
sin mirar otra cosa
que sus dedos desnudos:
un par de pies que en la ortodoxia
han perdido el camino.

Y se quedan afuera las palabras,
incluso el roce aleatorio de las manos.

Y todas las cosas de la casa
han mudado su orden aparente:
son objetos extraños,
inconexos de sí
en su apacible nicho.

❧

Nicho es lo que no hay
aunque la casa real alumbre
con áurea proporción:
todo en su sitio.

Los pasillos perfectos,
las cosas donde deben.

Aquella soledad es una noria
asentada en el vértigo.

❧

which is the final resting place for all
the vague signs and gestures
that alone remain
awaiting
the day we might call on them.

&

Dark like withered magnolias
the vertebrae of isolation.

Their mute bodies go there,
staggering, watching
without watching anything
but their nude toes:
a pair of feet that in their orthodoxy
have lost their way.

And the words remain outside,
even the aleatory friction of their hands.

And all the things in the house
have mutated their apparent order:
they are strange objects,
disconnected from one another
in their placid niche.

&

Niche is what there isn't
though the real house radiates
with golden symmetry:
everything in its place.

Perfect passageways,
things where they should be.

That solitude a treadmill
fixed in vertigo.

&

Vértigo sería saber que allí donde se anuda
el tedio de las horas hay una luz que en valvas
de animales marinos se alimenta. Encerrada y
vibrátil, sin más albur por reclamar que el ojo
descubriendo ese sitio cerrado.

Abrir con lentitud aquel caparazón molusco:
suerte de principiante. Hundir las manos
hasta el fondo de donde surge aquella transparencia:
que con su roce el aire se transforme en haz.

Volver así al principio.
Que los objetos se aliñen en su orden.
Que renueven sus votos: la propensión a ser domesticables.

                                                    ∾

Domesticables parecen los minutos
cuando de amor se trata

pero es sólo apariencia.

Ácaros son
mordiendo la frágil superficie del instante,
succionando su sangre madreperla:
tornasolada imagen de la dicha.

                                                    ∾

Memoria de las cosas banales:
su lista interminable formando la oquedad
donde habita lo cierto.

Esa futilidad perseverante: palabras
oreándose en la tarde, las notas
de alguna imprecisa melodía,
el oro de la risa:
astillas habituales
de todo lo doméstico.

Vertigo it would be to know that there where the tedium
of the hours knots together is a light that feeds
on the valves of marine animals. Closed in and
vibratile, demanding no fate other than the eye
discovering that closed space.

To open that mollusk shell slowly:
beginner's luck. To bury your hands
into the depths from which that transparency surges:
so with their friction the air might become a beam.

To return thus to the beginning.
So the objects might order themselves tidily.
So they might renew their vows: their propensity to be domesticable.

⌀

Domesticable the minutes seem
when it's a question of love

but it's only an appearance.

They are mites
nibbling the instant's fragile surface,
sucking its mother-of-pearl blood:
iridescent image of bliss.

⌀

Memory of banal things:
their interminable list shaping a hollow
inhabited by what is true.

That persevering futility: words
airing themselves in the afternoon, the notes
of some imprecise melody,
the gold of a laugh:
habitual splinters
of everything domestic.

En su proclividad a lo gregario
se cuecen los cimientos
de aquella casa nómada.

❧

Nómada, la ilusión.
Viaja con las pupilas,
        rémora.

Conduce el espinazo de la casa que avanza
por brechas del desvelo: bestia dulcificada
en la emancipación del gozo,
sustrayendo de sí su propio movimiento.

❧

Movimiento en las pupilas llanas
de la casa virtual
que mira hacia su centro:

hacia el cordel de azules opalinas
que amalgama los muros
y transforma en deseo
el paso de las horas,

hacia el nudo central donde
puede escucharse
te quiero todavía
en la noche sin par

al mediodía de estas revelaciones
que hoy llamamos
invocando los gestos
acaso las palabras que aguardan un reclamo
en la memoria móvil.

Esa voz alimenta el engrane:
agua que modifica la noria circular,
—esa raíz de miedo,
la costumbre—

In its proclivity toward the herd
are tempered the foundations
of that house, nomad.

～

Nomad is illusion.
Travels only with its pupils,
        remora.

Conducts the backbone of the house advancing
through gaps of sleeplessness: beast appeased
in the emancipation of pleasure,
from itself withdrawing its own movement.

～

Movement in the level pupils
of the virtual house
looking toward its center:

toward the twined blue opalines
that amalgamate the walls
and turn the passing
of the hours into desire,

toward the central knot where
I love you still
can be heard
in the peerless night

at the noon of these revelations
we call on today
invoking the gestures
perhaps the words awaiting some signal
in our mobile memory.

That voice nourishes the cog:
water modifying the circular treadmill,
—that root of fear,
habit—

y la vuelve camino,
curso pluvial para la casa errante.

Turbia dicción

(fragmento)

Siempre que algo se muere
hay algo
ya naciendo.
Toma del muerto sus coronas de lumbre,
la frágil sustancia de sus evocaciones:
     lo que aún permanece de su cuerpo.

Lo que resta del cuerpo es un aura volando
en los médanos rojos del recuerdo.
Allí las imágenes transforman su vestuario:
lágrima o flor
vendaje o quemadura.

Lo que nace se apropia de aquel aura volátil
para darle a su cuerpo consistencia de espina
     —tronco será, acaso roble—
que otra vez
     nuevamente
habitará en los ojos que el amor acrecienta
cuando dos que se besan
reinician la fundación del otro.

and turns it again into a path,
a pluvial course for the errant house.

Turbid Diction

(excerpt)

Whenever something dies
something is
already being born.
It takes its wreath of fire from the dead,
the fragile substance of its evocations:
      what still remains of its body.

What is left of its body is an aura flying
in the red dunes of memory.
There the clothing of images transformed:
tear or flower
bandage or burn.

What is born takes possession of that volatile aura
to give its body spiny consistency
      —it'll be a trunk, perhaps an oak—
which again
      anew
will inhabit the eyes that love augments
when two people kissing
reinitiate each other's foundation.

GLORIA GERVITZ

MEXICO CITY · Gloria Gervitz is author of *Migraciones,* a poem in parts that she has kept augmenting over the years. Versions of the first three parts of the poem were published in 1991. In 1993 the poem was published with the addition of *Pythia;* in 1996 it included *Equinoccio.* In 2000 the poem was published in a handsome edition with the addition of *Treno,* the book's sixth part.

Gloria Gervitz translated by Mark Schafer

Migraciones

(*fragmento*)

La memoria, donde se la toque, duele
GIORGIOS SEFERIS

El agua en su silencio de raíz
En su oscura lentitud de raíz
Se abre temblando

El día se bifurca
Los árboles se llenan de aire y de ruido
El cielo se hunde en la luz

Quedan las palabras

◌

En las migraciones de los claveles rojos donde revientan cantos de
   aves picudas
y se pudren las manzanas antes del desastre
Ahí donde las mujeres se palpan los senos y se tocan el sexo
en el sudor de los polvos de arroz de la hora del té
Flujo de enredaderas a través de lo que siempre es lo mismo
Ciudades atravesadas por el pensamiento
Miércoles de ceniza. La vieja nana nos mira desde un haz de luz

Migrations

(*excerpt*)

Memory aches, wherever it is touched
GIORGIOS SEFERIS

Water in its silence of roots
In its dark slowness of roots
Parts trembling

The day splits
The trees fill with air and noise
The sky sinks into the light

The words remain

&

In the migrations of red marigolds where songs burst from long-
    beaked birds
and apples rot before the disaster
Where women fondle their breasts and touch their sex
in the moisture of rice powder and teatime
Climbing vines course through what remains always the same
Cities crisscrossed by thought
Ash Wednesday. Old nanny watches us from a beam of light

Respiran estanques de sombras, llueve morados casi rojos
El calor abre sus fauces
Abajo, la luna se hunde en la calle
y una voz de negra, de negra triste, canta. Y crece
Incienso de gladiolos, barcas
Y tus dedos como moluscos tibios se pierden adentro de mí
Estamos en la fragilidad de la corteza del otoño
En el parque rectangular
en la canícula, cuando los colores claros son los más conmovedores
Después de Shajarit
olvidadas plegarias, ásperas
Nacen vientos levemente aclarados por la oración, bosques de pirules
Y mi abuela tocaba siempre la misma sonata
Una niña toma una nieve en la esquina de una calle soleada
Un hombre lee un periódico mientras espera el camión
Se fractura la luz
Y la ropa está tendida al sol. Impenetrable la sonata de la abuela
Tú dijiste que era el verano. Oh música
Y la invasión de las albas y la invasión de los verdes
Abajo, gritos de niños que juegan, vendedores de nueces
respiración de rosas amarillas. Y mi abuela me dijo a la salida del cine
sueña que es hermoso el sueño de la vida, muchacha

Bajo el sauce inmerso en el verano sólo la impaciencia se demora
Dóciles nubes descienden hacia el silencio
El día se disipa en el aire caliente
Estalla el verde dentro del verde
Bajo el grifo de la bañera abro las piernas
El chorro del agua cae
El agua me penetra
Es la hora en que se abren las palabras del Zohar
Quedan las preguntas de siempre
Me hundo más y más
La luz late desordenadamente
En el vértigo de Kol Nidrei antes de comenzar el gran ayuno
En los vapores azules de las sinagogas
Después y antes de Rosh Hashaná

Pools of shadow breathe, trickle purples that are nearly red
The heat bares its maw
Down below, the moon sinks into the street
and a black woman's voice, a sad, black woman's voice begins to sing.
And the incense of gladioli, ferryboats grow
And your fingers, like lukewarm mollusks, slip inside me
We are in the fragile hide of autumn
In the rectangular park
in the midday heat when the lighter hues touch the deepest
After Shaharit
raw, forgotten prayers
The rise of winds lightly rinsed by invocation, forests of alders
And my grandmother always played the same sonata
A girl eats ice cream on a sunny street corner
A man reads a newspaper while waiting for the bus
The light splinters
And the clothing hangs in the sun. The impenetrable sonata of my
    grandmother
You said it was summer. O music
And the invasion of the whiteness of the day and the invasion of greens
Below, shouts of children at play, nut vendors
the breathing of yellow roses. And my grandmother said to me as we
    left the movies
dream that the dream of life is beautiful, child

             ·◇·

Beneath the willow drenched in summer only impatience lingers
Docile clouds descend into silence
The day evaporates in the hot air
Green erupts within green
I spread my legs beneath the bathtub faucet
The gushing water falls
The water enters me
It is the time when the words of the Zohar are opened
The same questions as always remain
I sink deeper and deeper
The light beats wildly
In the vertigo of Kol Nidre before the major fast begins
In the blue haze of the synagogues
Before and after Rosh Hashanah

En el color blanco de la lluvia en la Plaza del Carmen
mi abuela reza el rosario de las cinco
y al fondo precipitándose
el eco del Shofar abre el año
En la vertiente de las ausencias al noreste, en el estupor
desembocan las palabras, la saliva, los insomnios
y más hacia el este me masturbo pensabo en ti
Los chillidos de las gaviotas. El amanecer. La espuma en el azoro
    del ala
El color y el tiempo de las buganvilias son para ti. El polen quedó en
    mis dedos
Apriétame. Madura la lluvia, tu olor
de violetas ácidas y afiebradas por el polvo
las palabras que no son más que una oración larga
una forma de locura después de la locura
Las jaulas donde se encierran los perfumes, las alegrías interminables
la voluptuosidad de nacer una vez y otra, éxtasis inmóvil

           ◦

Muévete más. Más
Pido mucho. Eres más bella, más aterradora que la noche
Me dueles
Fotografías casi despintadas por la fermentación del silencio
Corredores abiertos
Tu respiración aplasta el verano
Y la fiebre enrojeció otros cielos, las terrazas lustradas
se oscurecieron con las acacias
Y en la cocina los platos recién lavados, las frutas secas, los almíbares
En la crecida de los ríos
En la noche de los sauces
En los lavaderos del sueño desde donde se desprende ese vaho
de entrañas femeninas inconfundible y anchuroso
te dejo mi muerte íntegra, intacta
Toda mi muerte para ti
¿A quién se habla antes de morir? ¿dónde estás?
¿En qué parte de mí puedo inventarte?
Ciudades de hilo, carreteras que llevan siempre al principio
Milagros amontonados en la cal de la iglesia de Santa Clara en
    Guanajuato
Flores de tinta en un hebreo luido saliéndose de los rollos de la Toráh

In the whiteness of the rain in the Plaza del Carmen
my grandmother says her five-o'clock rosary
And swooping in the background
the echo of the shofar opens the year
Words, saliva, insomnia pour
into the northeast edge of absence, into the stupor
and farther to the east I masturbate thinking of you
The screech of seagulls. Dawn. The froth in the dazzle of the wing
The color and season of the bougainvillea are for you. The pollen
    stuck to my fingers
Hold me tight. The ripening rain, your scent
of sour violets feverish from the dust
words that are nothing but an extended prayer
a sort of madness after the madness
The cages that hold the perfumes, the limitless joys
the voluptuousness of being born over and over again, fixed ecstasy

   ∾

Move. More, more
I ask for a lot. You are more beautiful, more terrifying than the night
You hurt me
Photographs nearly faded by the fermentation of silence
Open hallways
Your breath crushes summer
And fever colored other skies red, the polished verandas
were darkened by the acacias
And in the kitchen the dishes just washed, the dried fruits, the syrups
In the swelling rivers
In the night of willows
In the washbasins of dreams from which the fumes
of female innards rise, unmistakable and expansive
I leave you my death, whole, intact
My death all for you
To whom does one speak before dying? Where are you?
Where can I invent you inside me?
Cities of thread, highways that always lead to the beginning
Milagros crowding the lime of the church of Santa Clara in Guanajuato
Ink flowers in spent Hebrew dripping from the scrolls of the Torah

Nada se mueve
Se me están perdiendo los días, van resbalando despacio
los va apretando la migraña
No me encuentro. Ni siqueria tengo cirios para velar mi muerte
ni siquiera sé las palabras del Kadish
Ya no tengo brújula. Estoy abrazada al aire
¿Dónde se rompen los latidos? ¿con qué se desprende este último
    pedazo de sueño?
Y la casa amarrada a un árbol, amarrada al viento
Las hojas y su sombra de ópalo

ᖇ

Espiral de ecos
Reverberación
Somos lo que pensamos
Pensamiento atrás del pensamiento
Regresan las grullas
abren con sus alas el silencio
instantáneas flores blancas en un cielo vacío
En las ciudades al mediodía
cuando el calor rodea la respiración ámbar de las montañas
siempre hacia el sur, allí donde no pasa nada
Prefiero seguir aferrada a lo que invento y no entender lo que sí existe
mejor soñar que estoy muerta y no morirme de los tantos sueños que
    me inventan
Tú y yo nos miramos
No miro más que unos ojos como todos los demás
Me vuelvo a dormir. Ya no sueño. La luz empuja los árboles
y el grito de los árboles en el filo del día ensordece
La tarde sólo dice lo mismo, no abre esa pausa entre lo real
único espacio habitable, geometría momentánea
En el frescor de anís, insomnio lento y cerrado
Un sol de abejas rompe las olas, espesa el día
Llueve mientras mi abuela reza el rosario
Llueve mientras mi hermano dice Kadish por mí
Cada día estoy más lejos y no sé que hacer. No puedo salir de mí misma
y sólo en mí conozco y siento a los demás
invención que comienza cada mañana con el monótono aprendizaje de
    despertar

Nothing moves
The days are slipping away from me, they skid slowly
migraine grips them
I cannot find myself. I don't even have candles for my wake
I don't even know the words of the Kaddish
I have no compass. I am clutching the air
Where does the beating break? How can I shed this last scrap of dream?
And the house lashed to a tree, lashed to the wind
The leaves and their opal shadow

      ❧

Spiral of echoes
Reverberation
We are what we think
One thought after another
The cranes return
open the silence with their wings
sudden white flowers in an empty sky
At midday in the cities
when heat surrounds the mountains' amber breath
always to the south, in that place where nothing happens
I prefer to cling to what I invent and not to know what really exists
better to dream that I am dead than to die of the many dreams that
    invent me
You and I look at each other
I see eyes that could belong to anyone at all
I go back to sleep. I no longer dream. Light presses against the trees
and on the edge of the day the cry of the trees is deafening
Afternoon merely repeats itself, doesn't open that pause in reality
sole habitable space, fleeting geometry
Slow, shuttered insomnia in the coolness of anise
A sun of bees breaks the waves, the day is thick
It rains as my grandmother says her rosary
It rains as my brother says Kaddish for me
Every day I am farther away and I·don't know what to do. I cannot get
    out of myself
and it is only within myself that I know and feel others
an invention that begins every morning as I monotonously learn how
    to wake up

y volver a ser yo, una de las tantas que me habitan
¿Y si despierto para siempre?
Se disuelve la mañana. Lapsos de silencio caliente, espacios afilados
estructuras instantáneas, rectángulos

∽

Puedo ver fragmentos, casi los aromas
Cada nivel tiene su propia irrigación sanguínea
Mi nana está conmigo mientras guardo mis cosas para irme
palomas alrededor del cuarto, aleteos. Abro la ventana
Pequeñísimas fisuras duelen, atrofian, inflaman la tarde, no siento lo
    que soy
soy lo que fui y lo que estoy queriendo ser
En el vuelo de las ercilias de centro abierto a la penetración
en el contorno apenas
las amigas se acarician
Porque siempre es la primera vez, porque hemos nacido muchas veces
y siempre regresamos
Crisantemos azules de Mondrian antes de su encuentro con el blanco
En junio, olas
Los pájaros están fijos, detenidos en su vuelo. Yo duermo mucho
despierto y ya casi es de noche, entro a un cine, está nevando en Nueva
    York
entro a otro cine, el presente es sólo una circunstancia
alguien me mira desde la superficie, las líneas se dispersan, parten
    ruidos
los inscriben en una lluvia alargada y desnuda apenas fría
Desciendo. Son casi las ocho de la mañana. Clarea. Es enero
Transcurrimos dentro de nosotros, cuelga una lámpara de leche
Estoy viviendo superposiciones de instantes en una perspectiva plana
Me extiendo sobre tardes que no existen más que para mí
Afuera de las ventanas queda el tiempo de hoy
Siento una libertad que abre los muros y perfora la imaginación
Este día no lo conozco, pero estoy agarrada de mis otros días
Podría vivir aquí siempre
Pero todo se acaba, hasta la costumbre
pequeños momentos saturados que se distienden
se alcanzan en la disolución

∽

and become myself again, one of the many women who inhabit me
And if I wake once and for all?
The morning dissolves. Intervals of hot silence, sharpened spaces
momentary structures, rectangles

&

I can see fragments, can almost see smells
Every level has its own irrigation of blood
My nanny is with me as I arrange my things to go
Doves around the room, fluttering. I open the window
Minute fissures ache, atrophy, inflame the afternoon, I don't feel what
    I am
I am what I was and what I now wish to be
In the flight of calendulas, centers open to penetration
barely on the perimeter
girlfriends caress each other
For it is always the first time, for we have been born many times
and always return
Mondrian's blue chrysanthemums before his encounter with white
In June, waves
The birds are still, frozen in flight, I sleep a lot
I wake up and find it's nearly night, I enter a movie theater, it is
    snowing in New York
I enter another movie theater, the present is only circumstantial
someone watches me from the surface, the lines disperse, noises depart
they are inscribed in a drawn-out, naked rain, barely cold
I descend. It is nearly eight in the morning. It grows light. January.
We elapse within ourselves, outside, a milky lamp
I am living the superposition of moments flattened on a plane
I stretch out over afternoons that exist for me alone
Outside the windows it is still today
I feel a freedom that opens walls and pierces imagination
I don't recognize this day but am clinging to my other days
I could live here forever
But everything, even habit, comes to an end
small saturated moments that enlarge
touch one another as they dissolve

&

Mientras siga aquí encerrada en este cuarto, en esta ciudad
Mientras siga lloviendo y el ruido de la lluvia atraviese las paredes que
    me contienen
Mientras todavía pueda sentir que siento
y el hambre me haga ponerme un abrigo y una bufanda sobre el camisón
y salir a la calle
Pero, por qué creer todo esto
Al otro lado del mar a través de los encajes florean todo el año geranios
Y los grandes baúles pesados de aromas resinosos y cálidos
se derraman en habitaciones desconocidas
Y los ungüentos, los jabones de avena y de leche de cabra
los polvos de trigo, las pastas de dientes con sabor a chicle
y aquellos enjuagues para desenredar el cabello en días largos
Persianas requemadas del sol verde de Cuernavaca
una niña púber se mira el sexo en el ardor del mediodía
espeso de insectos y lagartijas
La mayor parte del tiempo duermo. No estoy segura si dormir es estar
    despierta
Me sorprendo después del mediodía, las manos me estorban, no sé
    dónde ponerlas
Lenta la lluvia casi se detiene
todo se detiene, me aprieta, pero llueve
Se abren ventanas
Abajo, médanos
y más abajo parten los navíos como una exhalación
hacia las muchachas de los frescos del palacio de Cnossos
muchachas de agua y cal
La piel se desata, atrás, un sol de polvo, más adentro, pájaros
Nunca llegamos más que a nosotros mismos
Pero todo el año allá en la memoria florecen los geranios
y las persianas verdes también están allí en esa memoria
latidos que se fijan en un daguerrotipo, ¿dónde laten? ¿en qué parte?

         ◇

Algo se desliza, va hacia una cesación
Estoy lejos de las mañanas
Lejos de los hombres y de las mujeres
Lejos de los hábitos y las costumbres
Me dejo caer. Regreso
La atmósfera se cierra

While I might remain shut in this room, in this city
While it still might be raining and the sound of the rain might pass
    through the walls that enclose me
While I still might feel that I feel
and hunger makes me put on a coat and scarf over my nightgown
and go outside
But why believe all of this
Across the sea behind lace curtains geraniums bloom all year long
And large trunks heavy with warm, resinous odors
overflow in unfamiliar rooms
And the ointments, the oat and goat-milk soaps
wheat face powder, toothpastes tasting of chewing gum
And those rinses for untangling hair on drawn-out days
Venetian blinds scorched by the green Cuernavaca sun
An adolescent girl looks at her sex in the midday heat
thick with insects and lizards
I sleep most of the time. I'm not sure if when I sleep I am awake
Past noon I startle myself, my hands are in the way, I don't know
    where to put them
The slow rain practically stops
everything stops, presses against me, but it rains
Windows open
Sandbanks below
and farther below ships embark like a breath exhaled
headed for the girls in the frescoes at the palace at Knossos
girls of water and lime
The skin comes loose; behind, a sun of dust, deeper in, birds
We only get as far as ourselves
but all year long geraniums bloom far off in memory
and the green blinds hang in that memory as well
beats captured on a daguerreotype. Where are they beating? Where?

                    ❧

Something slides, moves toward cessation
I am far from mornings
Far from men and women
Far from habits and customs
I let myself fall. I return
The air closes up

Irrecuperable el amarillo, la caída tenue, pérdida del color,
    rompimiento
Obstinación del blanco
Y se inscriben las primeras palabras de la Toráh
En la expiación del blanco
En la angustia del blanco
En la neutralidad del blanco
Estoy aferrada a la vida. Todo pasa
colibríes, sol de lluvia sobre mis pies
niebla, ramificaciones casi azul, el cabello deshecho
y ese olor, ese olor que sube desde la infancia
Pero, ¿qué sabemos de la muerte?
Todavía queda una línea de amarillo dentro de este blanco. Aletea,
    reaparece
Ahora, ondula larga, de muy lejos casi parece un principio de girasol
ahora se disloca apenas percibiéndose de ese blanco compacto
otra vez perfora la substancia de la nada, otra vez comienzan los
    sueños aferrados
a la línea casi todavía amarilla
No voy a ninguna parte. Aquí está todo. Aquí está allá
Siento una identificación profunda con el polvo
Paisaje hueco, amplio, inconstante, agudo. No puedo atravesar el aire
Comienzo a vivir de brisa
En las regiones donde las mujeres trenzan sus cabellos castaños
y perfuman sus axilas
En esas regiones donde el olor del sexo madura y oprime las tardes

∿

En las juderías altas y bajas escondidas en las mañanas de Segovia
los romances de las niñas judías y los caballeros cristianos todavía
    acechan desde los puentes
y los relatos de Hagadá me crecen mientras espero desvelada en los
    corredores
de los aeropuertos
En los paisajes de neuronas casi en el umbral del oráculo de Delfos
Sólo hay una primera y única respuesta. No hay explicación inmediata
apenas la incisión
Adentro, blanco. Mi madre y algunas amigas juegan al bridge
El perfume de las señoras mezclado al blanco lo oscurece
en el pecho y en el cuello

the yellow is irretrievable, the fall subdued, color is lost, shattering
The obstinacy of white
And the first words of the Torah are inscribed
In the atonement of white
In the anguish of white
In the neutrality of white
I cling to life. Everything passes
hummingbirds, a sun shower on my feet
fog, nearly blue ramifications, mussed-up hair
and that smell, that smell that rises from childhood
But what do we know of death?
A streak of yellow is still within this white. It flutters, reappears
Now it sways slowly, at a distance it almost looks like the outline of a
    sunflower
now it dislodges itself, barely distinguishable in that dense whiteness
again it pierces the substance of nothingness, again, the dreams begin
    clinging
to the still nearly yellow streak
I am not going anywhere. Everything is here. There is here
I feel a profound identification with the dust
Hollow, wide, sharp, shifting landscape. I cannot traverse the air
I begin to live on the breeze
In the regions where girls braid their chestnut hair
and scent their armpits
In those regions where the smell of sex matures and oppresses the
    afternoons

                    ⌀

In the Jewish quarters high and low hidden in the mornings of Segovia
the romances of love between Jewish girls and Christian noblemen
    still stalk the bridges
and the stories of the Haggadah grow in me as I wait bleary-eyed
in airport lobbies
In the landscapes of neurons almost on the threshold of the Oracle of
    Delphi
There is one and only one answer. There is no immediate response
barely the incision
Inside, white. My mother and some friends play bridge
The women's perfume blended with the white darkens
at their breasts and necks

A través de las ventanas casi olvidados los pirules. Pálido el viento
Vaho de mimbre en el porche deslavado
La casa se deshace
Eternidad de los jardines de arena
Perseverancia del aire. Se doblan las hojas, inician el regreso
Despierto. Las amigas tiemblan entre los sauces
No hay nadie en casa. Cepillas tus cabellos castaños
La veranda sombría, fresca en el bullicio del lino
El polen cubre aquella memoria de espejos
Apenas nos movemos
Pero aparta de mí tus ojos. Son terriblemente bellos
Todavía me arde, me toco, estoy sola
Alba desaguada. De otros diluvios
Querida, lejana
Quiero llegar otra vez al lugar donde duermo
La complicidad de la voz
su persistencia
Y yo soy lo qué se está cayendo

                            ~

Ahora estoy en un paisaje de zenzontles
Cada vez estoy más cerca
Cuando posea esa inmensidad
apenas tendré fuerza para despertar en la brevedad de la muerte
La luz golpea el aire. Estamos donde los colores se abren
Son días largos y apretados como la migraña. Y todo se repite
Los árboles desamarrados
La noche se deshace
¿Y después?
Lo único verdadero es el reflejo del sueño que trato de fracturar
pero que ni siquiera me atrevo a soñar, continuo plagio de mí misma
Y el lugar del encuentro es sólo tiempo. Todo no es sino tiempo
Allá donde unas cuantas buganvilias en un vaso de agua
bastan para hacernos un jardín
Porque morimos solos. Y la muerte es apenas el despertar
de este sueño primero de vivir y dijo mi abuela a la salida del cine
sueña que es hermoso el sueño de la vida, muchacha
Se oxida la lumbre de las veladoras

Through the windows the almost forgotten alders. The pallid wind
Wicker fumes on the faded porch
The house comes apart
Eternity of the sand gardens
Persistence of the air. The leaves bend back, begin their return
I wake up. The women tremble among the willows
No one is home. You brush your chestnut-colored hair
The shady veranda, cool in the bustling of linen
Pollen covers that memory of mirrors
We barely move
But your eyes look away from me. They are terribly beautiful.
I still feel the burning, I touch myself, I am alone
Dawn, drained by other floods
Beloved, distant
The complicity of the voice
its persistence
And I am what is falling

Now I'm in a landscape of mockingbirds
I get closer and closer
When I seize that vastness
I will barely be strong enough to wake into the brevity of death
The light strikes the air. We are where the colors open
The days are long and clutch like a migraine. And everything is
    repeating
The unfastened trees
The night comes apart
And then?
Nothing is real but the reflection of the dream I am trying to shatter
but which I don't even dare to dream, the constant plagiarism of myself
And time is the only meeting place. It is all nothing but time
There where a few sprigs of bougainvillea in a glass of water
are enough to make a garden for us
Because we die alone. And death is but the awakening
from this first dream of living and my grandmother said as we left the
    movies
dream that the dream of life is beautiful, child
The glow of the candles grows rusty

Y yo, ¿dónde estoy?
Soy la que fui siempre. Lo inesperado de estar siendo
Llego al lugar del principio donde comienza el comienzo
Éste es el tiempo
Es el tiempo de despertar
La abuela enciende las velas sabáticas desde su muerte y me mira
Se extiende el sábado hasta nunca, hasta después, hasta antes
Mi abuela que murió de sueños mece interminablemente el sueño que
    la inventa
que yo invento. Una niña loca me mira desde adentro

Estoy intacta

and I — Where am I?
I am the woman I always was. The unexpectedness of being
I come to the place of origins where the beginning begins
This is the time
Time to wake up
Grandmother lights the Sabbath candles from her death and looks at me
The Sabbath lengthens into never, into after, into before
My grandmother who died of dreams endlessly rocks the dream that
 invents her
which I invent. A wild girl looks at me from inside

I am intact.

FRANCISCO HERNÁNDEZ

SAN ANDRÉS TUXTLA, VERACRUZ, 1946 · Francisco Hernández dropped out of
school when he has studying engineering and began writing poetry in the '70s while
he made a living working in advertising. Among his numerous books of poems are
Mar de fondo, which earned him the Aguascalientes National Poetry Prize in 1982,
and *Moneda de tres caras,* a book in three sections inspired by the madness of Robert
Schumann, Hölderlin, and Georg Trakl. Selected poems by him appear in the vol-
ume *El infierno es un decir: antología impersonal.*

Francisco Hernández translated by Christian Viveros-Fauné

De cómo Robert Schumann fue vencido por los demonios

> *Podría ser que la música y la poesía*
> *fueran una misma cosa, o tal vez dos cosas*
> *que se necesitan mutuamente como la boca*
> *y el oído, pues la boca no es más que un oído*
> *que se mueve y que contesta.*
> NOVALIS

Miro la música de Schumann
como se ve un libro, una moneda
o una lámpara.
Ocupa su lugar en la sala situándose,
con movimientos felinos,
entre el recuerdo de mi padre
y el color de la alfombra.
De pronto, pájaros muertos
estrellan las ventanas.
Yo miro la música de Schumann
y escribo este poema
que crece con la noche:

I

Hoy converso contigo, Robert Schumann,
te cuento de tu sombra en la pared rugosa
y hago que mis hijos te oigan en sus sueños

On How Robert Schumann Was Defeated by Demons

It could be that music and poetry
were the same thing, or perhaps two things
that needed each other, like the mouth
and the ear, but with the mouth being no more than an ear
that moves and responds.
NOVALIS

I see the music of Robert Schumann
like one sees a book, a coin,
or a lamp.
It occupies the room,
settling with feline movements
into a place between my father's memory
and the color of the rug.
Suddenly, dead birds
crash against the windowpanes.
I see Schumann's music
as I write this poem
which grows with the night:

I

Today I speak with you, Robert Schumann,
I talk of your shadow on the rough wall
and make my children listen to you in dreams

como quien escucha pasar un trineo
tirado por caballos enfermos.
Estoy harto de todo, Robert Schumann,
de esta urbe pesarosa de torrentes plomizos,
de este bello país de pordioseros y ladrones
donde el amor es mierda de perros policías
y la piedad un tiro en parietal de niño.
Pero tu música, que se desprende
de los socavones de la demencia,
impulsa por mis venas sus alcoholes benéficos
y lleva hasta mis ligamentos y mis huesos
la quietud de los puertos cuando el ciclón se acerca,
la faz del otro que en mí se desespera
y el poderoso canto de un guerrero vencido.

II

Un piano cubierto de mariposas blancas.
Un río que arrastra novecientos violines.
Un *cello* aplastado por máquinas de guerra.
Unos dedos deformes que acarician un libro.
(Así te sueño, así te sufro en el insomnio
aterido por estruendos lejanos.)

III

Cuando naciste surgió en el bosque
una inquietud extraña.
Criaturas belcebúes vertieron en un claro
el azogue de Los Gemelos
y una quemazón de unicornios
cimbró con su galope
el vértigo de la penumbra en disonancia.
—Este niño tiene que ser un santo a su manera,
dijo tu padre al contemplar tus manos.
—Será mi luz intensa, dijo tu madre
con los ojos vendados.
La mesa tuvo espigas
y relucieron lágrimas en las paredes.
Doblaron las campanas de la capilla

like one listens to a sled
dragged by sick horses.
I'm tired of everything, Robert Schumann,
of this mournful city of leaden rains
of this beautiful country of beggars and thieves
where love is the shit of police dogs
and pity a kid with a bullet in his brains.
Your music, erupting
from the depths of your insanity,
pumps lovely liquors through my veins
carrying to my ligaments and bones:
the stillness ports have when cyclones approach
the face of another who within me despairs
and the powerful song of a defeated warrior.

II

A piano covered with white butterflies.
A river carrying nine hundred violins.
A cello crushed by war machines.
Deformed fingers that caress a book.
(This is how I dream of you, suffer you
sleeplessly, numbed by distant noises.)

III

When you were born a strange
restlessness invaded the forest.
Tiny Beelzebubs poured
Gemini's quicksilver mercury
into a clearing,
and burning unicorns
shook with their galloping
the vertigo of dusk in dissonance.
"This child will be a saint in his own way,"
your father said on seeing your hands.
"He'll be my intense light," your mother said
with her eyes bandaged.
The table had spikes
and tears sparkled in the walls.
The chapel bells tolled

sin que nadie — ni el viento — las tocara.
Búhos destronados por cornejas
instrumentaron tu canción de cuna
y la noche te tomó en sus brazos
como a un relámpago recién nacido.

IV

No existen los dedos del pianista.
Una lluvia ligera moja el teclado.

V

Te persiguen abejas por el campo.
Corres, saltas, vibras, te lanzas al río y,
bajo el agua, escuchas por primera vez
la música de tu alma.

VI

Para que salga el sol, música de Schumann.
Para destejer un tapiz, música de Schumann.
Para besar a mi mujer, música de Schumann.
Para morder una manzana, música de Schumann.

Para quemar una bandera, música de Schumann.
Para volver a la infancia, música de Schumann.
Para que baile Mozart, música de Schumann.
Para clavar una daga, música de Schumann.

VII

En la primavera conociste a la niña Clara.
Ella jugaba dentro de una jaula
con los címbalos y el armonio
que la escoltaban desde su nacimiento.
De los címbalos partía la ráfaga
que corta los glaciares.
Del armonio brotaba El Intervalo del Diablo,
que al transformarse en burbuja
iba de las guirnaldas de yeso
a los enigmas de raso

and no one touched them — not even the wind.
Owls dethroned by crows
intoned your lullaby
and night took you in its arms
like newborn lightning.

IV

The pianist has no fingers.
A light rain falls on the keys.

V

Bees chase you in the country.
You run, leap, vibrate, jump into the river and,
beneath the water, hear for the first time
the music of your soul.

VI

To make the sun rise, the music of Schumann.
To unravel a tapestry, the music of Schumann.
To kiss my wife, the music of Schumann.
To bite an apple, the music of Schumann.

To burn a flag, the music of Schumann.
To return to childhood, the music of Schumann.
To make Mozart dance, the music of Schumann.
To drive in a dagger, the music of Schumann.

VII

In the spring you met Little Clara.
She played inside a cage
with cymbals and a harmonium
that escorted her since birth.
From the cymbals emerged a clanging
that split glaciers.
From the harmonium poured forth the Devil's Interval,
which, by transforming itself into a bubble,
changed from plaster garlands
into enigmas of satin,

y de las margaritas enrojecidas
al temblor de tus años.
Desde ese instante se azufraron las fuentes
y tu risa tuvo la forma
de los labios de la niña Clara,
del corazón maduro de la niña Clara,
de la gracia enjaulada de la niña Clara.

VIII

El arroz en la cocina huele a estancias lejanas
y mis hijos inventan en su cuarto mundos mejores.
Yo me siento colgado de una lámpara y observo:
un lago sin peces revienta en el centro de la sala.
Los helechos confirman nostalgias de Borneo
y tienden sus ventosas hacia las olas del sonido.
La orquesta hunde sus brazos en los cantos dorados,
Casals es un lento camino de ceniza.
En la ventana hay nubes que bajan para oírte.
En el balcón una paloma empolla su versión del silencio.
Es marzo afuera. El domingo moja sus dedos en la fuente,
el surtidor dibuja el movimiento impar de la frescura
y el viento agita el árbol de tu música.

IX

—Para escribir una canción que empiece en anacrusa,
es necesario portar un traje de terciopelo negro
y nadar en el Rin a la luz de la luna, decías,
mientras tu silueta de larga cabellera silbaba el
rondó de un músico polaco.
Entonces tu rostro revelaba el surco de las arrugas
y se confundía con el humo de tu pipa
y la espuma de tu cerveza.
Una caravana de recuerdos extensos te rodeaba con
la firmeza de las madres que abrazan a sus hijos hasta
asfixiarlos.
Por tu mente cruzaban las golondrinas de Zwickau
y en ese torbellino de imágenes celestes
mordisqueabas los dedos de la niña Clara
y su fiel transparencia de racimo.
Súbitamente detenías el curso de tu sangre.

from blushing daisies
into the tremors of your days.
From that moment on the fountains smelled of sulfur
and your laughter took the shape
of Little Clara's lips,
of Little Clara's mature heart,
of Little Clara's caged gracefulness.

VIII

The rice in the kitchen smells of distant villas
and my children invent better worlds inside their bedrooms.
I sit by a lamp and observe my surroundings:
a fishless lake erupts from the room's center.
The ferns confirm a nostalgia for Borneo
and stretch their suckers toward waves of sound.
The orchestra buries its arms in golden songs,
Casals is a slow path of ashes.
In the window there are clouds descending to hear you.
On the balcony a dove hatches its version of silence.
It is March outside. Sunday wets its fingers in the fountain,
the spout traces the unsteady movement of freshness
and the wind shakes the tree of your music.

IX

"To write a song that begins with an anacrusis,
one must wear a suit of black velvet
and swim in the Rhine in the moonlight," you once said,
the silhouette of your long mane whistling
the rondo by a Polish musician.
Your face revealed the furrow of your wrinkles,
it became one with the smoke of your pipe
and the foam on your beer.
A caravan of long memories surrounded you
with the firmness of mothers who embrace their children until
they asphyxiate them.
Your mind was crossed by Zwickau swallows
and in that whirlwind of celestial images
you nibbled on Little Clara's fingers
and their clustered, faithful clarity.
Suddenly you arrested the course of your blood.

Arrojabas la cerveza a la cara de Dios, apagabas tu
pipa en la nariz del Diablo y gritabas, como un rey
criminal entumecido:
—¿Por qué tenía que estar yo en el centro de la tormenta?

X

El pianista cubre de rosas el teclado.
No le importa el perfume. Lo hace por las espinas.

XI

Imaginabas con el corazón
que contiene las yemas de los dedos
y con la firme raíz de tu reflejo.

Imaginabas con la temperatura de tus orejas,
con los músculos tensos de tu espalda
y con la sal que agrietaba tu bóveda palatina.

Imaginabas con tu aire de personaje ficticio,
con las escamas de tu garra futura
y con el polvo que se adhería a tus zapatos.

Y sin embargo, Robert Schumann,
nunca imaginaste que aquella noche
de los besos primeros a la niña Clara,

el triste viejo Wieck, el padre gallináceo
asesor de la muerte, se fue a dormir
en posición fetal con un crucifijo entre los dientes.

XII

Después de los conciertos la niña Clara era obligada
por el viejo Wieck a lavar cacerolas y pelar legumbres
en la cocina.
Con los ojos hinchados ejecutaba romanzas para cebolla
y filo de cuchillo, mientras pensaba en cortarse los
dedos para servírselos a su padre amantísimo en una
sopa humeante.

You threw beer in God's face, put out
your pipe in the Devil's nose and screamed,
like a benumbed, criminal king:
"Why did it have to be me in the center of the storm?"

    x

The pianist covers the keys with roses.
He doesn't care about their perfume. He does it for their thorns.

    xi

You imagined with your heart
that contains fingerprints
and with the firm root of your reflection.

You imagined with the temperature of your ears,
the tense muscles of your back
with the salt that scored your palate.

You imagined with your air of fictional protagonist,
with the scales of your future talons,
and with the dust that stuck to your shoes.

But nevertheless, Robert Schumann,
you never imagined that that night
after the first kisses bestowed on Little Clara,

pathetic, old man Wieck, hen-breasted father
and counselor to death, would go to sleep
bent over like a fetus with a crucifix between his teeth.

    xii

After the concerts old man Wieck made Little Clara
wash pots and peel
vegetables in the kitchen.
With her eyes swollen she executed romanzas for onions
and knife-edge, while thinking of cutting her own fingers
and serving them to her loving father
in a steaming soup.

XIII

La niña Clara camina por la playa
en el límite justo de las olas.
El color de su piel toca la espuma.
El caracol aprende sus palabras.

La niña Clara camina por el bosque
con agujas de pino entre los labios.
Pasa un azul de plumas invisibles.
Una pared de hiedra se levanta.

La niña Clara camina por la nieve
con los ojos cerrados y las manos abiertas.
En sus dedos hay flores de Turingia.
En sus ojos tigres de Bengala.

XIV

El viejo Wieck te odiaba.
¿Cuántas veces te amenazó de muerte?
Te llamaba borracho y manirroto,
te escupía recordándote la locura
y el suicidio de tu hermana.
Sospechaba que tal enfermedad era tu herencia:
no quería ese destino para su hija,
la codiciada flor del estipendio.
Pero en esa ocasión la ley se puso del lado del amor
y el primero de agosto de 1840
la Corte dio su veredicto:
Clara Wieck y Robert Schumann podían casarse
sin el consentimiento del padre de la novia.
El día de la boda amaneció frío y borrascoso.
Sin embargo, camino de la iglesia
desaparecieron los nubarrones
y el sol salió a relucir.
La niña Clara apenas tocaba el aire al respirar.
Cada uno de tus pensamientos
provenía de su frente
y cada gota de sangre
repetía himnos en serenas claves.

XIII

Little Clara walks on the beach
at the precise edge of the waves.
The color of her skin touches the sea foam.
The sea snail learns her words.

Little Clara walks in the woods
with pine needles in her mouth.
A blue made of invisible feathers drifts by.
A wall of ivy rises from the ground.

Little Clara walks in the snow
with her eyes closed and hands open.
Her fingers hold Thuringian flowers,
her eyes are Bengal tigers.

XIV

Old man Wieck hated you.
How often did he threaten to kill you?
He called you a drunk and a spendthrift,
he spit at you remembering your insanity
and your sister's suicide.
He suspected the disease was your inheritance:
he wanted no such fate for his daughter,
coveted flower of a future stipend.
But on that occasion the law ruled for love
and on the first of August of 1840
the Court gave its verdict:
Clara Wieck and Robert Schumann could marry
without the father of the bride's consent.
It was cold and rainy on the day of the wedding.
But on the way to the church
the storm clouds parted
and the sun appeared shining in the sky.
Little Clara barely touched the air in breathing.
Each one of your thoughts
emerged from her forehead
and each drop of blood
repeated hymns in serene, tranquil notes.

En la buhardilla de su rabia,
el viejo Wieck hacía tintinear monedas
entre los dedos sarmentosos.
Esa era la música que realmente amaba.

XV

El pianista sueña que se ahoga;
que un lobo de fuego le devora las manos.

XVI

Para que ruede la luna, música de Schumann.
Para pintar un bosque, música de Schumann.
Para pulir una medalla, música de Schumann.
Para que llegue el viernes, música de Schumann.

Para seguir a las hormigas, música de Schumann.
Para encender fogatas, música de Schumann.
Para que cante el ruiseñor, música de Schumann.
Para recordar a Jomí, música de Schumann.

XVII

El sueño recurrente de la niña Clara:
en una isla remota, donde las nubes se funden con los árboles y
llueve sin cesar, una muchacha lee la *Crítica de la razón pura*
a la sombra de su choza.
Un grupo de caníbales, perteneciente a la tribu de Los Cortadores
de Cabezas, la mira durante horas, casi sin respirar y sin mover
los párpados.
Ella, incapaz de enfrentar aquellos ojos, le da vuelta a las
páginas con un temblor que ahuyenta los mosquitos.
Los nativos que la cercan desconocen el amor y la distancia,
la soledad, el acto de mirar y nostalgia.
Ella los recordará siempre que llueva.
Ellos soñarán con su garganta sin saber qué es un sueño y la
olvidarán lentamente sin saber que la ovidan.

In the attic of his fury,
old man Wieck jangled coins together
in his grubby hands.
That was the music he really loved.

XV

The pianist dreams of drowning;
a wolf of fire devours his hands.

XVI

To make the moon turn, the music of Schumann.
To paint a forest, the music of Schumann.
To polish a medal, the music of Schumann.
To bring forth Fridays, the music of Schumann.

To follow the ants, the music of Schumann.
To light bonfires, the music of Schumann.
To make the nightingale sing, the music of Schumann.
To remember Jomí, the music of Schumann.

XVII

Little Clara's recurring dream:
in a remote island, where the clouds fuse with the trees and
it rains without stopping, a young girl reads *The Critique of Pure Reason*
in the shadow of her hut.
A group of cannibals from the Headhunters tribe
watches her for hours, hardly breathing or moving
their eyelids.
Incapable of confronting those eyes, she turns the
pages, trembling so much she scatters mosquitoes.
The natives surrounding her know nothing of love and distance,
solitude, the act of seeing, or nostalgia.
She will remember them all as long as it rains.
They will dream with their throats not recognizing the dream
and forget her slowly without ever knowing they forget.

Durante la revuelta de 1849, en Dresde,
las balas salieron a las calles con la consigna de zurcir
entrañas y doblar esquinas.
Una de ellas perforó tu sombrero alado.
Otra mordió una hombrera de tu levita.
Ante tus ojos se derrumbaban cúpulas,
leones de piedra y amantes abrazados.
Orquestas completas fueron destruidas a cañonazos.
Al ver un ángel sin cabeza
tus nervios estallaron.
Y huiste con la mirada baja,
musitando el salmo de la cobardía.
Antes de partir, lograste llegar a una trinchera
para decirle a Wagner:
—Vámonos. Aquí la muerte nos espera...
Y Wagner, que trepaba a una torre para lanzar volantes,
replicó:
—Márchate si quieres. La muerte sabe
que soy inmortal.
Y atrás dejaste la Florencia germana
sabiéndote vacío y sucio,
símil de alcantarillas
que hasta las ratas desprecian.

XIX

Eras dos, Robert Schumann,
dos gemelos distintos en un solo cerebro
verdadero.
Uno quería que tu corazón
se enterrara dentro de un violín
y el otro que se sembrara
en una maceta.
Uno quería que tu mano derecha
se sepultara dentro de un clavicordio
y el otro que se guardara
en un barril de cerveza.
Uno quería que tu voz
se callara dentro de un caramillo

XVIII

During the rebellion of 1849, in Dresden,
the bullets hit the street determined to penetrate
guts and bend around corners.
One of them perforated your wide-brimmed hat.
Another took a bite from the shoulder of your frock coat.
Domes crumbled before your eyes,
stone lions and embracing lovers.
Complete orchestras were destroyed by cannon fire.
Your nerves shattered
when you saw a headless angel.
And you fled, head down,
whispering the psalm to cowardice.
Before leaving, you approached a barricade
and said to Wagner:
"Let's go. Only death awaits us here…"
And Wagner, climbing up a tower to scatter leaflets,
replied:
"Leave if you want. Death knows
that I am immortal."
And so you left behind Germany's Florence
knowing yourself to be dirty and empty,
a simile of sewers
that even rats despise.

XIX

You were two, Robert Schumann,
two different twins inside a single, true
brain.
One wanted your heart
buried inside a violin
and the other wanted
to seed a simple flowerpot.
One wanted your right hand
buried inside a clavichord
and the other wanted it
stored in a barrel of beer.
One wanted your voice
quieted within a recorder

y el otro que resonara
dentro de una muchacha.
Eras dos, Robert Schumann,
dos gemelos distintos viviendo al borde
de un ventisquero.

XX

— Si pudieras oír la música que gira en mi cabeza,
le decías a Brahms ahorcándolo, sacudiéndolo,
persiguiéndolo por todos los incendios que adornaban tu casa.

XXI

Envuelto en grueso abrigo negro, recortado por la nieve,
sobresale tu corpachón de oso en el lado derecho del trineo.
La niña Clara, acurrucada junto a ti, sufre intensos dolores
en los tendones.
Tú piensas en componer un concierto o un cuarteto de sombras,
ella recuerda la tibieza de los hijos lejanos.
El trineo aumenta su velocidad. Restalla el látigo.
Te quitas la escarcha de los ojos y ves a la docena de
lobos que los sigue.
Tratas de despertar pero no es un sueño. Clara se petrifica.
Imagina su cordial y su índice desgarrados por los colmillos.
Siente el aliento de las fieras. Y sabe, con absoluta
precisión, que lo más triste de la muerte es carecer de música.
El conductor dispara. Cae el lobo que encabeza la manada.
Su derrame convoca los resplandores del crepúsculo.
Su cadáver sin rabia, sus músculos inertes, detienen al resto
de las bestias.
El trineo se aleja.
Un aullido se congela en el horizonte.
Un líquido caliente moja tus pantalones.

XXII

El pianista sale a buscar acordes en las catedrales.
Encuentra patas de gallo en los altares.

and the other wanted it
to resound inside a young girl.
You were two, Robert Schumann,
two different twins living at the edge
of a cliff.

XX

"If you could hear the music inside my head,"
you yelled at Brahms, choking him, shaking him,
chasing him around the many fires that adorned your house.

XXI

Wrapped in a thick black coat, covered by snow,
your bearlike trunk emerges from the sled's right side.
Little Clara, curled next to you, suffers intense pain
in her tendons.
You think of composing a concert or a quartet of shadows,
she remembers the warmth of the distant children.
The sled gains speed. The whip cracks.
You clear the frost from your eyes and see the dozen
wolves following you.
You try waking but this is not a dream. Clara is petrified.
She imagines her index and forefingers ripped out by the wolves' fangs.
She feels the beasts' hot breath. She knows, with absolute
certainty, that the saddest thing about death is that there is no music.
The driver shoots. The lead wolf falls away from the pack.
His blood is a convocation to the magnificence of dusk.
His lifeless body, his inert muscles, detain
the other beasts.
The sled advances.
A howl freezes on the horizon.
A warm liquid wets your breeches.

XXII

The pianist searches out harmonies inside the cathedrals.
He finds chicken feet on the altars.

XXIII

Ni el coñac mezclado con agua.
Ni las descargas eléctricas.
Ni los emplastos de hierbas milagrosas.
Ni la sangre de toro recién sacrificado.
Nada, ni los besos de la niña Clara,
devolvieron la vida a los dedos
que aniquilaste en tu mano derecha.

XXIV

De lo que se pierden los muertos.
De un cielo intensamente azul
con nubes rápidas.
Del agua fresca en la garganta.
De flores amarillas en los árboles.
Del mar a pleno sol.
Del mar con norte.
Del cuerpo de mujer.
De tu música.

XXV

El pianista toca los pechos de su amante.
Pitan los barcos, gimen las ballenas.

XXVI

La canción de la noche te sorprendió callado.
El mundo puso a tus pies su música incansable.
Frenético, con el semblante descompuesto por la fiebre, comenzaste
a transcribir el *adagio* de astros que se deshacían en la otra pieza,
el *scherzo* de un árbol contra otro, el *prestissimo* de tu
respiración condenada.
Ángeles curvos llevaron tu vigilia hasta laberintos de pausas
y graznidos, lejos de la clemencia y los lineamientos
de la razón.
Un águila cruzó los Alpes y llegó a posarse sobre tu hombro.
Dos arcoiris se proyectaron en el espejo.
Una catarata brotó de una sortija y con estas visiones construiste

Neither cognac mixed with water.
Nor electrical charges.
Nor miraculous herb compresses.
Nor the blood of a recently sacrificed bull.
Nothing, not even Little Clara's kisses,
returned life to the fingers you
destroyed on your right hand.

XXIV

What the dead are missing out on.
An intensely azure sky
with quickened clouds.
Fresh water in the throat.
Yellow flowers in the trees.
The sea at high noon.
The sea staring north.
A woman's body.
Your music.

XXV

The pianist touches his lover's breasts.
Ships toot their horns, whales moan.

XXVI

The night's song found you silent.
The world lay at your feet its untiring song.
Frenetic, with your face twisted by fever,
you transcribed the adagio of celestial bodies that disappeared in the
     next room,
the scherzo of one tree rubbing against the other, the prestissimo
     of your
condemned breathing.
Curved angels lifted your vigil to labyrinths of pauses
and cries, far from clemency and the lineaments
of reason.
An eagle crossed the Alps and perched upon your shoulder.
Two rainbows appeared in the mirror.
A waterfall poured forth from a trinket and with these visions you built

los arabescos que muchos fariseos tardarán siglos en descifrar.
Pero también hicieron su entrada los demonios.
Sus oratorios te llenaron el pulso de basiliscos
y los bolsillos de táleros, relojes y papel pautado.
Te ordenaron huir y saliste con el pecho desnudo a la tormenta.
Sin saber cómo llegaste a la mitad de un puente y las
voces que roían tu cerebro hicieron posible la caída.
En el fondo del río escuchaste por última vez la música
de tu alma y del sumidero de los ahogados se desató
el olor de la inocencia.
Una red te hizo salir a la superficie.
Un pescador te subió a su barca.
Las voces de ángeles y demonios habían cesado.
Sólo se oyó la tuya que clamaba:
—¡Debo obedecer a los dueños del silencio!
¡No soy digno del amor de Clara!
Al regresar, ya te esperaban en tu casa los enfermeros.
La niña Clara, encinta nuevamente y dichosa por
tu regreso, te aguardaba en la puerta con una
naranja y un ramo de violetas.

XXVII

El viejo Wieck tenía piojos
y al alba vomitaba un líquido verdoso.
Traficaba con pianos y partituras, seducía niños
a los que daba clases de solfeo y pronunciaba
¡Robert! cada vez que oía la palabra inmundicia.
Su colección de látigos sólo era comparable, en número,
a las pústulas que le brotaban en las ingles
y las axilas, por haber descubierto
atisbos de virtud en sus remordimientos.
Al acostarse, rezaba para que tus hijos resultaran
idiotas, tuberculosos o morfinómanos, y después se
enjuagaba la boca con agua bendita para no tener
pesadillas.

XXVIII

Sueñas una sola nota sostenida.
Sueñas flores que se convierten en cicatrices.

the arabesques that millions of Pharisees will spend centuries deciphering.
But the demons also made their appearance.
Their oratorios filled your pulse with basilisks
and your pockets with thalers, watches, and lined paper.
They ordered you to flee and you left with your breast bare to face
    the storm.
Without knowing how, you arrived at the middle of a bridge
and the voices that gnawed at your brain made possible the fall.
At the bottom of the river you heard, for the last time,
the music of your soul and from that sewer of drowned men
flowed forth the odor of innocence.
A net made you surface.
A fisherman dragged you onto his boat.
The voices of angels and demons had ceased.
Only your voice was audible, crying:
"I must obey the owners of silence!
I am not worthy of Clara's love!"
Male nurses awaited your homecoming.
Little Clara, again pregnant and gladdened
by your return, waited at the door with
an orange and bouquet of violets.

XXVII

Old Man Wieck had lice
and vomited green liquid in the mornings.
Trafficking in pianos and musical scores, he seduced children
whom he taught solfeggio, yelling
"Robert!" every time he heard the word *filth*.
His collection of whips was comparable, in number,
only to the pustules in his groin
and armpits — he discovered
glimpses of virtue in his remorse.
When he went to bed, he prayed that your children
would turn out to be idiots, tuberculous, or morphine addicts,
and then rinsed his mouth out with holy water
so he wouldn't have nightmares.

XXVIII

You dream a sustained note.
You dream flowers that become scars.

Sueñas que tus hijos se vuelven locos y escriben versos.
Sueñas las carcajadas de Félix Mendelssohn.
Sueñas tu lengua transportada por delfines.
Sueñas tus restos devorados por hienas.
Sueñas que cruzas el río Mulde
con la niña Clara de la mano
y que todo el pueblo entona tus canciones.

XXIX

Dos años después de tu zambullida en el Rin, la niña Clara
llegó a visitarte por última vez al manicomio de Endenich.
El atardecer rodeaba de angustia su cabello.
El aire tenía peso de vapor subterráneo.
Creyendo que era la más reciente composición de Brahms
le tendiste los brazos y te aferraste a ella con la serenidad
de quien ya no es dueño de sí.
Tus rasgos delataban escenas infantiles y alrededor todo
parecía sagrado.
Súbitamente aparecieron las convulsiones y el tono más alto
del delirio.
¿Te acuerdas? Veías a la niña Clara como a un cisne de velada
ternura, como a una estrella errante que se transfiguraba en gota
de cera al caer sobre un manto de muselina.
Ella, al adivinar la sed que te abrasaba, humedeció sus dedos
en vino y los llevó a tus labios para que recuperaras el
estado de gracia.
Antes de traspasar La Puertas de Marfil o de Cuerno, pronunciaste
tus últimas palabras: *mi* y *conozco.*
Querías decir mi Clara y que ya conocías el rostro de Dios,
que es el rostro de la Nada.
La niña Clara salió a rogar por tu descanso y al volver,
supo que el espíritu había sido arrancado de tu cuerpo.
Te coronó de mirtos, se arrodilló ante la quietud que te
cubría con su arena finísima y pidió a los demonios
fortaleza para poder vivir sin ti.

XXX

Cuatro cirios iluminan el piano cerrado.
Flota en el aire una canción de cuna.

You dream that your children go crazy and write verse.
You dream the echoing laughter of Felix Mendelssohn.
You dream that your tongue is transported by dolphins.
You dream that your remains are devoured by hyenas.
You dream that you cross the river Mulde
with Little Clara by the hand
and that the entire town sings your music.

XXIX

Two years after your dip in the Rhine, Little Clara
came to see you for the last time at the Endenich asylum.
The afternoon haloed her hair with anguish.
The air was thick as underground steam.
Believing her to be Brahms's most recent composition
you opened your arms and clasped her to you with the serenity
of one who is no longer the lord of his own domain.
Your features belied childish scenes and all around you
everything appeared sacred.
Suddenly you were convulsing and reached the highest peak
of your delirium.
Do you remember? You saw Little Clara like a swan of veiled
tenderness, like an errant star transfigured
into a wax droplet hitting a muslin sheet.
Guessing at the thirst you must have had, she wet her
fingers in the wine and placed them on your lips
so that you might recover your state of grace.
Before crossing the Ivory or Horned Gates, you pronounced
your last words: *my* and *I know.*
What you meant to say was: "My Clara" and that you already
knew the face of God,
which is the same as the face of Nothingness.
Little Clara left to pray that you may rest and, upon returning,
learned that your spirit had been yanked from your body.
She crowned you with myrtle, kneeled before the silence that
surrounded you like fine sand and asked the demons
for strength to continue living without you.

XXX

Four tall Easter candles illuminate the closed patio.
A lullaby floats in the air.

CLAUDIA HERNÁNDEZ DE VALLE-ARIZPE

MEXICO CITY, 1963 · Claudia Hernández de Valle-Arizpe is author of six poetry collections. Among her most recent are *Hemicránea* and *Deshielo,* for which she received the Efraín Huerta National Poetry Prize in 1997. She has also written a book of essays, *El corazón en la mira,* and edited an anthology of Dominican poetry *El reverso del azogue: Catorce poetas dominicanos.* With poet Elva Macías she cowrote *Agua, barro y fuego: La gastronomía mexicana del sur.*

Claudia Hernández de Valle-Arizpe translated by Jen Hofer

Hemicránea

(*fragmentos*)

No es necesario que muera alguien
para que la luz del día nos arranque
los ojos. Tampoco el destierro
de los que habitan la misma casa.
Tu padre no puede comer hoy
porque le has puesto un grillo sobre la boca.
Mudo y hambriento hace girar los dientes
del tenedor, el vientre de la cuchara.
En casa nadie oye el canto de tus insectos
pero tú —aunque alteres una y otra vez
las manecillas del reloj— comes el llanto
ajeno del hambre o del sueño.
En la cocina grita el hijo de tu hermana
y sobre la estera que imaginas silenciosa
juega el nieto de tu padre.
Reconoces la señal del peligro:
es mejor volver a tu casa
o a la fina sombra de tu cuerpo.
Te distraes pero su eco es tu memoria:
en la madrugada el hígado alimenta la cabeza,
mañana el estómago y siempre los huesos;
el saurio de tu columna.
Cuentas una y otra vez el número

Hemicránea

(*excerpts*)

It's not necessary for someone to die
for the light of day to wrench our
eyes from us. Nor the exile
of those who live in the same house.
Your father can't eat today
because you've placed a cricket over his mouth.
Mute and hungry he spins the teeth
of a fork, the belly of a spoon.
No one in the house hears the song of your insects
but you — though you shift the hands
of your watch again and again — eat the alien
sobs of hunger or drowsiness.
In the kitchen your sister's son shouts
and on the woven mat you imagine silent
your father's grandson plays.
You recognize the danger signs:
better to go back to your house
or to the fine shadow of your body.
You distract yourself but its echo is your memory:
at dawn your liver nourishes your head,
tomorrow your stomach, and always your bones;
the saurian of your spine.
Again and again you count the number

de vértebras y el vértigo de su curvatura.
Dices que para mirar el cielo y las estrellas
no es necesario estar de pie.
Es necesario acostarse y mirar con la boca.
¿Pero cómo pensar en el corazón
sin tragarse la noche?
La luz corrompe. Nos deja sin misterio.
Nos deja la luz desnudos.
También la oscuridad es su despojo,
su malparto. Y puede ser la espátula
que describe al mundo cuando nace.

&

Tu aura visual se alarga.
En un campo de luces rojas escribes.
Eufórico escribes en el sótano de tu casa
horas antes de que comience.
No quieres otro diagnóstico:
tu insomnio es el aliento de la madrugada.
Despierta tu aura visual y es casi tan roja
como un geranio en los balcones.
Qué sincronía de tu cabeza
con los latidos del corazón:
Gemelitud, espejo bicéfalo, sagrado
binomio que sobrevive a tientas; casi vampiro.

&

Algún médico te habló de alergias.
Alergia a tus padres, a la mujer que te está
queriendo y pierde con tu miedo el nombre.
Alergia al aire de la ciudad y a los alimentos,
a cada estación de trenes. Alergia de ti.
En espera del Juicio Final, tu cuerpo se adelgaza.
Eres un fósforo.
A la menor provocación tu cabeza arde.

&

"¿Son rezagados perseguidores? ¿Acompañantes
eternos?" No dan tregua los dolores de cabeza.

of vertebrae and the vertigo of their curvature.
You say that to look at the sky and the stars
it's not necessary to be on your feet.
It's necessary to lie down, to look with your mouth.
But how to think of your heart
without swallowing the night?
Light corrupts. Leaves us without mystery.
Naked the light leaves us.
Darkness, too, is its plunder,
its miscarriage. And could be the spatula
that describes the world as it is born.

❧

Your visual aura lengthens.
In a field of red lights you write.
Euphoric you write in the basement of your house
hours before it begins.
You don't want another diagnosis:
your insomnia is the breath of dawn.
Your visual aura awakens and is almost as red
as a geranium on a balcony.
What synchrony your head has
with the beating of your heart:
twinness, bicephalous mirror, sacred
binomial that survives by touch; nearly vampire.

❧

Some doctor spoke to you about allergies.
An allergy to your parents, to the woman who is
loving you and with your fear loses her name.
An allergy to the city air and to foods,
to every train station. An allergy to yourself.
Awaiting the Final Judgment, your body thins.
You are a match.
At the slightest provocation your head blazes.

❧

"Are they lagging pursuers? Eternal
companions?" Your headaches do not let up.

Piensas que es por el aire del bosque
o por el injustificado descanso en los balnearios.
A intervalos abren fauces lobos en tu sueño.
Está de cabeza el mundo.
El infierno de las escaleras es un espejo
del mal en tu oficina. Quien sube luego desciende.
Y el infierno del amor es igual.
Recuerdas el incendio en otoño y tus paseos
que arden bajo las frondas de trigo.
Recuerdas tu balcón de invierno:
allí donde tiembla la luz
hasta perder su última esperanza.

෨

Vieja y alta, espiga torre es la culpa
donde la ventana del domingo es la más terrible.
Con los ojos sobre una fuente que desmenuzas
ni la orquesta te tranquiliza.
Tu cabeza sigue allí y quiere que ardan
los bejucos de la casa materna.
¿Cuánto vale el cuadro que compraste?
¿Para qué sirve un aumento en la fábrica?
Los domingos en la calle no son peores
que los domingos en tu casa.
Oyes el trajín de las mujeres en la azotea;
puedes mirar la suela de madera de sus zapatos
mientras tienden la ropa. Es blanca toda,
blanca la voz de los niños que juegan
en el piso de arriba sobre alfombras tan rojas
como el vino tinto que te prohibieron.
Blanco es, también, el dolor que parte tu cabeza.

Tapones de cera dorada contra el ruidoso
pecho del ascensor. Tapones de cera
para no escuchar el martilleo de tu corazón.

෨

Trinchera, te digo, y sin haber estado allí
he visto arder el fuego en cada disparo
y explosión, el lodo, la sangre que cambia

You think it's because of the forest air
or your unjustified rest at the baths.
At intervals wolves open their maws into your sleep.
The world is turned on its head.
The hell of the stairs is a mirror
of the evil in your office. Who goes up must come down.
And the hell of love is the same.
You remember the fire in autumn and your strolls
that blaze beneath the wheat fronds.
You remember your balcony in winter:
there where the light quivers
until it loses its last hope.

⌀

Old and tall, towering stalk is guilt
where Sunday's window is the most terrible.
With your eyes on a fountain you tear to shreds
not even the orchestra calms you.
Your head is still there and wants the reeds
of your mother's house to blaze.
How much is the painting you bought worth?
What good is a raise at the factory?
Sundays in the street are no worse
than Sundays in your house.
You hear the bustling of the women on the roof;
you can watch the wooden soles of their shoes
while they hang the clothes out to dry. Everything is white,
white the voices of the children playing
one floor up on rugs as red
as the wine they forbade you.
White, also, the pain that cleaves your head.

Golden wax plugs against the noisy
chest of the elevator. Wax plugs
so you don't hear the hammering of your heart.

⌀

Trench, I tell you, and without having been there
I've seen the fire blaze with each shot
and explosion, the mud, the blood changing

CLAUDIA HERNÁNDEZ DE VALLE-ARIZPE 309

al mezclarse con la lluvia; sus cauces hediondos.
Comienza a girar el taladro entre voces
y mi cabeza es un campo de batalla.
Busco a cuatro manos, a cuatro pies,
sí, a gatas, a horcajadas, el pastillero azul.
Después de apedrear a los cuervos
y de hacerlos volar en círculo durante horas,
recobro la Isla de Thorney donde no sucede nada.

        ⸮

Un alboroto de cactus cerca la mirada
y hace de sus tunas rojas el fruto deformado.
A unos kilómetros, el mismo cactus
crece como orfebrería de chinos
y punza ideas para el dolor:
puede ser invidente y plagiaria
con gotas de alcohol en cada filo,
esta personal acupuntura.

        ⸮

Y aunque semeje la cabeza de un caballo
es solamente un yelmo que el dolor inventa.
Impurezas de adarce oxidan sus espejismos
de Tíbar a la velocidad del rayo.
Y aunque parezca la cabeza de un guerrero
que fragmenta a punta de niebla la distancia
es apenas un yelmo de frío: un remedio.
Con orificios para los ojos, la nariz, la boca,
prescinde de toda aguja este hierro
y en su interior se ajusta a los hemisferios.
A cada vuelta de tuerca
es otra la geografía lacustre del cráneo.

        ⸮

Algunos de ellos recitan (los más ingenuos, los que andan
por allí con esperanza) bajo la longitud de ristras
y el círculo a perpetuidad de los rosarios, los nombres
de sus medicinas: la santamaría
(por la belleza del nombre),
la naranja cuando amanece

as it mixes with the rain; its fetid ditches.
Among voices the drill begins to turn
and my head is a battlefield.
I search on my hands and knees, on my knees and hands,
yes, on all fours, catlike, for the blue pillbox.
After stoning the crows
and making them fly in circles for hours,
I regain the Isle of Thorney where nothing ever happens.

ᴏ·

A riot of cactus fences in your gaze
its red prickly pears become deformed fruit.
A few kilometers away, the same cactus
grows like Chinese goldsmithing
and pierces ideas for the pain:
it can be blind and plagiaristic
with drops of alcohol on each blade,
this private acupuncture.

ᴏ·

And though it might resemble the head of a horse
it's only a helmet that pain invents.
Salt residue impurities rust its mirages
of tiberstone at the speed of lightning.
And though it might resemble the head of a warrior
fragmenting the distance through fog
it is barely a helmet of cold: a remedy.
With orifices for eyes, nose, and mouth
this iron shackle has no needles
and its interior adjusts to fit the hemispheres.
Each turn of the screw
shifts the lacustrine geography of the cranium.

ᴏ·

Some of them recite (the most ingenuous, who wander
about hopefully) under their rosaries' strung-together
length and circles to perpetuity, the names
of their medicines: santamaría
(for the beauty of the name),
orange at dawn

(a la primera succión suelta un vaho de Oriente).
Recuérdese que viene el dolor sobre el lomo encabritado
del clima… el culto a la negritud (de la noche)
y la cruz y el ajo contra la impúdica luz
que nos quebranta.
Un helado antifaz guarda tres olas de mar
por cada ojo y las agujas del chino a manera de tocado.
La meditación de flor de loto, tizana betel
de noche y el sexo en descarga: un arma de fuego
contra la cabeza en blanco. Y esa obelisca sangre
de almíbar que colma el seno izquierdo.
Recuérdese el café con cáscara de limón
bebido bajo la sombra de un laurel
en cierto jardín encantado.

Mirar un caballo que pasa a cordel suelto
y por la boca del jinete se desangra
es una cura infalible para esta clase de necios.

◇

Despojo del río crecido
nasa alando la superficie
congregación como de flota
astilla del viento
llega el tronco al filo apresurado
de la espuma y como tumor se enquista
encalla   crece a batahola   a bocajarro
se abre   trasmuta   funda un cementerio
para la mordedura del cangrejo

◇

Dolor del río crecido
nasa alando la superficie
congregación como de flota
astilla del viento
llego al filo apresurado de la espuma
y me enquisto   encallo   crezco a batahola
te aprisiono y te trasmuto
fundo en tu parte más alta el cementerio
soy la mordedura del cangrejo

(at the first suction it releases a vapor from the East).
Remember that the pain comes on the loins of the furiously
lurching climate… the cult of blackness (of night)
and the cross and garlic against the brazen
light that breaks us.
An icy mask holds three ocean waves
for each eye and the Chinese needles as a kind of headdress.
Meditation in lotus position, betel infusion
at night and sex shooting off: a firearm
against your head gone blank. And that obelisk
of syrupy blood that overflows your left temple.
Remember the coffee with lemon peels
you drank beneath the shade of a laurel
in some enchanted garden.

To watch a horse passing riderless
and blood draining out of the horseman's mouth
is an infallible cure for these kinds of fools.

⌁

Plunder of the swollen river
fish-trap winging the surface
congregation as of a fleet
splinter of wind
the trunk comes to the sudden edge
of the spume and like a tumor encysts
runs aground   grows uproariously   unexpectedly
it opens   transmutes   founds a cemetery
for the bite of the crab

⌁

Pain of the swollen river
fish-trap winging the surface
congregation as of a fleet
splinter of wind
I come to the sudden edge of the spume
and I encyst   I run aground   I grow uproariously
I bind and transmute you
I found the cemetery at your highest point
I am the bite of the crab

Caen sobre la mesa dos reptiles de silicio.
Besucón, salamanquero escándalo fatiga la noche.
Caen sobre la misma superficie tus manos grandes.
Al caer me miran y yo vuelvo a asombrarme
con el cauce iracundo de sus ríos, su luminosa
fronda, su rumbo de agosto poseído.

Sin tus yemas mis sienes se crispan.

◦

Y cualquier otro remedio se parece
a un tiradero de frutos que se pudre,
un mar de lirios funerales
un atado de betel que ya no pinta
o un río de genciana con los pies al margen;
ese violín con asma,
un libro blanco en las hojas pares.

◦

De sus dominios menoscaba los pies y privilegia
los tobillos. El sexo hiere a la migraña
como espuela al costillar y cada ola de su lengua
hace que se esconda la muy zorra
y mientras se alebresta largos fomentos de manzanilla
cauterizan la culpa. Le gusta mirar la quilla
de ese barco que se hunde y no la quilla del que vuela,
los desfiguros que emprende la tristeza a la salud
de un aguardiente, un seco, de caña el sopor del vaso
y entre un tamborito de tres tambores
y una mejorana sin violín, dormirse.
Para qué bailar a coro con tal madera,
esa inhóspita guitarra del calor
y quién le quita el pincho de escama de pez
a una mujer del pelo cuando baila
si el recuerdo de otra tierra es sinsentido
y un sinsabor de extraviado rumbo de ciudad.

⟡

Onto the table fall two silicon reptiles.
Kissy, juggling uproar vexes the night.
Your large hands fall onto the same surface.
As they fall they watch me and I am terrified again
at the irate ditch of their rivers, their luminous
foliage, their course of a possessed August.

Without your fingertips my temples seize up.

⟡

And any other remedy seems like
a dump full of fruit rotting away
a sea of funereal lilies
a bunch of betel which colors nothing now
or a river of gentian, your feet stuck onshore;
that asthmatic violin,
a book blank on all the even pages.

⟡

Of all its domains it belittles feet and privileges
ankles. Sex wounds the migraine
like a spur in the ribs and every lap of its tongue
makes that bitch back away
and while it's aroused abundant chamomile poultices
cauterize your guilt. It likes to watch the keel
of the boat that sinks and not the keel of the one that flies,
the disfigurings that sadness undertakes while toasting
a stiff drink, a dry one, cane liquor the stupor of the glass
and between a drumming of three drums
and a marjoram with no violin, to go to sleep.
Why dance in unison with such wood,
that barren guitar of the heat
and who takes the fish-scale thorn
from a woman's hair when she dances
if the memory of another land is meaningless
and flavorless as a route through the city gone astray.

DAVID HUERTA

MEXICO CITY, 1949 · David Huerta is the author of, among many other books of poems, *Cuaderno de noviembre;* the radical *Incurable,* the longest poem ever written in Mexico; *Historia; La sombra de los perros;* and most recently *La música de lo que pasa.* He is also a journalist and contributor to the newspaper *El Universal.* He has received numerous awards, among them a Guggenheim fellowship in 1978. He lectures frequently and coordinates numerous literary workshops.

David Huerta translated by Mark Schafer

Trece intenciones contra el amor trivial

> *Si la palabra es el principio de la acción, liberemos la palabra*
> *de la esclavitud doméstica rellenándola de cáncer, del virus más*
> *venenoso e incurable, y lancémosla al cuerpo del amor trivial.*
> LUÍS FERNÁNDEZ, *El Anarquista Desnudo*

I

Razones viudas por las que
"sucede que me canso de ser hombre",
líquido desflecado y fértil
de la mujer que no soy; líquido
terso, cristalino, que sale
de los senos que no tengo.

II

Enigmas, siempre, del coito
conmigo mismo: uróboro,
Anillo de Moebius. Evidencias
de una manada, de una multitud
que se difunde dentro de mí
—circula, quiere algo: ama, se ama.

Thirteen Propositions against Trivial Love

If words are the beginning of action, let us free words from
domestic slavery, filling them with cancer, with the most toxic and
incurable virus, and let us cast them at the body of trivial love.
  LUÍS FERNÁNDEZ, *El Anarquista Desnudo*

I

Widowed reasons why
"it happens that I grow tired of being a man,"
frayed fertile liquid
of the woman I am not; glistening,
crystalline liquid trickling
from the breasts I lack.

II

Always the enigmas of coitus
with myself: Uroborous,
Möbius strip. Proof
of a herd, of a crowd
that spreads within me
—circulates, wants something: loves, loves itself.

III

Hay mujeres, mal sueño mío,
muertas en mí — arrojadas como cabelleras.

IV

En mis fotografías de niño estoy
indiferenciado, un amasijo
de palpitante energía carnal, sin
sonrisa, sin miedo, sin neurosis.

V

Misterios de mis labios bajo el bigote
imperioso y solipsista, hirsuto paisaje
de los caracteres secundarios.

VI

Tacto y sudor, míos, de hombre,
a veces, sobre una carne en penumbra
deleitada, carne desconocida, sedienta;
carne imborrable, con un corazón
afilado y leve, y otros latidos milenarios,
caudalosa carne abrazada a mí, a mis
ficciones concretas de persona, mi yo turbio.

VII

Una sequía nos divide,
mi vertebral llamarada
y tus ansiosas vértebras
lo saben interminablemente.

VIII

¡Ah!, instantáneos abismos
de mi apetito, la mayoría de edad
y sus frustrados paraísos, los jardines
parásitos del hambre individualista

III

There are women, a bad dream of mine,
dead inside me, tossed like heads of hair.

IV

In photographs of me as a child I am
undifferentiated, a jumbled mass
of throbbing, carnal energy, un-
smiling, unafraid, unneurotic.

V

Mysteries of my lips beneath my mustache,
imperious and solipsistic, the hairy landscape
of minor characters.

VI

On occasion touch and sweat,
male, my own, upon shadowy flesh
delighted, unfamiliar flesh, parched;
indelible flesh, with a heart,
slender and light, and other millenary beats,
abundant flesh embracing me, my
concrete fictions as a person, my turbulent self.

VII

A drought divides us,
my vertebral flame
and your nervous vertebrae
know this incessantly.

VIII

Oh! Instantaneous chasms
of my appetite, mostly advanced in years
with their thwarted paradises, parasitic
gardens of individualism's hunger

que va sintiendo el cráneo macho,
secamente, resplandeciendo por lo bajo
y con los dientes apretados.

IX

Falo y esperma, grandes símbolos
y minuciosos abalorios del amor trivial
—losa diamantina en mis lomos adultos.

X

Pero quién quiere culpas, por lo demás:
pedazos muertos del falo-gimnoto,
pedazos muertos de la vulva-caverna: Culpas.

XI

No quiero culpas prendidas,
como millar de escapularios,
en el envés de mi falda de hombre.

XII

Doy mi palabra de hombre y cuánto pesa,
circula austera, devuelve un aroma
musculado y gentil, de cedo-el-paso, de ir
por el lado de afuera en la banqueta, de
extender una mano—sólo tendones, venas.

XIII

Mis palabras quisieran
restañar esa herida: la
mordedura del amor trivial.

Amor, amor, detén tu planta impura.
VICENTE ALEIXANDRE

that coldly fingers the skull of the male
gleaming underneath,
its teeth clenched.

IX

Phallus and sperm, great symbols
and tiny adornments of trivial love
— glittering slab on my grown-up loins.

X

But who's interested in blame? On the other hand,
dead scraps of the phallus-eel,
dead scraps of the vulva-cave: Blame.

XI

I don't want blame
pinned like a thousand scapulars
to the lining of my mannish skirt.

XII

I give my word as a man and how weighty it is,
how it circulates sternly, exudes a muscular and
polite scent of after-you, of walking
on the edge of the sidewalk, of
extending one's hand — nothing but tendons, veins.

XIII

My words would
stanch that wound: the
bite of trivial love.

> *Love, love, still your unchaste step.*
> VICENTE ALEIXANDRE

Maquinarias

I

Para qué sirve todo eso te digo tu fiebre tu sollozo
Para qué sirve gritar o darle cabezazos a la niebla
Por qué romperse en las ramas rasguñar esos níqueles
Con qué objeto salarse mancharse darse dolor o darse ira
Te digo que uno no sabe a veces cómo salir de esta campana
Te repito que anda uno por las calles ahogándose
Y por todos lados nos preguntan el precio la obligación
Ya no nos dejan dormir tranquilos soñar tranquilos murmurar
Estamos solos amor no sabemos nada sabemos nada nada
Solamente puedo ver esos chispazos al fondo de tus ojos
Puedo sentir tu saliva en los deslizamientos nocturnos
Toco las sábanas que cubren tus hombros perfectos y me callo
Suenan maquinarias profundas en medio del azul formidable
Se rasgan las orillas dicen que estamos enfermos que somos tontos
Sé que ves en mi boca los dulces envenenamientos del beso
Comprendo cuánto vas olvidándome cuánto te voy perdiendo
Para qué sirven digo mi fiebre o mis lágrimas bajas
Pinches basureras palabras Y una vez más por qué enojarse
No hay motivo nada pasa nada sucede El alto cielo mexicano
Está llenándose Así el silencio va cubriendo el amor

II

Come aquí el amor sus panes
de ángulos alucinantes; aquí se viste
con su ropa bruñida. En este sitio
hácese con dolor. No es otra su nación
pues aquí nace, cunde y se alumbra todo.
Va teniendo a centímetros su cara ardiente;
va poseyendo, a miles, sus ilustres miembros.
Cómo el amor se moja aquí, cómo se aclara
su corazón, cómo se pulen a puñados
las redondas arenas de su orbe.
Destila sus licores de candente frialdad

Machinery

I

What's the use of all this I ask you your fever your sobbing
What's the use of yelling or butting your head against the fog
Why crash in the branches scratch those nickels
What's the point of jinxing yourself, staining yourself,
Causing yourself grief or making yourself angry
I tell you one doesn't always know how to escape this bell
I tell you again that one walks the streets drowning
And everywhere they ask us our price our duty
No longer do they let us sleep peacefully dream sweet dreams mumble
We are alone love we know nothing know nothing nothing
All I can see are those sparks deep in your eyes
I can feel your saliva in the slippages of the night
I touch the sheets that cover your perfect shoulders and fall silent
Profound machinery sounds in the middle of the forbidding blue
Scrapes at its edges they say we are sick we are foolish
I know you see the sweet corruptions of the kiss in my mouth
I understand to what extent you are forgetting me to what extent I am
    losing you
What's the use of my fever I say or my vile tears
Lousy trash-gathering words And once again why get angry
There's no point nothing happening nothing going on The sky high
    above Mexico
is filling up And so silence is covering up love

II

Here love eats its bread
of dazzling angles; here it puts on
its spruced-up clothes. This is where
it is made in pain. Its nation is none other
for here it is born, increases, and is wholly illuminated.
Centimeter by centimeter, it acquires its burning face;
it possesses its distinguished members by the thousands.
How love gets drenched here, how its heart
grows clear, how its orb's rounded grains of sand
are polished by the handful.
It distills its liquors of candescent cold

y perfecciona el astro de lo que en él
ha de ser más que él: muerte, abismo, libertad, luz,
odio puro. Lugar de amor, así, ese que aquí
va desgarrando el aire con sus filos de flores
y con el agua del silencio hecha sólo de tiempo.
El amor, de tan grande, no cabe en este cuerpo
y a él debe rendirse. Tal es la ley
que lo ceba en sus brillos y sin cesar
lo inunda, le da panes, lo olvida. Irremediablemente.

III

Veré cómo el fuego inunda la tiniebla
y el modo angélico en que tu cuerpo nace de mi cuerpo.
Nada seré en la sombra para ti sino
el hambre celestial de mis miembros y el furor dulce
de mi ansia, brillando en la pradera de la alcoba.
Apenas un dibujo de sangre sobre tus piernas, una sed,
un cuchillo, un lobo metafísico. Un sueño
sobre las doradas pantallas del amor, vibrante.
Tú te convertirás en una sílaba de mi pecho,
tus delgadas facciones recorrerán el cielo de mi boca.
Seremos semejantes hasta el dolor, mujer y hombre
saciados y contritos, inclinados
hacia el reflejo de la tierra fecunda
que los sostiene. Verás cómo el fuego me cubre, cómo
la oscuridad se esconde en los pliegues de la luz...
La enormidad de la noche es una anécdota sucia,
una esencia que va convirtiéndose en apariencia.
Te digo que somos más grandes que la noche, que ahora
sólo basta nuestro murmullo para que el fuego
entre aquí, llene todo esto, nos inunde.

Oración del 21 de agosto

Oración de la noche para la persona imborrable. Palabras
de pasamanería para tu magnetismo, para tu hipnotismo,
para tu tiempo de espada bajo el agua, ceremoniosa y
sensual, geometría del vértigo. Voz inocultable. Voz rápida,

and perfects the star that must contain
more than love itself: death, abyss, liberty, light,
pure hate. Place of love, and so, that which slashes the air
with its blades made of flowers
and with the water of silence made of nothing but time.
Love, large as it is, does not fit in this body
and to it must submit. Such is the law
that fuels it in its splendor and ceaselessly
floods it, gives it bread, forgets it. Irreparably.

III

I will see how the fire floods the mist
and how angelically your body is born of mine.
I will be nothing for you in the shade but
the heavenly hunger of my members and the sweet fury
of my anxiety, shining in the meadowland of the bedroom.
Barely a sketch of blood across your legs, a thirst,
a knife, a metaphysical wolf. A dream,
vibrant on the gilded screens of love.
You will become a syllable in my breast,
your delicate features will traverse the open roof of my mouth.
We will be companions even in pain, woman and man
quenched and contrite, leaning
toward the reflection of the fertile earth
that sustains them. You will see how the fire envelops me, how
the darkness conceals itself in the folds of light...
The vastness of the night is a soiled tale,
essence slowly becoming appearance.
I tell you that we are bigger than the night, that all we have to do
right now is whisper for the fire
to come in here, fill all this, flood us.

Prayer for August 21

Evening prayer for the indelible one. Words of
passementerie for your magnetism, for your hypnotism,
for when your sword is submerged in water, ceremonious and
sensual, you, geometry of giddiness. Undisguisable voice. Quick voice

extenuante. Voz de ti en mí, que estoy muerto. Yo no
estoy muerto porque todavía debo decir la oración de la
noche para ti, Persona del Abismo.

Surco de mi sollozo. Flor sangrante en mi cara. Licor
adicto. Espada de la noche. Agua desnuda en medio de
los fuegos inagotables. Diamante borrado contra el
siglo. Anillo de alcohol bajo la piel del sometido. Rastro
de sal en la dulzura de mi paso. Gramo de oro en mi
mano asesina. Roja señal. Humo azul en mis pies. Astro
hecho de piedras. Vidrio puro y cruel.

Oración de la noche para la persona exhausta. Oración
de la madrugada para la bestia carnívora. Oración de la
tarde para los ángulos del mundo en que apareces y
desapareces, persona imborrable. Oración del silencio
para el estruendo y oración de los cuatro espacios para
los tres tiempos. Oración del fin y de la resurrección.
Oración de la gratitud y de la extenuación.

Respiro sin santidad pero estoy sometido a tu claro
designio. Camino sin dirección pero tú eres mi norte y mi
destino. Hablo sin sensatez pero tú eres mi ardiente
sabiduría. Trabajo sin provecho pero tú eres mi riqueza
y mi templo. Sueño sin alegría pero tú eres mi venero de
imágenes. Amo sin valentía pero tú eres mi camino
hacia la sobrenaturaleza.

Nadie va a conocer a la persona imborrable como su
sometido. Pero ella seguirá siendo una desconocida. Nadie
va a construirle un altar como el que el sometido
fabricará con todas las pesadillas. Pero ella seguirá
siendo un rayo en el aire pagano. Nadie va a olvidarla
como este sometido. Pero ella seguirá siendo un vaso
de hierro para que la Memoria sobreviva.

Nada es verdad, sólo ella. Ella es la gran mentira. Ella
es saliva y es pelo; ellas es agua y es fuego. Ella es una
espada en la sombra. Nada es verdad, sólo esta oración.
Esta oración es polvo y es ceniza. Nada existe fuera de la
oración de la noche para la persona imborrable. Nada

wasting away. Your voice inside me, I who am dead. I'm not
dead because I still must say the evening
prayer for you, Person of the Abyss.

Sluice of my sobbing. Bleeding flower in my face. Addictive
liquor. Sword of the night. Naked water enveloped in
the inexhaustible flames. Diamond blurred against the
century. Ring of alcohol under the skin of her subject. Trace
of salt in the sweetness of my step. Gram of gold in my
killing hand. Red signal. Blue smoke at my feet. Star
made of rocks. Pure, cruel glass.

Evening prayer for the exhausted one. Early
morning prayer for the carnivorous beast. Afternoon
prayer for the corners of the world where you appear and
disappear, indelible one. Prayer of silence
for the uproar and prayer of the four spaces for
the three seasons. Prayer of the ending and of the resurrection.
Prayer of gratitude and of wasting away.

I breathe without sanctity but am subject to your clear
plan. I wander aimlessly but you are my compass and my
destination. I speak nonsense but you are my burning
wisdom. I work without profit but you are my wealth
and my temple. I dream without joy but you are the spring
of my images. I love without valor but you are my path
to the supernatural.

No one will come to know the indelible one as does
her subject. But she will remain a stranger. No one
will build her an altar like the one her subject
will construct out of all his nightmares. But she will remain
a bolt of lightning in the pagan air. No one will forget her
like this subject of hers. But she will remain a vessel
of iron to keep Memory alive.

Nothing is true, she alone is. She is the big lie. She
is saliva and she is hair; she is water and is fire. She is
a sword in the shade. Nothing is true, only this prayer.
This prayer is dust and ash. Nothing exists outside the
evening prayer for the indelible one. Nothing

existe fuera del hechizo de la persona imborrable. Nada
se ha de olvidar. Nada terminará con la oración que
concluye.

Seres patológicos

NOVELA

    Con una quietud intolerante,
ella se entregaba a las hechicerías del vino.
    Pero él sabía cómo
arrastrarla al desmayo, a los torvos
    amaneceres de la estupefacción.

    Ella tenía un rostro inhumano,
de blancos ángulos. Él
    conocía las magias de la insolencia
y la plenitud del dominio.

    Pero ella sabía qué adverso
y tenaz modo lo confundía.

    Él ignoraba el arte del sueño
y ella le cubría la cara de pesadillas.

Bolero en Armagedón

Hácese añicos el mundo en estado de sitio, uña sobrecogida que la
    mugre cubre, camino de silencio y destello final.
Los saxofones de Jericó, las ballestas de plutonio, el *adiós* que me
    diste con el ceño fruncido: qué modo
de terminarse las cosas, manera turbia del derrumbe, yo, tú, la sombra
    horrísona que borra el mundo
como un migajón eficaz, centella universal, trizadero de cosas
    largamente deseables. Qué cancelación, carajo,
fin del mundo. Qué manera de salir de su vaina la espada de Ezequiel:
    abandonado amante — yo — en medio del parque imparcial,
Sodoma, Nueva York, la Biblioteca de Alejandría, todo destruido. Tus
    manos radiantes que se alejan después del milimétrico destrozo.

exists outside the spell of the indelible one. Nothing
must be forgotten. Nothing will finish with the prayer that
comes to an end.

Pathological Beings

NOVEL

With intolerant repose,
she yielded to the incantations of the wine.
     But he knew how
to drag her into a swoon, into the grim
     daybreaks of stupefaction.

     She had an inhuman face,
all white angles. He
     knew the sorcery of insolence
and the height of dominion.

     But she knew the untoward
and tenacious method that confounded him.

     He was ignorant of the art of dreams
and she smeared his face with nightmares.

Bolero at Armageddon

Let the world under martial law be smashed to bits, startled fingernail
    covered in grime, silent path, and last conflagration.
The saxophones of Jericho, the plutonium crossbows, the goodbye
    you gave me with a frown: what way is this
for things to end, what cluttered form of collapse, I, you, the
    cacophonous shadow deleting the world
like an efficient chunk of eraser, universal spark, shredder of things
    long desirable. What an obliteration, damn it,
end of the world. What way is this for Ezekiel's sword to be unsheathed:
    abandoned lover — I — in the middle of the impartial park,
Sodom, New York, the Library of Alexandria, everything destroyed.
    Your radiant hands that pull back after the pinpoint destruction.

Neblina veraniega

Detenido en la tensa turbulencia del aire
Y con los ojos abiertos en medio de la neblina veraniega
Con bravas intenciones de vivir   de amar
Te he esperado aquí
En las orillas húmedas del amanecer
Y vi cómo llegabas dominándolo todo
Y sentí la fiebre de tus manos en mi carne y supe
Que estabas y cómo vibrabas lentamente hacia mí
Acercándote irresistiblemente como una adivinación
Como un pedazo de madera ardiendo en el mar
Como un vuelo de pájaros enloquecidos que anuncian Tierra
Semejante en todo a la luz matinal depositada en mi pecho
Fiel en la sombra de tu acercamiento y llena de noticias
Una o dos frases como saetas y luego tu risa
Tu risa caliente y acogedora y tu cuerpo visible
Y mi cuerpo en la misericordia de la noche
Juntos al fin amor amor
Bajo la protección del tiempo
Sintiendo en las bocas una fragancia sólo nuestra
Saboreando esa pedacería íntima de rescoldos y de sudor
Abiertos como frutos y jadeantes y con los ojos una vez más abiertos
Para vernos pues había que saberlo de nuevo y la desnudez
No se otorga rápidamente pues hacen falta noches y atardeceres
Y agua en la luz y unas hierbas buenas y vasos
Hacen falta lágrimas y resplandores para ganar la desnudez
Tú lo sabías
Yo ahora lo sé y el mundo está unido
Un instante tan sólo en la palma de nuestras manos.

La olla

Asomado a la olla de los fenómenos,
vislumbro
un hervor de alfileres
y las promulgaciones púrpuras
del sufrimiento.

Summer Mist

Held in the tense turbulence of the air
With eyes wide open in the middle of the summer mist
And the bold intention to live   to love
I have waited for you here
On the moist edges of daybreak
And saw how you arrived holding sway over everything
And I felt the fever of your hands on my flesh and knew
That you were here and the way you quivered slowly toward me
Approaching irresistibly like a prophecy
Like a chunk of wood ablaze on the sea
Like a flight of maddened birds heralding Land
Alike in every way to the morning light deposited in my chest
Faithful in the shadow of your approach and bursting with news
One or two sentences like darts and then your laughter
Your hot and welcoming laughter and your visible body
And my body in the mercy of the night
Love, love, together at last
In time's safekeeping
Tasting our unique perfume in our mouths
Savoring that intimate shambles of embers and sweat
Open and panting like fruits and with our eyes once again open
To see ourselves for we had to know it one more time and nakedness
Does not bestow itself quickly for there are nights and afternoons to go
And water in the light and a few good herbs and glasses
Tears must be shed and radiance to achieve nakedness
You knew it well
Now I know it and the world is joined
For just an instant on the palm of our hands

The Cauldron

Peeking into the cauldron of phenomena,
I make out
a froth of needles
and the purple proclamations
of suffering.

Vigilo este milímetro de menta
y esa fantasmagoría bizantina: pantócrator
de la mala conciencia
en la Ravena del sentimentalismo.

Mira: se dora el techo, Él levanta la mano
y su mirada enfría
lo que está en la olla.

Luego Wittgenstein desdobla
tres o cuatro proposiciones
y el lenguaje saca la lengua
en el ardiente filo
de los fenómenos.

Mira: alfileres en tus manos.

Escucha: murmullos de la mala conciencia.

Toca el borde curvo y angustioso
de la olla, la sopa
de lo que se manifiesta,
los condimentos de la percepción,
el neutro y menudo perejil
de los discursos y las explicaciones.

Este platillo anémico
te han servido
y yo no puedo hacer nada.

Parecía hervir, semejaba
una cuchillada o una enfermedad incurable
o una novela gótica.

Pero es la olla fría de los fenómenos: como los Callos
a la Portuguesa
de Caeiro.

No era eso lo que imaginábamos y no tiene remedio.

I watch over this millimeter of mint
and that Byzantine phantasm: Jesus, judge
of the guilty conscience
in the Ravenna of sentimentalism.

Look: the ceiling is gilded, He raises his hand
and his gaze turns cold
everything in the cauldron.

Then Wittgenstein unfolds
three or four propositions
and language sticks out its tongue
on the burning edge
of phenomena.

Look: needles in your hands.

Listen: murmuring from your guilty conscience.

Touch the curved and anguished lip
of the cauldron, the soup
of what is made manifest,
the condiments of perception,
the bland and tiny parsley
of speeches and explanations.

They have served you
this anemic dish
and I can do nothing about it.

It seemed to boil, resembled
the gash of a knife or an incurable disease
or a Gothic novel.

But it is the cold cauldron of phenomena: like the *Callos
a la Portuguesa*
of Caeiro.

That's not what we had imagined and it can't be helped.

Suspensión de una obra

"Dile a Nemrod", me dijo, "que devuelva
la cerámica y que puede
quedarse con los cubiertos." Afuera,
como en un cuadro del Viejo B,
cúmulonimbus y difusas luminosidades
armaban una escenografía de fin
o de principio de mundo
—lo mismo daba, a esas alturas.
(¡Y que yo hable de alturas!)
La Torre no sería terminada
a tiempo. Contratos rescindidos,
despidos en masa, problemas sindicales
con el tercer turno, tal era el panorama.
Una calamidad, un despilfarro, *you name it*.
C'est dommage. Los barbados Redactores
del *memo* VT, inclinados sobre tablillas,
no tuvieron ya tiempo de preparar
una crónica en forma (tampoco hubo pago
para ellos). Eso explica
las menguadas líneas que nos dedican.
Eso, digo yo, y la neurosis del jefe.

Descender

Desciendo a la blancura de esta mano, esta mesa.
Desciendo, esto es: bajo de escucharme a mí mismo
sin hablar, desde los aleros de conciencia
donde negrura y fulgores encarnan como heridas
o carne insomne en los sables arenosos de la fantasía. *Overhearing
    myself*, me digo:
es lo que he estado haciendo. Y ahora bajo, desciendo
a la blancura de esta mano delgada y a la madera
de esta mesa in albis. Bajo, desciendo por escaleras
hechas de vicio y pantagruelismo, desecaciones y escalones mullidos.
Me esperan esta mesa, esta mano. Mesa delgada y blanca,
mano de venas evidentes—tu mano de amor y desasimiento,
tu mano que me toma y es un vaso de pureza esbelta.

Cancellation of a Construction Project

"Tell Nimrod," he told me, "to return
the crockery but he can
keep the silverware." Outside,
as in a painting by the Elder B,
cumulonimbus and diffuse patches of bright light
mounted a backdrop for the end
or beginning of the world
— what does it matter at this stage in the game.
(And here I am, talking about stages!)
The Tower would not be finished
on time. Canceled contracts,
massive layoffs, union problems
with the third shift, that was the picture.
A calamity, wasteful spending, call it what you will.
C'est dommage. The bearded Authors
of the OT memo, hunched over their tablets,
no longer had time to prepare
a proper account (nor was there money
to pay them.) That explains
the paltry lines dedicated to us.
That, in my opinion, and the neurosis of the boss.

Descent

I descend into the whiteness of this hand, this table.
I descend, that is: I come down from listening to myself
without speaking, down from the eaves of consciousness
where blackness and brilliance are incarnated like wounds
or sleepless flesh on the sandy sabers of fantasy. Overhearing myself, I
    tell myself:
that is what I have been doing. And now I go down, descending
into the whiteness of this thin hand and the wood
of this blank table. I go down, descend stairs
of vice and Pantagruelism, dessications and downy treads.
This table, this hand await me. Thin, white table,
hand with protruding veins — your hand of love and detachment,
your hand that takes mine and is a glass of slender pureness.

¿Y la mesa? Está en la casa y me ha esperado con una actitud
de sabiduría meditativa, rayo quieto, cascada de inmóvil contingencia.
Y es blanco el espacio que ocupan la mano, la mesa.
Y la escalera está en la fijeza gris del descendimiento
y apenas se mueve cuando bajo, desciendo
a la mesa, la mano, después de desdoblarme
para poder escuchar lo que pienso, límite de mí mismo
y desbordante peso de migajas, ideas, encadenamientos
de tersa lógica y preocupaciones continuas, todo ha sucedido
a lo largo de una mañana y tú estás a mi lado,
colmada por una cristalina manera de estar presente,
con un aliento de fragilidad y de frugal poderío. Tú, la mesa,
esto que baja y llamo yo, vestigio y llamarada de los minutos.

Una celda barroca

para Juan José Arreola

Habría cerrojos y círculos violetas,
rasguños dorados de borní, peñas enormes.

Habría luidas conjeturas entre los densos
tomos filosóficos, bajo los mamotretos
de teologal espesor — y una calavera jerónima
presidiéndolo todo.

Habría lienzos de sombras mitológicas
y una Biblia circundada
por una desganada devoción.

Habría — no sé — un dejo de fiebre
en todo el ámbito.

Habría, en fin, un manojo de cebollas
enviado puntualmente
para mitigar el hambre heroica
de Luis de Góngora y Argote.

And the table? It's at home and has waited for me with an air
of meditative wisdom, a silent beam, a waterfall of immobile
    eventuality.
And it is a white space taken up by the hand, the table.
And the stairs are lodged in the fixed grayness of descent
and scarcely move as I go down, descend
to the table, the hand, after unfolding myself
so I might hear what I'm thinking, the edge of myself
and overflowing weight of crumbs, ideas, concatenations
of clear logic and constant worrying, it all has occurred
over the course of a morning and you are by my side,
brimming with a crystalline kind of presence,
with a hint of fragility and frugal power. You, the table,
this thing descending, which I call myself, the vestige and flame
    of minutes.

A Baroque Cell

for Juan José Arreola

There would be bolts and violet circumferences,
the marsh harrier's gilded slashes, massive crags.

There would be threadbare conjectures among the dense
philosophical tomes, under the massive volumes
of theological thickness — and a Hieronymite skull
presiding over it all.

There would be canvases of mythological shadows
and a Bible surrounded
by halfhearted devotion.

There would be — perhaps — a hint of fever
throughout.

There would be, in short, a bunch of onions
sent punctually
to appease the heroic hunger
of Luis de Góngora y Argote.

Luz de los mundos paralelos

Una luz que parecía unir mundos paralelos
entró en la habitación:
fundió en una figura monstruosa
una línea de Tetris y el rincón más pajizo
del Jardín de las Delicias, famoso cuadro del Bosco.

Me llenó la cabeza de telefonemas patéticos,
de minúsculas conferencias sobre intertextualidad,
de susurros de Jessye Norman lacerados
por el informe meteorológico.

Esa luz me hizo ver dentro de mis ojos
la génesis del "fuego de la mirada",
distintas geometrías y juguetes patafísicos:
abrió en el gatillo del impuntual minuto
una colección Des Esseintes, un parque Canterel,
astronomías que salieron del guante de Jorge Spero.

Filigranas *art nouveau* se enlazaron con hierros
y volutas de cortocircuito. La habitación
se cerró sobre sí misma y la luz desapareció
—pero lo que llegó no fue la oscuridad sino "el color
que cayó del cielo". Sigilosamente me llevé las manos
a la cara, con las palmas abiertas,
me dije tres veces—tres, tres veces—,
que debía tranquilizarme.

Mi cuerpo destiló hacia la Venecia
de sus canales interiores
una magia de benzodiazepinas.
Y me dormí, tratando de buscar en el sueño
la clave de los mundos paralelos
y de la luz que los unía.

Light from Parallel Worlds

A light that seemed to join parallel worlds
entered the room:
it fused into one monstrous figure
a line from Tetris and the palest yellow corner
of the *Garden of Earthly Delights,* Bosch's famous painting.

It filled my head with pathetic telephonemes,
minuscule lectures on intertextuality,
Jessye Norman's whisper mangled
by the weather report.

That light made me see within my eyes
the genesis of the "fire of the gaze,"
particular geometries and pataphysical toys:
in the trigger of the untimely minute there opened
a Des Esseintes collection, a Canterel park,
astronomies sprung from the glove of Jorge Spero.

Art nouveau filigrees interlocked
with the short circuit's spirals and iron. The room
closed in upon itself and the light disappeared
—yet what came was not darkness but "the color
that fell from the sky." Discreetly, I brought my hands
to my face, my palms empty,
said to myself three times—three, thrice—
that I should calm down.

My body seeped toward the Venice
of its inner canals,
a benzodiazepine magic.
And I slept, hoping to find in dreams
the key to the parallel worlds
and the light that joined them.

Baraja

Los ángeles de la cal
se destejen
con una vibración
de azar y desayuno.

Los demonios cubrían
arenas y descubren
el genio
de los estallidos.

Demonios, ángeles
van tomando
lo que les corresponde
en la baraja
del trasmundo:

De la fatiga el astro,
de la rosa los ríos,
de la mano el sendero
… y de las blancas redes
la negrura del homicidio.

Deck of Cards

The angels of lime
come unraveled
at a vibration
of chance and breakfast.

The demons were concealing
sands when they discovered
the spirit
of explosions.

Demons, angels
go on picking up
what corresponds to each
from the deck
of the afterworld:

From fatigue comes the star,
from the rose the rivers,
from the hand the path
... and from the white nets
the blackness of homicide.

PURA LÓPEZ COLOMÉ

MEXICO CITY, 1952 · Pura López Colomé spent part of her childhood and youth between Mexico City and Mérida, Yucatán, although she attended high school in the United States. Since the '80s she has been a frequent contributor to magazines and newspapers in Mexico. Her books of poems include *Aurora, Intemperie,* and *Éter es.* *No Shelter,* a selection of her poems translated into English by Forrest Gander, was published by Graywolf Press in 2002. Among the poets that she has translated into Spanish are Seamus Heaney, William Carlos Williams, H.D., W.S. Merwin, Frank O'Hara, Robert Creeley, Robert Hass, Louise Glück, Philip Larkin, Rainer Maria Rilke, and Georg Trakl.

Pura López Colomé translated by Forrest Gander

Dramatis personae

Mi voz se fue amoldando a sus tejidos.
Se detuvo. Creyó no poder más
y continuó.
Conoció así un cauce
nunca antes descrito,
un lugar del que era parte
sin saberlo.
Al que volvió después.
Abrió sus puertas,
dio principio a los oídos.
Caracol de oleajes vigorosos,
saciaba todas las esperas
penetrando el cuerpo
en rojo intenso.

Luego tu voz ventisca,
desde las copas
de bosques invernales,
de huertos de la tundra,
desde el encino, el cedro,
y desde el tamarindo,
atravesaba a los despiertos
que caminan
saboreando

Dramatis Personae

My voice went on, its tones varying.
It paused. It believed it could not go on
and it continued.
In this manner it articulated a path
never before described,
a place of which it was part
without knowing it.
To which it returned afterwards.
It opened its doors,
allowing a beginning for the ears.
The cochlea surging forward,
satiating all expectations,
penetrating the body
in whelming red.

Later your blizzard voice
from the bowers
of hibernal forests,
orchards in the tundra,
from the oak, the cedar,
and from the tamarind,
blew across the awakened ones
who continue on their way
savoring

la melodiosa sequedad
del trueno.

Dolor de corazón

¿Por qué erráis solitarios
por las embarcaciones y el campamento
en medio de la noche inmortal?
ILIADA, X, 139

La laguna de los muertos no tiene fin.
También la llaman río, gran Estigio.
Fluye cautelosa, cauteloso,
encandilando a sabios y creyentes.
Es lecho de ilusiones, de rumores,
se aloja fácilmente en los resquicios:
suelto espejismo
de humanos laberintos.

Intuyo su principio en esta barca, murmuré.
Sus tablones han dejado huellas en mis manos.
Los remos de la noche van hilando
la crisálida verdad del horizonte.

¿Es éste el ojo de agua
donde la diosa hundiera al hijo
para hacerlo invulnerable,
brutal, indiferente?
¿Es éste el Verbo
de seco lagrimal
que arrojó escudos por la borda?

Los cachorros

I

Nubarrones, runas echadas,
este verano sólido,

the dry melodies
of thunder.

Heartache

Why do you wander alone
Among the ships, through the camp
In the middle of the night immortal
ILIAD X, 139

The lake of the dead has no shore.
Vast Stygian, it is also called a river.
It flows, wary, warily,
infatuating sages and believers.
Layers of illusion, of rumor,
settle easily in the ruck:
fluent mirror
of human labyrinths.

I can feel your beginnings in this boat, I murmured.
Your planks have left marks on my hands.
Night's oars spin
the very chrysalis of horizon.

Is this the eye of water
where the goddess dunked the boy
to make him invulnerable,
brutal, indifferent?
Is this the dry,
lachrymal Word
hurling escutcheons overboard?

The Cubs

I

Storm clouds, thrown runes,
this solid summer,

padre paciente, manantial
de lo que viene ocurriendo
para seguir pasando,
esqueleto del magnífico
lugar común.
Este lugar.
Siluetas que se arrastran
por el mármol,
el mar del mal,
la mía entre ellas.
Hierbas, tercas florecillas.
Calcio de la muerte,
huesos fugitivos,
resplandores.

Varios cachorros de tigre entrelazados, dándose zarpazos, mordisque-
ándose, lamiéndose los rasguños y volviendo al ataque, al juego, a la
cercanía de no sé qué con no sé qué. La tigresa, en aquel árido paisaje,
bajo un arbusto. Su majestad. De pronto, las cosas comenzaron a en-
carnizarse, a hacerse herida. El pelaje de la madre temblaba aquí y allá.
Alguna mosca, alguna abeja, algún insecto perturbador. El cuerpo era
una cosa y otra muy distinta su atención. Quietud, percepción, libertad
inalterada, curso prometido, desenvolverse inevitable.

II

Flor morada, de pétalos delgados,
cuatro pistilos al centro,
redondel amarillo madre.
Núcleo de los anales,
núcleo de la esperanza,
peso justo.

Cuatro criaturas, prendidas de una falda de vuelos amarillos. Cuatro
con destino, con mapa diseñado, maneras distintas de belleza, deudas.
Por un instante, vuelven la vista al azul cielo, a la blancura que lo en-
marca, la gloria, y caen después al río rojo oscuro, casi negro. "Había
perdido tanta sangre en el momento de la autopsia que su corazón
estaba seco." Como un chabacano de los que se comen en invierno,
cuando se celebra la buena nueva. *Gloria in excelsis Deo.*

patient father, fountainhead
of what comes on, continuing
what has been,
skeleton of the magnificent
commonplace.
This place.
Silhouettes dragged
through granite hills,
grey-nets of hell,
mine among them.
Weeds, stubborn little flowers.
Calcium of death,
fugitive bones,
radiances.

Several tiger cubs entangled, pawing, biting one another, licking their
cuts and attacking again, playing, at the border of the unknown with
their unknowing. The tigress, in that shorn landscape, under a shrub.
Her majesty. And then suddenly, things were gone bloody, were stricken.
The mother's fur stood on end. Some fly, some bee, some meddling insect.
The body was one thing and its concern something else. Quiet, percep-
tion, absolute freedom, the promised way, inevitably coming undone.

II

Purple flower with thin petals,
four pistils at the center,
motherly yellow circle.
Nucleus of annals,
nucleus of hope,
the right weight.

Four creatures, snatching a skirt of flaring yellow. Four destinies, with
their own maps, their respective fineness and faults. For an instant, their
eyes turn to the blue sky, to the girdling whiteness, the glory, and then
they fall into the dark red river, the river nearly black. "He had lost so
much blood by the time of the autopsy that his heart was dry." Like an
apricot, the kind you eat in winter celebrating The Good News. *Gloria
in excelsis Deo.*

Voces rotundas y masculinas
elevan melodías a la ausencia.
La cúpula y los muros
hacen del eco único sonido,
secuencia irrepetible,
goteo sobre la cabeza
del recién nacido.
Himnos de la víscera sellada
dentro de la burbuja del mundo.
Todo es vientre.
Todo, pila bautismal.
Ante ellos ella vuelve,
vuelve ya,
a su lugar de origen
sine qua non.
"Jóvenes, hagan el favor
de prestar algunas manos."
Es preciso tocar con las palmas
los filos de la Alianza.
Caja de pino,
perfecta para el rápido ocurrir
de lo que *tiene que ocurrir*
hoy,
porque el clima se refleja
en las inmensas lagunas de los actos.

Y ¿qué es de tu vida, persona en duelo? "El que come mi carne y bebe mi sangre vive en mí y yo en él." Difícil de digerir. Una cruda, otra sin destilar. Logré contener el asco porque vi a un hombre que no había llorado aún. Desde el fondo del pozo de la tierra surgen a borbotones los ojos chisporroteantes de los tigres niños. Se afilan los colmillos. Devoran un muslo fresco de algún otro animal. "El que come mi carne y bebe mi sangre no morirá para siempre."

Los cadáveres azules en la nieve de Chechenia.
Los cadáveres cetrinos de la Selva Lacandona.
Los cadáveres color tierna cesárea.

Voices full and masculine
raise up melodies to absence.
Echoes from the cupola and walls
are the only sound,
an unrepeatable liturgy,
a sprinkling onto the forehead
of the newborn.
Hymns of the viscera sealed
inside the world's bubble.
All is womb.
All, baptismal font.
Before them, she comes
back, back already
to her place of origin
sine qua non.
"Young men, would you
lend me a hand?"
It is necessary that the palms touch
the Covenant's edges.
Pine box,
perfect for the quick unfolding
of what *must necessarily unfold*
today,
because the weather is reflected
in the immense pools of event.

And what is your life, sorrowful one? "He who eats my flesh and drinks
my blood will live in me and I in him." Hard to swallow. One raw, the
other undistilled. I managed to control my nausea, seeing a man who
had never wept. From the bottom of earth's well, the eyes of young tiger
cubs effervesce upward. Teething, the cubs devour the thigh of some
fresh kill. "He who eats my flesh and drinks my blood will never die."

The blue cadavers in the snow at Chechnya.
The citrine cadavers in the Lacadonian Forest.
Tender Caesarian cadavers.

La mirada cintilante de Osip, Josip, José,
clavada en la nuca de cada uno,
aunque en realidad buscara alimentarse,
un papel con algo escrito.
Las cenizas bibliotecales y el humo,
aún negro, de todos los libros,
todas las biografías de la tierra,
son faros entre los cuerpos
sin vida.
Sobre todo en los campos
de batalla.

La muerte del beso

> *Tú, oración,*
> *tú, blasfemia,*
> *tú, navaja en la oración*
> *de mi silencio.*
> PAUL CELAN

FONS

Quise hallarte dentro de mí
sabiendo que aquella oscura habitación
me deparaba vértigo en concavidades.
Quise, busqué tu rostro.
Quise de tal modo contemplar
la parte tuya dentro mío
que lograra atraer a las demás
y unir mi boca a otra, otras,
para ver cómo es el sueño.
Saber que en todo hay dos
salivas, ríos de vida,
fluyendo, influyéndose,
saber
que sé, a qué sé,
lenguas de fuego sumergidas
en este mar de los misterios,
bañadas de oro
porque oro,

Osip, Joseph, José's scintillating gaze
nailed to the back of everyone's neck,
though all he wanted was something to eat,
a piece of paper with something scribbled on it.
Library ashes and black
smoke from all the books,
all the biographies on earth,
they are lighthouses for the lifeless
bodies. Shining over
every battlefield.

Death of the Kiss

> *You, prayer,*
> *you, blasphemy,*
> *you, razor in the prayer*
> *of my silence.*
> PAUL CELAN

FONS

I wanted to find you inside me,
knowing the concavities of that dark place
would give me vertigo.
I wanted, I searched out your face.
I wanted, any way I could, to contemplate
the part of you within me
that would bring along the rest
and join my mouth to yours, others,
to see how the dream goes.
To know that in all, there are two
salivas, rivers of life,
influent, influential,
to know
that I know, what I know,
fiery tongues submerged
in this sea of enigmas,
gold,
bathed in gold.

el Verbo se desprende hablado
y es muerte corporal escrita,
divina materia que besa eternamente
las espumas de una luz marina.
mors osculi
hecha de amar, desear, sacar la cifra
pura, impura, lengua que dijo
En el principio,
conjugada y sublimada:
Soy el que soy,
ven a mí,
acércate con la boca abierta,
siente mi aliento,
llénate del Nombre,
abre los ojos y verás
Nada.

ORIGO

Espero afuera del salón de clases de tercero de primaria. El examen
será oral, individual: triunfal. Todo el mundo tiembla. Se trata de una
prueba de *lengua nacional*. Siento la boca seca, pastosa, el paladar par-
tido. Soy toda gusto estéril, verdadera cornucopia ahogada. Entro.
Cierro la puerta. Subo despacio a la tarima. "Conjuga lo que quieras en
cualquier tiempo." Sin dudar un instante, *yacer* es la elección, presente
imperfecto de mis con jugos. Transparente, revelada *exultó* mi lengua.

FONS

Reanimada, vuelta ánimo,
reincorporada, vuelta cuerpo,
contemplo entre sueños
una escena que he robado
como quien tomó el fuego,
como quien abrió la caja
de los males por curiosa,
como quien vio en sí misma
una igual al compañero,
el amor de su vida,
y se dispuso a hacerlo
sin esfuerzo de más.

The Word comes forth spoken
and it is death written down,
a divine substance eternally
kissing the sheen of a marine light.
mors osculi
formed of loving, desiring, deciphering the pure,
the impure figure, a language that says
In the beginning
conjugated and sublimated:
I am that I am,
come to me,
approach with your mouth open,
feel my breath,
fill yourself on the Name,
open your eyes and you will see
Nothing.

ORIGO

I'm waiting outside the third-grade class. The exam will be oral, indi-
vidual: triumphant. All the world trembles. It's a test on *national lan-
guage.* I've got cotton-mouth, I'm pasty, my tongue's dry. I'm all sterile
gusto, stuffed and suffocating. I enter. Close the door. I go slowly up the
dais. "Conjugate whatever you want in any tense." Without a second's
hesitation: *to lie,* the present imperfect of my con jury. Transparent,
revealed, my tongue *exalted.*

FONS

Reanimated, spirit restored,
reincorporated, body restored,
I contemplate between dreams
the scene I've stolen
like the one who took fire,
like the one who opened the devil box
out of curiosity,
like the one who saw her equal
and her life's love
were the same
and so effortlessly
brought them together.

Así tomé exactamente
lo que no era mío,
con los ojos.
Vi el mar en tus entrañas;
en tu superficie, el barro.
Te besé como un náufrago,
como quien insufla la palabra.
Recorrí con los labios
todo ese continente,
Adán, de tierra, Nada.
Me conocí en tu materia
aterrada,
desprendiendo aromático vapor,
amatorio banquete de cenizas.

ORIGO

Agencia de inhumaciones. Pregunto con insistencia a varias personas
por separado: ¿qué quiere decir? Alguien me responde: enterrar. Otros
me aconsejan guardar silencio. El vocablo exequias. La *voz* de las honras
fúnebres. Me quedé pensando en humo y luego en humus y solté la car-
cajada. El día anterior había aparecido en un libro de ciencias natu-
rales: materia orgánica completamente descompuesta, que forma parte
de la tierra vegetal. Limo. Inhumar, sepultar, ¿tan pronto? Mejor querría
acercarme a su mejilla. Oler su olor. Aunque así exhumara anhelos
de corrupción.

FONS

Tendré que comer el pan,
beber el vino,
y viviré, ¿verdad?
Verdad.
De palabra y obra.
De obra en la palabra.
Doy mi palabra
y regresa a mi boca.
La trago, la digiero o la vomito.
Cuántas veces he dicho
mi ánimo está acercándose a la cima
del desconsuelo, no sé si pueda

I took exactly
what was not mine,
with my eyes.
I saw the sea inside you:
on your surface, mud.
I kissed you like a shipwreck,
like one who insufflates the word.
With my lips I traveled
that entire continent,
Adam, from dirt, Nothing.
I knew myself in your substance,
grounded there,
emitting aromatic fumes,
an amatory banquet of ashes.

ORIGO

Agency of inhumations. Insistently, I ask each of several people: What does it mean? Someone answers: To inter. Others advise me to keep quiet. The word is exequy. *Voice* of funeral rites. I kept thinking of humidity and later of humus, and my laughter broke loose. It appeared, the day before, in a book of natural sciences: completely decomposed vegetal matter, part of the organic soil. Slime. Inhume, to bury, so soon? Better if I could put my cheek close. Smell its smell. Although then I would exhume a yearning for corruption.

FONS

Eat the bread,
drink the wine,
and live, right?
Right.
Of word and deed.
Of deed in word.
I give my word
and it returns to my mouth.
I swallow it, digest it, retch.
How many times have I said
my spirit is nearing affliction's
peak and I don't know how

bautizar al sufrimiento
y cuántas otras he vomitado
cómo lo siento
mi más sentido pésame.
Recuerdo, en cambio,
el agua viva, aquel deslumbramiento,
una de tantas noches
con el corazón latiendo tanto
que se veían sobre mi pecho
su angélico ascenso y mi descenso,
es el corazón un espíritu puro
hecho de palabras digeridas.
Habla de las fuerzas invisibles
e inasibles que suben y bajan
del manantial hasta el terror.
Un batir de alas más intenso
que el golpe certero del cincel.
Llega a la garganta, es eco
del poder sutil
    a heart murmur
del poder creador
    un soplo en el corazón
del poder que al sueño invita
    the chambers of the heart
y del que expulsa de la vida
    los ventrículos del corazón.

Basta ya. La bomba repiquetea:
Salte de la diástole y la sístole.
Fuera, fuera de aquí.
La lengua del placer,
la del circunloquio espera,
no la del beso seminal
en las fauces del profeta:
"Y sucederá en los últimos días,
dice Dios,
que derramaré mi espíritu sobre toda carne,
y profetizarán vuestros hijos y vuestras hijas,
y vuestros jóvenes verán visiones,
y vuestros ancianos soñarán sueños."
En cada uno, un fragmento del cristal

to christen the suffering
and how many others have I vomited
I'm so sorry
my most sincere condolences.
I remember, in passing,
the living water, that dazzlement,
one of many nights,
my heart beating over my chest
so its angelic rise and fall
could be seen,
the heart, pure spirit,
molded from eaten words.
It speaks of the invisible,
the ineffable forces rising and falling
from the wellspring to the terror.
A beating of wings more intense
than the stroke of a chisel.
It leaps into the throat like an echo
of power, subtle,
      Un soplo en el corazón
creationary,
      a heart murmur
inviting the dream
      los ventrículos del corazón
and cashing life's chips in
      the chambers of the heart

Enough. The pump sings:
spurting between diastole and systole.
Out, out from here.
The tongue of pleasure,
of circumlocution waits,
not the tongue of the seminal kiss
in the maw of the prophet.
"And it will come to pass in the final days,"
God says,
"that my spirit will spill across all flesh
and your sons will prophesy, and your daughters,
and your young will see visions
and your elders dream dreams."
In every one, a shard of crystal

significado.
Torre caída sobre el hombre caído
sobre los granos de arena
que darán forma nuevamente
al muro de las lamentaciones,
a la muralla que cual *navaja en la oración...*
· Una palabra Tuya bastará para sanar mi alma.
¿Cuál? ¿El soplo o el murmullo?
¿El aliento que da espíritu
o el sonido suave que predica
como viento entre las hojas?
Latidos, golpes sobre las puertas del cuerpo,
ábreme,
sobre los portones del mundo,
ciérrame,
sobre los umbrales todos.

ORIGO

Una es la pluma interior que explica cómo me voy consumiendo, conservando, transformando. Es. Otra, la que busca y encuentra respuestas allá afuera. Está. Pero, ¿en cuál articular la confesión? ¿Cómo desahogar un regodeo en algo que no sea *gaudium*? Ya me lo han hecho notar, esto es entregarse con avidez a un placer grosero. Un regodeo en desentrañar. La boca del vicario tras las cortinitas emite un aire enrarecido que sugiere algo intraducible: *Preserve me, Oh Lord, in Thy mercy. For to know Thy Truth is Life.* Lenguas adentro y afuera, serpientes que se persiguen, se tocan, se besan, se desmoronan. Sus papilas son pupilas fijas en la búsqueda de un rostro. En ellas vive aquella agudísima nota, el éxtasis tan intenso que "a veces resulta, accidentalmente, en la muerte del cuerpo, un modo de morir conocido como la muerte del beso..."

FONS

Escritura al desnudo,
proyector de cuerpos opalinos.
Noches de lectura,
cultivo, culto de la Letra.
Oro en lenguas, murmuré,
para interpretar mi destino,
esa oscura asignación

meaning.
Tower fallen over fallen man,
over the grains of sand
that assemble anew
the wailing wall,
and the parapet like *razor in the prayer...*
A word of Yours would suffice to heal my spirit.
Which one? The breath or the murmur?
The spirit-giving breath
or the soft sound holding forth
like wind in the leaves?
Pulsations, throbbing around the doors of the body,
open me,
around the portals of the world,
close me,
around every threshold.

ORIGO

One is the writing inside being, which explains why I go around con-
suming, conserving, transforming. That is it. The other would seek and
find answers far off. It is there. But, in which should the confession be
articulated? How vent pleasure if there is no banquet? I've already been
told this means avidly abandoning oneself to a gross indulgence. A plea-
sure in un-burying. Behind the screen, the vicar's mouth emits a rarefied
air, something untranslatable: *Presérvame, Oh Señor, en Tu misericordia.*
Pues, saber Tu Verdad es la Vida. Tongues inside and outside, serpents
one upon the other, touching, kissing, decaying. Their papillae are pupils
in search of a face. In them, that keenest note, an ecstasy so intense it
"sometimes results, accidentally, in the death of the body, a way of dying
known as death by the kiss..."

FONS

Naked scripture,
projector of opaline bodies.
Nights reading,
cultivation, cult of The Letter.
I pray in tongues, I murmured,
to decipher my destiny,
that dark assignment

de piel brillante y turbias carnes.
Fruto que se pudre al tocarlo,
al no quitar el dedo del renglón,
al no quitar el dedo de la llaga.
Estiro el brazo que habla
de ramificarse, bifurcarse,
de inscripciones en la lápida
del otro.
Brazo, parte cortada, amputada,
del beso.
Tabla de salvación,
soga al cuello,
tira de sábanas desde la ventana,
escapatoria entretejida con las venas
que de tanto estirarse se revienta.
Las voces de mi vida se han atado
una a la otra
como brazos cercenados:
intentar-estirar-alcanzar.
Las partes largas, lisas,
sí vencen las distancias.
Sus sílabas ahora me maldicen:

"Ya te alcanzaste,
te has estirado hacia ti misma,
cuán minúscula;
bienvenida al paraíso
de las perfectas omisiones,
el matiz disuelto en... "

¿A quién besas,
a quién tocas,
a quién te unes
don de fuego,
etéreo nudo corredizo?

Tras los velos de silencio
del lecho de la cámara profunda
se escucha la palabra del Amado:
soplo... breath...

of brilliant skin and dregs of flesh.
Fruit going rotten when it is touched,
when the finger isn't lifted from the line,
when the finger isn't lifted from the sore.
I stretch out my arm speaking
of branches, bifurcation,
inscriptions on another's
tombstone.
Arm, severed limb, amputated
from the kiss.
Salvation's tablet,
rope at the neck,
sheets tossed from the window,
an escape interwoven with veins
stretched to the point of rupture.
One after another,
my life's voices have been tied off
like clipped wings:
to mean — to stretch — to reach.
The long, the short parts, yes,
they defeat the distances.
But now their syllables curse me:

"Already you've understood,
you've stretched toward yourself,
even just a little;
welcome to the paradise
of perfect omissions,
to shadings dissolved in..."

Whom do you kiss,
whom do you touch,
to whom are you joined
gift of fire,
ethereal slipknot?

After veils of silence
from the deep chamber's bed
the word of the Beloved listens:
breath... soplo...

Vientos apacibles hincharon las velas del barco que trajo a mi madre, después de un viaje no muy largo, hasta estas tierras de miseria adánica. Ahí, con ese imperceptible movimiento bajo los pies, fue aprendiendo a decir lo verdaderamente esencial: buenos días, buenas noches, hasta pronto... Traía por único equipaje el pequeño "cofre" que contenía su más preciado bien: una muñeca bellísima, réplica exacta de una niña como ella lo era entonces, con algunos vestiditos para las distintas ocasiones de la vida: del diario, de domingo... Llevaba su transcurso entre los brazos. Ignoro si habrá besado la tierra que la acogió, si su lengua madre se habrá llenado de excrecencias. Sólo Dios sabe cómo se habrá integrado a lo que la rodeaba en ese "Nuevo Mundo". Hace poco, alguien que mucho la besó en vida traficó con lo que en papel se define y describe como sus "restos áridos". Helo ahí: siempre abrigué el secreto conocimiento de que exhumar e inhumar habrían de ser la misma cosa. Cosa que con el vientecillo de una carcajada, humana como el humus, se *dis*grega, se *dis*persa, se *dis*loca, se hace aquí y ahora mi propio desquicio, *dis*late, voz sacada del antiguo deslatar, "disparar un arma", ambivalencia confirmada en testimonios del Siglo de Oro: *dis*late o *des*late: "shooting off", o bien, "a jest, a foolish speech".

Calm winds filled out the sails of the boat that carried my mother, after not too long a trip, to these lands adamic with misery. There, with that imperceptible shuffle, she began learning to speak the truly essential: good morning, good evening, until later... She brought, her only luggage, the one small "chest" containing her dearest possession: a beautiful doll, the exact replica of the child she once had been, with some little dresses for life's special occasions: everyday clothes, Sunday clothes... Bearing her passage of time in her arms. I don't know whether she kissed the ground that received her, whether her mother tongue was swollen with excrescencies. God only knows how she will be integrated into her surroundings in that "New World." Not long ago, someone who often kissed her in life conducted business in what on paper they call "dry remains." So, there you have it! I always had the secret knowledge that exhume and inhume would end up meaning the same thing. Something that in a puff of laughter, human as humus, *de*hisces, *dis*perses, *dis*locates, arranges here and now my own unhinging, *dis*charges, drawn from the old dyscharge, "to shoot a weapon," an ambivalence confirmed in records from the Golden Century: *dys*charge or *dis*charge: "shooting off" or better, "matter issuing from a wound."

TEDI LÓPEZ MILLS

MEXICO CITY, 1959 · Tedi López Mills is a poet, essayist, translator, and editor. From 1994 to 1999 she was Editor in Chief of the literary journal *La Gaceta*. In 1998 she received the first poetry grant awarded by the Octavio Paz Foundation. Her poetry books include *Un lugar ajeno*, *Segunda persona* (for which she received the Efraín Huerta National Literature Prize), *Glosas*, and *Horas*.

Tedi López Mills translated by Esther Allen and C.M. Mayo

Y nunca quise

(*Joseph Brodsky*)

No conozco los pantanos bálticos
ni el metal roto por el frío del norte
ni la demencia de la escarcha sobre el vidrio nocturno.

Me es ajena la masa tártara sometida como pasto débil
y la campaña del viento en las rompientes grises
que he atisbado sólo en malecones tropicales
no era helada sino ardiente con su latigazo de arena.

No hubo nieve aferrada a mi pluma,
ni exilio del cuerpo en cada parte menos su sueño,
y apenas imagino las rimas preponderantes
—me dicen—del ruso en la guerra de tus labios
contra el falso silabeo y el eco inexacto
de otro idioma impostado.

Pero las manías del recuerdo son las mismas,
aunque en este clima mediano
no haya estaciones que las ordenen,
sino el puro lastre de un sol reiterado
y el peso de la lluvia
que comba a la ciudad con un río ficticio.

And Never Did...

(*Joseph Brodsky*)

I don't know the Baltic marshes,
metal shattered by northern cold,
dementia of hoarfrost on nocturnal windowpanes.

The Tartar masses flattened like new grass are alien to me
and the wind's campaign among gray shoals
I've watched only from tropical esplanades
burning, not freezing, with its lashing of sand.

No snow ever settled on my pen,
nor exile on my body anywhere but in sleep,
and I barely imagine the dominant rhymes
— I'm told — of Russian in the war of your lips
against the false syllabication and imprecise echo
of another language declaimed.

But the mania for remembrance is the same,
though in this moderate climate
there are no seasons to order it,
but the pure ballast of a repeated sun
and the weight of rain
warping the city with its fictive river.

La memoria construye con reglas básicas:
en la infancia, un muro, una calle, un cuarto,
y la luz que era siempre de afuera o de adentro
demacrada o limpia, callada o impuesta por el ruido
como un castigo más que debía negociarse.
Pocas dudas respecto a la piedra,
apenas una conciencia de su textura
y la semejanza remota con una voz autoritaria
que caía desde arriba con la misma dureza,
y un corte en el tiempo
la primera vez que la cara y la piedra
cincelaron el perfil de una estatua.

Luego la experiencia, esa vaga musa,
fue engendrando sus monumentos,
el rito de la cronología y una historia
entre los objetos más ordinarios
y la sombra perceptible de un soliloquio
nuestro, suyo, como el remedo
narrativo que perseguía a las tribus
sin oasis de un desierto a otro,
de un arbusto en llamas a un pozo estéril
hasta que le fue otorgado
un origen divino a su persistencia.

La intimidad es un instinto,
aunque parezca cultivada por la extravagancia,
un reflejo como la mano que cubre los ojos
cuando el resplandor lastima la rutina de una visión.

Lo dijiste: "nunca quise"
ni despertar, ni moverme,
ni olvidar los gestos de un vivo ya muerto
en el instante en que los repito.
Y ahora busco tu epitafio:
pero ninguna ironía desmiente
la hondura de la fosa,
ningún simulacro renace de las cenizas.
Has de yacer, entonces.

Memory constructs by basic rules:
In childhood, a wall, a street, a room,
and the light that always came from outside or in
dimmed or clean, hushed or decreed by the noise
like another punishment to negotiate.
Few doubts about stone,
no more than an awareness of its texture
and the remote likeness to an authoritarian voice
come down from above with the same harshness,
and an incision in time
when first face and stone
chiseled a statue's profile.

Then experience, that vague muse,
went on engendering its monuments,
the rite of chronology and a history
among the most ordinary objects
and the perceptible shadow of a soliloquy,
ours, theirs, like the botched imitation
of a narrative that pursued the tribes
without oasis from one desert to the next,
from burning bush to dry well
until a divine origin was granted
to its persistence.

Intimacy is an instinct
though it would appear to be cultivated by extravagance,
a reflection like the hand that covers the eyes
when brightness lacerates the routine of a vision.

You said it: "and never did"
want to wake up, to move,
to forget the gestures of a living man dead
in the instant I repeat them.
And now I look for your epitaph:
but no irony gainsays
the depth of the grave,
no simulacrum is reborn from the ashes.
So there you will lie.

                                                    — E.A.

Mi voz fiel como la sombra

(Guillaume Apollinaire)

Dónde cae la nota entre las ramas tendidas
Dónde suelta el ala su pluma blanca
Dónde pierde el tiempo
Y quién muere con la última campana
Quién la tañe si todos se han ido
Todos sembraron un paraje de banderas
Todos se han ido con la guerra a otra parte

Di que no hay regreso
Sólo esta trinchera a mitad de un decenio
Esta selva de la sangre sin retorno
La hija de tu cabeza
La hija herida de alguna patria
Minerva plantada en el paisaje de los obuses
Aunque fue de lodo el país de tus pasos
Lodo y piel desecada en las púas
De fierro pulido el espejismo en tu frente
De luz su coartada entre la placa y el cráneo

La vida no tuvo ese brillo
No tuvo el resplandor de las cosas nuevas
El jardín tras la batalla
El bálsamo del mirto
El solaz de un lenguaje nuevo
Las torres   los cables   el furgón de un tren
Más allá de la humareda
Los gritos de victoria
Otras consonantes   otros rituales
Y desde cada postigo un ojo distinto
Otra vocal entre los labios
Y tu voz fiel como la sombra
Como los días y las noches
Fiel a su propia sucesión
Tu voz de aquí de allá
Canta no sabe dónde
No canta

My Voice Faithful as a Shadow

(Guillaume Apollinaire)

Where does the note fall among reaching boughs
Where does the wing drop its white feather
Where does time lose
And who dies with the final bell
Who tolls it if they've all gone
All planted flags in a patch of ground
All gone off with the war

Say there's no return
Only this trench halfway across a decade
This jungle of blood without return
The daughter of your head
The wounded daughter of some fatherland
Minerva set down in the landscape of obuses
Though the country of your footsteps was mud
Mud and dessicated skin on prongs
Polished iron the mirage in your forehead
Alibi like light between plate and skull

Life did not have that shine
Did not have the resplendence of new things
The garden after the battle
The balm of myrtle
The solace of a new language
Towers   cables   a train's last car
Beyond clouds of smoke
Shouts of victory
Other consonants   other rituals
And from behind every shutter a different eye
Another vowel on the lips
And your voice faithful as a shadow
Like the days and nights
Faithful to its own succession
Your voice from here, from there
Sings it does not know where
It does not sing

— *E.A.*

El peso muerto de la tierra

(Geoffrey Hill)

Eso fue todo entonces.
La muralla de nubes sobre el prado insular,
la orilla móvil de la luz,
los ojos esquivando el resplandor menguado
de una tarde hendida por campanas y alambres.

Eso fue.
El resabio medieval en la voz del suplicante,
las torres en el laberinto de piedra y acebo,
un rey desnudo en el centro
con las manos presas en los rescoldos
de una fogata ya extinta.
Y la misa en los pasillos de tu sueño,
la mezcla de telas y susurros
mientras recitabas un génesis personal.

Aquellos árboles que llamaste:
pino, abedul, álamo.
Las ramas rozaron tu contorno
en penitencia por su nombre.
No era mejor el silencio.
Ve las parcelas verdes,
la yedra doblada por la lluvia negligente,
la arcilla quieta en el brote del río
y todo idioma —la casta de los verbos—
regido por la vocación de un volumen.

Si fuera inefable tu dios,
callado como un acto de contrición,
sería más ligera la inquietud
de no reconocer su rastro
en este camino de tierra
entre la tarde y el ruido que va quedando.

The Dead Weight of the Land

(Geoffrey Hill)

That was all then.
Rampart of clouds over the island meadow,
moving shoreline of light,
eyes darting away from the waning splendor
of an afternoon sundered by bells and wire.

That was all.
The medieval residue of the supplicant's voice,
towers within the labyrinth of stone and holly,
a naked king at the center
his hands captive in the embers
of a bonfire now extinct.
And Mass in the corridors of your dream,
the mixture of fabrics and whispers
as you recited a personal genesis.

Those trees you called:
pine, birch, poplar.
The branches brushed against your form
in penitence for their names.
Silence was no better.
See the green plots,
ivy bent by the negligent rain,
clay unmoving in the river's rush
and every language — the caste of verbs —
ruled by its vocation for volume.

If your god were ineffable,
hushed as an act of contrition,
it would lighten the unease
of not recognizing his tracks
on this dirt path
between the afternoon and the noise that still goes on.

— E.A.

Un final de Pound

Termina diciendo
Vandenberg leyó a Stalin,
Stalin a John Adams,
y la escarcha mordía
el borde suelto de la lona
en un trozo de tierra
donde la torre sin lastre,
carcomida por el ruiseñor
de una milicia escasa,
fue el único registro de las horas
para el testigo sagaz que adivinaba el futuro.

Porque aquí estuvo el tiempo otra vez,
aquí estuvo su huella de poros en la piedra,
su sátira de sombras
en el margen anárquico de la niebla,
su final híbrido tras la cortina de semblanzas:
un rito pequeño en las ramas del árbol,
la alusión a un dios
— cualquiera: el mensajero,
el fabricante de jardines,
el febril ajustador de las leyes —
en el rastro de una hoja
sobre el último brazo de un río
y sólo un propósito,
cien oros por una parcela de cielo,
cien oros para expiar la falta
de haber aceptado el trueque
entre una abstracción y una baratija,
entre el mundo y un nombre,
como si dijera,
al final de la revuelta de sus tonos,
Obregón leyó a López Velarde,
López Velarde a Madero,
de salida,
hacia la fortuna de un campo cerrado,
donde el preludio de la guerra

An Ending by Pound

You conclude by saying
Vandenberg read Stalin,
Stalin read John Adams,
and frost was biting at
the tent's flapping edge
on a bit of lawn
where the tower without ballast,
corroded by the nightingale
of a meager militia,
was the only register of the hours
for the shrewd witness who divined the future.

Because time had been here once again,
been here with its trail of pores in stone,
its theater of shadows
on fog's anarchic margin,
its hybrid finale behind the curtain of likenesses:
a brief myth in the tree's boughs,
the allusion to a god
— any god, a messenger,
manufacturer of gardens,
feverish compositor of laws —
in the traces of a cloud
on a river's final branching
and only one purpose,
one hundred gold pieces for a plot of heaven,
one hundred gold pieces to expiate the fault
of having accepted the barter
an abstraction for a trinket,
the world for a name,
as if to say,
with the final uprising of your tone,
Obregón read López Velarde,
López Velarde read Madero,
from the start,
toward the fortune of a closed field,
where the prelude of war

fue una mano cruzada con el alambre,
tan larga que irrumpió en esta luz,
turbia quizá.

Leyendo a Virgilio

no importa el año
no dura tanto esta vez
no importa la batalla
ni el sol designado por el mediodía
o el campo de honor sin cuerpos
sin armas ceñidas a la yerba
como la púrpura al torso
o el grito a la cara y la mueca
no importa la calidad de la herida
el surco vertical en la pierna
la malla inmersa como una red
que pesca trozos de piel
y atrás el mundo
su parte recta
el bosque suelto y la vocal
de una hoja en la garganta
pronunciada como una aptitud de la voz
cuando la aguja del pino tras el cuello
trae la paz de la sangre
y atrás el mundo otra vez
se tiene tan brevemente
como un presagio
un sitio matizado por la luz
antes de mirar y luego pasa
no importa la fecha
las calendas o los decenios
todo pasa y lo leo
donde estuve

los breves imperios
la selva fría

was a hand crossed with wire,
hand so long it burst into this light,
possibly free.

— *C.M.M.*

On Reading Virgil

the year does not matter
this time it does not last so long
the battle does not matter
nor the sun appointed by midday
or the battlefield without corpses
without weapons encircled by grass
as the torso by blood
or the shout in the face and the grimace
the nature of the wound does not matter
the slice down the leg
mesh immersed like a net
fishing for pieces of flesh
and behind, the world
its upright portion
the forest bold and the vowel
of a leaf in the throat
spoken like an ability of the voice
when the needle in back of the neck
brings blood's peace
and behind, again the world
possessed so briefly
like an omen
a place prismed with light
before looking and then it passes
the date does not matter
calends or decades
everything passes and I read it
where I was

brief empires
cold forests

bajo la sombra hirsuta
con su mapa de escarabajos
el solsticio inventado
por la mañana
las rodajas del calor
asidas a la bandera
ítalos volscos
todo pasa
los bastiones en el llano
las bestias de la lengua leo
cada sílaba
en el misal de la intemperie
muerte o vida

y todo pasa
el augurio veloz de la fronda
el ave descifrada
y más tarde otros nombres
rútulos teucros
en la brasa premonitoria
antes de la trifulca
de los petardos
durante días
las lanzas sin tregua
en la tierra de nadie
sin horizonte en la orilla
apenas una línea de vapor
trazada a mitad de la vista
el resuello de los hocicos
los belfos vencidos
por su propia saliva
la caída de una carroza
su caballo tan lento como el humo
de la madera chamuscada
en la fila de fogatas sin desenlace
sin huella o perfil de máscaras
ni facciones en el lienzo
de un acto y otro

pero todo pasa
Ascanio o Camila sin rostro

beneath bristling shadows
with its map of scarabs
the solstice invented
by the morning
disks of heat
fastened to the flag
Latins Volscians
everything passes
the bastions on the plain
beasts of the tongue I read
each syllable
in the missal of the open air
death or life

and everything passes
fleet omen in the foliage
the bird deciphered
and later other names
Teucrians Rutulians
in the warning of a red-hot ember
before the fight
with petards
lasting for days
unceasing spears
in no-man's-land
horizonless at its edge
merely a line of mist
threading through midair
the panting of muzzles
lips vanquished
in their own drool
the fall of a chariot
its horse as slow as the smoke
from the scorched wood
in the endless row of bonfires
without footprints or the profile of masks
nor battles on the canvas
from one act and another

but everything passes
Ascanius or Camilla faceless

Turno mutilado
las esculturas de un instante
musgo y roca porosa
un alma minada por el juicio
de esa quietud
en el jardín sin geografía
donde estuve leyendo
mi fuente especular devuelta al agua
a la cuesta donde estuve
leyendo en vano
lo he olvidado
las tribus para quién peleaban
cuál trono cuál ley o muralla
la de Eneas
con su estirpe elocuente
o la raza del cadáver
diseminada como un derrotero
entre la ciudad
y el árbol más salvaje

aunque vi otra cosa
otro reino donde estuve
otro umbral posible de la clausura
la frase "y su vida
huye indignada a lo hondo"
también la mía cuando percibo
número y género
fue un tributo al fin tan límpido
como el rayo entre las costillas
de este cielo pequeño
que se extiende de la casa a la calle
o la fábula más efímera de la memoria
donde ya no entra mi albedrío
su fractura del orden
que a veces se borra cuando leo
y se juntan las horas con el ruido
aunque no aquí en esta Eneida
que le roba sentido a la oreja
no aquí donde estuve leyendo
donde nada queda
salvo la nítida página de un día

Turnus mutilated
the sculptures of an instant
moss and porous rock
a soul undermined by the judgment
of this tranquillity
in the garden without geography
where I was reading
my specular fountain returned to the water
to the hill where I was
reading in vain
I have forgotten
which tribes fought for whom
which throne which rule or rampart
the one of Aeneas
with its eloquent stock
or the cadaver's race
scattered like a path
between the city
and the most savage tree

although I saw another thing
another kingdom where I was
another beginning possible from the close
the phrase "and the indignant life
fled moaning beneath the shades"
as will mine when I perceive
the number and genus
was a tribute to that limpid end
like the thunderbolt between the ribs
of this small sky
that extends from the house to the street
or the most fleeting fable of memory
where my whim no longer has a place
its fracturing of order
that sometimes fades as I read
and the hours merge with the noise
though not here in this Aeneid
that robs sense from the ear
not here where I was reading
where nothing is left
but today's bright page

y el episodio tan largo
de ese siglo transcurrido en la silla
el cuadro de mimbre y de paja y de oro
donde estuve

Carta

Todo final borra los rastros de su trama:
¿verso o premisa?
No lo sé;
esta carta quiere otra cosa.
El juego inmodesto de las máscaras
o la tangente de otra época;
un suelo antiguo,
Tomes, por ejemplo,
con el mar detenido entre la bahía
y el pedestal de una columna,
donde un Ovidio simulado
por la empatía de esta tarde,
humilde guardián de puerto,
padece la aridez que propicia la distancia
entre el corazón y la mano,
entre la ciudad cultivada
como un vicio de la voz
y el coto de caza con su liebre múltiple
que titubea frente a la claridad de la ruta
o la zarza más clandestina
al borde de un arroyo.

¿Agua o polvo?
No lo sé;
el sentimiento no distingue materias
y ahora la tierra y esa piel remota
tienen la textura de algo visto
en la intemperie y perdido,
de algo que ya no vive
o ya no se apropia de la memoria.

and the long episode
of that century passed in the chair
the square of wicker and straw and gold
where I was

– C.M.M.

Letter

Endings always erase the traces of their plot:
poetry or premise?
I do not know;
this letter wants something else.
The vain play of masks
or the tangent of another time;
an antique land,
Tomis, for example,
with the sea imprisoned between the bay
and the pedestal of a column,
where a sham Ovid simulated
by the empathy of this afternoon,
humble keeper of the port,
suffers the dryness that distance propitiates
between the heart and the hand,
between the city cultivated
like a catch in the voice
and the game park with its multitude of hares
that pause before the bright path
or the most secret bramble
by the edge of a stream.

Water or dust?
I do not know;
the emotion does not discern its cause
and now the earth and this distant skin
have the texture of something seen
in the wild and lost,
of something that is no longer alive
or that no longer lives in memory.

La carta es otra cosa,
puede excluir el tributo a un paisaje
o abstraer los motivos
hasta que la letra misma
parezca el relleno de una atmósfera.
Seguramente Ovidio
—incluso el nuestro, de mentira—
habría ganado esta batalla desde un inicio
elaborando la rutina de su derrota
con la saga uniforme de un dios y una ninfa,
un cazador y un par de nereidas
mezclados con la bruma del bosque,
a punto de retomar el hilo de la luz
encajada entre las costillas de un jabalí.
Y entonces desde algún estanque
protegido por el toldo exacto de las ramas
se habría disparado la flecha
y en su trayecto
se definiría la tendencia de una forma.

¿Tragedia o epopeya?
No lo sé;
habría un desenlace,
una vía del miedo entre las esquinas cardinales
y una revelación al cabo de la misma aventura:
la pisada veloz en la banqueta del sur
o la caída en un camellón del norte
y en medio el manantial
como un tabú de nuestra sed distinta
y atrás la temporada en un cuarto oscuro
de dos personajes secundarios
que consumaron sus propias predicciones
con la ventaja de haberlas inventado.

Pero entre la ninfa y el dios
no habría ninguna artimaña
para calcular el tiro,
sino la pila de claves y códigos
en alguna caverna
donde la musa con la boca repleta
por la codicia de una imagen

The letter is another thing,
it can exclude the tribute of a landscape
or leave aside motives
until the words themselves
seem like a filling of air.
Surely Ovid
— even ours, this fake —
would have won this battle from its beginning
fashioning the routine of his defeat
with the neat legend of a god and a nymph,
a hunter and a pair of Nereids
thrown together in the mists of a forest,
about to take back the ray of light
plunged between the ribs of a boar.
And then from some pond
sheltered by a perfect canopy of branches
an arrow would have been loosed
and its path
would trace the drift of a form.

Tragedy or epic?
I do not know;
there would be a denouement,
a trail of fear among the cardinal points
and at the end of this adventure, a revelation:
swift footsteps on the southern path
or a fall in the flowerbed to the north
and in the center a spring
like a taboo to our different thirst
and behind the season in a dark room
of two minor characters
who consummate their own predictions
with the advantage of having invented them.

But between the nymph and the god
there would be no device
to calibrate the shot,
but the heap of keys and codes
in some cave
where the muse with her mouth full
of desire for an image

fraguaría otra figura
para comparar el dilema del cuerpo
con el tronco torcido de una encina,
o el brote de la pasión
en el centro mullido del pecho
— ahí donde la flecha
fijó el derrotero de la historia —
con el torrente de un río
que al ver borrarse su reflejo predilecto
se abre camino por la montaña
y cavando un surco
gasta su afición por la superficie.

¿Amor o voluntad?
No lo sé;
un destino que no admite malentendidos,
sólo la falacia de un punto de vista
y su elemental costumbre de buscar el espectro
de un argumento o una moraleja
entre las líneas de la palma,
una partitura, el cielo atravesado
por tres plumajes inverosímiles al mediodía.
Y en la grisura del repaso,
cuando se acumulan las cuentas
como los desechos en un estuario,
ningún augurio o coincidencia
mitiga los reproches
por no haber cumplido
con el pacto de la amistad y más tarde
con otro de la nostalgia.

Pero la carta es otra cosa;
y si cae la máscara es porque apunta
hacia un episodio trabado por su leyenda
que ni tú ni yo supimos
librar del arte menor de los detalles.
Hoy ya no importa;
te sigo viendo como si regresaras
conmigo siempre
a un escenario impecable
y el guión tuviera el tacto

would forge another figure
to compare the dilemma of the body
with a trunk twisted into an oak,
or the rush of passion
in the cushioned center of a bosom
—there where the arrow—
fixed the story's course
with the torrent of a river
that on seeing its favorite reflection erased
opens itself toward the mountain
and carving a channel
dissipates its fondness toward the surface.

Love or desire?
I do not know;
a fate that does not admit misunderstandings,
only the fallacy of a point of view
and its primitive custom of looking for the phantom
of an argument or a maxim
among the lines in a palm,
a score, the sky crossed
by three rare feathers at midday.
And in the grayness of revision
when reasons accumulate
like flotsam in an estuary,
no omen or coincidence
alleviates the reproaches
for not having fulfilled
the pact of friendship and later
the other of nostalgia.

But the letter is another thing;
and if the mask drops it is because it points
toward an episode entwined in its legend
that neither you nor I knew
how to free from the minor art of details.
Today it no longer matters;
I still see you as if you were to return
to me for always
to an immaculate stage
and the script would have the tact

de un sutil estilista que diría:
"este trozo de tiempo
fue lo que les dieron
y ya pasó el último minuto".
Nunca declares éste es el final
porque ya no vuelve a aparecer
lo que te trajo hasta aquí.
Aunque seguramente recuerdes,
como yo, otro sesgo y otro día
mejor que esta hora.

Anuncio

para Armando

Este otoño
la oferta en el periódico
es un crucero por el Nilo
a través del desierto de Nubia,
pasando la tercera catarata
hasta El Cairo, luego Alejandría
rumbo al mar en dos vertientes:
Roseta de un lado,
del otro Damieta,
donde el agua dulce
transige con el Mediterráneo
y se vacía el barco
cargado de turistas
al cabo de una semana
de perseguir la corriente,
su cola veteada en el sedimento
como un reptil de esmalte
móvil bajo el casco
y las grecas de la espuma
entre el follaje roto por la quilla,
los reflejos tumbados
como trozos de un país postizo

of a subtle stylist who would say:
"This shred of time
is what you were given
and the final moment has passed."
Never declare that this is the end
because what brought you to this point
will never happen again.
Although surely you recall,
as I do, another twist and another day
better than this hour.

– C.M.M.

Advertisement

for Armando

This fall
the advertisement in the newspaper
is for a cruise down the Nile
via the Nubian desert,
passing the third cataract
up to Cairo, then Alexandria
nearing the sea in two branches:
Rosetta on one side
on the other Damietta,
where fresh water
swirls with the Mediterranean
and where the boat empties
its cargo of tourists
after a week
of following the current,
its wake brindled with sediment
like an enameled reptile
moving beneath the hull
and flecks of foam
between the lushness broken by the keel,
scattered reflections
like fragments of an artificial land

que va quedando lejos del comienzo,
de la cuenta regresiva en el río
ocupado por las voces,
por las miradas que esculcan la ruta,
cada visión pasajera en la promesa
de un arte mayor en ese Nilo sin noticias
donde un parpadeo mutila
el vuelo de la garza,
la mosca entre la nariz
y el último jirón de la tarde,
ese arcano diminuto
que prolonga la distancia
en la costumbre del zumbido
y de los dedos que lo ahuyentan.

Puedo vislumbrar tu verano egipcio
en la esquela quieta del anuncio,
el amorío de un trotamundos en la cubierta,
el vergel y la granja
redimidos por el Nilo barato
y su romance de papiros disueltos.
Pero no pasan como antes
el río ni el día,
no pasa el cauce ni se revierte
el sentido de las horas
que hay entre haber visto
o haber adivinado
que ningún misterio calcula
tan largamente su aparición.

far from its beginnings,
from the ancient rhythms of its river
busy now with voices,
with gazes searching the route,
each fleeting vision the promise
of a greater art in this Nile without news
where a blink mutilates
the flight of a heron,
the fly's on one's nose
and the last shred of afternoon,
that tiny secret
lengthening the distance
in the habitual buzzing
and the fingers that swat it away.

I can glimpse your Egyptian summer
in the advertisement's orderly tone,
a world traveler flirting in the foreground,
the flower garden and the farm
redeemed by the receding of the Nile
and its romance of feathery papyrus.
But neither the river nor the days
pass by as before,
it does not rise above its banks, nor reverts
this sense of the hours
between having seen
or having imagined
that no enigma contemplates
its ghost for so long.

— C.M.M.

ERNESTO LUMBRERAS

AHUALULCO DEL MERCADO, JALISCO, 1966 · Ernesto Lumbreras has written plays for children, artists' monographs, and poetry books that include *Clamor de agua, Espuela para demorar el viaje, El cielo,* and *Encaminador de almas.* In collaboration with Eduardo Milán he published the anthology of contemporary Latin American poetry: *Prístina y última piedra.*

Ernesto Lumbreras translated by Rebecca Seiferle

El cielo

> *El que se den unidamente el respiro y la visión, y no como*
> *simple posibilidad sino en el acto, es ya un alto, puro cielo.*
> MARÍA ZAMBRANO

∾

El cielo es un *sauce desbordado*. Entre sus ramas el sol es una oropéndola.

∾

Lo anterior provocará burla en los bribones. No me importa. El cielo es un sauce desbordado. Contiene en sus ramas, además de la oropéndola, un relámpago en reposo. Otra cosa es su *reunión de violonchelos*. Graves como piedra de arroyo. Tibios como una verdad.

Ríanse *vagos de esquina*. No debe importarme. Buscando mi alma entre las *llaves de San Pedro* me encontré un chorro de agua. Ahora sin dilación de pluma puedo decirlo. El cielo es un sauce desbordado. Todo su follaje es una oración.

∾

exclamación o escaramuza de ardillas:

¡Cielo de San Francisco eres en Robert Frost
una colina verde, una colina verde!

The Sky

That which makes breath and vision one, and not as mere
possibility but at once, is already a high, pure sky.
MARÍA ZAMBRANO

꙯

The sky is an *overflowing willow*. Among its branches the sun is a golden oriole.

꙯

That statement provokes laughter among scoundrels. What do I care. The sky is an overflowing willow. It contains in its branches, besides the golden oriole, a lightning bolt in repose. Another quality is its *reunion of cellos*. Grave as arroyo stone. Tepid as a truth.

Laugh, *you good-for-nothings*. Why should I care. Searching for my soul among *the keys of St. Peter*, I found a gush of water. Now without any delay of the pen, I can say it. The sky is an overflowing willow. All its foliage is a prayer.

꙯

exclamation or skirmish of squirrels:

The San Francisco sky was in Robert Frost
a green hill, a green hill!

También es una colina verde. Cómo no estar de acuerdo. En su césped *el horizonte arde*. Yo en cambio corro hasta su cima deseando encontrar un hacha de piedra o el cráneo de un toro.

No les creará problemas estar de acuerdo conmigo. Una astilla de palomar en la hierba puede darnos la razón.

Sauce desbordado

Su follaje: la piedad de quien duerme un corazón entre abejas.

Su tronco: la lección de tinieblas de una parvada / la primavera en una brizna de escarcha.

Su raíz: una larva de serafín en la sangre / lo múltiple de una hora de junio / el sol de las oraciones que nadie oye.

Reunión de violonchelos

Copular y llover me recuerdan la noche blanca de un sauce. No siempre fue así. Antes poseía un deseo de piedras fósiles cuando la eyaculación (ojos de hormiga) anunciaba para mi una flama de alcohol. Ahora el culo de Helena (una alusión más festiva del cielo) me turba con su fuelle: espiral de petirrojo / grifo sin vocación. Ahora la penetro dormida con una lumbre de rosas. Ahora la penetro despierta con un aguacero. No siempre fue así. Copular y llover, en un tiempo lejano, no alumbraban recuerdos de ninguna noche blanca en ningún sauce.

Un caballo bebe luz a la orilla del cielo. Toma la sed con cautela de sapo entre nenúfares. En su ojos, el otoño trama un molino de agua. A todos les pediré no asustarlo con monturas y espuelas. Un caballo que bebe nubarrones sólo reclama nuestra mirada.

Un gusto de castores en su fuente aturde mi corazón. Pensé en belfos de diablo cuando sobre un campo amarillo, el cielo dejaba fluir una leve parvada. Mi emoción, una ausencia de sal en la noche, contuvo sus labores de riego. ¿Qué espuma beber entonces, como semilla de cópula, leal a las constelaciones de un sauce? Habrá una aurora de frutos amargos para saberlo.

It's also a green hill. How could anyone disagree. In its thick turf the *horizon burns*. On the other hand, I race up its summit desiring to find a stone hatchet or the skull of a bull.

To agree with me won't create problems. A splinter of dovecote in the grass might prove us right.

Overflowing Willow

Its foliage: the compassion of whoever sleeps a heart among bees.

Its trunk: the lesson of a flock's ignorance / spring in a fragment of frost.

Its root: a seraph larva in the blood / the multiple of a June hour / the sun of prayers which no one hears.

Reunion of Cellos

To copulate and to rain, they remind me of the willow's white night. It wasn't always like this. Before I possessed a desire of stone fossils when ejaculation (eyes of ant) used to announce a flame of alcohol to me. Now the ass of Helen (the sky's most festive allusion) disturbs me with its bellows: spiral of robin / faucet without vocation. Now I penetrate her sleeping with a brightness of roses. Now I penetrate her awake with a rainstorm. It wasn't always like this. To copulate and to rain, long ago, they didn't illuminate memories of any white night in any willow.

A horse drinks light at the edge of the sky. It thirsts, cautious as a toad among white water lilies. In its eyes, autumn weaves a water mill. I'll ask everyone not to frighten it with spurs and saddles. A horse that drinks storm clouds asks only for our gaze.

A flavor of beavers in the fountain stuns my heart. I thought of the devil's blubber lips when over a yellow field, the sky let flow an insignificant flock. My emotion, an absence of salt in the night, held back its irrigating labors. Which froth to drink then, like copulation's seed, loyal to the constellations of a willow? There will be a dawn of bitter fruits for tasting it.

Vagos en una esquina blanca

En una esquina blanca se oyen estas voces:

sabe a lumbre   *arroyo*   *más noche*

puro corazón

grifo sin gracia

puta enamorada   *vinagre*

Uno de ellos observa el cielo. Le hunde el pensamiento. Lo satura de sílabas: chaparrón sobre un bosque / parvada sobre un estanque. Acaso desea una torre de caracol para sosegar la noche / quizás reniega de un pubis húmedo si sus amigos prenden candela a un cordero dormido.

Llaves de santo

Escucha, San Pedro, esta pequeña historia:

San Luis el Rey mandó a Ivo, obispo de Chartres, en embajada, y éste le refirió que en el camino encontró a una matrona grave y airosa, con una antorcha en una mano y un cántaro en la otra; y notando que su aspecto era melancólico, religioso y fantástico, le preguntó qué significaban esos símbolos y que se proponía hacer con su fuego y su agua. Replicó: El agua es para apagar el Infierno; el fuego, para incendiar el Paraíso. Quiero que los hombres amen a Dios por el amor de Dios.

JEREMY TAYLOR (1613-1667)

Mañana, una música que arde
habrá en tu puerta.

Good-for-nothings on a White Corner

On a white corner these voices are heard:

tastes like brightness   *arroyo*   *more night*

pure heart

faucet without grace

whore in love   *vinegar*

One of them observes the sky. Plunges his thoughts into it. Saturates it with syllables: downpour upon a forest / flock upon a pond. Perhaps desires a snail's castle to calm the night / perhaps, renounces a humid pubis if his friends set fire to a sleeping lamb.

Keys of the Saint

Listen, Saint Peter, to this little story:

Saint Louis the King ordered Ivo, bishop of Chartres, on a mission, who related to him how on the road he encountered a grave and airy matron, with a torch in one hand and a pitcher in the other; and noting that her aspect was melancholy, religious, and fantastic, he asked her what these symbols signified and what she proposed to do with her fire and her water. She retorted: The water is to extinguish Hell; the fire, to set fire to Paradise. I wish men to love God for the love of God.

JEREMY TAYLOR (1613–1667)

Tomorrow, a music that burns
will be on your threshold.

Una colina verde, una colina verde

La escritura en un diapasón gradual: fidelidad, incertidumbre, subversión, ruptura. La escritura en un plano electivo: lo continuo, lo indivisible, lo homogéneo, lo fragmentario, lo múltiple.

Arde el horizonte

¿Qué desavenencia de violín, ahorcado por el alma, atisba en sus amores pasados la glosa de un horizonte que arde? Siempre nos faltará algo: hielo en los ojos de la muerta, sauce en la noche de junio.

Regresión del sauce

Palpo la noche dormida en tu fronda. Su alquimia de morir junto a una piedra blanca. Sus estrellas o sus corderos hollando la misericordia de tu corazón tan tierno.

⌁

Una muchacha orina al pie de tu tronco. ¡Mira, la beatitud de su grupa, la ilusión de esa linfa dorada que brota de su sexo! Cuando se va deja una charca minúscula, espumosa, instantánea. Paulatinamente sientes en las raíces un gorjeo de canario que estallará en tu rama más alta.

⌁

Alguacil fluvial, tu duermevela contiene un zumbar de abejas. En tu espesura se despierta el verbo alumbrar. Quien demora la visitación de una lágrima, cifra en tu emoción una certidumbre tan parecida a un nido.

⌁

Dormida, casi muerta, en tu follaje
la luna me parece un pensamiento,
algo así como un dios sin amigos.

A Green Hill, a Green Hill

Writing on a gradual tuning scale: fidelity, uncertainty, subversion, rupture. Writing on an elective plane: the continuous, the indivisible, the homogeneous, the fragmentary, the multiple.

The Horizon Burns

What discord of violin, strangled by the soul, glimpses in its passing loves the gloss of a horizon that burns? We'll always be missing something: ice in the eyes of the dead woman, willow in the night of June.

Regression of the Willow

I touch the night sleeping in your leaf. Its alchemy of dying next to a white stone. Its stars or lambs trampling the compassion of your heart so tenderly.

～

A girl urinates at the base of your trunk. Behold, the beatitude of her rump, the illusion of this golden lymph that gushes from her sex! When she goes away, she leaves a puddle, minuscule, foamy, instantaneous. Gradually you feel in your roots a warble of the canary that will explode from your highest branch.

～

Fluvial constable, your fitful sleep contains a buzzing of bees. In your thicket the verb to illuminate awakens. Who delays the visitation of a tear, ciphers in your emotion a certainty so much like a nest.

～

Asleep, almost dead, in your foliage,
the moon resembles a thought to me,
somewhat like a god without friends.

~

Antes de árbol quisiste ser una casa. Antes de llanto quisiste ser un árbol. Por unanimidad eres el crepúsculo pero también el armonio, el paréntesis de la bruma, el guardarropas de un hada.

~

Desde niño ver tu combustión me fortalece.

~

Ayer soñaste un gambusino entre tus ramas. Ni se ocultaba de un tigre, ni divisaba la aurora. Lo seducía el azul lagrimal de tu copa, el dorado filibustero de tu melancolía. Deseabas no despertar, protagónico en los márgenes de mi fiebre, seducido de encontrar tu corazón en otras manos.

~

Hace una enredadera de tus ramas
y se arroja, feliz, a la corriente
del río estival. Niño de los sauces,
en esas aguas ocres me he perdido
para resucitar, de vez en cuando,
en tu vértigo.

~

El otoño se ha marchado. Sin embargo, como en el poema de Rilke "*la tierra es un niño que sabe muchos poemas*". Una lírica diferente y gradual de apodera de lo que se ha ido y, con extrañeza, permanece en tu espesura: la subversión como horizonte de la memoria. El otoño se ha marchado, decía enfáticamente. Digo también, este período áureo procura su identidad en tus ramas: estación del que viaja sin escarcha en sus ojos.

Ni llegó ni si fue. El otoño en tu follaje transgrede su rango cíclico. Es más, se *estaciona* como el pájaro carpintero en un hueco de tu tronco.

Before tree, you wished to be house. Before weeping, you wished to be tree. Unanimously, you were twilight but also harmonium, parenthesis of fog, fairy wardrobe.

≈

Since childhood to see your combustion has strengthened me.

≈

Yesterday you dreamt a pear among your branches. Nor was it hidden from a tiger nor divining the dawn. It seduced the teary blue of your treetop, the golden filibuster of your melancholy. You used to wish to never wake up, protagonist in the margins of your fever, seduced by finding your heart in other hands.

≈

It creates a climbing vine of your limbs
and hurls itself, happy, into the current
of summer's river. Child of the willows
I have become lost in these ocher waters,
to resuscitate, from time to time,
in your vertigo.

≈

Autumn has gone away. Nevertheless, as in Rilke's poem, *"the earth is a child that knows many poems."* A different and gradual lyric takes over what has gone and yet, oddly, remains in your thicket: subversion like the horizon of memory. Autumn has gone away, I was saying emphatically. I say also, this golden cycle obtains its identity in your branches; season of him who travels without frost in his eyes.

It neither arrived nor was it gone. Autumn in your foliage transgresses its cyclical rank. Furthermore, it *stations itself* like the woodpecker in the hollow of your trunk.

¿Hacia donde?

En ausencia de progreso:

0   12   123   1234   12345

Los caminos hacia la Poesía evaden la simulación, la generalidad, la repetición. Intuyen en la diferencia, no un atajo, sino la posibilidad de extravío.

◦

Me seduce esta equivalencia: Poesía = Armonía. Aclaro, no estoy hablando de orden.

◦

La naturaleza de la armonía es múltiple. Lo simétrico es uno de sus rostros, el más legible de todos.

◦

Quien duerme al pie de una fogata—reconstruyamos esta imagen en nuestra mente—, parece soñar un león herido.

◦

Cuando miramos el fuego sentimos una presencia tutelar. Si cantar su desventura renueva el limo de nuestros misterios, confundirnos en su follaje sosiega el alma de los perdidos.

◦

La Poesía nos convoca alrededor de una hoguera. Pone en nuestro corazón una semilla de piedad. Para nuestros ojos guarda un escarabajo.

◦

Hace tiempo sorprendí a unos niños jugando en un jardín. El juego era muy sencillo. Consistía en formar nuevas especies. Así fueron surgiendo la hormiga con dorso de ciempiés, la oruga con cabeza de chapulín, la lombriz con extremidades de avispa.

Where to?

In the absence of progress:

0   12   123   1234   12345

The roads toward Poetry evade simulation, generality, repetition. They sense in distinction, not a short cut, but the possibility of deviation.

‽

This equivalence seduces me: Poetry = Harmony. I clarify, I am not talking of order.

‽

The nature of harmony is multiple. The symmetrical is one of its faces, the most legible of all.

‽

Who sleeps at the foot of a blazing fire—let's reconstruct this image in our mind—seems to dream a wounded lion.

‽

When we stare at the fire we feel a tutelar presence. If to sing its misery renews the mire of our mysteries, to confound us with its foliage calms the soul of the damned.

‽

Poetry calls us together around a bonfire. Places in our heart a seed of piety. Keeps a black beetle for our eyes.

‽

Some time ago I surprised some children playing in the garden. The game was very simple. It consisted of forming new species. Thus kept springing forth, the ant with the back of a centipede, the caterpillar with the head of a grasshopper, the earthworm with the extremities of a wasp.

De los participantes del juego, había una niña que se demoraba en presentar su espécimen. Con una pequeña navaja, absorta y mordiéndose el labio inferior, cortaba no sé que cosas. Por fin y ante la expectación de todos, nos permitió ver su creación: un diente de león con aguijón de alacrán.

〜

Yo que miraba jugar a los niños imaginé mi invención: un niño cubierto, hasta el cuello, con hojarasca. Su nombre no podría ser otro: el otoño con rostro de niño.

Le viene bien el ocio al hacedor de poemas. Pero la Poesía no sólo es acumulación, manualidades de escolar, golpes bajos a la razón. La Poesía es *un asunto gradual*.

"El cielo"

El cielo
puede venirse abajo esta mañana
de no tener un sauce o por lo menos
un arco de violín. Por la ventana,
miraré a Dios echado de su casa
de no levantar un muro de piedra.

〜

Una cuadrilla de albañiles llama a mi puerta. En su caja de herramientas traen una porción de música. Me hablan de nubes como de un caballo cruzando un puente.

〜

Al excavar los cimientos del muro encontramos un tigre dientes de sable. Más abajo, tras dinamitar una capa basáltica brotó un río subterráneo. Empezábamos a picar piedra en el monte Purgatorio, cuando una campanilla, dulce como la noche en un jardín, nos interrumpía llamándonos a comer.

〜

Of the game's participants, there was a little girl who hesitated to show her specimen. With a little penknife, absorbed and nibbling at her lower lip, she was cutting I don't know what. Finally, at everyone's expectation, she permitted us to see her creation: a dandelion with a scorpion's sting.

❧

I, who was watching the children play, imagined my invention: a child covered, to the neck, with dead leaves. His name could not be other: autumn with the face of a child.

Idleness suits the maker of poems. But Poetry is not only an accumulation, scholarly handbooks, sucker punches to reason. Poetry is a *gradual affair*.

"The sky"

> The sky
> could collapse this morning
> for lack of a willow or at least
> an arc of violin. Through the window
> I will see God cast out his house
> for not building a wall of stone.

❧

A crew of bricklayers calls at my door. In their toolbox they bring a piece of music. They speak to me of clouds like a horse crossing a bridge.

❧

Excavating the wall's foundations, we find a saber-toothed tiger. Farther down, after dynamiting a layer of basalt, a subterranean river gushes forth. We were just beginning to chisel stone on the mount of Purgatory when a little bell, sweet as night in the garden, interrupted, calling us to come eat.

❧

Mi pasión por Helena tiene nombre: *mover follajes.* Aunque también la llamo: *irrumpir en el relámpago.*

~

La construcción del muro avanza. Un sentimiento de aquiescencia me domina. ¿De qué temblor o incendio esta formación de piedra nos protege? En sus extremos ordené construir dos hornacinas. En una reposa el sol rodeado de peces. En la otra, un diablo se masturba delante de un colibrí.

~

Ávido y furioso el amor satura hormigas. Ciega a su ciervo. Le impone música a la horca. Amor quiere ser invierno. Arder y dormir en mis ojos.

~

Antes de concluir el día superviso la obra. Montado en una escalera de tijera apruebo cada detalle de la edificación. Todo marcha bien. Antes de retirarme escribo con aerosol esta frase:

"Los buenos cercos hacen buenos vecinos"

Finalmente marcho a casa protegido por la sombra del muro. Al doblar la esquina el sol cae a plomo. Deslumbrado, alcanzo distinguir a un hombre cargando una escalera de tijera. Se aleja dándome la espalda. De repente, como si notara mi presencia suspende su marcha y revira. Distantes uno de otro, como congelados, nos miramos. Le hago una reverencia quitándome el sombrero y él repite mi gesto de cortesía. Se da la vuelta y desaparece al final del murallón. El sudor corre en mi espalda. Pienso en el corazón de una sandía. Pienso en un ahogado rodeado de tortugas. Continúo caminando. A la distancia distingo unos garabatos en el muro. Al acercarme reconozco estas palabras:

"Los buenos cercos hacen buenos vecinos"

~

Las primeras nubes chocan contra el muro de piedra. Una bugambilia roja, me aconsejan, plante junto a su basamento. Para Helena, la

My passion for Helen has a name: *to excite leaves*. Though I also call it: *to break into lightning*.

⁓

The wall's construction proceeds. A feeling of acquiescence conquers me. From what tremor or conflagration does this rock formation protect us? I ordered two niches constructed on its ends. In one, the sun reposes, surrounded by fish. In the other, a devil masturbates in front of a hummingbird.

⁓

Avid and furious love satiates ants. It blinds its deer. It gets music used to the gallows. Love wants to be winter. To burn and to sleep in my eyes.

⁓

Before concluding the day, I oversee the work. Climbing a sawhorse staircase, I test each detail of the construction. Everything goes well. Before retiring, I write this phrase in aerosol:

   "Good fences make good neighbors"

Finally I march home protected by the wall's shadow. As I turn the corner, the sun drops a lead plumb bob. Dazed, I come to distinguish a man carrying a sawhorse stairway. He goes away, turning his back to me. Offhand, as if he noticed my presence, he suspends his march and turns. Distant from one another, we look at each other, as if frozen. I nod to him, taking off my hat, and he repeats my gesture of courtesy. He spins around and disappears finally into the wall. Sweat trickles down my back. I think of the heart of a watermelon. I think of a drowned person surrounded by turtles. I continue walking. In the distance I make out some scribbling on the wall. Upon approaching, I recognize these words:

   "Good fences make good neighbors"

⁓

The first clouds collide against the stone wall. They advise me to plant a red bougainvillea next to the base. For Helen, the construction provokes

construcción provocó en su libido ciertas tentaciones: copular con un chorro de alcohol, parir un cangrejo.

⌀

Hoy es el día de la cruz. Helena destapa botellas de cervezas. Remueve la carne en el asador. Juega con los albañiles a que ella es un ojo de agua. A que le arrojan piedras. A que chapotean en sus olas. A que sobre su cuerpo desnudo miran pasar las nubes.

⌀

Amor dice llamarse muñón de ángel. No le creo. Lo llamo plantación de cólera. Un palomar para su insomnio siempre me está pidiendo. Para algunos la onomatopeya que emite su ano, delata su nombre verdadero.

⌀

Hermoso como la piedad es nuestro muro. Qué regocijo mirarlo desde una colina. Qué estupor recargar mi espalda contra su cimiento. Ayer jugamos frontón sobre su valla negra, hasta desaparecer. Ahora jugamos al paredón de los fusilamientos, hasta la resurrección.

⌀

Para prevenirme contra las tormentas, solicité por correo un libro llamado: *El cielo*. Advierto que esperaba este libro con avidez, semejante a la de un animal previo al apareamiento. Después de casi dos meses por fin lo tengo en mis manos. Es una edición modesta, con toscas ilustraciones en su interior, con pasajes escritos, desde una erudición doméstica a una enquistada perorata científica. En compensación, descubro a vuela página momentos afortunados, párrafos seductores que aceleran el pulso de mi sangre. En uno de éstos, tras el apunte sobre el contacto de un cúmulo contra una montaña, su autor cierra la nota, evidentemente emocionado, con dos versos de João Cabral Melo de Neto donde compara a las nubes con: *la mujer que se inclina / en la baranda del sueño*.

La construcción del muro, en tanto, crece como una madreselva. Los albañiles están resueltos a todo, incluso, a perder el habla común. Siendo sincero, exactamente no sé lo que busco en estas páginas de *El cielo*,

in her libido certain temptations: to copulate with a gush of alcohol, to birth a crab.

◦

Today is the day of the cross. Helen uncorks bottles of beer. She stirs meat on the grill. She pretends that she is an eye of water to the bricklayers. At whom they cast stones. In whose waves they splash. On whose naked body they watch the clouds pass.

◦

Love says it's named the stump of an angel. I don't believe it. I call it plantation of cholera. For its insomnia, a dovecote is always asking me for something. For some, the onomatopoeia that its anus emits betrays its true name.

◦

Beautiful as piety is our wall. How I rejoice to glimpse it from a hill. What stupor to lean my back against its foundation. Yesterday we played handball upon its black stockade, until the disappearing. Now we play execution wall, until the resurrection.

◦

In order to prepare myself for storms, I solicit by mail a book called: *The Sky*. I recognize that I was waiting for this book avidly, like an animal before mating. After almost two months, I finally hold it in my hands. It's a modest edition, with coarse illustrations, with written passages, from a domestic erudition to a tiresome encysted scientific speech. In compensation, I discover on the flyleaf lucky moments, seductive paragraphs that accelerate the pulse of my blood. In one of these, after the note about the contact of a cumulus cloud with a mountain, its author concludes, obviously moved, with two verses of João Cabral de Melo Neto comparing the clouds with: *The woman that leans / on the railing of the dream.*

Meanwhile, the construction of the wall proceeds like honeysuckle. The bricklayers are willing to risk everything, including a common language. To be honest, I don't know exactly what I search for in these

pero una sensación de ingravidez me martilla a descifrar este desasosiego en las alturas, determinando mis enigmas en la formación de cirros o en la lluvia de aerolitos.

Durante la noche de víspera a la llegada de mi pedido, se desató una tormenta eléctrica, dejándonos sin luz, inundando la casa, derribando árboles sobre el muro. Tras desvanecerse el aguacero, como pude, destapé las alcantarillas, rescaté algunos objetos que la corriente arrastró hasta el jardín, reparé, con algunas cubetas, un desperfecto en el tejado y regresé al dormitorio, exhausto.

Estaba en duermevela, pensando en los gastos de la construcción, descansando de mi reciente lucha contra la tempestad, soñando un caballo a la orilla del cielo, cuando de golpe me despertó un estruendo, agudísimo. Sin pararme de la cama empecé a definir los ruidos que sucedieron al estrépito inicial: una suerte de chillidos, un barullo de hojas, un batidero de alas. A mi lado, inmutable, Helena dormía como dentro de un féretro cubierto de manzanas. Me puse la bata y las pantuflas y bajé al jardín con una linterna. Lejos de experimentar miedo me sentí poseído. Con extraña disponibilidad abrí la puerta del traspatio y caminé hasta el pie del muro, hacia el ojo de aquel impensable huracán. Revolcándose entre la hojarasca del sauce, un loro gigante se desangraba tras impactarse contra la muralla. Entre aquella turbamulta ensordecedora, creí, por un momento, escuchar unas palabras. Enfoqué la linterna hacia ese hervidero de plumas, de sangre, y distinguí que decía, resollando:

"mi corazón sueña mientras tú duermes."

❧

Amor me dice al oído: mi destilería doblega tu alma. Me pide niebla de bosque. Yo a veces le pido aves nocturnas. Me quiere convencer de que es un cerdo muerto. Un día lo vi mirando el agua de un pozo. Una semana después, piando en la mano de un niño, comía granos de sorgo.

❧

Mandé colocar un argolla en el muro. Ni pondré un reloj de sol ni colgaré una cabeza de toro. Lo que deseo ahora es atar un caballo: colérico entre un cúmulo de moscos, manso como un hilo de agua.

Dominado de la armella, su brida es la prolongación de un relámpago en una isla amarilla. Paso sobre su crin un cepillo. Paso por su

pages of *The Sky,* but a sensation of weightlessness impels me to decipher this disquiet on the heights, to determine my enigmas in the formation of cirrus clouds or the rain of aerolites.

During the night just before the arrival of my request, an electrical storm broke loose, leaving us without light, inundating the house, knocking trees down on the wall. After the downpour evaporated, as I was able to, I uncovered the sewers, ransoming some things that the current washed down to the garden, I repaired with some buckets a slight damage in the roof and retired to the bedroom, exhausted.

I was half asleep, thinking about the construction's expenses, resting from my recent battle with the storm, dreaming a horse at the edge of the sky, when suddenly I was awakened by a loud, high-pitched crash. Without getting out of bed, I began to discern the noises that followed the original din: a luck of shrieks, a hubbub of leaves, a washboard of wings. At my side, immutable, Helen slept as if within a coffin covered with apples. I put on a robe and slippers and went down to the garden with a lantern. Rather than experiencing fear, I felt possessed. With odd self-possession, I opened the door to the backyard and traveled toward the foot of the wall, toward the eye of that impossible hurricane. Revolving among the foliage of the willow, a giant parrot was bleeding after colliding with the wall. Among that deafening hubbub, I thought, for a moment, I heard some words. I focused the lantern upon that boiling pot of feathers, of blood, and discerned that it said, breathing noisily:

"my heart dreams while you sleep."

❧

Love whispers in my ear: my distillery subdues your soul. It asks me for forest haze. At times I ask it for nocturnal birds. It wants to convince me that it is a dead pig. One day I saw it staring into the water of a well. A week later, chirping in the hand of a child, it ate grains of sorghum.

❧

I ordered a ring placed in the wall. Nor will I set a sun clock or hang a bull's skull. What I desire now is to tie up a horse: choleric among a cloud of flies, meek as a thread of water.

Conquered by an eyelet, its bridle is the prolongation of a flash of lightning in a yellow island. I pass a brush over its mane. I cross its

lengua un terrón de sal. Lo que deseo ahora es montar el caballo. Seguir las tormentas. Alcanzar la noche.

～

Visito a Robert Frost. Desde la colina verde que está frente a su casa en New England, lo veo: sonríe como si estuviera frente a un nido. Al llegar al *hall,* antes de saludarnos, me dice: *el sol de esta mañana tiene algo de guitarra sobre un pajar.*

～

Han pasado tres días de aquel encuentro nocturno. Repaso las páginas de mi libro en busca de una posible explicación. El loro entraba en la muerte dejándome un silogismo. Entre capítulos dedicados a las auroras boreales, la nomenclatura de nubes, la teoría de colores de Newton a propósito del arco iris, desisto poco a poco de mi empresa. Sin embargo, previo al capítulo inicial, titulado: "El observador tirado sobre un pastizal..." aparece una cita que dice:

> El que se den unidamente el respiro y la
> visión, y no como simple posibilidad sino
> en el acto, es ya un alto, puro cielo.
> MARÍA ZAMBRANO

Me seduce, me turba la transparencia de estas palabras. Una mañana en Valle de Bravo sentí lo mismo. Miraba en el estanque un cardumen de truchas devorar las migas de pan arrojadas por los paseantes. En sincronía, un hervidero de pájaros planeaba sobre la superficie líquida donde flotaba el alimento común.

Respiro y visión se parecen tanto a *pájaros y peces.* También me suenan familiares a *sueño* y a *corazón.* Aquella mañana en el estanque, aquella noche en el jardín, el horizonte ardía. Algo similar sucede con el párrafo de María Zambrano. Una corazonada me indica que en esta frase está latente una aparición.

～

El ojo de la belleza es unívoco. En su recepción liminar todo sedimento de conciencia es mímesis. Dominada la memoria, el cortejo del observador modula un lenguaje. ¿Para invocarla? No, más allá de la simulación el lenguaje de la belleza consumada prevalece como presencia.

tongue with a cube of salt. What I desire now is to mount the horse. To follow the storms. To overtake the night.

〜

I visit Robert Frost. From the green hill that is in front of his house in New England, I see him: he smiles as if he were in front of a nest. Upon arriving at the *hall,* before greeting us, he says to me: *this morning the sun has the quality of a guitar on a haystack.*

〜

Three days of that nocturnal encounter have passed. I reexamine the pages of my book in search of a possible explanation. The parrot was dying, leaving me a syllogism. Among chapters dedicated to the aurora borealis, the nomenclature of clouds, Newton's theory of colors on the subject of the rainbow, I give up on my undertaking little by little. Nevertheless, I could imagine the initial chapter, titled: "The observer lying down on a pasture…" a citation reads:

> That which makes breath and vision one,
> and not as mere possibility but at once,
> is already a high, pure sky.
>
> MARÍA ZAMBRANO

The transparency of these words seduces me, disturbs me. One morning in Valle de Bravo I felt the same. I used to watch a school of trout in the pond devour the bread crumbs thrown by passersby. In synchronicity, a swarm of birds used to glide upon the liquid surface where the common food was floating.

Breath and vision resemble each other as much as *birds and fishes.* It also sounds to me like *dream* and *heart.* That morning in the pond, that night in the garden, the horizon burned. Something similar happens in María Zambrano's paragraph. A presentiment shows me that in her phrase exists a latent apparition.

〜

The eye of beauty is univocal. In its liminal receptions, all sediment of conscience is mimesis. Once memory is conquered, the courtship of the observer modulates language. In order to invoke her? No, far beyond feigning, the language of consumed beauty prevails as presence.

EDUARDO MILÁN

RIVERA, URUGUAY, 1952 · Eduardo Milán has lived in Mexico since 1979. He has worked as literary critic and university professor. Among other poetry books he is author of *Errar, La vida mantis, Nivel medio de las aguas que se besan, Algo bello que nosotros conservamos, Circa 1994*, and *El nombre es otro*. His complete poetry has been gathered in the volume *Manto*, published in 1999. He has also published two volumes of literary criticism, *Una cierta mirada* and *Resistir: Insistencias sobre el presente poético*.

Eduardo Milán translated by Roberto Tejada

"Me refiero a ti como a dos fieras porque"

Me refiero a ti como a dos fieras porque
una herida son dos fieras. Hay que estar
muy herido para referirse, muy herido de lenguaje.
Me refiero al Cañón del Colorado. Me refiero a
un abismo desnudo que Christo viste, en la
aurora lo veo en su cresta. Me refiero a la nada,
al punto opuesto donde está Christo. Escribir es
desnudarse, escribir es vestirse. Pero el vértigo
no viste, viste el rojo, el pájaro de sangre, el
gorjeo del pájaro de sangre en Inglaterra: pío, pío.
La que te cubre no cobra por vestirte. Ella, la
doncella leve que sobre ti se deposita, esposa del
esposo, gemela del gemido. Por último,
sin miedo, me refiero a mí.

"Eficaz la pata de conejo, el no estar"

Eficaz la pata de conejo, el no estar
del resto del conejo que se llama fortuna.
Colorado, un cáctus para esa tuna. Desierto,
un cierto orden por amor de Dios. La suerte
en la pata del animal, ¿y el resto del cuerpo?
¿La muerte empieza o termina en la pata del conejo?

"I mean *you* as though referring to two furies because"

I mean *you* as though referring to two furies because
a wound is two furies. You have to be real
wounded to refer, real wounded by speech.
I mean the Grand Canyon. I mean
a barren valley Christo is wrapping, at dawn
I spot him at his summit. I mean nothingness,
at the opposite end from where Christo is. To write is
to be naked, to write is to be clothed. But you're
loathe to see from shining sea, saw red, a gory bird,
the gory bird's warble in England: tweet, tweet.
Who envelops you bids no levy for dressing you. She,
the lissome maiden, lodges over you, bride
to the groom, twin to the moan. Finally
and fearless, I mean myself.

"Rabbit-foot effectiveness, nonentity of"

Rabbit-foot effectiveness, nonentity of
the rabbit-remainder called chance.
Colorado: cactus for that Indian fig. Desert:
a certain order for the love of God. Luck
with the animal's foot, but as for the rest of the body?
Does death begin or end with a rabbit's foot?

La misma pregunta para el cuerpo. La suerte
es una pata menos un cuerpo, ambos de conejo,
miembros activos de universo en expansión.

"Ya que no somos nada, por ejemplo"

Ya que no somos nada, por ejemplo,
podemos ser la lluvia. Seguramente
la lluvia nos acepta sin titubear, aún
cuando comienza. Y ahora comienza. Gotas
en el vidrio de la ventana: nos acepta,
esta ella que es la lluvia nos acepta. Bésame.
Fragilidad, téjele un hilo a la patita del pájaro,
fraterna terminación de la lluvia o acabado, téjele.
Especie de caja de cartón donde está escrito "Frágil"
con mano ágil, sin temblor adentro. Seamos frágiles
ya que no somos océano. Una forma nos acepta.

"Yo no creo nada, yo colaboro, ayudo"

Yo no creo nada, yo colaboro, ayudo
en esto. Ya nos sentamos a la mesa
como al infinito, comemos para siempre.
Y no es moral, es coral, es el caracol
sobre el muro blanco de la cal. Subimos
la nada a la mesa y ahora es nada
entre cubiertos, vacío entre la vajilla,
nada entre los vasos. Antes se llamaba
"hambre de origen". Ahora se llama "apetecer".

"No hay porqué, hay órdenes de canto."

No hay porqué, hay órdenes de canto.
No hay porqué, después que nos dan las gracias
decimos no hay porqué. No hay porqué, hay

Same question goes for the body. Luck
is a foot, minus a body, both rabbit-related,
active members of this expanding universe.

"Now that we're nothing, for example"

Now that we're nothing, for example,
we can be the rain. Certainly
the rain welcomes us with no hesitation, even
when it begins. And now it begins. Drops
on the windowpane: it welcomes us,
this item the rain welcomes us. Kiss me.
Frailty, weave a thread around the bird's wee foot,
neighborly conclusion of the rain or finish, weave as much.
A kind of box with "Fragile" written
in agile hand, no trembling inside. Let us be fragile
now that we're not the ocean. A form welcomes us.

"I believe in nothing, I collaborate, I assist"

I believe in nothing, I collaborate, I assist
in this. Now we're seated at the table as
on the verge of infinity, we eat forever more.
And it's a habit, it's an avatar, it's a tarpon
that darts through the white moral reef. We lift
nothingness to the table and now it's nothing
in between the silverware, vacant in between
the dinner set, nothing in the glasses. Once it
went by "hunger for origin." Now it goes by "craving."

"There is no wherefore, there is a command of song."

There is no wherefore, there is a command of song.
There is no wherefore, after being thanked
we say there is no wherefore. There is no wherefore, there

ardores de amor que nos conducen sonámbulos.
Es la milicia sin sentido de los no hay porqué,
milicia de por miles. Por el camino de los no hay porqué
por enésima vez se escuchan pájaros,
se encuentran plumas
de pájaros que sin porqué cantaron
hasta morir y sin cesar
y sin censura: sara-piqué, sara-piqué, sara-piqué.
Estamos inquietos
pero seguros que estas sillas son sillas, sillas
son sillas. Entre los árboles un aire medio alado,
hay un alivio de árbol sin preguntas.

"Las marionetas son metáforas perfectas"

Las marionetas son metáforas perfectas
adivina de qué. Del hombre frente a Dios, no.
De la clave de Kleist, no. Del temblor que la
recorre cuando tú te escurres, vas o vienes, no.
María es un nombre extraordinario para ella.
De un relámpago en cámara lenta, antes
que los cuerpos caigan en la cama, no.
Del primer gesto después del Génesis, no.
Ni de lo más frágil, de lo casi imposible, de ti,
no. Las marionetas son metáforas perfectas
de las adivinas del por qué, de las que responden al
¿me amas? ¿me amas?, de las dalias,
de las dalilas, sí, sí.

"Me dejo guiar porque he dejado ir"

Me dejo guiar porque he dejado ir
lo invisible en mí.
A mi lado dejaron los lugares vacíos
como si —fíjate bien— hubieran desertado
con la ligereza con que la arena se desprende
del viento del desierto para ser asimilada a la sal

are frenzies of love that lead us sleepwalking.
It's the senseless militia of the without wherefore,
militia by the thousands. On the road of the without wherefores
you hear birds for the umpteenth time,
you find feathers
of birds that without wherefore sang
to death and without cease and without
censoring: cliff-swallowed, cliff-swallowed, cliff-swallowed.
We're restless
but certain that these chairs are chairs, chairs
are chairs. There is a half-winged air about the trees,
there is a comfort of questionless trees.

"Riddle me what marionettes are"

Riddle me what marionettes are
the perfect metaphor of. Of man facing God, no.
Of the key to Kleist, no. Of the tremor
that runs through her when you wring, recede, or come, no.
María is an extraordinary name for her.
Of a thunderbolt in slow motion, before
bodies collapse onto bed, no.
Of the first gesture after Genesis, no.
Nor of the most fragile, nor of the almost impossible, nor
of you, no. Marionettes are the perfect metaphor
of the riddle-me-this's, of women who reply to
liebst du mich? liebst du mich? of dahlias,
of delilahs, indeed, indeed.

"I let myself be led because I let loose"

I let myself be led because I let loose
all things invisible in me.
They left the vacant spots beside me
as if — mark my words — as if they'd deserted
with that buoyancy when sand is issued
from the desert wind to be assimilated to the salt

en Alejandría o ahora, cerca de Leonora.
Y no han podido llenarlos por más muñecos con granos
de arena, la misma arena. Antiguamente se llenaba aquí
y se vaciaba allí, el mundo era un equilibrio íntimo.
La ceguera del topo era un aire en fiesta, un delfín
antes de América. Cuando hay risa la risa abre la cara,
pomelos que se llaman toronjas y en otro lugar ángeles.
El nombre varía, no el lugar de desovar. Tengo fijos en mis ojos
sus dientes blancos: la mujer reía realmente. El hombre
enamorándose porque sabía — ambos sabían — que la risa
es un misterio, la mujer y el hombre es un misterio.
Entre el nacimiento de San Juan y el descubrimiento
de América hay cincuenta años de diferencia a favor
de América, uno la luz de adentro, la otra la luz de afuera,
uno caminó por el llano de Valladolid. Ya no es igual.
Los niños se preparan solos para morir desde niños
en las esquinas, en las escuelas, antes
palabras casi gemelas, gemelas.

Cinco

(*fragmento*)

Ahora que no hay yo, vamos al yo general:
un yo total que inunde al nosotros que no sirvió para nada,
la invisible miríada, agua limpia que gana.
Fui guiado por la mano del presente, manta,
raya capaz de estriar el tiempo del cielo, como un águila,
tocar atrás, adelante como un cuerpo a seducir ahora
porque para ella no hay después, ni para mí ni para el topo,
especialmente para el topo. Lo personal en mí,
cosa que a todos interesa como un negro que canta,
interesa una negra que camina, etíope o antílope,
al mundo se le acelera el corazón poeta, De Vega y Carpio,
es que soy tímido ante los significados. Me remito a ti
por miedo a ser responsable: significa *hados*. Responder
a la pregunta es dar, alas son preguntas sin contestar,
pero responder antes de la pregunta es entregarlo todo,
desaparecer. Eso era poesía. Pero yo quiero hacer una prosa

in Alexandria or, now, next to Leonora.
And they're unable to fill them, no matter how many dolls,
with grains of sand, the same sand. Of ancient, here they were filled,
there they were emptied, the world was an intimate balance.
The mole's blindness was an air of festivity, a dolphin
before America. When there's laughter laughter opens your face,
cheeks called grapefruit and in other lands angels.
Names will vary, not the place to spawn. Fixed in my eyes
are her white teeth: the woman laughed, really. The man
was falling in love because he knew — both knew — that laughter
is a mystery, woman and man a mystery.
Between the birth of Saint John and the discovery
of America there's a difference of fifty years in favor
of America, one a light inside, the other a light outside,
one walked through the plains of Valladolid. It's not the same any longer.
All by themselves children arrange to die from the day
they are children on corners, at school, formerly
words almost twofold, twofold.

Five

(*excerpt*)

Now that there's no self, let's proceed to the general self:
a total self that floods the pointless first-person plural
the invisible myriad, clean water that prevails.
I was guided by the hand of the present, mantle,
manta ray apt to striate time from the sky, like an eagle,
touching back and front like a body now to seduce
because there's no hereinafter for it, nor for myself, nor the mole,
especially not for the mole. The personal in me,
something of interest to all like a black man singing,
of interest is a black woman walking, Ethiopian or antelope,
the world speeding the poet's heart, Lope de Vega y Carpio,
it's that I'm bashful with regard to signifiers. I point to you
in fear of being responsible: signify errs. To respond
to the question is to give, wings are unanswered questions,
but to respond before the question is to surrender it all,
to disappear. That was poetry. But I want to render a febrile

febril, pastar en fembra placentera, en su placenta suplirme
como un toro. En este mundo no hay otra rosa.

         ᴂ

Vamos al yo general, arenga al yo general,
una marcha que sea una danza sin marcar el paso,
sin firmar la tierra, que la tierra firme, que el suelo exhale.
Falta le hace, todo le hace pero sobre todo falta.
      Desplazarse.
Este movimiento después de la helada es una encarnación con
    carencia,
va con uno, es la única fuente que hay porque no hay fuego, no hay
la túnica del fuego, ganó el frío, cada uno bebe en cada uno,
el otro debe al otro su bebida refrescante que hasta el sol,
      mundial, cuando no canta,
bebe. Ésta, y no aquella, es la subida.

"Esto no puede seguir así: sé sincero, uno"

Esto no puede seguir así: sé sincero, uno,
tengo que hablar conmigo. Parece gastado esto,
parece usado por otro. Así es: ya todo ha sido
usado, usado todo mi saco, usado todo tu vestido.
Es capaz de entristecer el amarillo, imposible.
Se apagan los girasoles, se vacían las vaginas
como vajillas después de la cena, como restos
de la comida exquisita. ¿Qué viene ahora, los quesos?
No hemos entendido nada. El gobernante, poeta;
el Renacimiento, actriz; los haces de luz, depósitos;
las ánimas, armamento. El andrógino de origen
terminó en indiferencia: en vez de los dos, ninguno.
El sujeto está omitido, matado, metido a muerto.
Las ostras están aquí por parecerse a los astros.
Son las miradas del mar, ocultas. Son los cultivos del cielo,
agrícola. Hemos perdido la forma, se la llevó la hemorragia.
Y la sangre por el medio en el papel de equilibrista.
Ahí hay una nueva forma: en el dolor de la herida, en el *ay*,
centro del grito. No me gusta lo gastado: como si fuera mi cuenta

prose, graze in pleasant feminal field, in her placenta
myself like a bull. In this world there is no other rose.

&

Let's proceed to the general self, a harangue to the general self,
a march that's a dance without timing,
without signing the earth, may the earth sign, the ground exhale.
Something missing, all things amiss but especially something.
    A deposition.
This movement after the cold spell is an embodiment with deficits,
it follows you, it's the only source because there is no fire, there's no
tunic of fire, the cold prevails, each one drinks of each,
the other owes the other its refreshing beverage that even the sun,
      the world over, when not otherwise singing,
drinks. Here is the ascent — not yonder.

"We can't go on like this: be truthful, empty"

We can't go on like this: be truthful, empty,
I must have a talk with myself. This appears spent,
used by another it appears. That's right: now all has been
used, my coat all used, your dress all used.
Yellow, impossible, is enough to sadden.
Sunflowers are diminished, vaginas vacated
like vessels after supper, like leftovers
of the exquisite meal. What's next, the cheese course?
We haven't understood a thing. The chief of state, a poet;
the Renaissance, an actress; faces of light, alluvium;
animae, an armament. The androgyne of origin
concluded in indifference; in place of two, none.
The subject is omitted, slain, done for dead.
Periwinkle is here because it resembles twinkle-twinkle.
It's the wink of the ocean, covert. It's the harvest of the sky,
agricultural. We've lost the form, swept by the hemorrhage.
And blood in the middle in the role of tightrope walker.
Herein lies a new form: in the pain of the wound, in the *ow*,
yowl central. I dislike the expenditure: as if it were my account

pendiente de los tabúes. Mi máscara no es de aquí. Aquitania.
Yo pago en otro sentido. Sé que estoy hablando solo.

"¿Quieres curar las caras de los dioses?"

¿Quieres curar las caras de los dioses? Haz máscaras
de yeso blanco donde tu yo desaparece. ¿Quieres curarlos?
Aunque parezca lo contrario: haz máscaras, disuelve
tus dedos en sus caras al moldearlas, caras
o rostros son lo mismo ante el horrror de no tenerlos
cerca. Haz máscaras esta noche (circa 1994). Ven,
danos una mano en esto, un corazón abierto de pájaro,
de pájaro de perfil. ¿Te gustan mis imágenes? Me mandan seducirte,
circa 1994, para que hagas caras o rostros, ambas igualmente
válidas para el vacío. Porque no tienen cara no se forma el coro,
el cielo es una selva donde nadie ha visto nada, nadie fue,
el fuego viene solo, el mundo es el lugar de los cantantes.
Imagina bordes, veredas del camino, haz máscaras.

"Uno está solo frente a esto: haciendo máscaras"

Uno está solo frente a esto: haciendo máscaras
como haciéndose a sí mismo. Recordar cómo fue hecho el Rostro,
el horror del recomienzo, ¿quién puede sostener la Imagen
del que te hizo y ahora te demanda que lo hagas, Padre
y Madre al mismo tiempo? Antes, andabas.
El momento en que el rostro se recoge, se vuelve adentro
y ya no hay afuera para el rostro. Retrocede, retrocede.
Vendas, vendas o la memoria de las vendas para estas heridas.
Pero antes que las vendas, agua con sal.
También hay que vendar la sombra. El reflejo en su lugar más frágil.
No se puede estar en Su lugar, desde dónde decir esto,
¿desde el mundo de las focas? Todavía no estaba el volar,
ni el andar en cuatro patas, las aguas estaban por el medio, cálidas.

pending the taboos. My mask is not from here. Hibernia.
I redress in another sense. I realize I'm talking to myself.

"Do you care to remedy the faces of the gods?"

Do you care to remedy the faces of the gods? Make white
plaster masks where the self disappears. You want to remedy them?
Demeanor otherwise notwithstanding: make masks, dissolve
your fingers in their mien as you mold them, mien
or countenance are the same in the face of the horror not to have
them nearby. Make masks tonight (circa 1994). Join us,
lend us a hand in this, an open heart of a bird,
a bird in profile. Do you like my images? I've been sent to seduce
you, circa 1994, to make mien or countenance, both equally valid
for the void. Because it has no face the chorus doesn't form,
the sky is a jungle where no one sees nothing, nobody was,
the fire arrives alone, the world is the site of singers.
Imagine borders, sidewalk en route, make masks.

"One's alone in this: making masks"

One's alone in this: making masks
as though making oneself. To recall how the Face was made,
the horror of recognition, who can sustain the Image
of the one who made you and now demands to be made by you,
at once Father and Mother? Before, you subsisted.
The moment the face is retrieved, it slips inside
and there's no longer an outside for the face. Withdraw, withdraw.
Bandages, bandages or memory of the bandages for these wounds.
But even before the bandages, water and salt.
The shade, too, must be bandaged. The reflection in its most fragile spot.
Impossible to be in His spot, to say this wherefrom,
from the world of the seals? Still, there was no flight,
no walking on all fours, the waters were in between, warm.

"Manda decir que no estén en Su lugar"

Manda decir que no estén en Su lugar,
que es por eso que no se forma el coro.
La experiencia de volver a ver lo que no vi,
no pude haber visto y veo, sin embargo, cómo,
antes del comienzo de las focas, antes de las aguas frías
y cálidas, antes del calor del rostro que se forma entre las manos.
El problema no es decir, el problema no es volver,
el problema es pretender el lugar de lo No Visto,
desnudo de uno mismo. Cuántas vacas no están en el vacío
y por eso son sagradas. Es como poder redistribuir a tu antojo,
recircular dones, vientos, vacas. ¿Con qué delicadeza
la luz guía los dedos al bordear la nariz? Con la misma que no puede
delinear la arena. Entre la nada y la punta del cabello hay un espacio
    en blanco.
La serenidad del rostro en ruinas dejándose hacer
de nuevo para el recomienzo, con qué seguridad en tu certeza,
en la delicadeza de tus dedos. ¿Qué sabe de tí? ¿Qué animal eres?
Que se cure de la cara para que se forme el coro y se cante el mar
que se devora.

"¿Cuál coro?"

¿Cuál coro?
El coro oscuro de los días claros, de ahí
saldrán los dióscuros, ecos de sus cascos.
Con este dedo se toca la boca para que hable,
con el índice. Con los tres centrales se tocan los pómulos.
Con éste se delinea la cara para que no queden restos de neón
cuando renazca. La boca se toca en silencio. Ahora está muda.
Los ojos no son necesarios.
Todas las palabras cayeron.
Esta lluvia tal vez las alivie porque es persistente. No su batir:
su repiqueteo en el dios.
Las alas están donde deben estar: en sus pájaros. Han volado

"He sends word for them not to be in His place"

He sends word for them not to be in His place,
that's why the chorus doesn't form.
The experience of seeing again what I didn't see,
could not have seen and see, however, how,
before the commencement of the seals, before the waters cold
and warm, before the heat of the face that is formed between the hands.
The problem is not to say, the problem is not to return,
the problem is to endeavor the place of the Unseen,
denuded of oneself. How many cows are not in the void
and on account of this they are sacred. As if to be able to redistribute
at your fancy, recirculate gifts, winds, cows. With what gentleness
the light guides the fingers to edge the nose? With the same one that
    it can't
outline the sand. Between nothingness and the ends of hair there's a
    blank space.
Serenity of the face in ruins allowing itself to be made
anew for the beginning again, with what security in your certitude,
in the gentleness of your fingers. What is known of you? What animal
    are you?
Let the face be remedied so that it forms the chorus and sings the sea it
devours.

"What chorus?"

What chorus?
The cloudy chorus of clear days, wherefrom
will emerge the cloud deities, echo of their helmets.
With this finger touch your mouth for it to speak,
with the index finger. With the three middle fingers touch your cheek.
With this one outline your face so that there's no remainder of neon
when it surfaces anew. Your mouth is touched in silence. Now it's mute.
Eyes are unnecessary.
All words fell.
Maybe this rain will alleviate because it's persistent. Not its stirring:
its pealing in the god.
Wings are where they should be: on each bird. They've flown

pero no se han movido a la izquierda y derecha del pájaro,
en el espíritu. Rara vez la nada concede la imagen muy leve
de un batir de alas, de un latir bajo el lodo que lo cubrirá
hasta que se abra. Hablo de lo que no habla salvo por la boca
del corazón que no es contrario al pez. Alegría: no es
contrario al pez. Pero no es la verdad. La verdad es distinta
de los ríos de tinta que corrieron para decirla y se fueron
sin decir al mar. Porque los ríos no dicen, según la verdad.
Segunda alegría: los ríos dicen con la ayuda de la gracia
y de los navegantes breves llenos de aves cuyo canto no va lejos
y cae sobre el río. Caída del canto de los navegantes breves
y de las aves, no va lejos, sobre el río, imán de manás. Alegría
y gracia. Más o menos así es el coro de los días que siguen.
Hasta aquí porque ya queda poca luz.

but they haven't fluttered left or right of the bird,
in its spirit. Seldom does nothingness concede the very weightless image
of a stirring of wings, of a beating under the mud that will cover it
until it opens. I speak of what doesn't speak except through the mouth
of the heart that isn't adverse to the fish. Happiness: it isn't adverse
to the fish. But it isn't the truth. The truth is distinct
from the rivers of ink that ran to speak her and left the sea
without saying so. Because rivers don't speak in point of fact.
Second happiness: the rivers speak with the help of grace
and of the momentary helmsmen teeming with birds whose song
	doesn't travel far
and falls onto the river. Fallen from the song of the momentary helmsmen
and of the birds, what doesn't travel far, upon the river, manna
	talisman. Happiness
and grace. This is more or less the chorus of the days that follow.
Heretofore because such little light remains.

FABIO MORÁBITO

ALEXANDRIA, 1955 · Fabio Morábito was born in Egypt to Italian parents and spent his childhood in Milan. Since 1969 he has lived in Mexico, where he is a philology researcher at Universidad Nacional Autónoma de México. All his works are written in Spanish. He is author of the poetry volumes *Lotes baldíos,* which received the Carlos Pellicer Prize in 1985, and *De lunes todo el año,* which was awarded the Aguascalientes National Poetry Prize in 1991. Among his prose books are *Caja de herramientas, La lenta furia,* and *Los pastores sin ovejas.* He has also written two children's books. His most recent publications are *El buscador de sombra,* a poetry chapbook, and *La vida ordenada,* a collection of stories. *Toolbox,* Geoff Hargreaves's English translation of *Caja de herramientas,* was published by Bloomsbury in 1999.

Fabio Morábito translated by Geoff Hargreaves

La esponja

Si en un plano colocamos un cierto número de pasillos y galerías que se cruzan y se comunican, obtenemos un laberinto. Si a este laberinto le conectamos por todas partes, arriba, abajo, y a los lados, otros laberintos, es decir otros planos de pasillos y galerías, obtenemos una esponja. La esponja es la apoteosis del laberinto; lo que en el laberinto es todavía lineal y estilizado en la esponja se ha vuelto irrefrenable y caótico. En la esponja la materia *galopa hacia afuera,* repelente a cualquier centro. Es dispersión pura. Imaginemos una manada de animales que huyen del ataque de un felino y, dentro de esa manada, a un grupo de individuos situados bastante lejos de la fiera pero no por ello menos aterrorizados. Ese trozo de manada marginal pero no periférico, cargado de terror pero relativamente a salvo, es una esponja, mezcla de delirio e invulnerabilidad.

Es esa mezcla lo que nos hace sentir que la esponja es una herramienta menos dueña de sí misma, la más exterior, la que no guarda nada y la más nirvánica. Sus miles de cavidades y galerías son como la disgregación que en cualquier estallido precede la pulverización final; su asombrosa falta de peso es ya un principio de caída y ausencia. Frente a eso, la ligereza de una pluma de ave tiene escaso mérito; está demasiado conectada con su pequeñez; es una ligereza que se constata pero que no sorprende. La de la esponja, en cambio, es una ligereza heroica.

Sponge

If we place across a level surface a certain number of passageways and galleries which crisscross and communicate, we end up with a labyrinth. If we then connect up to this labyrinth, from all directions — upward, downward, sideways — still more labyrinths, that's to say, other levels of passageways and galleries, we end up with a sponge. A sponge is the apotheosis of the labyrinth, but what is linear and stylized in a labyrinth becomes, in a sponge, uncontrolled and chaotic. The material in a sponge gallops outward, rejecting any notion of a center. It is pure dispersion. Let's imagine a herd of animals fleeing from the assault of a feline predator, and inside this herd, a group of individuals situated at a fair distance from the predator but no less terrified because of that. This section of the herd, marginal but not peripheral, fraught with terror but relatively safe, is a sponge, a blend of delirium and invulnerability.

It is this blend that makes us feel that, of all our tools, the sponge is the least in control of itself, the most outward-looking, totally prodigal, wholly bent on nirvana. Its thousands of cavities and galleries are like the disintegration that precedes the final pulverization in all explosions. Its astonishing lack of weight is already a first step toward collapse and absence. In contrast, the lightness of a bird's feather has little merit; it is too closely bound to its smallness; it is a lightness that manifests itself without surprises. But a sponge's lightness, on the other hand, is something heroic.

Esa ligereza es prueba de su total disponibilidad y entrega. Incluso, de tan extrema, esa entrega parece tomar la forma de una rapacidad insaciable. La esponja chupa y absorbe, pero no tiene ningún receptáculo fuera de ella misma en donde guardar lo absorbido. No tiene aparato digestivo. No procesa nada, no retiene nada, no se adueña de nada. Tan sólo es capaz de prestarse hasta el último retículo. ¿Para qué? Ni ella lo sabe. Por eso no habla, confabula. El agua la invade como una consigna que nadie entiende pero que todas sus galerías repiten con apuro propagándola como un incendio. Ninguna boca queda muda.

La esponja es acrítica. De ahí lo fácil que es penetrarla por arriba y por abajo, hurgar hasta en sus últimos escondrijos y aligerarla de todos sus secretos. Basta volverse agua. ¿Y quién no se vuelve agua frente a una esponja? Miremos al hombre que tiene una esponja en la mano, cómo la manosea y observa; está mimando, sin quererlo, los movimientos del agua.

Y el agua no se halla nunca tan dueña de su expresión, de su voz, como dentro de una esponja. Su principal ocupación, que es caer, encuentra en la esponja, en ese escenario concentrado y tangible, una experiencia cabal de todos sus quehaceres y aptitudes, como en un laboratorio.

Lo que hace la esponja con sus mil ramificaciones es frenar la caída del agua para que el agua se nombre a sí misma sin dificultad, limpia y humanamente. En la esponja el agua recobra fugazmente manos y pies, tronco, dedos y cartílagos, o sea un germen de autoconciencia, y *vuelve a sí misma* después de cumplir con una tarea concreta: escudriñar a fondo, sin errores ni olvidos, un cuerpo que permanecía seco. Plenitud no sólo del agua sino del amor.

Pocas cosas, pues, tan de cabo a rabo como la esponja. Es el anonimato en su forma más pura. No tiene carácter, es decir, hábitos, manías, reincidencias, callosidades, endurecimientos. Su dibujo capilar es ecuánime, no hay ahí obstrucciones como tampoco vías rápidas, atajos o brechas; cada membrana y cartílago participan con la misma intensidad en la actividad en común.

Es como si la materia, por una vez, hubiera renunciado a cualquier acumulación de fuerza en algún punto, a la menor superposición de residuos; como si se hubiera empeñado en fraccionar el menor asomo de ganglio, de veta o de nervio; como si a través de tortuosos cálculos, rodeos,

This lightness is proof of its total application and dedication, a dedication so extreme that it begins to look like an insatiable rapacity. A sponge sucks up and absorbs but has no receptacle outside itself to hold what it absorbs. It has no digestive system. It doesn't process anything, it doesn't retain anything, it doesn't establish property rights over anything. All it can do is lend itself out, right down to its very last bit of tunneled connections. But what's the point? The sponge itself doesn't know. That's why it never speaks, never tells tales. Water invades it like a buzzword nobody understands but which all the tunnels gabble over and over with an incendiary panic. Not a single mouth remains silent.

A sponge is amoral. Hence the ease with which it is penetrated both above and below. Uncritically it lets you poke into its most intimate recesses and relieve it of all its secrets. All you need to do is to turn into water. And which of us doesn't do that, when we're confronted by a sponge? Let's consider a man who has a sponge in his hand, observing how he fondles it and peers at it. Despite himself, he is imitating the action of water.

Water never finds itself in as much control of its expression, its voice, as when it's contained inside a sponge. Water's principal business — running down — discovers inside a sponge, in that concentrated, tangible setting, a perfect opportunity to perform all its tasks, to demonstrate its abilities in a laboratory setting, as it were.

A sponge with its thousand branchlines manages to hold water in check, so that it may recognize its own nature, without difficulty, in a clean and human fashion. Inside a sponge water recaptures, fleetingly, its hands and feet, a trunk, fingers and toes, cartilage — in other words, a seed of self-awareness. It regains consciousness, after it carries out the specific job of scrutinizing in depth but with some mistakes or lapses in attention, a body that was keeping itself dry. This is the plenitude of water, and also of love.

When all is said and done, there are few things in this world like a sponge. It is anonymity in its purest form. It has no character; that's to say, no habits, no fads, no self-indulgent lapses, no unfeeling moments, no bouts of hard-heartedness. The key to its nature is its equanimity. There are no roadblocks in it; nor are there expressways, shortcuts, or escape routes. Each membrane and cartilage participates in the common task with equal intensity.

It's as if the material, once and for all, had refused to accumulate force at any one point, or the smallest buildup of reserve energy — as if it had made a personal vow to dissipate even the slightest hint of ganglion, thew, or sinew — as if through its tortuous reckonings, detours,

idas, vueltas y repasos incesantes hubiera acabado con toda adiposidad e inercia y terquedad; con toda estupidez. Resultado: una materia ágil y despierta, recorrible y pronunciable. Y algo más: una materia sin poder, ignorante en el sentido más puro, no ajena a la emoción.

La mitad de la mitad de la mitad; he aquí la pequeña ley que rige a la esponja. Una ley que la esponja lleva a cabo con una obstinación y un rigor admirables, y que quiere decir, sin más, la partición al centésimo, al milésimo o a lo que haga falta para neutralizar cualquier intento de sedimentación, de tribalización, de patriarcado. Siendo que su pasión es la confabulación y el jolgorio, la lubricación y el bombeo, lo que necesita son bifurcaciones y desvíos, y desvíos de desvíos, y ramales de ramales de ramales; todo fraccionado, todo a la mitad de la mitad, todo en giro, todo femenino, todo ya.

De ahí su vocación de filtro, de destilante. El filtro, es bien sabido, es una caída frenada al milésimo, una herramienta de disuasión; disuade frenando y mareando. Es un interrogatorio. La culpa, que es siempre un botín, un fardo ilícito, queda al fin en evidencia y neutralizada en forma de grumo. Lo que permanece es la esencia, la pobreza inicial, pues un filtro no es otra cosa que un viaje a contrapelo en busca de un comienzo perdido. Es pues un recordatorio, quizá una confesión. Y, paradójicamente, la esponja es la expresión de la desmemoria: no admite sumas ni acumulaciones. Es franciscana. Y otra cosa, tiene temperamento atlético; no puede permitir que nada se enfríe, que envejezca. Así, aunque no lo queramos, cada vez que exprimimos una esponja, en los cartílagos y tendones de nuestra mano se insinúa el secreto deseo, que nunca nos abandona, de rehabilitarnos a fondo, de ser otros, disponibles y ligeros como el primer día. Pues no cabe duda de que el primer día era sencillamente eso, una esponja.

Las tijeras

Si el calor dilata, amalgama y fusiona, el frío hace lo opuesto: contrae y divide. Las tijeras son el embajador del frío; muestran lo que el frío, concentrado en una herramienta, es capaz de hacer: abrir hiatos, desalentar. Es la misma propiedad del agua, la de devolvernos continuamente

comings, goings, endless recomings and regoings, it had put an end to all fattiness, inertia, and stubbornness, to every stupidity. The result: a material that is agile and wide-awake, traversable and pronounceable. And something else: a powerless material, unknowing in the finest way, without being foreign to emotion.

Half of a half of a half: here's the little law that controls a sponge, a law that a sponge obeys to the limit, with admirable determination and rigor, a law which means, to put it bluntly, breaking things down to the hundredth or thousandth part or to whatever fraction is necessary to neutralize any attempt to build up sediment, tribal feelings, or patriarchal structures. Given that its passion is for dubious schemes and binges, for lubrication and pumping, what it requires is forking roads and detours, and detours within detours, branches of branches of branches — everything reduced to fractions, everything down to a half of a half, everything changing direction, everything feminine, everything ready and waiting.

Hence its vocation as a filter, a distiller. The filter, as we all know, is a fall broken at the last moment, at a minute fraction from disaster, a tool of dissuasion; it dissuades by holding stuff back and making it dizzy. It is a cross-examination. Guilt, that permanently illicit bag of booty, remains at the end open to view and neutralized as a dollop of goo. What stays behind is the essence, the initial poverty, since a filter is nothing other than a journey back-to-front in search of a lost beginning. You could call it a reminder, maybe a confession. And yet, paradoxically, a sponge is the expression of a failing memory. It doesn't admit sums or accumulations. It's Franciscan. And another thing, it has an athletic disposition; it can't allow anything to get cold or grow old. So, although we may not want to, every time we squeeze a sponge in the cartilages and tendons of our hands, a secret desire is hinted at, one that never leaves us, a desire to reinvent ourselves from the bottom up, to be different, to be as accessible and light as we were on our first day. There's no shadow of a doubt that our first day was just that, a sponge.

Scissors

Scissors are ambassadors of cold. They bring us notice of the brilliant cruelties that cold is capable of, when it's concentrated into a tool. Concentrated cold contracts and divides; it opens up gaps and reduces morale. Along with water, it possesses the power to reduce us, time after

a la simpleza del suelo y de liberarnos de grumos e ilusiones inútiles; por eso no sólo nos bañamos para estar limpios, sino también para ser más realistas.

El habla de las tijeras es muy simple y puede resumirse en la frase: "¡Aquí no hay lugar!", pues entre su par de hojas de acero no cabe nada; sólo el agua, que es capaz de estremecimientos inauditos, puede penetrar ahí sin daño. Todo lo demás debe retirarse, peca por demasiado grueso y demasiado torpe, y si no se retira, es retirado a la fuerza. Es lo que hacen las tijeras: empujan hacia los costados para abrirse paso, como una quilla en el mar. Trabajan de hombros, son hombrunas. Actúan por soborno gradual, luchan cuerpo a cuerpo con un adversario a la vez, lo tumban y pasan al siguiente, y así se abren camino, sin ruido, quirúrgicas, no arrasando sino desmontando, quitando sucesivos muros de fondo, sustrayendo apoyos, especialistas en ahondar crisis; son crepusculares; en el pleno mediodía de una superficie, en la plena multitud de una cosa se muestran impotentes, necesitan retroceder a sus orillas, a su anochecer, y de ahí, por sobornos en serie, por decapitación gradual de centinelas, consiguen internarse sigilosamente, minando defensas.

Esa es su pasión: remontarse, pues son vengativas. Se entiende por qué: cada cuchillo de las tijeras odia al otro; han sido obligados a colaborar, es decir, a dar lo peor de sí: no el impulso frontal, no la cuchillada heroica, sino el rebane oblicuo, solapado, escalofriante. En suma, actúan como sirvientes. Lo mismo que el rey atrae a los nobles a la corte y para domarlos hace que se froten y calumnien mutuamente, así dos puñales calientes y libres, cogidos por un gancho, se enfrían en una pose servil y modosa. Se acortesanan. Las tijeras transpiran cortesanía, viven bajo el signo de la contención, del ahogo, de la murmuración.

Basta ver cómo actúan: mientras la hoja inferior maldice, marcando un fino sendero de muerte, la otra, en lo alto, desciende con su tajo estrangulador. Como quien dice: se tira una piedra en la oscuridad, y cuando el incauto enemigo se asoma a ver, se le decapita por la espalda.

time, to the simplicity of ground-level things and, simultaneously, to free us from the grubbiness of fruitless illusions. That's why we take baths, of course. Not merely to get cleaner. But to grow more realistic.

The talk you get from scissors is always to the point. It can be summed up in the taunt: "There's no room here!" Between the steely blades of scissors, nothing can find room — apart from water, that is. Water's capable of unheard-of squirmings and can wriggle through the gap between the blades without taking the slightest drubbing. Everything else, however, has to back off, guilty of being either too fat or too slow. And if a thing doesn't choose to back off, it's forced to. That's what scissors do. Like a keel in seawater, they thrust things aside and clear a path for themselves. They work like a pair of hefty shoulders, easing others aside. Bit by bit they overthrow the opposition. They struggle body to body with one adversary, knock him over, and go on to the next. As noiselessly as surgeons, they open a way through, not by demolishing but by leveling off, removing one foundation after another, subtracting supports. Scissors are specialists in deepening a crisis. They are creatures of evening. In the vertical, noonday light cast by a smooth surface, in a confrontation with the central expanse of an object, they're as useless as eunuchs. But let them slink to the edges of the object, to its twilit limits. Then by a series of sly maneuvers, by nipping the heads off the object's sentinels, they will manage to slide their way silently inward, undermining every defense.

Undermining is a passion with them. They're cursed with a vindictive nature. And it's not hard to see why. Each blade of a pair of scissors loathes the other. They've been coerced into doing their dirty work together. Dirty, because we see no frontal attack, no heroic act of stabbing. Only an oblique act of slicing, undercover and chilling. In short, scissors behave like servile courtiers. Just as a forceful king summons his nobles to court and dominates them by making sure they rub one another the wrong way and whisper behind one another's backs, so these erstwhile daggers, once fervent-hearted and free-spirited until a sovereign screw forced them together, forfeit all their previous ardor in postures now decorous and docile. They grow courtly. They reek of courtliness, living under the sign of self-containment, suffocation, and whispered gossip.

While the underblade vilifies the object-victim, tracing out a thin line of death, the overblade comes down with a choking, chopping action. As the old trick has it, you toss a stone into the darkness, and when your imprudent enemy sticks his head out to see what's going on, whop! you chop it off with your sword.

Así avanzan las tijeras, por sorpresa, por zancadilla; agreden las partes lumbares, aletargadas; comienzan con el centinela más joven, o el más dormido, o el más aislado. Una vez que lo liquidan, nada las detiene; de una sola vulnerabilidad deducen las otras. Son deductivas. Eslabonan muy bien su razonamiento y ni un solo momento sueltan el hilo, *no dan el menor salto*, se infiltran a base de aritmética.

Todo el tiempo segregan límites, insatisfacción, falta de sueño. Viven alerta, casi de puntas, de absoluto perfil, de futuro, en continua acritud. Aborrecen el presente, el verbo estar, el paisaje. Están envenenadas de futuro. El futuro es su método. — ¡Más adelante, más de prisa, más al frente! — chasquean las hojas de acero — . ¡Más futuro, más futuro!

Y así, con los puros dedos y la mirada, educadamente, con pulcritud, como dos solteronas, se dejan manipular las tijeras, como si no estuvieran directamente a la mano sino al final de un trecho invisible de antecámaras, de finas reverencias. No admiten un manoseo inexperto o rudo, como otras herramientas; no permiten el error ni el embuste; se entra y sale de ellas y punto. Aguardan tensas. Por eso es frecuente ver a los niños observar con detenimiento las tijeras y cerrar un ojo mientras juntan y vuelven a separar las dos hojas de acero. Quieren descubrir cuál es la más culpable, cuál es el misterio de las dos tijeras, el centro donde gravitan, donde acaso dudan; presienten quizá una blandura oculta, un algo como un corazón que persiste bajo su dureza, un germen aunque sea mínimo de entrega y gratuidad. Como siempre, no se equivocan. Porque a menudo, mientras están sumergidas en su trabajo, mientras no se dan abasto, las tijeras se emparientan en serio, se dan cita con calor, con arte, con finura, forman un niquelado matrimonio, cada parte olvida su bohemia perdida, y a las dos, mientras abren diligentes rutas en mares de tela o de cartulina o de papel, las descubrimos de pronto no zancadillando, no sembrando temor y calumnias, sino simple y llanamente *congratulándose*.

That's how scissors get ahead in this world, by surprising the opposition, outsmarting it. They attack the lumbar regions, the less sensitive parts. They begin with the youngest watchman, or the sleepiest, or the most isolated. Once they dispose of him, nothing can stop them. Yield them one single weak point, and they can find the rest for themselves. They are masters of deduction. They link one premise neatly to another and never for a second lose the thread. *They skip nothing.* They move with mathematical assurance.

They live their lives wide-awake, almost on tiptoe, their bitter eyes fixed on tomorrow. They resent the actual, the present tenses of verbs, the surrounding landscape. They are intoxicated with things subsequent. The word "tomorrow" sums up their whole methodology. "Forward! Faster! Push ahead!" squeaks the steel of their blades. "Into the future! Tomorrow here we come."

And yet, by means of two fingers and a glance, they allow themselves to be manipulated, nicely, neatly, like elderly spinsters, as if they weren't in direct contact with you but were items of a venerable delicacy at the end of a dizzying perspective of anterooms. Maybe that's why they won't tolerate clumsy or inexpert handling the way other tools will. They condone neither error nor fraud. In they go and out they come. And that's that. They stay tense.

It's not uncommon to see children close one eye and study the action of scissors, first opening the blades, then shutting them. They want to discover which blade is the more culpable, to unravel the mystery of scissors, to find their center of gravity, the point of hesitation. Maybe they intuit a secret softness in them, something like a heart that throbs away under all that hardness, a seed, however tiny, of self-surrender and extravagance. And, as usual, the kids are on to something. Frequently, while scissors are immersed in their work, while they're duly providing satisfaction, the blades get along with each other famously. They keep a date with heart, with art, with a genuine finesse. They contract nickel-plated matrimony, each partner forgetful of its lost bohemia. While they are opening up a careful path through seas of cloth, of cardboard, of paper, suddenly they discover that they're no longer playing tricks or sowing seeds of calumny and terror, but are purely and simply *congratulating each other.*

Piazza Gimma

Espío en el edificio
que tengo más a mano
el movimiento que comienza
en los balcones,
cómo reaflora
en las tareas primeras del amanecer
con gestos sin estilo aún, de repertorio,
la rutina,
y yo que me enamoro tan sólo en esta hora
en que la gente es más repetitiva,
más inconexa interiormente,
más llena de depósitos antiguos,
observo a la mujer que siempre sale en bata
en el octavo piso con su taza de café,
rubia matrona amante de la vida
que echa una ojeada al mundo mientras toma
dos o tres sorbos breves
y después, con gesto erótico,
sacude la tacita para remover
el fondo azucarado que le ofrece
el mejor sorbo, el último, el más dulce,
antes de despertar del todo.
Antes de despertar del todo,
tú, rubia del amanecer,
te atienes a tu rito de degustación,
de intimidad contigo
y desde ahí, de tu balcón,
salida ya del sueño,
entras de veras a tu casa
con tus gestos,
no con los que heredaste de los tuyos.

"No quiero, pese a todo"

No quiero, pese a todo,
muros gruesos,

Piazza Gimma

I spy on the building
closest to hand
a movement that begins
out on its balconies
as the day's routine,
the early tasks of morning
with their stock and styleless gestures,
flowers again.
I fall in love at this one hour
when people most repeat themselves,
least connected to their inner lives
and packed with habits laid down long ago.
There's a woman I observe who
constantly appears in bathrobe,
on floor eight, with coffee cup,
matronly blonde, in love with life
casting glances at her wider world while taking
two quick sips or three,
and then with an erotic shake
loosens up the sugared lees, to reach
the best of sips, the last, the sweetest...
all before quite waking up.
Before you quite wake up,
blonde of the morning, hold fast
to ritual tasting, self-communion.
Off from your balcony,
at last emerged from sleep,
slip inside your home, by now yourself,
make gestures of your own,
not those somebody has bequeathed to you.

"I do not wish, in spite of all"

I do not wish, in spite of all,
for thick walls,

tan gruesos que no oiga
el silencio de los otros,
hecho de algunas voces y ruidos
que se filtran por los muros,
avisos de la vida
que transcurre al lado,
abajo, arriba,
en contra mía;
quiero unos muros que me aislen
levemente,
contar con el silencio
que los otros tienen,
saber que es frágil,
que sin hacer ruido es como
estamos juntos
y estamos en contacto.
No quiero nada grueso
que me impida oír,
que hay otros que desean de mí
que no haga ruido
y que a través de las paredes
que nos unen y dividen
escuchan mi silencio y lo agradecen.

"Yo que he olvidado las palabras"

Yo que he olvidado las palabras
de los rezos,
enciendo el purificador de aire
por la noche.
Todos rezamos antes de dormir
aunque no recordemos las palabras
de los rezos,
y ese zumbido,
como un rezo,
da un toque lírico a los muros
de mi cuarto.
También quien reza,
me imagino,

so thick I cannot hear
the silences of others
born between voices and noises
filtering through walls,
advisories of adjacent lives
penetrating, from beside,
below, above,
to clash with mine.
I wish for walls that lightly
isolate, which let me count
on silence from the others,
knowing that silence will break easily,
that we are close at hand, together
but keeping quiet.
I do not wish for thicknesses
that block my hearing
others who wish me to be just
as quiet, who through the walls
that unite and divide
listen to my silence
and thank me for it.

"I've forgotten the words"

I've forgotten the words
of prayers
but switch on my air purifier
each night.
We pray before we sleep, each one of us,
though none can recollect the words
of prayers.
The hum of my machine
is like a prayer,
lends lyric touches to my
bedroom walls.
Whoever prays, I dare affirm,
detoxifies the air;

reforma el aire
con su rezo,
lo pasa por un filtro,
pero prefiero ese zumbido,
que es fe en estado puro,
a las palabras de los rezos,
que circunscriben una fe
y estrechan el espíritu.
Tal vez sólo rezamos
para recrear
la combustión del fuego
alrededor del cual nacieron
los primeros círculos.
Con el murmullo
de los labios
regresa otro murmullo
que le dio forma a nuestro oído.
Nuestras plegarias son el eco
del trabajo de las llamas
que levantaban de la nada un muro.
Algo en nosotros no confía en los muros
que son inmóviles y torpes,
el muro que realmente conocemos habla,
tiene una voz y un rostro,
respira como un animal
y esa respiración nos da tranquilidad,
la sensación de un círculo cerrado.
Nadie se duerme sin un poco de ese círculo
en los labios.

"Los elefantes nacen viejos"

Los elefantes nacen viejos,
tener desde el comienzo todas
las arrugas
es su sabiduría,
como la sabiduría de la esponja.
Pueden averiguarlo todo
porque reducen a su mínima

his prayers filter it.
But I prefer the wordless hum
—faith in its purest state—
to words in prayers
that circumscribe a faith
and narrow souls.
Maybe we pray solely
to rekindle fires, round which
our human circles first were formed.
From murmuring lips
comes back another murmur,
the one that brought the shapes of hearing
to our ears,
our prayers the echo
of the busy flames which raised
protection from the nothing dark.
A part of us declines to trust in walls
that cannot move, will not react.
The wall we really know can speak,
it comes with voice and face,
breathing like an animal
whose breathing brings serenity,
a sense our circle is complete.
No one falls asleep without something
of this circle on his lips.

"Elephants are born old"

Elephants are born old.
To have wrinkles from the start
signifies their wisdom,
the way it does with sponges.
They can put all things to the test,
reduce to minimal
expression, to naked

expresión, a su interior
desnudo y sin escoria,
lo que les sale al paso,
como hacen con los árboles.
O sea que pueden ignorarlo todo.
Su trompa es la extensión
de sus arrugas,
es la culminación de su vejez.
Tanta vejez anda en manada
para defenderse,
tantas arrugas juntas
para lograr
la calma de los elefantes,
su extraordinaria falta
de locura.
Llegar a todas las arrugas
de la tierra,
al fondo de los surcos
donde no hay sol, ni clima, ni deseos,
llegar
a la sabiduría de la esponja
y recibirlo todo, abrirse a todo,
envejecer de tanto abrirse,
palidecer por falta de carácter,
ser siempre interiormente
una manada, nunca uno solo.

"Los mapas"

Los mapas
se hacen los domingos,
cuando la población está dormida,
cuando la distensión
ayuda a ver
los mínimos relieves de la patria,
sus líneas menos
perceptibles, sus golfos
más dudosos.
Los geógrafos se apuran,

innerness, all dross aside,
whatever meets their path.
Consider how they deal with trees:
they can ignore anything.
The trunk is an extension
of their wrinkles,
the high point of their ancientness,
and so much ancientness moves in a herd
for self-protection.
So many wrinkles join forces
to achieve
the tranquillity of elephants,
their uncanny measure
of canniness.
Just to arrive at all earth's wrinkles,
to reach the furrows' depths
where there is no sun, where neither climate
nor desires are,
to claim the wisdom of the sponge
and take in everything, to everything be open,
and grow old from such openness
is to fade away from lack of character
and on the inside always be
a herd, never a single self.

"Maps are drawn on Sundays"

Maps are drawn
on Sundays
when the population's dozing
when all that stretching out
helps one to see
the minutest contours of one's native land,
the least detected
lines, the inlets most
in doubt.
Geographers work in haste,

quieren aprovechar
la precisión del alba
del domingo,
corrigen los detalles chuscos,
separan líneas o las juntan,
desechan una curva errónea,
ponen al día la patria
que se modificó
debido al mar,
al viento y los deslaves.
Viven perpetuamente reparando
sus errores.
Durante la semana
registran
solitarios
el cambio más modesto:
un árbol caído,
un incendio doméstico,
un cambio de pronunciación
en los suburbios;
saben que todo lleva
al cambio del trazado de la patria
y sus esfuerzos
jamás serán recompensados.
No es que quisieran
que todo se quedara quieto,
en su color,
para poder trazar
el mapa fiel de lo que somos,
pero si en nuestros actos
tuviéramos conciencia
de cómo todo repercute
en el conjunto,
de que un conjunto
siempre está en peligro
y que jamás puede decirse
de ninguno: es esto,
sino que hay que volver
a verlo, a actualizarlo,
a hacer que no se caiga
y darle un nombre cada vez

eager to take advantage
of early Sunday morning's
clarity.
They correct weird bits and pieces,
distinguish lines or meld them,
discard erroneous curves,
bring up to date a country
that got out of date
because of sea
and wind and things that lost their color.
Their lives are spent
correcting their mistakes.
All week long
as solitary souls
they note
this modest change and that,
a tree that fell,
a fire that burned a house
a change the suburbs make
in how a word's pronounced.
They know it all contributes
to the way the country's drawn
and their efforts never
get fair recompense.
Not that they'd want
all things to stay in place,
without a change of tone,
so they could once-and-for-all trace out
the map of what we are.
But if we were aware
of how each single act of ours
impinges on the whole,
and that the whole
is never out of danger,
that it never can be said
of anything, "That's just the way it is,"
for we always have to take a second look
to check it out again,
make sure it doesn't fall,
and one time more give it its name,

más íntimo y más suyo,
si no perdiéramos de vista
que todo tiene un eco,
una prosecución en otro orden,
tendríamos un aire que no es éste,
más llevadero y menos puntiagudo,
un aire de conjunto, justamente,
un aire más geográfico,
de modo que la patria
encontraría su sedimento,
no su verdad,
que cambia a cada rato,
y encontraría su punto de equilibrio,
su mapa aproximado pero interno,
la imagen de sí misma sin estorbos.

"No he amado bastante"

No he amado bastante
las sillas.
Les he dado siempre
la espalda
y apenas las distingo
o las recuerdo.
Limpio las de mi casa
sin fijarme,
en tres segundos,
y sólo con esfuerzo puedo
vislumbrar
algunas sillas de mi infancia,
normales sillas de madera
que estaban en la sala
y luego,
cuando se renovó la sala,
fueron a dar a la cocina.
Eran las sillas más comunes
que se han hecho,
aunque jamás
se llega a lo más simple

more intimate, more truly it;
if we kept in sight
that all things have an echo,
extensions in another order,
we'd have a different air about us,
more bearable, less prickly,
some sense of wholeness, to be precise
an air more geographic;
and then our country
would face up to its sediment
(not its truth)
which changes all the time
and find its point of balance
in a rough-and-ready map internalized,
an image of itself, the nuisance factors gone.

"I've never been in love enough"

I've never been in love enough
with chairs.
I've always turned
my back on them.
I can't tell this from that
or hold one in the mind's eye long enough.
The ones at home I clean
without a glance
in seconds flat.
It takes an effort now
to visualize
the chairs I sat on as a kid,
ordinary chairs of wood
belonging to our dining room
which, once we gave the place a face-lift,
were demoted to the kitchen.
The most ordinary
of ordinary chairs.
Yet we never understand
the real
simplicity of chairs.

de una silla,
se puede empobrecer
la silla más modesta,
quitarle siempre un ángulo,
una curva,
nunca se llega al arquetipo
de la silla.
No he amado bastante
casi nada,
para enterarme necesito
un trato asiduo,
nunca recojo nada al vuelo,
dejo pasar la ecrespadura
del momento, me retiro,
sólo si me sumerjo en algo
existo, y cuando lo hago,
a veces ya es inútil,
se ha ido la verdad al fondo
más prosaico.
He amortiguado demasiadas
cosas para verlas,
he amortiguado el brillo
creyéndolo un ornato,
y cuando me he dejado seducir
por lo más simple,
mi amor a la profundidad
me ha entorpecido.

"Junto a los condominios de los vivos"

Junto a los condominios de los vivos
los muertos dan un toque de jardín
que el buscador de sombra aprecia.
Ellos también se acondominan,
hay que buscar el nombre del difunto
en una gran pared,
dejar las flores en el nicho
(si está muy alto el encargado trepa
una escalera y deposita

We can strip down
the humblest of chairs,
cut away for good an angle here,
the curving edges there,
but never grasp the chairiness
of chairs.
I've never been in love enough
with anything
to realize that it takes
assiduous lingering,
not snatching things up on the wing.
I let the moment disappear
and get no thrill from it.
I disappear myself. It's only when
submerged in things
that I exist. And if I make the effort
now, it's wasted
for truth is blunted
to banality.
I've fooled around with far too many things
to really see them,
dismissed too many things as ornaments.
Now when I let simplicity
seduce me,
a passion for profundity
has spoiled my taste.

"Compared to the condos of the living"

Compared to the condos of the living
the dead provide a touch of garden charm
that a searcher for the shade appreciates.
The dead possess their condominiums too.
Check out the dear departed's name
on this big wall.
Leave flowers in his niche
(and if you're not too tall
an attendant clambers up

la ofrenda por nosotros)
y dedicar un tiempo
a contemplarlo,
no equivocarse de cajón,
no curiosear en el dolor de junto
y sostener la vista
aunque nos duela el cuello
y sostener la compunción
y el llanto,
que en esa posición
se vuelven un problema,
pues sin la vista baja,
que es la que nos inclina
a repensar al muerto
y a revivirlo cada quien en su memoria,
se pierde el sentimiento de la tierra,
que todo lo acoge y hace suyo,
lo pudre y envenena.
Los muertos quedan sin profundidad,
expuestos en un aire
de acomodo
como de estiba
en donde, pese a todo,
nos dan un toque de jardín
que el buscador de sombra aprecia.
Sus nombres sólo ahora
se pueden repasar y degustar
como tal vez sólo se pudo
a pocas horas del alumbramiento,
cuando los padres del recién nacido
lo pronunciaron por primera vez
y al pronunciarlo vieron a su hijo,
lo vieron a los ojos y supieron
de qué se moriría.
El nombre es un temblor
que alumbra todo,
lo explícito y lo implícito,
el primer día de luz y el último,
con tal intensidad que nos deslumbra.
Y a lo mejor vivir
es ir de lumbre en lumbre

and leaves your gift in place).
Now dedicate a space
to contemplation.
Do not mistake the slot
or poke your nose into a neighbor's lamentation.
Keep your eyes raised on the spot
although it pains your neck.
Sustain your duteous woes
for all your awkward pose.
It's the lowered gaze that tends
to consider how life ends
and resurrect the memory of those gone.
Looking up, we lose the sense
of how the earth extends
its power over all with rot and poison.
The dead are robbed of depth,
exposed here to the wind,
stacked up in handy crates,
but still, despite the harm,
they bring a touch of garden charm
that a searcher for the shade appreciates.
It's only now their names
can be truly viewed and savored
the way they were some hours after birth
when the parents of the child
prounounced it for him first
and, his name poised on their breath,
peered deep into his eyes
and fathomed what would be his cause of death.
A name's a quaking tremor
that shines a light on what's
explicit and what's not,
the first day and the last here on earth,
a light so bright it blinds the sight.
To live may be to move from light to light
recapturing the first great dazzling flash.
It's granted only to a favored few
to make the slightest movement of the lips
and call their names from deep inside themselves
and hear again the voice
that named them a few hours after birth.

rehaciendo ese primer y único relámpago.
Sólo unos cuantos pueden
con un esfuerzo mínimo de labios
llamarse desde el fondo de sí mismos
y oír la voz que los llamó
recién nacidos
y oírse de su propia boca renacer.
No necesitan una cripta cuando mueren
porque mientras vivían su nombre
los alumbró sin desperdicio.
Siempre supieron, en el fondo,
a qué sabía su nombre en otros labios.
Los otros tienen que esperar
que el nombre,
ya no alcanzable por los gritos de ninguno,
vuelva a ser dicho por los labios
de un curioso,
un simple buscador de sombra como yo
que lo repite imaginando el rostro
del difunto,
para que su dureza se evapore,
pierda su opacidad
y brille en otros labios como entonces.

Their bodies need no crypts
for thriftily in life their names
bestowed illumination.
Deep down they always knew
the taste their names had left on other lips.
But others have to wait
out of call
till their names are voiced by passersby,
by a searcher for the shade, one such as I,
who says it over, finding in the mind's keen eye
the face of the deceased,
so that the name forgoes its hardness,
its opaqueness is no more
and it glows on other lips like once before.

JOSUÉ RAMÍREZ

MEXICO CITY, 1963 · Josué Ramírez is author of seven books of poems, among them *Imanes, Tepozán, Muda de raíces,* and *Los párpados narcóticos.* With artist Roberto Rébora he founded and directed Ditoria, a press that published small editions of letterpress poetry books, from 1995 to 2000.

Josué Ramírez translated by Joan Lindgren, Mónica de la Torre,
and Margaret Sayers Peden

Tepozán

Los ahuehuetes hilan en el aire
frases frente al cielo dirigidas.
En mis ojos aún Chapultepec
es la caligrafía de la niñez.
                   Gravitación
de gentes en familia
—remolino de cuchicheos—,
enredaderas trémulas de pájaros,
ardillas que auscultan celofanes,
lagartijas en ramas y en raíces ratas.

A la orilla verduzca del antiguo lago,
detrás de un eucalipto, observa una pareja adolescente
un policía bofudo.
              Impalpable
la puerta que un mimo finge abrir, ¿va hacia un más allá
de lo evidente?, ¿o es acá en realidad
que se mantiene en vilo?
               Su cara
no es un rostro ni una máscara,
es un espejo al que nos asomamos
como a una jaula donde un animal padece
el transcurrir monótono que taja sus instintos.

Tepozán

The ahuehuetes are spinning airborne
phrases directed skyward.
Chapultepec in my eyes is still
the calligraphy of childhood.
                              Family groups
seem to float
— eddies of whisperings —
tremulous chains of birds,
squirrels who study the sounds of cellophane,
in the branches lizards, rats among the roots.

By the greenish shore of the old lake
from behind a eucalyptus a crude policeman
spies on an adolescent couple.
                              Impalpable
the door a mimic pretends to open — leading to beyond
the here and now? or is the here and now itself
suspended in midair?
                              The face of it
is not a face and not a mask,
but a mirror in which we ourselves loom up
the way an animal in a cage suffers
the monotonous pace of the slashing away at its instincts.

Transmutación, rodillas chuecas, nudos.
Mutilaciones sordas que al tiempo presente hacen añicos.

⌀

> *Vuelvo irritado*
> *— mas luego, en el jardín:*
> *el joven sauce.*
> OSHIMA RYOTA

Recuerdo sobre piedras de lava extinta
la fricción de las botas,
una lata oxidada,
el sol anaranjado — enrojecido en el poniente — rasante.
Vi las sombras sesgar perfiles, lenta, muy lentamente.
No hubo reflectores. No había nadie al principio.
Escuché mi respiro respirarse.
Imaginé aleteos. No los hubo.
Pasaron los minutos del ocaso a la noche.

Callado, respiraba.
                    Los motores constantes,
reflexiones y refracciones cerca,
hacíanse convexos, lo mismo en sitios sonoros
que en los ojos,
                    distantes de objetivos.

Era yo en silencio lo que escuchaba,
era idea que responde a los sonidos en silencio.
Sin miedo, en soledad, pronuncié *Xitle*,
y la noche se abrió sobre las piedras negras
ajena a mi deseo, pero no obstante muy semejante a él.
Sin temerlo,
                    llegó la policía.
Pidieron credenciales que no tuve.
Tenía uno cicatrices en la cara; el otro
la pistola en la mano. Nos miramos miradas adversarias:
"¿Qué haces aquí de noche?", preguntaron,
respondí: "Caminando";
negué con la cabeza acompañarlos.
Cínicos, comentaron: "Ni dinero".

Transmutations, knock-knees, knots.
Deaf mutilations that smash present time to bits.

·◊·

Annoyed once more
— later, in the garden:
the young willow.
OSHIMA RYOTA

On stones of extinct lava I remember
the friction of boots,
a rusting can,
an orange sun — reddening as it skims the western sky.
I watched outlines being slowly skewed by shadows.
No surface reflections. At first no one there.
I heard my own breathing.
I imagined the fluttering of wings. There was none.
The minutes between sunset and nightfall passed.

In silence I breathed.
                    Unending sound of motors,
nearby reflection, refraction,
becoming convex, in sonorous places
just as in the eye,
                    all far from clear.

It was myself I heard in the silence,
it was an idea answering sounds in the silence.
Fearless, alone, I named the god *Xitle*
and night opened itself to the black stones
a stranger to my desire, yet very like it.
Without my suspecting their presence,
                              the police arrived.
They asked for credentials I didn't have.
One with a scar on his face, the other
a pistol in hand. We faced off, adversaries:
"What are you doing here at night?" they asked.
"Walking," I answered, refusing
by a shake of the head to accompany them.
Cynics, they added, "No money at that."

El de la cicatriz amenazante
me llamó drogadicto y puto
golpeándome el abdomen con la cacha:
se fueron advirtiendo que me fuera.

Ya me iba y de pronto me detuvo
un tipo extraño:
                  "Híncalos tú luego, me dijo,
no eres más ojete si los matas". Salí
casi corriendo. Ya en mi casa
supe dentro de mí que el tipo extraño
habló de un rito.

        ❧

De tarde en tarde se oye que tumbarán un ahuehuete
en Popotla, quemado y seco, donde lloró Cortés,
y termitas y hormigas cohabitaron por estación
florida o de plumajes. Se dice
que una muchacha negra habita el árbol
y frota los peciolos de las hojas lanceoladas
de un arbusto que crece en este lado
de las antiguas Indias de Occidente.
Así se oye decir, pero lo cierto
es que está hueco el árbol,
que su piel es mulata,
que no habita el hueco,
que nada.

        ❧

A la cantera ata sus raíces
un arbusto de hojas aserradas.
Ronco, digo su nombre: *tepozán,*
lengua de vaca, cimarrón
que tiene las ramas más jóvenes cuadradas.
Bajo la luna llena, en la Cañada de Contreras,
me lo mostró Axel, llamando mi atención sobre el envés
de sus hojas que, por el polen nevadas,
y racimos de bulbos como uvas blancas,
se encienden en la noche con la luz lunar.

Scarface called me a faggot
and drug addict, punched me
in the belly with the butt of his gun.
They left and told me to move on.

I went on my way, suddenly stopped
by a strange kind of person:
                              "Bring them to their knees soon," he told me,
"and you'd be no more of a bastard for killing them." I left
at a half-run. Once home
I knew in my gut the stranger
was speaking of a rite.

                    ❧

In Popotla, you heard them from one afternoon
to the next felling an ahuehuete, burnt and dry, in the place
where Cortés wept and ants and termites cohabited
throughout the season of blossoms or plumage. They say
that a black girl inhabits that tree, that she
rubs together the stems of leaves speared
from a bush that grows on this shore
of the ancient Indies of the West.
That's what is said but you know
that the tree is hollow,
that the girl's skin is mulatto,
that she does not live in the hollow of the tree:
she swims there.

                    ❧

A bush with serrated leaves
affixes it roots to the quarry.
My voice hoarse, I say its names: *tepozán,*
cow's tongue, cimarrón,
its youngest branches are square.
Under the full moon in the Cañada de Contreras
Axel showed it to me, how the undersides of the leaves
whether from snowy white pollen
or clusters of bulbs like white grapes,
how they glow by night with a lunar light.

Arbusto renegado, luego árbol,
crece sobre azoteas casi desiertas
y entre las piedras negras de Ciudad Universitaria.
Fértil se expande y en medio de un solar rompe el asfalto.
En el Valle de México es un espectro repitiéndose a sí mismo:
una razón se cumple, otra se olvida.

Topografía

Recibí de mi madre — igual que otros — la carta que no abrí,
el pecho, su dorso generoso al darse un baño a la orilla del río.
La vi entre paredes de una casa andar de un lado a otro sin salida.
La raíz le mire, la herida intacta, y la perturbadora y fugitiva ceniza
    le miré.
Y me pidió callarme. Y en su trono de fuente que pronuncia su animal,
se mostró como piedra de mil siglos, ruido que tuerce el aire, el rostro
    dobla
y cuanta voz oída frente al mar convierte en ola que no vuelve más.
Por cinturón de crótalos le nazco nómada; cual proscrito y sin ídolos,
me mantengo alejado de la tribu.

Corazón mecánico

> *... por dios ofenso eres de la urbe echado.*

Palabras un millón de veces repetidas

—Rota la rotativa,
es noble su mecánica
pues trae los alegatos,
los tupidos instantes impresos
en la resma de este día sin alias exclusivo

Renegade bush, tree soon-to-be,
you grow on deserted rooftop gardens
and among the black stones of Ciudad Universitaria.
Fertile, you spread out and split the asphalt of parking lots.
In the Valley of Mexico you are a ghost who repeats to itself:
one reason accomplished, another forgotten.

— J.L.

Topography

From my mother — like others — I received the still-unopened letter,
the breast, her generous backside seen as she bathed at the riverbank.
I watched her going in circles shut up in a house with no exit.
I saw in her the root, the intact wound, I saw fugitive troubling ashes.
Keep quiet, she told me. And on her fountain throne that proclaimed
    her animal,
she seemed like a stone thousands of centuries old, a sound that tore the
    air, a Janus face
and all that voice heard seaside becomes the wave that never returns.
She birthed me, a nomad, from under her skirt of vipers; thus defined
    and free of idols,
I keep my distance from the tribe.

— J.L.

Mechanical Heart

        ... for offending god you shall be vanquished from the city.

Words repeated a thousand times

— Rotates the rotary printing press
its mechanics are noble
for it has allegations,
tightly printed instants
on the ream of this day without a particular alias

—les comentaba a Juan y a Fer
una noche en El Palas.
—A las palabras
(culto que establece reglas a ritos insondables)
—agregó con soltura de vate Juan—,
a su frote continuo con los labios,
dedica el artefacto impresor giros de placa.
—¿Qué pacto hay entre ellas, las palabras
—dijo Fernando—,
que parecen muy bien acomodarse
adelante o atrás unas de otras?
Para mí que es mejor pensar en México,
entrever cómo imperan en el presente
las formas imperiales del pasado.
—La cosa es no dejar que nos engañe el rítmico sonido
del lenguaje—agregué frente al whisky.
—Pero así no se dice...—insistió Fernando
　　　—¿Entonces cómo?—dije.
—Estamos inspirados, ¿no lo creen?—nos preguntó Juanelo
ya arrastrando la lengua entre los dientes.
—Los juegos que son redes, cosas léxicas...—comenzaba a
explicar cuando de pronto...
—¡Callemos un momento!, que ya llega
el loco que mendiga en este sitio y dice
que en su frente se graban las palabras,
donde nosotros vemos cicatrices.
Escuchemos una de sus historias:

　　　"En la esquina, una tienda,
　　　al lado de unas vías
　　　y un multifamiliar
　　　de pisos bajos, verde;
　　　bebían sus cervezas
　　　tres gentes de las diez
　　　que estaban en la calle.
　　　El sol del mediodía
　　　ocultaba las sombras.
　　　Yo, hablaba con Xavier
　　　escuchando la radio
　　　en su Valiant Olímpico.
　　　La señora Juanita

—I was telling Juan and Fer
one night at El Palas.
—To words
(cult that sets the rules of unfathomable rituals)
—Juan added with a bard's looseness—,
to their perpetual friction with lips,
the printing artifact devotes the turning of plates.
—What deal have they struck, words
—said Fernando—,
that they easily accommodate themselves
in front of or behind one another?
For me its best to think of Mexico,
to glimpse at how in the present prevail
the imperial forms of the past.
—The key is to prevent ourselves from being fooled by the rhythmical
sound of language—I added before a bottle of whisky.
—That's not how you say it…—said Fernando
        —Then how?—I replied.
—I'd say we're inspired. Wouldn't you agree?—Juanelo asked,
dragging his tongue between his teeth.
—Games that are webs, lexical stuff…—he began
explaining when suddenly
—Hush for a moment! Here comes
the loon who begs at this spot and says that
on his forehead, where we see scars,
are recorded words.
Let us hear one of his stories:

        "Outside the corner deli,
        beside the tracks
        and a housing project
        of low ceilings, green,
        three out of the ten people
        hanging out on the street
        drank beer.
        The sun of midafternoon
        hid their shadows.
        I was talking to Xavier
        while we listened to the radio
        inside his Olympic Valiant.
        Señora Juanita

—que ve telenovelas—
barría la banqueta;
su nieto, de uniforme,
sentado en el portón
tomaba su quijada
con sus manos pequeñas.
El señor de la tienda
—Miscelánea Prócoro—
que en la Revolución
tomó su treinta treinta,
ponía más cervezas
en la hilera roja
—mientras, quedo, silbaba.
Dos, de traje—en la axila
el portafolios negro—,
caminaban de prisa.
Dos, de los tres, de pronto,
se mentaron la madre;
uno cayó sangrando,
el otro enrarecido
se hizo de una botella
rasgándole la espalda
al que yacía sordo
anochecidamente,
amplio como el silencio.
El uno que mataba
al otro—que tirado
no respondía más—,
erizado se fue
tropezando en la grava.
Los dos que por ahí
aprisa ya pasaban,
corrieron sin volver.
De pie se puso el niño,
la abuela lo jaló
de un hombro—se metieron
al edificio E,
olvidando la escoba.
Don Prócoro miró
al sol, al sur y al norte,
y luego se sentó

—who watches soap operas—
was sweeping the sidewalk;
her grandson, in uniform,
sat at the doorway
and supported his lower jaw
with his small hands.
The owner of the deli
—Miscelánea Prócoro—
who in the Revolution
took his *treinta treinta*,
put more beers
into the red cooler
while, quietly, he whistled.
Two, in a suit—black portfolio
under the armpit—,
walked hurriedly.
Two of the three began
cursing at each other;
one fell, covered in blood,
the other, irate,
took hold of a bottle
to scrape the back
of he who lay deaf,
somberly,
broad like silence.
The one who was killing
the other—who
had stopped responding—,
scuttled away
tripping on the gravel.
The two who were
passing by
fled without turning back.
The boy got up,
the grandmother pulled him
by the shoulder—they got into
building E,
leaving the broom behind.
Don Prócoro looked
at the sun, north and south,
and then sat

detrás del mostrador
mirando justo el piso;
respiró muy profundo... ;
fue a hablar por teléfono.
El otro de los tres
que bebían sus cervezas,
cruzándose de brazos,
con la punta del pie
movió la cabeza
de aquel que ya tendido
en un charco de sangre
y sin soplo de aliento
al asfalto adhería
su vagar callejero;
y dio la media vuelta
y encendiendo un cigarro
tornó por la otra calle."

SEIS HORAS MÁS TARDE O EN EL CLÍMAX DEL PASÓN

Cortada por la luz,
aunada a los placeres
del movimiento rítmico del baile a solas
con el tubo acerado
—brillantinas,
pulso de sus repliegues momentáneos—,
conocí a la chilena
que se sentó conmigo,
y a mi mesa, sonrientes,
entrelazó sus dedos con los míos,
sus uñas que le corta con los dientes un ignorante imbécil.

Con fondo de dormir a la rodilla transparente,
alto charol
y medias blancas,
en los hombros encajes diminutos, bailó
induciendo a sus encantos,
otra, para nosotros dos,
meneando la cadera, sus raíces portuarias.

behind the counter
looking straight at the ground;
he took a deep breath...
got up to make a phone call.
The last of the three
who had been drinking beer,
crossing his arms,
with the point of his shoe
tipped the head
of he who lay
in a puddle of blood
breathlessly
adhering to asphalt
his roaming of streets;
then he turned around
and lighting a cigarette
went down a different street."

SIX HOURS LATER, OR AT THE CLIMAX OF THE MOVE

Severed by the light,
merged with the pleasures
of the rhythmical movement of her lone dance
with the steel rod
— glitter,
pulse of the momentary folds —,
I met the Chilean who sat with me,
and at my table, smilingly,
interlocked her fingers with mine,
her nails cut by the teeth of an ignorant dimwit.

With her knee-length sleeping slip,
patent heels
and white stockings,
on her shoulders minute lace, she danced
inducing us with her charms,
another, for the two of us,
swaying her hips, her seaport roots.

Profusión de caricias entre sábanas negras,
la ebriedad multiplicó en dos espejos sus perpetrados triángulos:
contra rodillas codos y en la nuca besos mordidas,
me chupaba los dedos y la verga.
Marisma de la noche,
deletreada finura sin afecto,
hice lo que se dice que no haga;
en sus labios juré,
y en un enroscamiento prolongado prorrompí en sus secretos punitivos.

Al dejar aquel sitio
de la noche errabunda, a mi paso
salían dentre los coches voces
— caminé hacia el mío —;
detrás de cada poste
o al dar la vuelta, en el hueco de umbrales lóbregos,
beodos vocablos,
como vorágines dudas de sexualidad precoz, verbos,
bajo un cielo poblado de neón, estrellas, Dante y Borges,
voces, digo;
mientras, yo acá en el vuelco de lo indecible andaba.

EL DÍA SIGUIENTE

El sol hacía brillar los edificios espejeantes de la ciudad de México DF.
La cuenca en las montañas, que se traza con una casi recta,
había amanecido amplia bajo un cielo alto y sus nubes rápidas.
Sonó y sonó el teléfono.
Yo venía de esa cueva de boca desdentada, crudo,
con un hilo zumbante en la cabeza,
la lengua hecha una bola de cobre
que expande entre los dientes
ese *collage* de imágenes de anoche,
donde se pierde el pie si preguntaras ¿quién eres?
Y rodeado de latas de cervezas vacías,
en la primera capa de mis párpados narcóticos,
como un televisor ya sin programas, miré por un momento.
Tocado por el fuego de la esclava que perturbó la noche, contesté.

Deluge of caresses between black sheets,
my drunkenness multiplied in two mirrors her perpetrated triangles:
against knees elbows and kiss bites on the nape,
she licked my fingers and my dick.
Marsh of the night,
deciphered finesse without affection,
I did what they say one shouldn't do;
on her lips I swore,
and in a prolonged entanglement I burst forth into her punitive secrets.

When I left that place
of the wandering night, as I passed by
I heard voices coming out of cars
— I walked toward mine — ;
behind each lamppost
or when turning a corner, in the hollow of murky horizons,
drunken nouns
like whirling doubts of a precocious sexuality, verbs,
beneath a sky populated by neons, stars, Dante and Borges,
voices, I say;
all that time I was stuck in the turmoil of the unsayable.

THE DAY AFTER

The sun made the mirroring buildings of Mexico City glimmer.
The valley of the mountains, which could be traced with a straight line,
had awakened broad beneath a high sky of rapid clouds.
The telephone rang and rang.
I was coming back from that cave with a toothless mouth, hungover,
with a thread buzzing at my temples,
my tongue turned into a copper bullet
that enlarged between the teeth
the collage of last night's images
where my foot would have been lost had you asked "Who are you?"
Surrounded by empty cans of beer,
with the outermost layer of my narcotic eyelids,
like a television on which all programs are over, I watched for a
    moment.
Touched by the fire of the slave that unsettled night, I responded.

Contra la pared, sombra que no para la nube, fijaste ambas pupilas.
"A la naturaleza le basta nada más pasar", dijiste humedeciendo
el aire con certeras ocurrencias semejantes a un chiste que no ríe sino
  hiere.

EL JÚBILO FANTASMA

Al desnudarte prenda a prenda tornas
en la de una felina tu figura.
Mar, salvaja de pelo largo, cortas
palabras coordinadas como notas, jaguara negra y
gritas la *¡Ah!* lacustre entre mi beso prendido a la caldera del segundo
—porque no es la difunta profecía que la llovizna roe lo que motiva
    al tacto.
Mar, prometida donde deslumbra Leo su melena de astros,
te llevo hecha de hojas bajo el cielo donde yo soy un río que te abraza.
(Ya entre tus pliegues tejen los canarios nidos de suave olvido.)
Mientras bailamos, todo se detiene, las caras de los otros
son el oscuro incienso que pasea luchando por asir tu tronco huidizo;
y vuelven a ser las rocas mexicanas bajo el sol con el polvo del camino.

MIRANDO A TRAVÉS DE UNA BOTELLA, COMO SIEMPRE

A pie va la violencia por la calle.

La ficción y las cosas

¿Qué ciudad y qué tierras son éstas?, ¿qué gentes las suyas?

Vine a la Catedral porque dijeron que aquí encontraría a un tal Pedro
como un montón de piedras con su súplica interna muriendo solo;

WOMAN UNCONVINCED BY THE LIFESTYLE OF THE POET

Against the wall, shadow unable to stop clouds, you fixed your two
    pupils.
"For nature it's enough to pass by," you said, moistening
the air with your truthful intuitions that are like a joke that isn't funny
    but wounding.

GHOSTLY JOY

When taking off your clothes you turn
your figure into that of a feline.
Ocean, longhaired savage, you cut
words arranged like notes, black jaguar,
and you scream a lacustrine *Oh!* between my kiss fastened to the
    cauldron of that second
—because what motivates touch is not the dead prophecy gnawed on
    by drizzle.
Ocean, fiancée where Leo dazzles her celestial mane,
I take you leaf-made under the heavens where I am a river embracing
    you.
(Already between your folds canaries are knitting nests of soft oblivion.)
As we dance, everything stops, the faces of others
are the dark incense that drifts by to hold on to your fleeting trunk;
and the Mexican rocks under the sun go back to being themselves
    amid the dust of the road.

LOOKING THROUGH A BOTTLE, AS USUAL

By foot goes violence down the street.

— M.T.

Of Fiction and Things

What city and what lands are these? And who its peoples?

I came to the Cathedral because I had been told that I might find a
    certain Pedro there
collapsed like a pile of rocks, begging for help inside, dying alone;

pero, entre estas formas interpuestas, miro una veladora consumirse
frente a una mujer hincada;
en tanto, una Virgen de Guadalupe con las flores de plata como un cielo
estrellado,
semeja que me mira contemplar bajo los techos altos rezos fríos,
flashazos de turistas, los altares al Cristo que se muere eternamente,
los terciopelos púrpuras y negros;
nardos, lirios, claveles, los diezmil milagros que la cera redime,
las banderas, el cáliz, la caoba tallada y las columnas que sostienen
siglos, retablos, méxicos de pólvora
en donde ¿quién soy yo? es una pregunta que un curtido indio me
responde
con los ojos que han visto ríos, pájaros, labradores que aran el paisaje,
las cuevas de los cerros, los maizales;
me pregunto de nuevo y me responde un obrero panzón que trae un
casco amarillo con verde bajo el brazo al pie de los andamios
—con sus manos, dureza inacabada, con sus hombros torreones—;
me responde el ventrílocuo pintado de Cantinflas, con el triste vacío
de las ferias;
en medio de sahumerios, pasos que arrastran penas, un policía
responde inquisitorio:
por encima del hombro mira a las que estando hincadas los talones
muestran;
la que trae uniforme, adolescente de tobilleras blancas, cara blanca y
cabello negro —agazapada ríe, abre un sobre y quizá lee una carta—;
los vagos cuchicheos me responden con el sonido acuoso del papel de
china
(y entretanto en el rastro se destazan vacas), bajo este abrazo incierto
de las bóvedas,
retiro uno por uno de los mantos que te cubren del rostro hasta las
manos, pétrea mujer, pirámide de áureos vidrios que la penumbra
torna espejos;
—nada responde el padre ni trastoca los incorpóreos salmos, ni
entrecorta su aliento la sustancia del verbo que es el tiempo en la
palabra escrita;
nada responde, no, la procesión del viento que se cuela pasando entre
las llamas;
ni el péndulo que marca el hundimiento de un cuerpo de piedra;
nadie responde nada, nadie pregunta, ni un cuchillo rasga el lienzo rojo,
tampoco se dibujan falos tensos sobre los abultados vientres de las
vírgenes

instead, among these intervening forms, I watch a large candle burn low
    before a kneeling woman;
meanwhile, a Virgin of Guadalupe amid silver flowers glimmering like
    a starry sky
seems to look down upon my contemplating beneath soaring ceilings,
cold prayers, tourist flashbulbs, altars to the Christ dying through
    eternity, purple and black velvet;
tuberoses, lilies, carnations, the ten thousand miracles repaid with
    candle wax,
flags, the chalice, carved mahogany and columns that shore up
    centuries, retables, mexicos of gunpowder
where Who am I? is a question that a leathery Indian answers with
eyes that have seen rivers, birds, campesinos plowing landscapes, caves
    in the hills, fields of maize;
again I ask that question and am answered by a paunchy workman
    beneath the scaffolding, yellow and green helmet under his arm,
with his hands, enduring hardness, with his shoulders like towers;
a ventriloquist made up as Cantinflas answers, with the sad emptiness
    of fairs;
amid incense from swinging censers, footsteps dragging sorrows, a
    policeman answers, inquisitorial:
over his shoulder he looks at women whose kneeling reveals their heels;
one in school uniform, a teenager with white anklets, white face and
    black hair: crouching, she laughs, opens an envelope and perhaps
    reads a letter;
half-heard whispers answer me with the watery sound of tissue paper
(as in the slaughterhouse cattle are being butchered) beneath the
    insecure embrace of arching vaults,
and one by one I pull back the veils that cover you from face to hands
    stone woman, golden pyramid of stained glass the penumbra turns
    to mirrors
the priest does not answer, he does not disturb the incorporeal
    psalms, nor does his breath score the substance of the word that in
    written utterance is time;
nothing answers, no, not the procession of the wind stealing among
    the candle flames;
not the pendulum that measures the sinking of this petrious mass;
no one answers, nothing, no one questions, no knife rends the crimson
    linen,
nor are turgid phalluses sketched upon the rounded bellies of the
    virgins...

—responde el triturado y diminuto segundo en que percibo la cabeza
    de Hidalgo en una jaula,
la luz anochecida que penetra el Sagrario de frente al Zócalo que
    recuerda el color sepia de fotos
de cientos de católicos ahorcados; responden los cimientos que
    Martín Selpúlveda puso cuando trazó las cuatro Plazas
donde subyace el Quinto Sol Azteca, la pausa de las aves sobre el lago,
la mitad de mi rostro que no acepta ver la hoguera y no echarse;
me responde la herida abstracta, el símbolo, la realidad que asciende
    como niebla y el ramito de plástico que lleva
una niña piojosa entre sus manos hechas de costras negras.

answers: the pulverized and defective split-second in which I spy the
    head of Hidalgo in a cage,
the dusk light that penetrates the Sagrario from the Zocalo recalling
    the sepia of old photographs
of hundreds of hanged Catholics; answers: the foundations Martín
    Selpúlveda sank when he set out the four Plazas
that overlie the Quinto Sol Azteca, the repose of birds on the lake,
the half of my face that refuses to see or plunge into the fire;
an abstract wound answers me, the symbol, the reality that rises
like mist, and the plastic bouquet
a lice-ridden girl carries in hands black with scabs.

— M.S.P.

JUAN GREGORIO REGINO

CHICHICAZAPA, SAN MIGUEL SOYALTEPEC, OAXACA, 1962 · Juan Gregorio Regino
writes in Mazatec and is the author of two books of poetry, *Tatsjejin nga kjaboya / No
es eterna la muerte* and *Ngata'ara Stsee / Que siga lloviendo.* He has also written re-
search books about the Mazatec alphabet and dialects.

Juan Gregorio Regino translated by Eliot Weinberger

Nijmi en nima

I

Nijun uchan yibua nga kjín.
Nijun ucha legua k´ajmí,
ndi´ í, jñú, isien.
Kiatjien fuchó nda chjinie,
chjinie xi sié nga tsakí.
Nguijín isien k´a.
Nguijín isien nguindié.
Nday´a anda anda ndaá,
só tsjatsoó,
ndi nijmí ndasen.
Kuíxi fuatjún ndiyaá ngasandié,
ndanga fuchó ndabua isien.
Kía chjianijmí,
kiá futí,
kia tsab´ uxie´á
nguijín Néná xi nchibutixamá ngasandié.
Tjo ch´an b´itiyá,
chi´un kjifé ts´akunda,
bikjín nday´aní nda,
njuijín inima ngasandié.

Cantares

I

Four hundred zontles away,
Four hundred leagues to the endless,
Light, darkness, images.
The voice of the wise one comes from there,
The singer, the soother of woe.
Among the images of the divine,
Among the images of the earth,
His soft voice is heard,
His song of the divine,
His godly prayer.
He crosses over on the path of life,
He travels to the nest of perfect images,
To talk there,
To haggle there,
To plead there
With the gods who rule the fate of the world.
The small wind lulls him,
The sleeping lightning waits for him,
His godly voice echoes like thunder
In the center of the universe.

II

Xi tsi´e naxi, tsó.
Xi tsi´e tixa naxi, tsó.
Xi tsi´e xungaá, tsó.
Na´mí tjo ´ñú, tsó.

Xi ts´atsjáná nno, tsó.
Naan xta nima, tsó.
Tjian xtjien, tsó.
Xi tsi´e ndi´í, tsó.

Tsjá nisié iní, tsó.
Ya naxo xan, tsó.
Naxó sijen, tsó.
Ndsakuan tsjiun, tsó.

Stse ñanga b´utje ts´uí, tsó.
Ngamasien ngasandié, tsó.
Nangui nda, tsó.
Nchan ndié nday´a, tsó.

Ngatjua ngasandié, tsó.
Nga´ñú xi k´a ngase, tsó.
Nga ndibua nga utjé ts´uí, tsó.
Ngayá isien, tsó.

III

Buats´en tjien nixtjín.
Buats´en tjien isien,
yito yibua ndojó,
yito legua nga kjín.
Kiatjien fuchó ndaná.
Kiatjien fuchó isiená,
ndiy´a xuta xi ncha tjún.
An xi k´e kju´á´an,
xi chjinie´an, xi ndiya´an, xi kjit´usu´an.
Ngat´e jé katsaéná kjuá.
Ngat´e jé tjiná kjuakití
nga kus´iean ngayá isien

Say lord of the hills.
Say lord of the caves.
Say spirits of the canyons.
Say father of the storm.

Say goddess of fertility.
Say mother of orphans.
Say whore.
Say mistress of fire.

Say macaw feathers.
Say *aguardiente*.
Say fragrant flowers.
Say tobacco dust.

Say rains from the east.
Say center of the world.
Say fertile land.
Say hanging bridges.

Say doors to the sky.
Say greater forces.
Say west and east.
Say place of the images.

III

This is how the day reaches over,
This is how the image reaches over,
Seven leagues away,
Seven zontles to the endless.
From there my voice is heard,
From there my spirit reaches over.
House of the first beings,
I am the one who makes them appear,
I am the wise man, the prophet, the guide,
For I have the permit,
For I have the license
To enter the holy space

ñanga kjiyijó libro ndikun.
Néná ngats´en chikunie taíjnu,
nga ndiy´a tsjie tinchujun.
Ndakuchjíni tsien nga ndibuá ngajñú.
K´etsitjien fu´á ndsok´o´an.
K´etsitjien fu´á isien nixtjíná.
Kuí ndiy´a tjik´ien.
Kuí ndiy´a ch´an.

IV

´An xi chjinie sié´an.
´An xi chjinie tsaki´an.
´An xi b´uxiejí´an nga jnú
isien nixtjín xi tjindo ´ñú.
¿Ñá tikún isien nixtjín?
¿Kó kji´í ni xi kamá?
´An xi k´uxiéjí´an.
´An xi k´uxié´a´an.
´An xi kustjiéná.
Ndatsa nguindie nda.
Ndatsa nguindie ndijo.
Nguijín isien nixtjín k´a.
Nguijín isien nixtjín nanguí.
´An xi kutjojíná.
¿Kó kji'í ni xi kamá?
¿Ñání nga kistinguí?
¿Ñání nga kistiyá?
´An xi k´uinda´an.
´An xi kjuxi´a´an.
Ngat´e ti yijónaní.
Ngat´e ti jínání.
Ngat´e chijinie ndá´an.
Ngat´e máná minchisé ndiya.
K´etjien ja´a ndsok´o´an.
K´etjien ja´a nijmíná.
Kjijñá isiená.
Kjijñá nixtjíná.

Where the wise books are found.
Blessed are you
Who dwell in the immaculate house.
We are thankful for the light that lights us.
We are thankful for the night that comes.
From there my footsteps travel,
From there I come,
To this house that offers shade,
To this house that refreshes.

IV

I am the wise singing man,
I am the wise soothing man,
I am the one who drags the captive spirits
From the darkness.
Where is this spirit?
What was it that happened?
I will drag him out,
I will free him,
I will lift him,
Even if he's underwater,
Even if he's under the rock.
From the images of the sky,
From the images of the earth,
I will set him free.
What was it that happened?
Where is the mistake?
Where is the error?
I've come to bring order,
I've come to do justice,
For it is part of my flesh,
For it is part of my blood,
For I am an honest lawyer,
For I am an explorer on the road.
From there my footsteps travel,
From there my words travel.
The soul is reaching across.
Time is reaching across.

V

Ndá nguijín inima t´ananguí
ñanga tikún naminchibuáná chi´un.
Chja´an ja´ín, chja´an nixtjín.
Kjín kjindibuani,
ndojó ndiya xi jé ts´atió.
Jé soó, je ndakjan.
Nño jin xi skjinié.
Ndajua jin xi k´uí.
Na´minchibuá tsjié.
Na´minchibuá ndikún.
Ngatjandibuá chjinie xchaá.
Ngatjandibuá chjinie tjun.
Ngatjandibuá chjinié b´indá
ngats´enkas´ien nijmíná.
Kuíxi si´intsjak´ié inimá.
Nga kjuindibuá ts´uí,
nga kuja xuñó,
nga kustjien nixtjín,
kji´a stsen sóná
xikó ngo xtjen.

VI

Ti k´eni tjindojíná.
Ti k´eni tjindoáná
xi tji´e, xi kjinie xta,
xi jo kjen, xi jo isien,
Ti k´eni tjindo xi ndojó ningo,
xi yito ndija.
Nda ndi tjingo k´uití;
kuíxi kutíchaya,
kuíxi kjuatjienjó.
Ti k´eni nchikjenjíná.
Ti k´eni tjijmajíná,
xi ndirie, xi tji´e,
xi ndikukun, xi ndájin.
K´e tjindo xi tjín najin ndi´í.
K´e tjindo xi tjín najin xtí.
Nga´ñú nijmína tsí

V

From the depths of the earth,
Where our grandfather thunder lives,
I raise his name to call him to his festival.
He comes from far-off times,
He comes from long days.
He's tired, he's wasted,
His food is not tortillas,
His drink is not water,
He is our immaculate grandfather,
He is our grandfather saint.
Let the wise elder come,
Let the wise director come,
Let the wise enchanter come
To deliver our prayers.
That will delight his heart.
When the sun comes,
When the mist clears,
When the day rises,
Our songs will be born
Like cliffs.

VI

They live among us,
They are among us,
The wizards, the man-eaters,
The ones with two faces.
Here are the ones with long fingernails,
Here the ones with seven horns.
We'll suffocate them with copal smoke.
He'll drag them out,
He'll lift them up.
They eat among us,
They walk among us,
The nahuales, the bewitchers,
The envious, the perverse.
Here are the ones with fire tongues,
Here the ones with tongues that burn.
Only the power of our prayers

xi kjuaxín ndiyáná,
xi kjuaxín nixtjíná.
Ti k´eni tjijmájíná.
Ti k´eni tjijmá´áná
xi xunda, xi ndirie,
xi ndájin, xi ndikukun.
Ti k´eni tjin xujun ndiso.
Ti kj´eni tjindo na´mi kjuandiso.
Vga ´ñútsi chikun xcha;
xi kungatjinguí nanguiná,
xi kutíchayá ndiyáná.

VII

Achó hora.
e jachó nixtjín.
Buats ´en nga ndibua nixtjín.
Buats ´en nga ndibua ndi´í.
Je tijunda ndastsie.
Je tikunda kicha.
Je hora nga si´ankjó,
ndiyá ñá tikun xáná,
ndiyá ñá tikun kjuanimáná.
Je hora nga kjuin.
Je hora nga x´ianiá.
Tikún stse ch´an.
Tikún na´mi ts´uíná.
Ndibua ndajua.
Ndibua sjibé.
Patrón sanisiro,
Taéná kjundá,
Taéná nga´ñú.
Xta ts´enxá´an.
Tsijen kun ndsa´an,
tjindonguí ndie ningona.
Taéna ngo kjunda nga skungaju´an
nangui xi ijñajne Néná.
Kia kjuáni ni xi xiniejin.
Kia kjuáni ni xi k´uitjiejin.
Kia kjuáni naxoó,
yaá, jam.

Will take them off their road,
Will take them from our lives.
They walk among us,
They're dragged among us,
The transvestites, the incestuous,
The lunatics, the intriguers.
Here are the makers of false literature,
Here the fathers of the lie.
The power of the masters of holy places
Will frighten them from our lands,
Will scatter them from our houses.

VII

The hour has come,
The moment has come.
This is how the day is born,
This is how the light is born.
The bowl is ready,
The machete is ready,
It is the time to think
On the place of our work,
On the place where our power is.
It is the hour of leaving,
It is the hour of beginning.
Here is the new rain,
Here is father sun.
The water falls,
The heat falls.
Patron San Isidro,
Grant me permission,
Grant me authority.
I work in the fields,
There are creases in my hands,
There is dirt in my fingernails.
Let me touch the earth
That the great God left us.
From there my food will come,
From there my seed will come,
From there my flowers, my trees,
My roots will come.

Buats´en nga kjamaxchánijin.
Buats´en nga kjamakjínijin.
Jí ná´mí sanisiro
taéná kjunda,
taéná kjuatjó.
Xta ts´enxá´an.
Ndandabuá xi kjijin k´e´an.
Ndase xi yi´á ndsub´a´an.
Ni tjién xi tjiyá ndsa´an.
Inima xi tjiyá ndsa´an.

VIII

´An xi kju´e´an ngat´e.
¿Kó kji´í kjejí?
¿Kó kji´í isien?
´An xi ts´achjají´an
´An xi ts´acha´a´an.
Naan ts´en.
Naan chikí.
Naan xuñó.
Naan t´ananguí.
Naan yibua.
Jí xi tjun ik´ijníji chibua.
Jí xi tjun ik´ijníji ndiya.
Naan tjun.
Naan xcha.
´Enri xi ´nú k´a tsabuá
kuí ngasandié nijme,
kuí ngasandié ndajuá
kuí ngasandié ndá.
Jí xi ch´anjí.
Jí xi xuñójí.
Ngayá ndsé.
Ngayá ningoó
kamá tajá yaá,
kamá tajá ndijo,
katjux´á k´ajmí,
kjindibuá saá,
kjindibuá nñó.
Ngat´e jí xi kini´ínjí.

That is how we grow,
That is how we are multiplied.
Lord San Isidro,
Grant me your grace,
Grant me your favor.
I work in the fields,
There is sweat on my face,
There is mud on my clothes,
There is a seed in my hand,
There is life in my hand.

VIII

Now I am here before you.
What is your face like?
What is your soul like?
It is I who invokes you,
It is I who implores you,
Mother milk,
Mother breasts,
Mother mist,
Mother earth,
Mother zontle,
You left the first footprint,
You made the first step,
Ancient mother,
Grandmother,
Your prayer is the highest
In this world of corn,
In this world of water,
In this rich world.
You are the cool breeze,
You are the mist,
Between your hands,
Between your fingers,
The tree grows hard,
The rock grows hard,
The sky opens,
The moon blossoms,
The stars appear,
For you have come,

Ngat´e jí xi ik´chj´ejí
xta xi jnó,
xta xi nk´ien.
Jí xi katsaéjne isien.
Jí xi katsaéjne ndi´í.
Naan ndiyá.
Naan ´na.
Naan y´o.
Jí xi ik´jníji chibua.
Jí xi ik´ijnúji xtín.
¡Ngatamachijuniéjí!
Santísima Trinidad.

IX

K´e tikun ndi tjingo sijéná.
K´e tikun k´io chjíná.
K´e tikun ndiki ch´aná.
K´e tikun tsjáná xi fí k´ajan.
K´e tjindó, k´e ts´enkas´ien.
Kuí chijí xi ts´atsjá,
tsi´e kjunda xi tiniíná,
tsienga ts´akungajúan yijoó.
Nguijín yijoó kjamaxcháji´an.
Nguijín yojoó tijuji´an.
Tjits´en jma ´an ndsa´an,
nga tjits´e´un yijoó.
Ngat´e buats´en je ijñá Néná.
Ngat´e buats´en je buakatsó.
Yijóri kutjojín nñona,
yijóri kutjojín ndáná.
Chí tsé,
chí tsa´an.
Bojóri ndatsa jí,
xindári ndatsa jí.
K´e tikún kjuanimáná.
K´e tikún ndandabuána.
Ji´ín ji, chjubéji.
Kuí xi tsjá nga´ñú.
Kuí xi tsjá inimá.

For you have blocked
The demons who lived before there was light
And the demons who live in hell.
You gave us light,
You gave us fire,
Guide mother,
Luminous mother,
Sprout mother,
You left the first footprint,
You made the first step.
You are holy,
Blessed Trinity.

IX

Here is my sweet-smelling incense,
Here are my best cacao beans,
Here is my fresh medicine,
Here is my feather that rises.
Take them, they are for you.
It is the payment for allowing me,
For giving me permission,
To touch your body.
I grow on your body,
I live on your body,
I have stained my hands
Striking your body.
This is how God has arranged it,
This is how God has ordered it.
My food will come from you,
My drink will come from you,
A little for you,
A little for me.
You too are hungry,
You too are thirsty.
Here is my offering,
Here is my thankfulness.
Drink it, take it,
It will give you strength,
It will give you life.

X

K´e tjitíná ndi´í siéná.
K´e tjitíná sien tibuáná.
Buats´en nga mi´a´an nga´ñu.
Buats´en nga mi´a´an kjundá.
¿Kóts´en k´unguíná yijóná?
¿Kóts´en kujáná nixtjiná?
¿Ñání nga tikún xi ch´an?
¿Ñání nga tikún xi y´o?
¿Ñání nga tikún ndiyá?
¿Ñání nga kjuakixí?
Buats´en nga mi´a´an ngo nga ´ñú.
Buats´en nga mi´a´an kjundá.
Xi jí xi na´míhí.
Xi jí xi naanjí,
ti´intsjijína, ti´inchit´ená,
ti´inchijuníná, tasíngandiyáná.
K´e tjitína ndi´í siéna.
K´e tikún sien tibuáná.

XI

Kjua nima, kjua tjó,
ja´a´an ndabua isien.
K´uindajíbura´an ngat´e
nguijín isien nixtjín.
Kuindabura´an ngat´e
mirá xi ndajín kji´í
kamáná, s´indajíná.
Kamáná kuendiyaá.
Ngat´en je buats´en katsaéná.
Ngat´e je buats´en ik´ijñaná.
¿Kó kji´í nixi kamea?
¿Ñá tikún isien nixtjín?
¿Ñá tikún isien nixtjín?
¿Y´á xi tikún´ñú?
¿A chikún ngatjuabua?
¿A chikún tjinguibua?
¿Y´axi katsanguiya,
xi ijña ´ñu ndabua isien?

With my light burning,
With my white candle lit,
This is how I ask for strength,
This is how I ask for mercy.
How will I survive?
How will I live out my days?
Where is calmness?
Where is coolness?
Where is the path?
Where is truth?
This is how I ask for strength,
This is how I ask for mercy.
You who are the father,
You who are the mother,
Cleanse me, bless me,
Protect me, show me the way.
Here I bring my burning light,
Here I bring my white candle.

xi

With sacrifices, with humility,
I have reached the nest of perfect images.
I will restore the order
Inside your body,
I will repair the error
In what surrounds you.
Yes I will cure you,
Yes I will mend you,
For that is what has been given me,
For that is what has been granted me.
What was it that happened?
Where is your soul?
Where is your spirit?
Who holds you captive?
Is it the master of the door?
Is it the master of the hill?
Is it someone who has sent you
To be punished in the nest of perfect images?

´An xi kamáná kunaxiéjin.
´An xi kamáná ku´en ndiyá.
¿A kjua ndajin tjín?
¿A kjua xtí tjín?
An xi kutikjaya´an
An xi kutijét´a´an.
Ña tikún ñanga tsaká.
Ña tikún ñanga kistinguí.

XII

Tajmíjin xi k´onguí.
Tajmíjin xi xhiyájin.
Ngo nguindie tikon ngasandié
ñanga kjit´a
kjuafustsjien nixtjín.
Kiá s´it´á´ená.
Xujun tsjié.
Xujun tjoó.
Xujun ton sinté.
Xujun ndi´í.
Xujun kjua xió.
Ngat´e tsabua´an xki
lapi tjóná,
lapi tsjiéná,
lapi ndi´í tibuaná.
Buats´en nga nd´a b´én´a.
Buats´en nga chjinien ma´an.
Tjó éná,
tsjié ntiáná.
Xkjuen nijmíná.
Kuinday´á,
kama andoó.
Xujun tsjié.
Xujun tjó.
Xujun ton sinié.
Xujun isien.
Xujun kjuandá.
Kiatjien kjuchó éná.
Yamixa tibuá.
Yamixa naan.

Yes I will set you free,
Yes I will light your way.
Is there envy?
Is there malice?
Is there anger?
I will restore order,
I will make peace
Where the fault is,
Where the error is.

XII

Nothing will remain in nothingness,
Nothing will be forgotten.
There is a place in the universe
Where the memories of time
Are written down.
There my words will be written down,
In the immaculate books,
In the pure books,
In the books of gold,
In the books of light,
In the books of peace.
For I am writing
With the sacred pencil,
With the sprouting pencil,
With the pencil of white light.
I feel rooted,
I feel wise,
My word is holy,
My breath is pure,
It is born there,
My language is cool,
It will be heard,
It will be written
In the immaculate books,
In the pure books,
In the books of gold,
In the books of light,
In the books of peace.
My words will arrive there

Yamixa tsjié.
Yamixa chjinie.
Ngat´e en tiyájin.
Ngat´e en xiojin.
Ngat´e ts´achja mímat´a´an.
Ngat´e ts´achja nimatjo´an.
Ngat´e ts´amangat´a´an.
Ts´achjajin isienja´an.
Tijitíná ndi´íná.
Tjien tixá inimáná,
tjié inimáná.
Ndá kia tsejin.
Kianga bíts´ien.
Tikúná lapi chjindiéná.
Tikúná lapi kjundáná.
Tikúná lapi ndi´íná.
Tikúná lapi ts´ienná.
Ngayá ndsa´an tikún.
Ngayá tjingoná tikún.
Kjuchó ndiy´á tsjié.
Kjuchó ndiy´a tibuá.
Kjuchó ndiy´a k´ajmí.
Kjuchó ndiy´a naxó.
Ngat´e kjundá tsami´a´an.
Ngat´e kjua kixí ts´ami´a´an.
Ngojin nixi jñú.
Ngojin nixi´má.
Kuí isien nchinchja.
Kuí isien nchibutije.
Nguijín xujun k´ién.
Nguijín xtjo xi ts´enk´iéná.
Nguijín en
xi fuchójin K´ajmí.
Ngat´e ts´enkas´ien´an.
Ngat´e tsanguiya´an.
Ndanga ñá tikún ndi´í tsjié.
Ndanga ñá tikún ndi´í tibuá.
Ndiy´a tsjié.
Ndiy´a a tibuá.
Ndiyá K´ajmí.
Kia tjien kjuchó éná.

On the white table,
On the mother table,
On the bright table,
On the wise table,
For they are not empty words,
For they are not hollow words,
For I speak with humility,
For I ask for mercy,
For I ask for justice.
I am not speaking into nothingness,
I have my light lit,
I have my chest open,
I have a pure heart.
From there it is born,
From there it sprouts,
From there it grows.
I have my pencil of kindness,
I have my pencil of goodness,
I have my pencil of light,
I have my sprouting pencil,
It is between my hands,
It is in my fist.
They will come to the immaculate house,
They will come to the white house,
They will come to the house in the sky,
They will come to the house of flowers,
For I am begging for mercy
For I am asking for justice.
Nothing dark exists,
Nothing hidden exists,
These images speak,
These images plead
Among so many dead letters,
Among so many criminal rifles,
Among so many words
That never reach the sky.
Now I submit it,
Now I send it
To where the endless light goes,
To where the white light goes,
In the immaculate house,

Ngat´e jmí kjuandisójin.
Ngat´e jmí kjuatjójim.
Ngat´e en nima xi ts´achjá´an.
Ngat´e en ndaá xi tjits enchje´an.
Ngat´e en ndikúná.
Ngat´e en chjiniéná.
Ngat´e en níjmí tjóná.
Ngat´e ntia xuñóná.
Kjuchó
kuinday´ari.
Ndiy´a tsjié.
Ndiy´a tibuá.
Ñanga kjijñá yamixa,
yamixa tsjié.
Yamixa tibuá.
Yamixa naan.
Yamisa tsjié.
Yamixa xuñó.
Kiá kjuchó,
Xikó ndiki ch´an.
Xikó xka tjatsié.
Xikó y´o chjindié.
Xikó xuño ch´an,
tsijé, tibuá.
Xikots´en chjá ni´mínánchibuaná.
Xikots´en chjá naáná.
Naan y´óñá.
Naan chjindiéná.
Naan tsjiéná.
Naan xuñoná.
Buats´en ts´enkas´ie´an kuí´en.
Buats´en ts´enkas´ie´an kui xujun.
Buats´en ts´enkas´ie´an kui kjufuatsjien.

In the white house,
In the house in the sky.
There my words will come,
For they are not lies,
For there is no ill intent,
For I submit in humility,
For I ask with words that are just,
For my language is pure,
For my word is wise,
For my prayer is holy,
For my breath is cool.
They will be received,
They will be heard
In the house of purity,
In the house of chastity,
Where the immaculate table is laid,
The white table,
The mother table,
The bright table,
The table of dawn.
There they will come
Like fresh medicine,
Like new leaves,
Like tender sprouts,
Like white mist,
Immaculate and clear.
This is how my grandfather spoke,
This is how my mother said it,
My sprouting mother,
My tender mother,
My pure mother,
My mist mother.
I deliver this word,
I deliver this book,
I deliver this feeling.

JOSÉ LUIS RIVAS

TUXPAN, VERACRUZ, 1952 · José Luis Rivas has published more than a dozen books of poetry and of translations. The volume *Raz de marea: obra poética* features the books he published between 1975 and 1992. His most recent books are *Río* and *Estuario*. He has translated into Spanish Derek Walcott's *Omeros* as well as the complete poetry of T.S. Eliot, Arthur Rimbaud, and Saint-John Perse. Among other awards, he has received the Aguascalientes National Poetry Prize in 1986, the Xavier Villaurrutia Prize in 1990, and the Ramón López Velarde Prize in 1998. He lives in Banderilla, Veracruz.

José Luis Rivas translated by Alastair Reid, Reginald Gibbons, and Susan Briante

Marea roja

a la memoria de Ramón López Velarde

I

La luna al norte de la estrella Aldebarán alumbra en el estuario
el canal de marea donde con ova y ajomates cierto pez teje su nido,
o lo fabrica al pie del muelle entresacando con su morro finas fibras
    escuálidas de cáñamo
de la punta de una cuerda largo tiempo colgada dentro del agua.

A flote entre el carmenado vello de un brazo de mar, la noche al viento
entrecruza tenues crenchas de malaguas y dentada peineta de carey.
Pero en el encrespado ijar de la maralta un guiño glauco te señala.
Y apenas te entreveo, María, el roción siempre reacio a descaminarse
    de tus aguas golpea mi mejilla.
Hay una letanía que roza las sucesivas crestas de la ola en su repliegue,
como vuelo de correlimos presuroso siguiendo el norte del temporal.

El andarríos, el huidizo zarapito, el airón que sienta sus reales en la
    creciente, alzan a coro su responso:

    Dios te salve, Marea,
    Llena eres como la Luna,
    Hija del mar y de la noche...

Red Tide

to the memory of Ramón López Velarde

I

The moon to the north of Aldebarán lights up in the estuary
the flow of the tide where some fish is fashioning a nest of wrack and
    seaweed,
or is setting it under the seawall, gathering in its jaws frail, warped
    threads of fiber
from a rope's end, long left knotted underwater.

Afloat among the unraveled fleece of an arm of the sea, the night wind
combs the wavering tresses of jellyfish with teeth of turtleshell.
But on the turbulent flank of the open sea, a graygreen glimmer
    catches your eye.
I can scarcely make you out Maria, the seaspray, slow to break from
    your waters, stings my cheek.
There is a litany that grazes the crests of wave after wave as they unfold,
like the headlong flight of the sandpipers following the north of the
    storm.

The wagtail, the elusive curlew, the heron that takes up its stand in the
    floodtide, raise their cry in chorus:

> *God protect you, Moontide.*
> *you are full as the Moon is full,*
> *daughter of sea, daughter of night.*

II

Una inquietud toda la noche,
una inquietud de lampos de luciérnaga cautiva en hoyosa calabaza a la
    entrada de un bohío de caleta,
una inquietud de amante noche adentro soñando en un lecho de
    grama a la intemperie,
una inquietud en vela a todo cielo la noche abierta,
un trance de velámenes la noche entera en Puertoviejo hacia una
    muelle madrugada,
una inquietud que empurpura a su paso la arena de violadas sirtes,
trompa de tritón pregonando a todos los vientos el arribo de la
    plenamar con el claro de la luna:
        ¡saguado menstruo sobre el ardor terreno!

Una inquietud latiente en la conca de núbiles manos, cual mar interno
    de bucino en su exilio tierra adentro,
una hilera de lampos alhajando el recorte de las almenas en el cerro
    de la atalaya,
o cintilando al filo de los diques junto a la barahúnda de las aguas,
o señalando el curvo despliegue de los arsenales donde se nubla la
    farola visitada por fúnebres alas...
¡una inquietud de esparrancada costa al olor de la estruación!

Thalassa

a Fernando Savater

Let every adverse force converge
LOUIS MACNEICE

Dio de sí nuestra barca, marineros.
Que cruja el viejo fuco atribulado
contra el sordo rompiente, pero no lo emulemos.
A merced de las olas rindamos nuestra nave
y alcancemos a nado la ribera.
Todos a una lancémonos a las aguas: pongamos

II

A restlessness all night long,
a restlessness in the captive fireflies flashing in a perforated gourd in
     the doorway of a beach hut.
the restlessness of a lover in deep night dreaming outdoors on a bed
     of grass,
a restlessness, a wakefulness, in a night open to the spread of the sky,
a nightlong spell under sail in Puerto Viejo to reach the jetty at dawn,
a restlessness that purples in passing the sand of broken rock,
a triton's horn announcing on the winds the arrival of the floodtide
     with the full of the moon:
          sacred menstrual blood of the earth's ardor!

A restlessness stirring in the conch of nubile hands
with its trapped sea sounding a foghorn from its inland exile,
a string of lights festooning the shape of the battlements high up on
     the watchtower,
or twinkling along the edge of the seawall close to the uproar of the
     open sea,
or tracing the curving outline of the dockyards where fog shrouds the
     lighthouse, touched by mournful wings...
A restlessness along the spreadeagled coast at the waft of the tideflow!

                                                                    —A.R.

Thalassa

for Fernando Savater

Let every adverse force converge
LOUIS MACNEICE

It foundered, our boat, my shipmates.
It might cut its way through ancient weed to come to grief
against the unheeding reef, but we will not emulate it.
Let us surrender our ship to the mercy of the waves
and swim our way to shore.
Let us throw ourselves as one into the waves. Let us find

a buen recaudo el resto de la preciosa fuerza...
¡Y del postrer navío de los hombres exhaustos
resurja el oleaje sin memoria!

～

Con lo que rescatemos del buque naufragado
— escasas herramientas, maderas, provisiones —
hagamos, compañeros, que en la costa converjan,
aliándose, dos fuerzas, la propia y la enemiga,
hasta que andando el tiempo y tras arduos afanes
consigamos botar otra flamante nao.
Que el vasto horizonte se incline y dé bandazos;
hemos ya conocido cosas peores: ásperas
zozobras, reciedumbres hincadas junto al mástil,
arrojos desleales... Reparemos la vela,
repuestos navegantes: nuestra vida anterior
es una solitaria rada en ruinas;
nuestros firmes valores de antaño ya se esfuman
son tan sólo rasgones de niebla en lontananza...
Dejemos que el veneno de otro tiempo
obre ahora en nosotros como una panacea.
Y larguemos la vela, alzando nuestras frentes.

～

Enhiestos marineros, es noble nuestro sino.
Labremos las escarpas de mármol quebradizo,
retando en la mar alta, ¡para ser al fin libres!,
al temible unicornio.
Por elevada estrella nuestro rumbo es trazado;
nuestra meta es la vida... ¡larguemos ya la vela!

a safe place for what remains of our precious strength...
And let the unremembering water cover
the one-time ship of the exhausted crew!

࿇

From what we can salvage from the shipwrecked hull
— a few tools, pieces of wood, provisions —
let us make sure, my friends, that on this coast
two forces converge and combine, our own and that which opposes us,
until, with the passing of time, after strenuous effort,
we are able to launch another new-built ship.
Let the wide horizon tilt again and shift —
we have known much worse already: cruel capsizings,
forces kneeling before the mast,
disloyal impulses... Let us repair the sail,
sailors once again. Our previous life
is an abandoned road that fell in ruins;
our stalwart truths from the past have turned to smoke,
so many slivers of fog in the far distance...
Let us turn the poison of another time
to work on us this time as a panacea.
And let us set more sail, lifting our faces to windward.

࿇

Splendid shipmates, our destiny is noble.
Let us work the shards of brittle marble,
challenging on the high seas, to be finally free,
the fearful unicorn.
Our course is already set by the highest star.
Our goal is life itself... put on more sail!

—A.R.

Una temporada de paraíso

And in the mighty mornings of the earth...
DYLAN THOMAS

Libre como el que más
                 al filo
de esta lámina ondulante de vidrio azul y blando
vago al antojo de mis pies desnudos por la arena parda

El oleaje azota con su fuete la escollera
mientras el solo sol
                    me cubre las espaldas
Gaviotas y pardelas
                vuelan a flor de agua
la rasgan con sus picos
y de ella roban
                peces fresquísimos que agitan
su agonía
           Algazara de loros
radiosa subversión en los reinos del cielo
esta mañana que luce en su semblante
                          el humor nítido de un dios
y en el despejo de su frente
                  la bendición de la brisa
al tiempo que llamean
bajo mi frente
           otras mañanas
                 poderosas mañanas de la tierra
con su poder arbóreo
              y su furor marino
Libre como el que más
              en la mañana de mis treinta años
hundo la punta de mi pie en el agua cálida
de la marisma que hierve
              en espumas
cuando las crías de langosta horadan
en su huida el agua
             donde chapotearon
hace un instante mis pies nómades
                y la arena donde yacen

A Season of Paradise

And in the mighty mornings of the earth...
DYLAN THOMAS

As free as anybody
            along the edge
of this undulating sheet of smooth blue grass
I wander the dark sand wherever my naked feet want to take me

The waves beat whips against the jetty
While the single sun
               covers my back
Gulls and *candiles*
               fly along the surface of the water
they rip it with their beaks
and from it take
             the freshest fish thrashing
agonies
        Cacophonous shrieking of parrots
radiant subversion in the kingdoms of heaven
on this morning with the face
               of a god's sharp humor
and on its shining forehead
               the benediction of a breeze
while beneath my forehead
             flame other mornings
                    powerful mornings on earth
with its arboreal power
             and marine rage
As free as anybody
             in my morning of my thirty years
I sink my toes into the warm water
of the marsh that boils
             and foams
when the langouste brood spiral
in their water-flight
             where a moment ago
they splashed my nomad feet
             and the sand where

naufragadas
          flácidas medusas
las conchas de tatuaje constelado
las algas que se enroscan al tobillo
                sierpes de mar
los caracoles
         claustros marítimos
los cangrejos eremitas
los erizos celadores
de la marisma y todo lo que el mar con su marea
retira tesonero de su vasto dominio

Un puñado de viento castiga mis espaldas
así los dioses
         empujaban
a aquel que le tocaba en suerte
            presenciar el milagro

Mis ojos de martín pescador bucean en el agua virgen
Sorprendidas
         las jaibas
escapan al soslayo sobre el tapete verde del océano
y los pulpos
         translúcidos
           se refugian en sórdidas guaridas
El viento silba en los palmares de las costa
            esta mañana
en que el sol
         para despertarse
se zambulle en el agua

Todo el espacio abierto
cuando el rocío sube por una escala de hiedras hasta el cielo
La luz abre resquicios de oro
en las tupidas limonarias y en la ribera
se despliegan a la vez
         velámenes de manta
            y aparejos de plumas
Todo el relumbre de los cielos se copia
          en el espejo oliva del río
Sobre troncos musgosos

shipwrecked jellyfish
               lie flaccid
star-tattooed conchs
kelp twisting around my ankles
                       sea snakes
periwinkles
          marine hallways
hermit crabs
sea-urchin watchmen
of the marsh and everything that the sea
brings treasurously in on tides from its vast dominion

A fistful of wind strikes my shoulders
thus the gods
          would push
anyone to whom it luckily fell
                to witness the miracle

My kingfisher eyes plunge into the virgin water
Startled
        crabs
flee sideways over the green ocean carpet
and translucent
          octopi
            hide in dirty caves
The wind whistles in the coastal palm groves
                   this morning
when the sun
        to wake up
splashes itself in the water

All the expanse outspread
when the dew climbs an ivy ladder toward the sky
The light breaches golden chinks
in the thick-woven *limonaria* bushes while along the shore
simultaneously
        a manta's sails
            and feathered rigging unfurl
All the dazzling glare of the sky is copied
              in the olive river-mirror
On mossy trunks

iguanas de encostrada piel
                              toman el sol
mientras los zorros rascan en las breñas
y de la mano de la floresta
se vuelve
          al mar
por un sendero practicado
                         entre palmeras

En la playa
           el airón real
                         acomoda con su pico
plumas que de nuevo
                    le entresaca
                                el viento

La estrellamar varada
                     en una poza
                                y escarchada de arena
refulge con el sol
y entonces los cangrejos diminutos
                                  se asoman tímidos
por el postigo de sus cuevas
y una camada muy reciente de tortugas corre en busca del agua

Heraldos de la tempestad
                        los párajos del norte
atraviesan el cielo

Pero la vida es una fiesta
                         esta mañana
                                    en que el sol se despierta
soñando

Hace veinte años
               era yo un niño
y recuerdo que hacía sol de sol a sol
que hacía sol a diario
Y en todas partes
                 a la orilla del río
                 a la sombra de los guayos

crusty-skinned iguanas
                                    take the sun
while foxes scratch in the brambles
and hand-in-hand with the green profusion
one returns
                        to the sea
along a practiced path
                                through palms

On the beach
                    a royal crest
                                    is grooming with its beak
the feathers that the wind
                            ruffles
                                    again

The starfish stranded
                            at a tide-pool
                                            frosted with sand
sparkles in the sun
and then tiny crabs
                        timidly peek out
of the sally-ports of their holes
and a new brood of turtles rushes in search of the water

Storm heralds
                    birds of the north
cross the sky

But life is a celebration
                            this morning
                                            when the sun wakes up
dreaming

Twenty years ago
                        I was a child
and I remember that the sun shone from sun to sun
it shone every day
and everywhere
                        on the riverbank
                        in the shade of the *guayo* trees

                    bajo el techo de palma de las casas
había gente que se quejaba del sol

Ah el sol
el sol más sol
                    es este sol
el sol nuestro de todos los días
el sol de la canícula
el que enferma de rabia a los perros callejeros
el sol que tizna la piel
                              y soasa los huesos   el sol
que pone inyecciones gratuitas de vitamina
el que frota la lámpara del rijo
el sol que acuesta a María con su novio
sobre un petate
                    al pie del zapotero
y ellos
cubiertos sólo
                    con una suave sábana de popelina
pasan la tarde entera
                         bien enlazados
Poco a poco
                el sudor escurre entre sus piernas
y un olor muy penetrante
                              los va nimbando
y entonces el
                que espía oculto tras el tronco del caimito
se queda un rato ahí
                         extático y convulso
y aunque vaya después
                         a ventilarse
                              al pie del abanico eléctrico
o a tenderse de cara
                    en los fríos mosaicos
sabe ya bien que nada va a ponerlo
                              a salvo del contagio
y a todas horas
                sólo piensa en tumbarse
                              al lado de María
para aspirar su aroma
                    entre las mantas de su escaldadura

                    under the palm-thatch roofs of houses
there were people who complained of the sun

Ay what sun
what sunny sun
                    this is
what sun we have every day
what dog-days sun
that makes the street-curs rabid
that darkens our skin
                        and bakes our bones   what sun
that injects us with free vitamins
that rubs the lamp of lust
what sun that makes María go to bed with her boyfriend
on a mat
            under the zapote tree
and covered only
                    with a soft poplin sheet
they spend the whole afternoon
                            nicely tangled together
Pretty soon
            the sweat is trickling between their legs
and a very penetrating scent
                        like a luminosity envelops them
and then the one
                who's hiding behind the *caimito* tree to spy on them
stays there a moment
                    shaking and ecstatic
and even though later he goes
                    to cool himself off
                                in front of the electric fan
or to lie facedown
                on the cool flagstones
he knows very well that this is catching
                        and nothing's going to save him from it
and at all hours
            all he thinks about is going to be
                                with María
to breathe her scent
            in the sheets she is scalding

Ay el sol
el solazo del sol
¿Quién podría vivir sin este sol? El sol
que caldea los estanques de las ranas
y el agua de los cocos
el sol que saca lagartijas de la cuevas
sol que revienta
cántaros de aguamiel en la cabeza
y hace con lejanía
                    su lente de aumento

Ay el sol
el bochorno del sol
el sol más sol
                    es este sol
el sol nuestro de todos los días
ese que se baraja con los naipes de la lotería
sol que nutre su fogón
con el papel de *El más angiguo Galván*
y con los escarchados rótulos de la cerveza
El sol que trepa a la cama
                        donde muy juntos
mi hermanita y yo
                        amodorrados
nos revolvemos con atufo
                        toda la noche
bajo el mosquitero

Ay el sol
el que sube a la cama
                    se encoge como un duende
                                    salta
abre la ventana
                y nos anuncia
                        un nuevo día de sol

Ay what sun
what scorching sun
Who could live without this sun? This sun
that warms frog ponds
and coconut milk
this sun that brings lizards out of their holes
this sun that splashes
pitchers of maguey juice over hot heads
and when it's far away
                    turns into a magnifying glass

Ay what sun
what sultry sun
what sunniest sun
                    this is
this everyday sun of ours
that shuffles the *lotería* deck with the sun-card in it
that feeds its cookstove fire
with paper from the most venerable books
and ads for beer
Sun that creeps up the bed
                        where very close together
my little sister and I
                half-sleeping
tossed and turned
                all night
under the mosquito net

Ay what sun
that climbs the bed
                crouches like a goblin
                            leaps
opens the window
                and announces
                        a new day of sun

                                        — *R.G.*

Don de resbalar

Es la lluvia, ya suelta, lo que miras desmelenarse por la enrejada ventana de madera.

Todo en el patio es blando: se alarga o se ahonda, contagiado de vuelo en remolino o de caída serpenteante.

En el corredor, una niña morena hace girar su chal, tomándolo de una punta. Sus muñecas se doblan con dulzura: oleadas de vértigo, ráfagas de esparcido jaspe.

Un limpio desgranarse de las tejas al caño y, luego, al canalón.

Corro de cuentas por las zanjas; cintas, arillos fluentes cañamazos.

El moho se retiñe; se hinchan los arcos de madera.

La caudalosa lluvia y su desembocadura estricta en el pico de los cántaros; greda roja donde el cerro se duele de sus heridas.

Rápidos, sucesivos goterones acribillan de nuevo la tierra cálida. En mezcla, polvo y vaho se elevan a tenor de los impactos, del corredizo pespunte de los picos de agua entre una y otra teja.

Aves de luz cenicienta vuelan por la claridad marchita, apenas fúnebre. Un espacio en clausura.

Salir entonces a la calle sembrada de charcos. Los pies desnudos halados por tirante impaciencia, don de resbalar por los taludes...

Los blancos pantalones, arrollados arriba de la rodilla, que toman el color caqui fragante del tepetate húmedo.

Los truenos restallando su rebenque sobre crudos lomos rugientes. La cortina fundida a su espesura, en nupcias hacia lo compacto.

Asombrosa tapia, vano anhelo ante la reja.

A Knack for Slipping Away

It is the rain, now unleashed, that you watch unravel through the bars of the wood-framed window.

Everything in the patio softens, extending or deepening, infected with whirlwind flight or serpentine falls.

In the corridor. A dark-skinned girl twirls her shawl, holding it by one corner. Her wrists bent with sweetness: waves of vertigo, gusts of scattered jasper.

Tiles crumble, wash easily down the drainpipe, then, the rainspout.

A sweep of beads through the gutters, ribbons: an embroidery hoop, fluent carpet grass.

The rust hums: wooden arches swell.

Abundant rain, wild torrents bound by the mouth of clay jugs: red earth where the wounds of the mountain ache.

In rapid succession, full drops riddle the hot earth again. Clouds of dust and steam rise to the rhythm of their impact, to the running stitches of water needles between tiles.

Birds of ashen light fly through white splendor, nearly funereal. A cloistered space.

To go out then to the street seeded with puddles. Bare feet pulled by taut impatience, a knack for slipping away, down such slopes...

White pants, rolled up above the knee, turned khaki with its scent of damp stone.

Thunder cracking its whips on raw backs, howling. A curtain of sky cast to its thickness in a coupling with density.

Marvelous adobe wall, vain yearning before the barred window.

San Isidro Labrador,
quita el agua, pon el sol...

Río 1

Era claro en extremo:
                    por la angosta ribera
yo no podía dar un paso alante
                              (tampoco desandar lo caminado)
porque los dos me hablaban a la vez
porque los dos me halaban en sentido contrario:
                                        madre y río.
No digas que olvidaste
                    esto y aun aquello.
No hagas como que nadie te conoce.
Estás prendido aquí
                en lo hondo de mis ojos
                                por fieles alfileres.
No podrías negarlo
                Además, ¿que podrías tú ocultarme?
(*Mi madre terminaba acordándome conmigo:*
Soy un trompo zumbador
                    madera de naranjo
llevada al torbellino primero por un torno)
Y aunque yo comprendía
                        que nada iba a quedar de aquello
(o que, en caso remoto,
                    si eso pasaba,
                                sería del todo diferente)
también era muy claro
                    que ya nadie podía
                                tomar aquel sitio.
Y eran mudas en tanto
                    esas palabras
                            que ahora escribo aquí.

Mi madre apretaba más el paso

Saint Isidore the peasant,
lift the rains, bring the sun...

— S.B.

River 1

It was extraordinarily clear:
                    along the narrow bank
I could not take a step forward
                         (nor retrace the steps already taken)
because they spoke to me at the same time
because they contradicted each other:
                      mother and river.
Don't say that I forgot
            all this and even that.
Don't act as if nobody knows you.
You are fixed here
          in the depths of my eyes
                 by faithful pins.
You cannot deny it.
           And what could you hide from me?
(*My mother ended up reminding me of myself:*
I am a humming buzzing top
            orange wood
first brought to the vortex for a twirl).
And although I understood
            that none of it could last
(or, in the most unlikely case,
              if it did survive,
                  it would be completely different)
it was also very clear
          now no one could
              take that place.
And these words
        that I write here now
           were mute.

My mother speeded the pace

y las parvadas de papanes
que aquella tarde vi
               nublar el sol a ratos
vuelan ahora en una bandada
                  tan rala
que el silencio expectante
                    les cede su rincón
                               en ese aparte.

El río vigoroso
               aflojaba su garra
                      clavándome los ojos
Y pronto la ribera con sus chozas
                    y sus palos de humo
pardeaba como un gato.
               Mi prima agonizaba
                        sobre un catre de lona.
Un curandero negro
            le chupaba un tobillo.
                      Ya no tiene remedio
Eso dice el doctor
          —siseaba muy quedo tía Chagüita—
Sólo nos queda esta esperanza.
                Y el hechicero negro
lavaba aquella herida
            y luego la sorbía con delicia
lo mismo que a un ostión hendido.
Yo me moría de celos muy negros.
               La tarde se entregaba
al igual que Regina.
          Me sentía muy enfermo y sollozaba.
Con sus ojos enormes
          mi madre me pedía compostura.
Por la ventana
        reptaba el lento ofidio de las aguas
(y lo odié entonces porque
          también era una víbora
de prieta lluvia
      tirada de la cola
          desde lo alto del monte).
Entre sufridas hierbas

                              and the flocks of birds
        that I saw that afternoon
                              clouding the sun at times
fly now in such
              a sparse brood
        that the expectant silence
                    surrenders them its corner
                                        in this seclusion.

The strong river
              hid its claw
                        fixing its eyes upon me.
And suddenly the bank with its huts
                              and its smoke trees
turned gray like a cat.
                    My cousin lay suffering
                              on a canvas cot.
A black shaman
              sucked on her ankle
                    There's nothing more that can be done.
That's what the doctor says
                    —Aunt Chagüita hissed quietly—
Hope is all we have left.
                    And the black shaman
washed that wound
                    and then he sucked it with the same delight
with which one would swallow a raw oyster.
I was dying of dark jealousy.
                        The afternoon surrendered itself
like Regina.
              I felt ill and I wept.
With her enormous eyes my mother
                              asked me to get a hold of myself.
Through the window
                    the slow ophidian of the water slithers
(and I hated it because it was
                        another snake
of dark-skinned rains
                    tossed by the tail
                              from the heights of the mountain).
Among enduring herbs,

el hueledenoche
                    abría con la brisa
un postigo a su aroma
                    con vista al otro lado de la tapia
tapizada de madreselvas
                    copas de oro
                            y un manto de la virgen.
De antiguo
            de muy antiguo
vino un trazo en el polvo.
Vino un dibujo
                en un vidrio opacado por el vaho.
Vino algo que rehizo la tenue bocanada
                            del mundo en sus albores.
Luego un viento colado
                deshizo mi marasmo.
Y cuando abrí los ojos
                (ocupando el lugar del curandero
que tuvo que apartarse de mi prima
                            un momento)
me hallaba yo
            de hinojos junto al catre.
Sentí la mano presta de mi madre
                            asiéndome
                                    de la pretina
levantándome en vilo
                    ante la herida de Regina:
                                    rosada cauri.
El olor de un galán de noche
                    (viejo chocho)
barría con escoba de palmas
                    el corredor en sombras.
Música apaciguante
                se adueñó de la casa.
                                Y las pisadas del brujo
(que volvía del patio
                por la crujiente grava)
me hicieron implorar
                como tal vez nunca más vuelva a hacerlo.

Luego de un rato

the night jasmine
                              opened in the breeze
a window to its perfume
                              with a view to the other side of the adobe wall
tapestried with honeysuckle
                              gold chalices
                                        and the virgin's cloak.
A long time ago
                    a very long time ago
a brushstroke appeared in the dust.
A drawing appeared
                         on a windowpane opaqued by steam.
Something appeared to invigorate the tenuous breath
                                        of the world at its dawning.
Then a breeze slipped in
                         to break my daze.
And when I opened my eyes
                              (taking the shaman's place
when he had to leave my cousin
                         for a minute)
I found myself
                    on my knees before the cot
I felt my mother's swift hand
                         grabbing me
                              by the belt
lifting me in the air
                    before Regina's wound:
                                   rose-colored cowrie.
The scent of white jasmine
                         (night's doddering old gentleman)
swept shadowy corridor
                         with a broom made from palms.
Soothing music
               took hold of the house
                              and the shaman's footfalls
(who returned from the courtyard
                         through crackling gravel)
made me pray
               as I may never do again.

A little while later

por el óvalo gris de la ventana
la luna escuálida
        se fue engastando al marco
                sesgada por su sombra.
(Su luz amarilló la luna del chinero
              barnizó la repisa con su búcaro
y luego se posó en el nácar de un dije.)

Cruzó la pieza
        la ráfaga de un gato
y cayó el cortinero
      como telón de luto.

Esa noche volvimos en silencio.
           En la ribera
quedaban las orejas aguzadas
        de dos horquetas
sin el tiznado alambre
      que antes vimos dar vueltas
ahumando un robalo.

Como las rezanderas
      La Peñita empezaba
          su vela en escorada bajamar
con el primer sereno.

Por acordeón de plata
      salpicante manjúa
acordonaba aquel río obcecado
       que me hala todavía
con escamosas aguas
     cerca de aquel tobillo
        picado de culebra.

through the gray oval of the window
an emaciated moon
                  sliced by its own shadow
                        set itself in the room like a jewel.
(Light yellowed the seducer's moon,
                  polished the mantelpiece and its flower vase
and then porched in the nacre of a trinket.)

A flash of cat
         crossed the room
in a leap
        and the curtain fell
              like a death shroud.

That night we returned in silence.
                The sharp ears
of two winnowing forks
            remained on the bank
without the drunk line
            that we had watched spin around
intoxicating a sea bass.

Like the devout
        La Peñita began
             her vigil at low tide
with the first evening dew.

Like a silver accordion
        splashing minnows
wove their ribbon through that stubborn river
                that still pulls me
with its scaly water
        near that ankle
            bit by a snake.

                                       —A.R.

FRANCISCO SEGOVIA

MEXICO CITY, 1958 · Francisco Segovia is a poet, translator, and essayist. Among his books of poems are *Fin de fiesta, El aire habitado,* and *Rellano.* He is also author of the essay book *Retrato hablado* and the short prose collections *Abalorios y otras cuentas* and *Conferencia de vampiros.* He has taught literature at several universities, including UNAM and El Colegio de México, and has worked as a lexicographer for a handful of reference books including the *Diccionario del Español de México, Enciclopedia Británica,* and *Oxford Spanish Dictionary.* He has been member of the editorial boards of Mexican magazines such as *Vuelta* and *Fractal.* Currently he is a researcher at El Colegio de México. The following poems are from the series "Bosque" ("Forest") originally published in *Fractal.*

Francisco Segovia translated by Michael Wiegers

Lucero de la tarde

I

Pone Venus esta tarde nuevamente
en la vasta neutralidad del cielo
su gota de brillo no fingido...

—¿Quién—si ni siquiera el aire—
podría regatearle su intensa verdad
de cosa no creada, despojada de la atmósfera,
del tiempo?

Muestra otra vez su rotunda claridad,
su puro arder gloriosamente arriba,
sin aire ni humareda.

II

Mira acaso ese lucero las criaturas
que somos acá abajo, meneando el aire
y enturbiando su espesura, levantando
—por encima aun del amor y la agonía—
esa ola inmensa que no vemos
amontonarse poco a poco en las alturas:
ni veremos romper
rotundamente en sus orillas.

Evening Star

I

This evening Venus places newly,
in the vast neutrality of the sky,
her single drop of genuine brilliance...

Who — if not even the air — could
dispute her intense truth,
this uncreated thing, stripped of atmosphere,
of time?

Once again she shows her undeniable clarity,
pure burning, gloriously above,
without air nor smoke.

II

Perhaps that star looks at the creatures
that we are, here below, stirring the air
and muddling its density, raising
— over even love and agony —
an immense wave that we can't see
mounting little by little overhead,
nor will we see it break
forcefully on her shores.

III

Es nuestro vaivén, nuestra marea
lo que vemos parpadear en los luceros.

Porque vemos desde el aire
—tibio y turbio y a veces quieto—
cómo se vierte hasta nosotros dulcemente
el terrible arder de las cosas y los seres
que no viven en el aire.

Arriba, o más allá, allá arriba, sin embargo
arde sin consumirse su impasible brasa
de agua azul sin derramar...

IV

La tarde toda, entera atiende
al resplandor puntual de su lucero.
Y aprende de él cómo brillar
sin incendiar las cosas que tuvo el día
ni ponerle fin a su delirio. Se da al ocaso
sin entibiar siquiera el aire que respira,
y arde al fin sin llamarada.

V

No tuvo nunca el día—en el esplendor de su delirio
encandilado—la esperanza de lavar su luz gastada
en el aljibe de un alba primigenia, o de volver
por siquiera el amor de su mañana.

Pero brilla de nuevo—como brilló al principio,
con la franca nitidez de una gota de agua—
el doble lucero del amor.

La noche será limpia, igual que la alborada.

III

It is our own wavering, our tides
that we see pulsating in the stars.

Because it is through air
—tepid and turbid and, at times, placid—
that we see how toward us is sweetly poured
the terrible burning of things and beings
that don't live in air.

Above, or further there, there above, it flares
nevertheless, without consuming itself, its impassive ember
—of unspilled blue water...

IV

The whole evening entirely attends
to the timely glittering of its star.
She learns from it how to shine,
without burning up the things held by the day,
nor putting an end to her delirium. Given entirely to dusk
without even warming the air that she breathes
she burns, finally, without a blaze.

V

The day never had—in the splendor of its dazzling
delirium—any hope of washing its own spent light
in the cistern of a first dawn, nor hope
of returning for at least the love of its morning.

Yet it shines newly—as it shone at the beginning,
with the pure clarity of a drop of water—
the double star of love.

Night will be clean, equal to dawn.

Premonición

¿Por qué vacilamos ese día frente al bosque
como si su muda enormidad nos entregara
a un mundo sin mundo todavía, amenazante y anónimo,
sin palabras y sin hijos, inhumano?

¿Por qué vacilamos — y entrando juntos — temimos
que aun nuestra unión se disvolviera?

Cada árbol sabe — en la espesura de los árboles —
cuál es su nombre y dónde tiene hundidas las raíces.
Lo sabe en silencio y lo pronuncia abiertamente
en su lengua de silencio pronunciado...

¿No vimos después acaso
cómo la niebla salía con nosotros a aquel claro
— como una exhalación del bosque —
y ocupaba poco a poco el cielo abierto?

No escuchamos jamás su nombre,
ni el nuestro, ni el de un hijo nuestro.

Dejándonos a nuestro abrazo
— y a nuestro abrazo en el suyo —
sentimos su honda entonación en nuestro pecho.

Crisálida

El bosque se adormeció
metido en su sombra mientras dormías
— como quien se da cueva y cobijo ensimismándose —
y dejó a tu aliento su hálito,
el pausado ritmo en que maduran
las piñas de los pinos y las casuarinas
y caen las hojas...

Premonition

Why did we waver that day, facing the forest,
as if its mute enormity would deliver us
to a world still without a world menacing and anonymous
without words or children, inhumane?

Why did we waver and — entering together — fear
that even our union would dissolve?

Every tree knows — in the thick forest of trees —
what its name is and where it has buried its roots.
It knows this in silence and pronounces it openly
in its language of silence pronounced...

And later, didn't we see, by chance
how the mist left with us to that clearing
— like a forest's exhalation —
and then filled, little by little, the open sky?

We never listened to its name
or to our own, or to that child of our own.

Leaving us to our embrace
— and to our embrace within its own —
we felt its deep intonation in our chest.

Chrysalis

The forest grew drowsy,
buried in its shadow while you slept
— as one who finds a cave and a shelter in self-absorption —
and left its wind to your breath,
the paused rhythm in which the pine-
cones and cassowary trees mature,
in which the leaves fall...

Tú dormías en la blanda oscuridad
dormida, lejos del borde
de los caminos y los claros, donde el sol
— que todo lo pone siempre en pie — aún podía
distinguir algunas ramas de las ramas.

El día ya aflojaba su tesón iridiscente:
las cosas se acercaban más y más
las unas a las otras y tejían su maraña,
amasaban su amasijo,
su montón de cosas encontradas.

¡Con qué delicadeza te acogía entonces
ese ámbito nocturno
de madreperla deleitada en su paciencia!
¡Con qué serenidad duermevela!

Y entonces abriste los ojos:
el bosque entero depertó al escándalo
de verse de pronto viéndose a sí mismo desde dentro,
como una crisálida que siente, alborozada,
desplegarse en su centro las dos alas
con que mañana brillará a la luz del día,
fresca y aireada en el aire, lejos de las humedad
y de sí misma.

Ahí donde duermes

Ahí donde duermes
es siempre un lugar sagrado,
prohibido aun para quien en sus propios sueños
sueña a solas contigo...

Ahí donde duermes
todo mira brotar aquí
el borbotón de su río subterráneo.

Ahí donde duermes
el tiempo aprende a qué ritmo es tiempo

You were sleeping in the soft, sleeping
darkness, far from the edge
of roads and clearings, where the sun
— that sets everything in its place — could even
distinguish some branches from other branches.

The day already was relinquishing its iridescent endurance:
things gathered more and more near
to one another and they wove a tangle,
they amassed their admixture,
their mountain of found things.

With what delicacy were you then received in
that nocturnal ambiance
of mother-of-pearl, delighted in its patience!
With such a serenity of light sleep!

And then you opened your eyes:
the entire forest woke up to the scandal
of seeing itself suddenly seeing itself all at once
from the inside, like a chrysalis that feels, elated,
now from its center two wings unfold
with which tomorrow she will shine in the light of the day
fresh and drafting through the air, far from the humidity
and from itself.

There Where You Sleep...

There where you sleep
is always a sacred place,
forbidden even to whoever in his dreams
dreams alone with you...

There where you sleep
everything sees rising here,
the spring of its subterranean river.

There where you sleep
time learns at what rhythm

también para sí mismo
y el aire vuelve
a palparse el cuerpo a brazos llenos.

Ahí donde duermes
todo vuelve a su elemento y reconoce
que es deleitable porque se entibia
y porque muere.

Ahí donde duermes...

Y todo — árboles, piedras, hombre... —
se entrega devotamente a ese delirio
de rozar siquiera en sueños
— ahí donde duermes —
no tu carne: tu encarnación.

Promesa

¿Qué te ha hecho cerrar los ojos
tumbada en la humedad
del musgo y la hojarasca
sabiendo que te miro a todas luces
como una sombra — a la vez tendido
y levantado — sobre el *humus?*

Cierras los ojos y te dejas abrazar
— no por el bosque y su robusta presencia inobjetable
sino por todo lo que en él queda incumplido
y se asienta entre nosotros
como una nostalgia y a la vez una promesa.

¿Es eso entonces hoy lo que te mueve
a cerrar los ojos y tender los brazos
mientras apartas entre sí las dos rodillas?

it is itself time
and the air returns
to feel its body with arms full.

There where you sleep
everything returns to its element and recognizes
that it is delightful because it warms
and because it dies.

There where you sleep...

And everything — trees, stones, man... —
surrenders itself devoutly to this delirium
of touching even in dreams
— there where you sleep —
not your body, but your embodiment.

Promise

What has made you close your eyes
lying in the dampness
of moss and fallen leaves
knowing that I watch you under every light
like a shadow — simultaneously lying
and hovering — above the humus?

You close your eyes and let yourself be embraced
— not by the forest and its robust, inobjectable presence —
but by all that which in it remains undone
and rests between us
as both a remembrance and a promise.

Is that then what moves you today
to close your eyes and stretch your arms
while spreading your two knees?

No acabamos nunca

No acabamos nunca de entender
con sano juicio
que el bosque vive de comer su propia vida.
De comerla a manos llenas
entera cada vez
y sin ningún remordimiento.

¿Por qué entonces nosotros,
cada quien en su penumbra,
nos morimos de ayunar uno del otro?

No es la suavidad

No es la suavidad
lo que tú y yo buscamos
en colinas y hondonadas;
es la barranca, el sumidero,
la raspadura ocre en las rodillas
de los cerros
y la raja roja en que también la tierra
muestra la viveza de su llaga.

Ánimo vegetal

I

Se tiene todo a sí mismo el bosque
en su inmanencia vegetal. Y se sorprende
de ver cómo le llega con nosotros a la médula
el furioso abrazo en que dos que no se tienen
quieren siempre hacer de sus humores
una misma savia.
      —Porque ¿acaso no huelen
      tu sangre y mi sudor
      a hojas machacadas?...

We Never Come

We never come to understand
with clear judgment
that the forest lives by consuming its own life.
By eating of itself from full hands
entirely so, every time
and without remorse.

Why then do we, every
one of us within its shadow,
kill ourselves fasting one from the other?

It Isn't Gentleness

It isn't gentleness
that you and I are looking for
in the hills and valleys,
it is the cliff, the gorge,
the scraped ocher on the knees
of the slopes
and the red crevice in which the land
shows too, the brilliance of its wound.

Vegetal Animus

I

The forest keeps everything to itself
in its vegetal immanence. And it is surprised
to see how, through us it strikes to the marrow in
a furious embrace in which two that don't have
each other always want to make of their humors
a same resin.
> — Could it be because they don't even smell
> your blood and my sweat
> in the crushed leaves?

Se sorprende el bosque de ver
también entre nosotros
que el ímpetu animal de los dos sexos
es un ímpetu por sanar desde el comienzo
el tajo animal que los divide...

II

Y aun así, después de todo
¿no nos sorprende acaso
a ti y a mí también haber querido
cambiar la vida tumultuosa de la sangre
por la sobriedad amarga de la savia?...

Pero en vano nos fiamos
al consuelo de haber vuelto
al suave redil del hijo pródigo
       — que viene siempre con las manos tibias
       a mostrarnos la negra quemadura
       de un fuego que no ardió en su casa.

Porque más tarde, sin embargo, a solas
¿no sentimos acaso otra vez una animal nostalgia
de sentir de nuevo el ánimo del bosque
y de borrar otra vez uno en el otro
el denso destino en que se cumple la carne
que no es una?

III

Tal vez el bosque sienta al vernos abrazados
el mismo relámpago de sangre que nos ata
       —y que es quizá la única cosa
       que en verdad nos ata.

Tal vez entonces sienta en su médula de savia
el tajo de sangre que somos
aun en nuestro abrazo.

Y tal vez por eso entonces se sorprenda.

The forest is surprised as well
to see that among us
the animal impulse of the two sexes
is an impulse to heal from the beginning
the animal wound that divides them...

II

And even so, after everything
doesn't it surprise us, perhaps,
that you and I also have wanted
to exchange the tumultuous blood of living
for the bitter sobriety of resin?

But in vain we entrust ourselves
to the comfort of having returned
to the soft fold of the prodigal son
      —who always comes with warm hands
      to show us the black ashes
      of a fire that didn't burn in his house.

But later, nevertheless, alone
didn't we feel once again an animal nostalgia
for sensing the spirit of the forest again
and erasing once more, one in the other,
the dense fate that fulfills itself in the flesh
that is not alone?

III

Perhaps upon seeing us embraced, the forest feels
the same flash of blood that binds us together
      —and that is possibly the only thing
      that truly binds us.

Perhaps then it feels in its own resinous marrow
the bloody wound that we are,
even in our embrace.

And perhaps by this it is surprised.

Claridad del silencio

Nos asusta ver que el bosque
se calla tan claramente
— en sus momentos de silencio —
porque vemos que está vacía
la claridad con que se calla.

Nos duele acaso comprender
que no es para nosotros su silencio
ni nos deja nada entre las manos.

Porque se calla soberanamente
sin tragarse sus palabras,
sin poner los ruidos en sordina,
sin desdecirse...

Pero ¿no es esa al cabo siempre
la imperturbable claridad del silencio?
Una limpia afirmación
que nada oculta y nada omite;
un ámbito que no enturbia lo decible,
lo escuchable...

Nos asusta quizá saber
que no es silencio este silencio
porque se calle lo que no nos dice
sino porque se calla nomás.
Se calla.

Clarity of Silence

It frightens us to see that the forest
falls silent so clearly
— in its quiet moments —
because we see that the clarity
with which it silences is empty.

It hurts us, perhaps, to understand
that its silence isn't for us,
that it leaves us with empty hands.

Because it falls silent so independently,
without swallowing its words,
without muting its noise,
without contradicting itself...

But then, in the end isn't that always
the imperturbable clarity of silence?
A clean affirmation
that nothing can hide and nothing omit;
a sanctuary that doesn't disturb the sayable,
the listenable...

It frightens us, perhaps, to know
that this silence isn't silence
not because it quiets what it isn't telling us,
but because it is silent and nothing else.
It is silence.

PEDRO SERRANO

MONTREAL, CANADA 1957 · Pedro Serrano is author of the poetry collections *El miedo, Ignorancia,* and *Tres poemas.* In collaboration with Carlos Beltrán he edited and translated *La generación del cordero,* a bilingual anthology of contemporary British poetry. He wrote the libretto for the opera *Las Marimbas de l'Éxil / El norte en Veracuz* (music by Luc LeMasne), which was first performed in Besançon in January 2000, and then toured to Paris and Mexico. His translation of Shakespeare's *King John* is forthcoming.

Pedro Serrano translated by Geoff Hargreaves

Poza

Los árboles son una agitada melena amarillenta,
hecha de puntas y silicios, de nubes verdes.
Los vidrios son arenas rotas, marcas del aire.
El agua es una luz que desordena, tiembla,
descompone las formas como un yo descompuesto.
La poza cristalina en el río decreciente, las piedras,
los ajolotes negros y agitados,
el pie que entra en el agua,
el dolor frío,
el lodo que se extiende y enturbia.
Adentro, yo me agito como un espejo ansioso.

Corrida

Como un espejo la tarde llega,
uno padece.
Como un espejo de piedra pómex
o de granito.
La tarde llega, cola de rosca.
Llega, se planta, se echa de bruces, se desvanece.
Uno camina, baja la frente,
rueca de espanto cualquier lugar.
Mira alelado, mira aterido lo que al pasar
da resplandores vagos de lejos a su deseo.

Pool

The trees are a mane of shaken yellow,
woven from points and silicon, from green clouds.
Glass is broken sands, tags of wind.
Water is light distorting, trembling,
fragmenting shapes like a fragmented mind.
The crystal pool in the shrinking river, stones,
tadpoles dark and jittery,
foot entering water,
pain of cold,
the spread of silt turns milky.
Inside, I shake like an uptight mirror.

Bullfight

Like a mirror comes the afternoon,
one suffers.
Like a mirror of pumice stone
or granite.
The afternoon comes, a spiraling tail.
Comes, settles, rushes headlong, vanishes.
One walks, head down,
every place a spinner of shock.
Looks baffled, stiffly looks at happenings
that lend uncertain glamour to his desire.

Ante la noche como serpiente
hunde la frente, mete el testuz, burla la capa
hasta que llega el alfilerazo seco y no escapa:
mete los cuernos bajo ese brazo que se arrepiente.

Vértigo

Toco la piedra fundamental del año,
las carretillas de sol y arena.
Camino a tientas sobre el carbón encendido del miedo,
sobre el dolor extendido de mi sombra.
Ando y ando y ando como si me desbarrancara sin fuerza.
Quiero tocar el cielo con mis labios,
abrir las alas de delfín en vuelo,
sentir el aire limpio entre mi cuerpo.
Pero estoy hecho de estas cuatro o cinco piedras enmudecidas,
de esta imposible carga que no cede.
Camino entonces trastabillando historias y gritos.
Me ahogo en la espantosa cúpula sonora del alma,
azul incandescente y herido.
¿Cómo romper esa red de cristal?
¿Cómo elevar en un malabarismo solar
esas cuatro verdades, piedras al sol de vida?
Juego con ellas como si fueran ecos o suspiros.

Rosario

En la humedad de mi lengua la espiral de la serpiente.
En la frontalidad del cuerpo una espiga y el agua.
En la esperanza de los ojos la irisación del mundo.
En la minuciosa consternación de mis piernas la delicadeza de una uña.
En el ano el baño zodiacal.
En los pies las toxinas y el dolor del águila.
En codos y rodillas cuatro agujas al viento.
En las manos un cáliz perecedero.
En la espalda la enredadera y la raíz.
En la cabeza una pesada lama.
En el sexo la densa multitud, la espesa sed, la palabra.

Faced with night like a serpent,
lowers his gaze, offers his nape while the cape jests,
till the sharp blow falls, unanswerable, no escape,
settling his bones below a sorry arm.

Vertigo

I touch the cornerstone of the year,
pushcarts of stone and sand,
step nervously alight with fear,
on the splayed grief of my shadow.
I walk and walk and walk, tumbling slowly into ravines.
I long to touch the sky with my lips,
to spread my dolphin wings in flight
and feel cool air around my body.
But I'm built of these four or five speechless stones,
of this unyielding load.
So I walk, reeling out stories and shrieks,
drown in the terrifying echo of the soul's dome,
incandescent blue and wounded.
How to smash this crystal net?
How to raise, in a solar juggling act,
these four truths, stones, up to life's sun?
I play with them like echoes or sighs.

Rosary

In the dampness of my tongue the serpent's coil.
In the straightforwardness of body an ear of wheat and water.
In the eye's hope the iridescence of the world.
In the meticulous dismay of legs the delicacy of a claw.
In the anus the bath of the zodiac.
In the feet toxins and a pair of eagles.
In the elbows and knees four compass points for the wind.
In the hands a perishable chalice.
In the back the climbing plant and root.
In the head ponderous sludge.
In the sex dense multitudes, viscous thirst, the word.

En cada uno de los nombres aquí encontrados
una simiente de luz y una pesadilla de dispersión.
En mí mismo una ola que revienta.

Inventario

Con la lengua de Príapo y las manos obvias y corteses,
con la lengua cortada y en las manos dedales de metal,
con la rabia enquistada en la quijada y la cadera,
con las articulaciones endurecidas,
con el pobre trote de quien se apea de la vida y quiere caminar,
con la piedad al borde de la taza,
con la garganta mutilada y el sabor de los besos hoy aristas de viento,
con las manos abiertas tocando aire y más aire,
que levantan amor y más amor
como sueños de humo,
como un humo de sueños,
con los tiempos cuadrados y descuadrados,
con la violencia innata de ser hombre,
con el amor también, sin aparejos,
con el alma en un hilo puesta al cuello
con los pies acuñados,
con la rabia reseca y la lengua febril,
con estas ganas diurnas de dejarme yacer hacia tu cuerpo,
con la ausencia de cuerpo,
con la memoria fresca e irisada,
con gotas de mercurio y de rocío,
con el peso de nada y el oleaje de vida,
con todo mi amor puesto en una rosa o en un diente de león,
con la humedad de tu rosa esparcida,
con el desconcierto del diente de león que se dispersa,
con la falta de ti y con tu ternura,
con las agujas de primeros pasos
casi juntos, mano hecha de mano,
con el amor y el sudor de tus piernas,
con la fresca saliva,
con tres monedas como cambio explícito,
retintineantes.

In each of the terms here listed
a seed of light, a nightmare of dispersion.
In myself a wave that bursts its force.

Inventory

With the tongue of Priapus and hands manifest and courteous,
with tongue cut out and hands like metal thimbles,
with rage stuffed in jawbone and thigh,
with hardened joints,
with the sorry bustle of one who dismounts from life and chooses
    to walk,
with saintliness at the teacup rim,
with throat mangled and the taste of kisses now spikes of wind,
with opened hands touching air and more air,
lifting up love and more love,
like dreams of smoke,
like smoke from dreams,
with the times in and out of joint,
with the innate violence of the human creature,
with love, as well, no strings attached,
with the soul dangling from a thread to the neck,
with feet wedged tight,
with parched rage and fevered tongue,
with this daily desire to recline on your body,
with the absence of body,
with memory fresh and rainbowlike,
with drops of mercury and dew,
with the weight of nothingness and surge of life,
with all my life centered in a rose or dandelion,
with the moisture of your opened rose,
with the dandelion scattering dismay,
with the need of you and your tenderness,
with the needles of first steps,
almost together, hand made from hand,
with love and sweat of your legs,
with fresh saliva,
with three coins of exact change
jingling.

Prurito

Todo se desmorona como cucharada de sal en la entropía de la comida.
Las voces se dispersan una a otra, oscureciéndose, renqueantes.
Desde la inadvertida animación del disgusto
la política de su voz y la suya cambian florines y espadazos
y las palabras se aturden como varas o estacas agolpadas.

Una puede beber su vino,
dejar pasar el peso muerto, el tiempo malcomido,
mientras el otro estira la liga lenta del sopor,
una cucharada tras otra, la sopa,
la aturdida rabia de dos miradas opacas y sinceras.

Así el amor a veces hace estragos de nada,
larva una superficie entumecida,
una pastosidad latente hecha de golpes bajos a uno mismo
en la carátula del otro.

Habría que levantar la mesa, enderezarla,
cambiar el agua del disgusto.
Habría que buscar de nuevo las varias fichas,
ver en el peso de las manos la circulación y la luz
y descubrir entonces quizás que la sal no es sólo una amargura
    acumulada
sino la punta del sabor del sol.

Acotamiento

Si yo no creo en mí.
Si yo no creo para nada en mí.
Si yo no creo ni en las tres cuartas partes de mis letras,
mi nombre,

Ticklish Moments

Now that there's nobody around,
I figure maybe the spoons turned
into oars to get me out of here.
    OLGA OROZCO

Everything crumbles like a spoon of salt in the meal's entropy.
Voices head off, one to another, darkening, hobbling.
With energy from displeasure not remarked
his and her politic voices swap coins and sword-thrusts
and words grow dazed like beaten sticks or stakes.

One may sip one's wine,
let dead weights inside slide, an ill-digested time,
while the other stretches out the lazy bond of lethargy,
one spoonful at a time, soup,
the stunned rage of two opaque but earnest glances.

That's how at times love creates havoc out of nothing,
breeding a numb surface,
a hidden coatedness from low blows delivered to oneself
via the face of the other.

We've got to lift the table, straighten it out,
replace displeasure's water.
We've got to dig out our various dominoes one more time,
be able to catch in the weight of a hand a movement and light,
realize that maybe the salt is more than an accumulation of bitterness,
tip of the sun's savor.

Boundary

If I don't believe in me.
If I don't believe in me at all.
If I don't believe three-quarters of what I write,
in my name,
that peters out in petrifaction,

el pedregoso y apedreado nombre,
si yo no creo en mí, me digo.
Si al decir "aquí estoy"
me quiebro como luciérnaga de polvo,
me escurro como pan ensopado.
Si yo no creo en mí.
Si ante la duda asumo
por fiel de la balanza
el gordo dedo de la derrota,
si arrinconado, a capa y espada,
vuelvo la desmesura un susurro estentóreo
y la mirada una lustrosa esfera fría,
si a guturales bajo los escalones, abro las puertas,
miro los terregales que son bosques,
si a la opulenta
suavidad de tu cuerpo
doy sólo el carraspeo de los huesos, la carne inhóspita
y así construyo un articulado edificio de odio;
si a tus palabras les pongo piedras y a tus pasos hogueras,
si hago de todo un emasculado manoseo,
si apenas tiento ya enciendo los faroles del frío,
si a tus acciones vuelco la milimetría del fatuo,
si erizo de instrucciones para no navegar el largo mar del alma,
si aminorado multiplico el desasosiego y el turbio andar,
si todas estas cosas han hecho de mí y de ti una calcinada impiedad,
si a mí me debes el aparejamiento y la decena trágica,
las gotas de mercurio y la ruindad.
Ante todo esto no puedo menos que decirlo y hacerlo
y dar en el sonoro pozo de mis propias paredes
y levantar el hacia y el hasta dónde
y levantar el cuerpo y el otro pie
y levantar las manos
y levantarme yo en mis propias andas
y decirlo.
Para que veas,
para que vea.

if I don't believe in me, I mean.
If, when I say "I'm here,"
I shatter like a dusty firefly,
drip like a dunked doughnut,
if I don't believe in me.
If, faced with doubt, I confound
the scale's fidelity
with the thumb-pressure of defeat,
if cornered, cloak and dagger,
I turn the outlandishness into a stage whisper
and glances into an icy, glittering sphere,
if gutturally I go downstairs, fling open doors,
stare out at wastelots I see as woods,
if to the opulent softness of your body
I grant only the raspiness of bones, unwelcoming flesh,
construct therewith an interlocking edifice of hate,
if on your words I pile stones, on your steps bonfires,
if I make an impotent pawing of it all,
if, soon as touching, I light up lamps of cold,
if I upset pompous pedantries on your deeds,
if I bristle at the instructions so as not to sail the soul's long lake,
if, when diminished, I multiply disquiet to cloud the path,
if all these things have made of you and me impious cinders,
if you owe me the couples of a dozen tragedies,
drops of mercury and vileness.
Before all this, I can only say it, do it,
surrendering in the echoing well of my four walls,
raising the limits of hither and thither,
raising body and the other foot,
raising hands,
raising myself on my own stilts,
and say it.
So that you may see,
so that I may see.

Vuelo

Levantado por varias alas de amor
vivo la desproporción de los elementos,
la suavidad de sus caídas, el azoro,
las piezas únicas de una música multirrítmica,
la coloratura de vientos dispersos,
el ruido sordo de los grillos,
las risas y los ecos de corrientes diversas.
Quiero detenerme aquí y allá,
ser en el viento el gesto de la espiga de trigo,
caer en el negro lodazal de uvas apisonadas.
En medio de distintos alientos
paso una encrucijada de ramas y destinos,
la calidez del sol y el aura negra de la noche,
la piel de pan y las alas lustrales.
Vuelo no porque tema la noche de ceniza
ni el viento frío de acero despojado
sino porque las alas se abren en un punto solar,
luminarias en los polvos de agosto.
Acecho como lechuza la parda sombra de los pinos,
el campo desolado,
el agua de la luna.
Y levanto el vuelo con la mirada en peso,
alma de amor y amor en cada ala.

Hacho

Me da terror irme con toda la sangre metida entre la carne y el corazón,
con toda la sangre chorreando entre las heridas sin poder contenerse,
la sangre de los otros y de los nuestros,
chopos y bergantines en un mar menor de sangre burda.
Me da terror besar la suave piel y convertirla en crimen,
buscar el alma atenta y el aterido cuerpo
y no poder tocar más que la pulpa abierta del odio,
las manos recortadas en muñones violentos,
aletas afiladas y asesinas.

Flying

Swept up by motley wings of love,
I live out the disproportion of the elements,
gentleness of their fall, their astonishment,
singular pieces of a polyrhythmic chant,
coloratura of wings at odds,
deafening shrill of crickets,
laughter and echoes from divergent currents.
Here and there I want to halt,
be the wind's gesture in an ear of wheat,
collapse into the black quagmire of trodden grapes.
Between one distinct breath and another
I pass a crossway of branches and destinies,
warmth of sun, black zephyr of night,
bread's skin, and lustral wings.
Not from fear of ashen night
or the chill wind of naked steel, I fly
but my wings open at a solar point,
lamps in August's dust.
Like an owl, I ambush the pines' brown shadow
desolate fields,
water of the moon.
I launch my flight, staring down weight,
soul of love and love itself in every wingbeat.

Beacon

It terrifies me to go round with all my blood lodged between flesh
    and heart,
with blood seeping, beyond repair, all about my wounds,
blood of kin and strangers,
poplars and brigantines on a minor sea of coarsened blood.
It terrifies me to kiss this tender skin and turn it into a crime,
search out attentive soul and tensing body
and be forced to touch the pulpy flesh of hate,
hands lopped to violent stumps,
fins whetted and murderous.

Evito los brazos
para que sólo veas un muñón casi inocente y sobrio,
el rasgo rápido de la inteligencia que busca distraer de su locura
unos cuantos golpes de timón.
Y entonces alzo los muñones como seca evidencia,
como un paso atrás, ¡deténte!, no te acerques,
no veas la nata roja de sangre en que me debato y huyo,
en que me encharco para no contemplarte.
Deténte entonces, digo, y bajo los ojos,
y camino así reconociendo que tampoco mis piernas me sostienen,
que no existen o sólo son la mella que me alumbra por encima del
     charco,
dos cuchillos que tambalean su propia incertidumbre,
toda esa conciencia afiebrada,
la pulpa de ecuanimidad en una gelatina congelada.
Y entonces sí,
las manitas de puerco van a salir con el calor del día.

La noria

El tiempo se ha ido recorriendo como si se hubiera trasroscado.
Cada año una vuelta más, cada vuelta un regreso al mismo sitio.
Una acumulación de nicotina y un espasmódico estar ahí,
siempre frente a un precipicio inabordable, insalvable.
El tiempo, comeansias.
Hace mucho que no se detiene para saber dónde está.
No se detiene, no se mueve, es un remolino anegado,
una densa circulación de noria en un lodazal.
En este pantano los ciempiés de mi cuerpo avanzan sólo un milímetro.
El esfuerzo es inmenso y el recorrido inútil.
Agua pesada este cuerpo de azúcar. Desintegrado.
Un matorral a atravesar cada acción, cada paso.
Todo arañado salgo cada vez casi del mismo sitio.
Si no fuera por todos estos años de azucarera.
Todo pringoso y seco, como fonda de paso,
un nescafé en taza de plástico, una lata de atún de cenicero.
Quisiera estar de lleno en una playa,
haber llegado al fin a alguna costa.
No importan las arañas y el cansancio.

Arms I renounce
so you can see a stump, near innocent and sober,
quick trace of intelligence striving to elude its craziness
with half a dozen lunges at the tiller.
Up high I lift my stumps as plain proof,
like a step backwards — Hold it! Don't come close,
you'll get to see the blood's red curdle
in which I argue with myself and flee,
wading, so as not to watch you.
Hold it here! I say and lower my gaze
and so walk on, confessing that my legs do not sustain me,
do not exist, and are a mere glint lighting a path above the pond,
two knives that wobble their own uncertainty.
Everything is fevered consciousness,
the raw flesh of fair-mindedness congealed to jelly,
and then it is
little piggy hands trot out to play, as hot as day.

Treadmill

Time's passed as if its screw got crossed,
each year another twist, each year back to the same place.
A buildup of nicotine, spasmodic presences,
always facing an impregnable cliff, hopeless.
Time: gulper of desires.
For ages now it hasn't stopped to ask about its whereabouts,
neither stopped nor moved, a whirlpool inundated,
the well's sluggish circling through a quagmire.
In this swamp my body's centipedes advance a millimeter, no more:
the effort is immense, the trip useless.
Heavy water, this sugary body. Dissolved.
A thicket to fight through, every action, every step.
Scratched all over, I emerge every time from almost the same place.
If it weren't for all those years of sugariness!
I'm all greasy and dry, like a cheap eatery,
instant coffee in a plastic cup, a tuna can for ashtray.
I want to be full, on a beach,
to have finally reached some coast.
The spiders and the weariness don't bother me.

Dejar atrás el pasto seco, los aluviones sordos,
el pulverizado andar soñoliento.
Volver a ver la vida con los ojos.
Y no este incrustadero de ansias,
no este andar enrevesado,
este agostadero de cansancio flaco.

To leave behind the arid plain, the deafening floods,
the sleepy trek in dust.
To see life again with my own eyes,
and not the encrustation of desires,
not this tangled walking,
this sun-scorched pasture of lean weariness.

VÍCTOR TERÁN

JUCHITÁN DE ZARAGOZA, OAXACA, 1958 · Víctor Terán is the pen name of Víctor Hernández López. He writes in Zapotec and is the author of the bilingual poetry collections *Diidxa' xieeñee / Palabras descalzas; Sica ti gubidxa cubi / Como un sol nuevo; Yuuba' xti' guendarusaana / El dolor del abandono;* and, most recently, *Poesía reunida.*

Víctor Terán translated by Donald Frischmann

Huadxí que ziyaba

Biluuza ti ridxi
ndaani' yánilu'.
Ti ridxi naxiñá'
guizá' dxichi
bitubi lu luuna'.

Huadxí que ziyaba.
Gunna ni naa
ti lu neza binadia'ga' zixidxi
chuppa guidibo'co' nayeche'.

Bindaate' xpié'
cue' diágalu'.
Laga ca naya' naazedxiichi',
ziyuí' xtípaca', ziguxooñe' naca',
ziyabaneca' naa guidxilayú.

Huadxí que ziyaazi'.
Gunna' dxindxe'piá'
ti biiya' cayábayati
ca lágalu'.

It Was Early Evening

From your throat,
a broken cry.
A red cry,
completely whole,
rolled across the bed.

It was early evening
I realized,
when two spirited shoes resounded,
passing by
out on the street.

I poured out my breath
upon your shoulders.
Meanwhile, my vigorous, gripping hands
grew weaker, releasing your body,
until it became one with me
upon the ground.

The day was sinking away
I fully realized,
when I saw
the lazy movements
of your eyelids.

Ndaani' batanaya'

Ndaani' batanaya'
cayó huadxí ri':
mani' té bilaa runi ma' bio'xho',
mani' guude, mani' biidi'.
Nexhe' ti neza lase'
deche dani
rihuinni rarica'.
Ne lu bi
chonna bayu' quichi'
ruluí' ziyuí'ca'.
Nugaanda guendaribana'
xquixhe ndaani' ladxiduá'.
Ne guendananala'dxi'
cutuxhu lugu' xquiiba'.

Rietetí layú rarí',
layú guiichi, layú guie.
Gu'xhu' ne za rihuinni.
Za, gu'xhu' ne guendananá.

Neza lase' ziyeeque'
deche dani rica',
neza lase' riné ra li'dxu'.
Za yu'la' biaa guibá' ca la?
Zándaca cayuuyu' ni,
zándaca cayuuyu' ni.
Cadi biá' za cá nga xquendaranaxhiee,
cadi biá' za cá.

Lu ti nagana

Lu ti neza
chupa ná'
nagu'xhugá
zuguaa'.

In the Palm of My Hand

In the palm of my hand,
the afternoon takes its nourishment:
a gray horse abandoned because of age,
a swaybacked, dirty horse.
There exists a path,
behind the hill
that is visible from here.
And in the sky,
three white handkerchiefs,
dissolving,
bid me farewell.
Nostalgia hangs
its hammock within my heart.
And resentment
hastily sharpens its weapons.

Broken terrain all around,
land of thornbushes; rocky land.
Smoke and clouds under the sky.
Clouds, smoke, and sorrow.

The path that zigzags
off behind the distant hill
is the one that leads to your house.
The long cloud spread across the sky?
Perhaps you are watching it...
perhaps you are watching it.
My love is not the size of that cloud;
it is not of that size.

Indecision

Upon a road
which forks
confused
I stand.

Tobi ri'
nadxii naa,
xtobi ca
nadxiee laa.

Nisaguié,
nisaguié,
gudiibixendxe
ladxiduá'.

Gubidxaguié',
gubidxaguié,
binduuba' gu'xhu'
ndaani' bizaluá'.

Xhoopa' diidxa' ruí' xiinga guendaranaxhii

I

Guendaranaxhii
zeedayaca ti xiixa nanaa
ni que zanda guácabe laa xadxí
ne qui cu'dícabe tobi.

II

Guendaranaxhii
zeedayaca ti duubi' lu bi.
Laaca huaxa sica ti gubidxa.
Riete, rigui'ba'.
Rié ne reeda.

III

Guendaranaxhii
dxiñayaga nga laa,
niidxi zee guladi' telayú,
niidxi zee ruxooñe'
lade le' xtí' ti gunaa.

One
loves me,
another
I love.

Rain,
rain,
carefully bathes
my soul.

The blossoming sun,
the blossoming sun,
sweeps the smoke
from my eyes.

Six Variations on Love

I

Love
is like something heavy
that one cannot carry for long,
without cursing.

II

Love
is a feather in the air,
though it is also the sun.
It rises and falls.
It comes and goes.

III

Love
is honey that flows from a tree;
the sap of the new corn,
picked in the early morning;
the sap that flows
in a woman's private garden.

IV

Guie'du'ga' nga guendaranaxhii,
xquenda guchachi', ná' ti bidó.
Ti nannu' nuu cusiabirí ladxido'lo'
ne qui zuuyu' laa.

V

Guendaranaxhii
rie ne reeda sica huaxhinni.
Ni rie, riné ti ndaa ladxido'no.
Ni reeda, reedacaa xtindaa
lu ni biaana.

VI

Guendaranaxhii
qui gapa xiladxi'
sica guendahuará,
qui gapa guendabiaani'
sica guendaguti.

Biluxe

Biluxe
ne ngasi nga laani.
Lu neza zadxaagalulu'
ca ni bidxagalú cou'
biá' dxi
gúcalu' bandá' xtibe;
ti bi'cu', ti bihui,
ti binni.
Gasti' zadxaa
ne laaca ca bigose
guxhuuna' íquelu'
gusiquichi ique badunguiiu
bichaabe lii.

IV

Love is a fig blossom,
the iguana's spirit, the goddess' hand.
It will feel like ants tickling at your soul,
but you will never see it.

V

Love
comes and goes like the night.
When it does not return,
it steals away a piece of one's soul;
when it does come, it is to plunder
bleeding hearts.

VI

Love
flourishes effortlessly,
like an illness.
It listens not to reason
like death.

It's Over

It's over
and that is all.
As you walk along, you will find
the same things you discovered
during the days
you were her shadow;
a dog, a pig,
a person.
Nothing will change...
And the same blackbirds
that dirtied your head,
will whiten that of the young man
who took your place.

Ne laaca decheyoo
bizucánelu' laabe
gusicabe guendarusiaanda' xtibe.
Gasti' zadxaa.
Lii siou' nga zusácalu'
guidxilayú ma qui gapa
xiñee guireexieque,
ma qui gapa xiñee
quiidxi guendanabani.
Ne zoyaalu' guendanguiiu xtilu',
ladxido'lo' zapapa
bia' qui guchendaxhiaasi layú,
ne nalu' ne ñeelu'
zusiaandu' laaca',
qui zánnalu' paraa zuhuaalu',
ne nisi lulu', nisi nalu'
zaniibihuati guiá' ne guete'.

And behind the house
where you and she
lay down to rest,
she will lay down her memory.
Nothing will change...
However, you will think
that there is no longer
any meaning
to the earth's movement,
that there are no longer any reasons
to hold on to life.
And you will swallow your manly pride;
your heart will pulsate,
its wings nearly striking the ground,
and your arms and legs
you will cast into oblivion...
Lost within your space,
you will find yourself
foolishly moving your eyes and arms
from north to south.

NATALIA TOLEDO

JUCHITÁN, OAXACA, 1967 · Natalia Toledo writes in Zapotec and Spanish. Among her books of poems are *Mujeres de sol, mujeres de oro* (forthcoming) and *Paraíso de fisuras*. Her work has appeared in several anthologies of indigenous-language poetry, and she appears frequently at international conferences of indigenous poets. For the past eight years she has honed her skills as a gourmet chef specializing in Oaxacan cuisine, particularly that of the Isthmus of Tehuantepec.

Natalia Toledo translated by Alberto Ríos

Na tacha

(*gunaa rusianda ne raca bidxaa*)

Chupa neza za guibá
die guielú na tacha.
Banda xtibe gucuabi
ne chupa guca xpiaani.
Bi yooxho bitubi labe ra Calvariu
ra bidxaabe gúcabe ti bicu,
ni bininá ca binni gudxibi guidiladi
zaqueca jñaabe.
Guca xiiñibe chupa ni qui ñale
laca laabe guebe rini xtica.
Guie batana na Tacha:
nacaca gaayu beleguí
liibi dxiichi ni jma nadipa
binibia ladxidó guidilade.

Zenaida

(*gunaa rutoo bere*)

Rachelú ladxiduá
lidxiguiiba nundiibi lii,

Na Tacha

(*healer and mystic*)

Two-colored cloud-eyes
flood the wrinkles of Na Tacha.
The shadow that paints her is full of cracks
and has a double job.
The winds of Calvary transformed her
turning her into a dog
beaten by its victims and its mother.
She had two children who were never born,
she herself drank the blood of her womb
to give life to her other self.
The hands of Na Tacha:
they are the strongest pleiad
the heart of my skin has known.

Zenaida

(*chicken vendor*)

The heart envies
the jail that holds you.
My red-moon skin

guidilade beeu naxiñá
nácani tapa ndaa ni ricaxhiidi ne doo xti guixhe.
Ti bieque naxiaa xti nisadó
ni rusiguenda ne guenda riuu xtubi.
Sica ti bataná miati riuu ndaani lidxi guiiba.
Ra ze gu yoolo cá lá
nácani ti bandaga guie yaase
ra bicachilú Diuxi.

Liidxi na Olga

(ri guiiba bidaani ne bíni guixhe)

Xtale doo rié ne reeda
nga guléza ndaani liidxe dxí gúca badu huiini.
Yaga aguxha rididi laaga ndaani xhíaa nagána xti cá dxí qué.
Ti gunaa nadxibalú caguiiba lari xhiaa yase xti guenda ríbeza.
Ndaani batanábe rindáni ti ludoo ni ni bizanebe dxiiña bínibe
ni ma bixhinni, ni bitié nebe guenda biaani xtibe.
Xhadxí gúzidu xhana ti yaga biongo nisadó.
Ca bandaa xti biaani xti xha nguiú rutié ne siula guícha íque
ti guiña dxa gubidxa ndaani
ti guiiba ro ruxhele ndaga yoo
ne xtale guixhe nga gúca lidxe.
Ra guzi Olga ra cá nga gúca lidxi guenda rutié.

Yudu

Cuzaani biaani ndani yudu
ti guielú nuu galahui chona ndaa

is a crucifix that tangles up
with the threads of the hammock,
a sea-silk knot
given to solitude
like the hands of a prisoner.
Your confinement
is an olive-tree leaf
where God hid.

Olga's House

(she embroidered fabrics and made hammocks)

Thread pendulums
inhabited the patio of my childhood.
Wooden needles
cross through the uncertain cotton of those days.

An indomitable woman,
she embroidered the black velvet of waiting.
From her hands
arose a handful of shapes
for the looms that dye her dark work.

We slept hanging under a *pochote* tree near the sea.

The photos of the longhaired painter
a trunk full of time
an enormous key
and thousands of hammocks were my home.

Olga's wedding bed was always the source of the colors.

Temple

Eye in the center of the triangle
of a God who sees nobody.

xti ti Diuxi ni quiruyadxi ca xhiñi.
Batanaa Minerva cagapa tixhi naaya
nagaa ne nalase sica ti beenda gope.
Cacheza rini
ne canana guendanabeni.
Cani ti guielú:
biree lade guichi cá
bibigueta ranuulau
ti ganu tu lii.
Xhi ndaani beñe dondo bizanu guidiladu muxhe.
Riabirí guie xtiá.
Riaba guichi ni daabe.

Dxiibi guidxa

Ti dxíta guidiladi miati
gachi ruá guigu.
Rari richesa dxita xquiee ca nguiu ca
galaa íque dxiibi.

Na Aurea

(gunaa bitoo guendaró ne dxi guca badudxaaoa gudxiba mani)

Lade xneza benda
cueti yaga mudu naxiña
nabeza na Aurea cayuunda
ndaani ti yoo nande napa guie ra ribícabe,
nabeza xtubi ne ridxi xti.
Lídxibe die ne ni guiuu ne nápani xtale yaga guiichi,
laga cayásibe yaga cayache bitii ndaani zuquii.
Guendanayeche xti na Aurea la?
nácani guirá xixe birungu le ziyuu ndaani yuudu.
Guendanayeche xtibe nácani jma berendxinga
libidxiichi ladxidóca.
Guendanayeche xti na Aurea lá?
ruluí ni ti gunaa benda cuguá ridxi galaa nisadó.

The hand of Minerva strikes my arm,
long and thin like a water snake.
Convulsed pulse,
clot of life.
The eye has a voice:
in what swamp did you leave your cowardly body.
The sweet basil shakes.
The thorn of my skin falls.

Silly Ghost

Skeleton buried
at the edges of the river.
Men who swing their balls
over the head of fear.

Na Aurea

(she sold food, made candies, and in her youth rode horses)

In the seacoast alley
next to the orange *flamboyán* tree
lives Na Aurea singing
in a corridor of wide walls and gray balconies
solitude and her voice:
a house full of lime and aloe plants.
While she sleeps the firewood burns
in a clay oven.
Na Aurea's happiness is
all the drums entering the church
an everlasting assembly of crickets.
Na Aurea's happiness is
the cry of a forgotten mermaid.

Marcelina

(gunaa nanna gusianda)

Nexhedxí ne nayani xpiaani
saqueca guielú ne batanaa.
Ra ruzulú ne riluxe diidxa
de guirá xixe guibá
ni qui zannu ra ruzulú ni ra riluxe.
Xunaxi Teresa nisadó ruzuhuaa lú xtiidxabe
ne rutopa ndani nabe guie xtiá guundu,
xcuaana guendaró ne guidi nisaí ma biyaaze
xti binni naguundu guidiladi.
Ne bi guiruaabe rundúbibe yuxi napa guielú miati,
rudxiguetabe guendanayeche
ribeebe xindxa
ne nisaluna rudxigueta guendabiaani.

Na hermila limón

(rutoo limón ne bipapa xpiani)

Salu lú nisadó nexhedxí
ne ndaani búpu xti guinitulu,
guidiládu nusianda tu biree lá
guielulu ni liibi ti balaga rizaa lú nisa,
guenda nazaca xtiu ñe ne ñeeda
sica ti guiiba qui ribezadxii.
Guinítu ndaani ti ni bitiee Matisse
dxi ma que ñuya
ne bisiidi laanu sanu lú guíchi.
Guireu chisalu sica ni riniti ndani ti neza die
ne qui ziuu dxii yúyu guibigueta.

Marcelina

(healer)

Calm and lit up
in her eyes and hands.
Being alpha and omega
of all the skies that do not begin, do not end.
Saint Teresa child of the sea makes herself present
to gather from your hands the withered sweet basil,
the purple onion, the lemons dark
with gloomy skins.
With the breath from your lips
you blow the dust from the eyes,
you give back color and joy,
you free the fever from the body
and sweat begins to find the senses.

Na Hermila Limón

(lemon vendor and crazy person)

Travel on the seas of silence
return as nothing in the foam
as if the body had no presence.
Eyes fixed on a ship,
and the luck of balance
finding itself like a pendulum
in the arms and legs.
To lose oneself in a painting that the blind Matisse
showed to us in the shape of the canvas.
To make that trip
like someone who stays in a drawing
and never returns.

Guibá xti min

(*badudxaapa huiini bitoo guirá xhixhé lú*)

Ni guicaa ta Juan míchi
Dxi gule
gucheza lari xti nacanda ne xti jñaa,
ti ludoo baduxcuidi
bigadxe ca guriá yoo
ne nisa xquixhi ca,
zacá guládxicabe guirá bisi.
Bisigade guendanayeche ca binni lidxe
ne laacabe gula quicabe guichi China layú ra guta cani gude
bizeechucabe zacá ladxiduá
ni bisigade laacabe de dxi gate.
Binise ne nisandaaya xti nisaxquixhi
ngue runi ribana,
ribana guzuhuaa lú gubidxa
guzigade dxiña huiini ndaani ti lade le
dxa beñe ne dxa nguiuu rinaaze benda,
ribana xha dxummi ra bidxá cani bituaa
xha badudxaapa huiini rutoo
rui diidxa ne natuucha guicha íque.
Ribana ca ni bizide xieeñee
xana bandá xti ti yaga tama ruí diidxa.
Gupa ti rigola, ni bisiidi naa gunda lu guichi
na mixtu guie lú ne dxi bioxho bigácabe batañee.
Ca dxi ca ma zeeca.

Cadidi laaga lua

Guie naxiñá yaase
rindani deche yoo.
Xapa luguiá guiedié
ni runiibi ne rusaba bi.
Ti ruaa manixiaa ripapa rucuaani naa
raxha tindaa ni naca.
Richesa guidiladi lu daa

Cielo Min

(*young retailer*)

I was born tearing fabrics from dawn
and silk from my mother.
A row of children
wet the walls with their urine
driving away the evil spirits.
I gave joy to those in my house
and they filled it with crepe paper
wrapping my love for all time.
Nevertheless I miss standing in the sun,
giving out candies in an alley full of fishermen and mud
I miss the basket of my many jobs
the talkative and disheveled girl
I miss the things I learned barefoot
under a tamarind tree that told stories.
I had a teacher with cat eyes and no legs;
he showed me how to walk on paper.
Those days have gone.

Revelation

Purple flowers
are born on the back of the wall.
Carpeted quarry stone in the air
that moves and detaches.
A bird's beak wakes me,
takes a piece of me
my body jumps from the *petate*

nácani bere xti dxiibi
ti ndaga singa naquiñe gudinu
ti ganda guzuhuaachahuinu guidxilayú: zarendanu.

Na Agrícola

(*gunaa bitoo nisadxuni*)

Ra ruzaulú guiiru biaani yagayoo
ti bizuudi riniibi, ribezadxí, rieeque
ruxhidxi, nalaa ridxi xtii.
Napa laya guiiba ruzaani naguchi.
Rugué ne rugué cabe laa
rindisa xtaani, rindete ne rudxiiba xique,
rudi rrienque ne xidxi sica ti beeu narooba ne nacuuxhu.
Biasi tuudxi baduxcuidi cundaachi
cayaande luuca,
deche yaga guiirubiaani chupa ndaga lú
de guirá guirulú guyuu ndaaya dxi bíyadu
biyaabe xieeládibe.

Bertha Beninu

(*gunaa bitoo benda*)

Xana ti yaga duga naca xandu
xhoopa ne galaa dxi ribiá birí guidxilayú,
guirá gunaa ruzuxíbi ndaani lidxi
ruundaca ndaaya
ruunna bícu lu bi
sica rutieé gadxe biaani lu guibá.
Bandá xti guetu rizá guriá yoo
rutopa neza guzá guidxilayú.
Xhoopa ne galaa ze dxi, Bertha Beninu
ribee lú ndaani xneza ca nguiuu rinaaze benda.
Rindiza yudé ne xpizuudi naca ti bidunu ruzaani
ndaani guielú ca dxi ma zedidi.

it is the hen of fear.
There's only one way
to stay on earth: Roll.

Agrícola

(barmaid and neighbor)

Where the wood starts
a skirt sways, it stops, it breaks;
she smiles with her hoarse voice and her gold teeth,
she invites, they invite her,
she raises her *huipil*, lowers and raises her shoulders
begins to spin with her full-moon breasts
enormous and wrinkled.
Meanwhile, some of the children on tiptoe
watch her in silence,
from behind the two shutters in the wooden door
among all the blessed eyes
who got to see her dance the striptease.

Bertha Beninu

(she sold fish)

Under the fig tree it is October;
6:30 is the most sensible hour of the day.
The prayers, the murmur of women who are kneeling in all the houses.
The dogs whistle in the air like a rainbow
the shadows of the dead mark the walls
and gather their steps on the earth.
At 6:30 the smile of Bertha Beninu
looks out into the fishermen's alley;
she picks up the dust and her skirt,
an eddy of mirrors in the eyes of time.

Ndaani lu ná yaga duga
xtale mani chuga ca dxibi xhiaa.

Na Victórica litru

(*gunaa bitoo dxita bigu*)

Dxi ne gueela
liibi lari lucuabe
ti yuuba cacheza guiba bichuga íquebe,
rusiguuna laabe sica ti nisaguié dé quiribezadxí.
Nisi ridxi xtibe biaana ndaani yaga dugá zuhuaa ra lídxibe
xpandá ni bichii bandaga.
Dxi gutibe
bacuuxhu gudidxidxiichi laabe.

Ca gunaa rusianda

(*Ni rini ne ni rucabi*)

Guie xiña yase	Xhidxi badu dxaapa huiini
Guie xtiá	Xhandu yaa
Zaa guiba	Ni riníti
Guielu	Guie biguá
Nisa	Guenda nayeché
Bata na	Jñaa bida ca gapa gueta
Nisa dxúni	Rú xhooñe guidxi layú
Dxiita	Guenda guará
Naquíchi	Ngasi nga xtilu
Ruá bii	Ca nabadiidxa tu lii
Ni ruyaa bichuga íquu	Qui gána tu lii
Gunaa nana gusianda	Guenda nabani

In the branches of the fig tree
thousands of insects live under the sheets of fear.

Na Victórica Litru

(*she sold turtle eggs*)

With her forehead always bandaged
a pain burst the sky of her forehead
causing a constant drizzle in the eyes.
Her stentorian voice
stayed next to the fig tree at her house
its shade was covered by its own leaves.
The day of her death
beauty bandaged her.

Healers

(*reasons and meanings*)

Tulip	Girl's breasts
Sweet basil	Recent mourning
Cloud	Dispersion
Eye	Yellow flower
Water	Happiness
Hands	Grandmother making tortillas
Anise-flavor	Map that slips
Eggs	Infirm body
White	Possession
Blowing	Riddle in the face
Revelation	Enemies
Healers	Possibility

Natalia

(gunaa rucaa diidxa li ne rutoo guendaró)

Nuu dxi rirayá gueela nua sicarú
ne qui rizaaladxe guuya guzaani lua
ni runetiá rixudxe
naa qui huayuu dxí chualaadxe
gaca sicarú.

Bandaa sti biaani

Bandaa stinu nga rucueza guriá yoo
rindeticani ca dxí ma gudidí
ra rabinu ñananu lu gichi casi laanu
ngasi nga napa ora gishinni.
Bandá sicarú ni bisigade xtuxhu biaani
ra rului biuyaa sti bixhoze ne stine
nacacá tobisi lu.

Natalia

(*poet and cook*)

There are days in which I wake up beautiful
and it is not possible to me
to be that lit up face,
so I have to get drunk
because I've never been able to stand being beautiful.

The Shadow That Draws the Light

The pictures hold up the walls
they fade time
they are gestures
that believed they would stay in the acid moment.
I only have images for the equinox
fantastic shadows shot by the light
figures where my father's birthmark
and mine are a single face.

MANUEL ULACIA

MEXICO CITY, 1953–2000 · Manuel Ulacia was a poet, critic, and translator. He received an M.A. and a Ph.D. from Yale University. His books of poetry include *La materia como ofrenda, El río y la piedra, Origami para un día de lluvia,* and *El plato azul.* His *Selected Poems* are forthcoming from Green Integer. His books of literary criticism include *Luis Cernuda: escritura, cuerpo y deseo* and *El árbol milenario: un recorrido por la obra de Octavio Paz.* He translated two anthologies, one of the Brazilian poet Haroldo de Campos and another of the poetry of James Merrill. He died, a drowning victim, while swimming in the ocean in Zihuantanejo.

Manuel Ulacia translated by Indran Amirthanayagam

En la playa

En la playa
palabras de sal y espuma
se dibujan en la arena.
     Las olas del mar
nombran a la tierra.

Hampstead Heath

Tal vez sólo haga falta
un cambio de luz
en la superficie del agua,
una mirada
que se cruza con otra mirada,
para dejar atrás,
sin saberlo,
un mundo seguro.

Estabas en la orilla del estanque
mirando los diminutos veleros
cuando Él te invitó a internarte en el bosque.
Y tú sin decir una palabra,
hierro al llamado del imán
lo seguiste hasta dentro.

On the Beach

On the beach
words of salt and spray
sketch themselves.
     The sea's waves
name the earth.

Hampstead Heath

Perhaps all that's lacking
is a change of light
on the water's surface,
a glance
that meets another glance
to leave behind,
without knowing it,
a sure world.

You were on the bank of the pond
watching the small sailing ships
when He invited you to go deep into the wood.
And without saying a word,
iron after the call of the magnet,
you followed him in.

Cuánto sol derramado
entre las verdes frondas,
cuánto placer mientras tus piernas
temblaban de miedo.

Hoy no recuerdas ni su nombre ni su rostro.
Tal vez lo único que el tiempo ha dejado impreso,
sea aquel olor a tabaco y agua de colonia,
que durante quince años te ha acompañado
por todas las ciudades, ya en ninguna.

Regreso a la ciudad

La luz entre las hojas,
y recobro la infancia...
Todo cambia — dijo mi padre en la calle 5 de mayo.
Miré la tarde huir con las nubes en bandadas.

Conrail Wax Museum

Sentados en el tren,
tedio de la diaria monotonía
— del suburbio a la ciudad,
de la ciudad al suburbio —
Next stop Westport
él abrió el *New York Times*
ella una revista de gourmets,
estaciones siempre vistas y olvidadas,
páginas que se borran
como los rieles en el paisaje.
Pronto el sueño lo venció,
enfrente unos jóvenes se besaban,
lágrimas empañaron la mirada de la mujer,
el aliento de la noche en la ventana.
Y pensó que también en él había existido el deseo
mientras pasaba las hojas:
un ganso *au citron* despatarrado.

How much sun spilled
among the green branches,
how much pleasure while your legs
trembled with fear.

Today you remember neither his name nor face.
Perhaps, the only trace left imprinted by time
is that smell of tobacco and eau de cologne,
which for fifteen years has stayed with you
through all the cities, and is now in none.

Return to the City

The light among the leaves —
and I regain my childhood...
Everything changes — my father said on the street called *5 de mayo*.
I saw the evening flee in flocks of clouds.

Conrail Wax Museum

Sitting on the train,
irritated by the daily monotony —
from suburb to city,
from city to suburb —
Next stop Westport,
he opened the *New York Times*,
she a gourmet magazine,
stations forever seen and forgotten,
pages rubbed out
like the railroad tracks in the landscape.
Soon, sleep overcame him;
in front, some young people were kissing,
tears stained the woman's face,
night breathed through the window.
And she thought how desire had once dwelled
in him too, as she turned the pages:
Goose *au citron*, feet strung up.

En un baño de vapor

para Santiago Quintana

de mirada fija
                              nariz y boca
en piedras cinceladas
                              un joven
busca
          entre idénticas esculturas de mármol
erguidas
                en los pedestales de la indiferencia
sumergidas
                en un sueño
                              no palpable
acuario de peces
                        ambulantes y nerviosos

la imagen del otro

          y encuentra en el vaho del espejo
la suya
                              perpleja
absorta
                desdibujada

Mar Egeo

brillan las luces hasta el horizonte
        hay tantas constelaciones
como islas

          en el cielo los dioses construyeron
sus casas
                los hombres
excavaron en la tierra las suyas

In the Steam Bath

to Santiago Quintana

with a fixed stare
                                nose and mouth
in chiseled stone
                                 a youth
searches
                 among identical marble statues
erected
                 on pedestals of indifference
submerged
          in an impalpable
                     dream
an aquarium
                 of wandering nervous fish

the image of the other

                 and in the steam on the mirror
his own image
                          perplexed
absorbed
                          diffused

Aegean Sea

Lights shine all the way to the horizon
       there are so many constellations
like islands

       In the heavens the gods built
their houses
           Men
excavated theirs on earth

estos pueblos son páginas
en ellas el mundo
                        se da a luz cada día
se inventa en sus mutaciones
                        se escribe
sobre sus escrituras

      al querer los hombres llegar al cielo
un rayo de luz derrumbó la torre
      entre piedras florecieron las lenguas

la Atlántida se hundió
      nuevas tierras
emergieron
      hoy todavía tiembla

Santorini es el útero del mundo
      y la noche negra parto de estrellas
llega una nave encendida
      las sirenas cantan
cae un cometa
      larga estela
de guerras y conquistas para buscar
      la rama dorada

en esta isla
        la flauta de Orfeo celebró
la paz de los argonautas
      y Polifemo izó las velas rumbo a Sicilia
aquí también llegaron los judíos
      al abrirse los mares
la promesa era Thira

todos somos errantes
      nos desprendemos del cuerpo igual que
la leve mariposa de la oruga

somos transfiguraciones
      nuestro tránsito
es pasar de una vida a otra vida

These villages are pages
In them, the world
                         gives birth each day
it invents itself in their mutations
                         writes
over their writings

        When men wanted to reach heaven
a ray of light destroyed the tower
        languages grew among stones

Atlantis sank
        New lands
emerged
        the earth still trembles

Santorini is the world's uterus
        and the black night, the birth of stars
a ship arrives lit up
        Sirens sing
A comet falls
        long tail
of wars and conquests —
        to seek the golden bough

On this island
                Orpheus's flute celebrated
the peace of the Argonauts
        and Polyphemus hoisted sails to go to Sicily
The Jews came here too
        when the seas opened up
The promise was Thíra*

We are all wanderers
                        unstitch our body just
like the light butterfly the caterpillar

We are transfigurations
        Our transit
to pass from one life to another life

* The island of Santorini is known as Thíra in Greek.

en el Mar Egeo
las palabras baten
        incesantemente en el oído

hoy 15 de agosto en Santorini
        dentro de las iglesias canta el pueblo
y por las calles pasan procesiones
        se sumerge Venus en el crepúsculo
y al amanecer emerge del agua
        para inventar
en la unión de los cuerpos su secreto

Visita al Turk's Head Pub

Entre la bruma iluminada
por esa luz amarilla y ácida
que se disuelve en ella como tinta en el agua,
caminas sin saber a dónde vas.
La apariencia de la realidad te sorprende,
te hace preguntarte si no eres una aparición
entre apariciones.
¿Por qué has vuelto otra vez al mundo?
¿A aprender todo lo que aprendiste?
¿A reaprender los nombres de las cosas,
el olor de la lavanda fresca que crece entre las piedras,
el eco de tus pasos en las aceras mojadas
como espejos que multiplican el silencio de la noche
y que se rompen en un grito mudo?
¿A reconocer las cosas gastadas?
¿La aldaba de bronce de la puerta que abriste mil veces?

Te detienes en el umbral del Pub antes de entrar.
Tal vez no te reconozca nadie
ni a nadie reconozcas.
Sin embargo, el murmullo incesante,
el tintineo de los vasos en los brindis,
los espejos que reproducen una y otra vez tu rostro,
que reproducen la realidad en movimiento
mientras avanzas, como si navegaras por un río,

In the Aegean Sea
words beat
ceaselessly in the ear

Today August 15 on Santorini
inside the churches people are singing
and processions pass through the streets
Venus sinks at twilight
and emerges from the water at dawn
to invent
in the union of bodies her secret

Visit to Turk's Head Pub

In the fog lit
by that yellow and acid light
that dissolves like ink in water,
you walk, not knowing your way.
Reality's appearance surprises you,
makes you ask if you are not an apparition
among apparitions.
Why have you come again into this world?
To learn all that you have learned?
To relearn the names of things,
the smell of fresh lavender growing among the stones,
the echo of your steps along the wet sidewalks
like mirrors that multiply the silence of the night
and break in a mute cry?
To recognize used-up things?
The bronze knob of the door you've opened a thousand times?

You stop in the doorway of the pub before stepping in.
Perhaps no one will recognize you
and you'll recognize no one.
Yet the incessant murmuring,
the tin-tin of glasses accompanying the toasts,
the mirrors that reproduce your face now and again,
that reproduce the reality that moves
while you move, as if navigating a river,

te harán sentirte a gusto,
olvidado de la muerte.

Entonces alguien se te acercará y pronunciará tu nombre,
hablará de tu vida como si hablara de otro.
Entonces te habrás vuelto a inventar.

En el Ritz de Meknés

Bastó sólo una mirada,
el silencio entre dos frases,
el ténue roce en tu mano
cuando pediste la llave
en el calor de la siesta,
para que el joven conserje
con mirada de gacela
fuera detrás de tí, al cuarto.

Cuánta delicia al tocar
su piel fresca, aceitunada,
con fragancia de azahares,
y al besar sus labios gruesos
con sabor a cardamomo,
mientras el ventilador
daba vueltas refrescando
los cuerpos entrelazados,
en su delirio deseándose,
como el desierto al agua.

Cuánto goce en un instante
cuando los cuerpos se olvidan
de la realidad dejándose
ir ¿hacia dónde? ¿hacia dónde?

La ciudad despertó en la hora
plena. Los coches, las motos,
la música de una radio,
la misteriosa algarabía
te hicieron volver al mundo.

will make you feel pleasure,
forgotten by death.

Then someone will come close and pronounce your name,
will speak of your life as if it belonged to another.
Then you will have again invented yourself.

In the Ritz at Meknes

One glance was enough,
the silence between two sentences,
the tenuous graze of your hand
when you asked for the key
in the heat of the siesta,
so that the young concierge
with a glance like a gazelle's,
went behind you to your room.

What delight to touch
his olive-toned skin, fresh,
with the fragrance of orange blossoms,
and to kiss his ample lips
flavored with cardamom,
as the fan
spun round refreshing
the intertwined bodies
desiring each other in their delirium,
the way the desert desires water.

What pleasure in the instant
when bodies forget
reality and let it go
where? where?

The city woke up in the fullness
of the hour. Cars, motorcycles,
a radio's music,
mysterious Arabic,
brought you back to the world.

El conserje apresurado
dijo adiós y dejó el cuarto.
Tú te quedaste dormido.
Despertaste en otro sueño
cuando el moecín empezó
a rezar en el micrófono.
Desde el balcón, el Palacio
resplandecía en la noche
sonora, llena de estrellas.

Arabian Knight

Los montes, los olivos,
los campos de verduras en el valle,
los altos muros ocres
del Palacio Real de la medina,
la brisa de la noche,
la voz del moecín, lejana, monótona,
el café de siempre y sus parroquianos...

Sentado en la terraza
del jardín El Haboul, en Meknés,
un muchacho moreno
vestido con una chilaba blanca,
después de largo rato,
después de consumir
el té de menta que había ordenado,
se acercó a tí para saber de dónde venías...
Y mientras te contaba
la historia del lugar,
peló un higo maduro
con una navaja que desenvainó de golpe.
El reflejo del farol sobre la hoja
tocó tu rostro: tres gotas de leche
se derramaron por entre sus dedos.
Al ver que lo mirabas, sus pupilas
se dilataron como las de un tigre.
Entonces partió el higo
—florescencia cargada de semillas

The concierge said goodbye
in a hurry and left the room.
You fell asleep
and woke in another dream
when the muezzin began
to pray into his microphone.
From the balcony, the palace
shone resplendent in the sonorous
night full of stars.

Arabian Knight

Mountains, olive trees,
vegetable fields in the valley,
the high ocher walls
of the Royal Palace in the old city,
the night breeze,
the muezzin's voice, faraway, monotonous,
the usual café and its parishioners...

Sitting on the terrace
of the garden of El Haboul, in Meknes,
a dark youth
wearing a white djellaba,
after a long while,
after drinking
the mint tea he had ordered,
approached you to learn from where you came...
And while he told you
the history of that place,
he peeled a ripe fig
with a knife he drew suddenly.
The reflection of the streetlamp on the blade
touched your face: three drops of milk
spilled on his fingers.
When he noticed your gaze, his pupils
dilated like a tiger's.
Then he divided the fig —
a flowering filled with seeds

que parecían arder en la bóveda —,
y enseguida, llevó
una de las mitades a tu boca
y otra, con gesto ágil, a la suya.
Cuánto placer al degustar la fruta.
Cuánto vértigo en el filo de la hora.
La sangre se hizo espesa,
los sentidos se abrieron a otro tiempo.
De pronto, sentiste sobre tu pie
su babucha. Y sin decir palabra
te fuiste con él por las calles de la medina.

Tenochtitlán Blues

Cae la tarde
              y termina tu viaje.
Mañana cuando te marches
                      te buscaré en el vacío
que dejaste por todas partes.
                    Y si el día es claro,
tal vez alcance a ver los volcanes
                    siempre cubiertos de nieve,
como el silencio que envuelve
                a dos cuerpos que se miraron
sin tocarse siquiera.

that seemed to burn in the vault of the night—
and immediately he put
one half in your mouth
and the other, with an agile flick, in his own.
What pleasure in tasting the fruit.
What vertigo on the edge of the hour.
Blood thickened,
the senses opened up to another time.
Suddenly you felt his slipper
touch your foot. And without a word
you went with him through the streets of the old city.

Tenochtitlán Blues

Evening falls
                and you finish your trip.
Tomorrow when you go
                I will look for you in the emptiness
you left everywhere.
                And if the day is clear,
perhaps I may get to see the two volcanoes
                                forever covered with snow,
like the silence that envelops
                two bodies that gazed at each other
without even touching.

VERONICA VOLKOW

MEXICO CITY, 1955 · Veronica Volkow is a poet, translator, and art critic. She completed graduate studies in comparative literature at Columbia University. Her books of poetry include *La sibila de Cumas, Litoral de tinta, El inicio, Los caminos,* and most recently *Arcanos.* She has translated works by Elizabeth Bishop and John Ashbery, among other poets, into Spanish. Her books on art include *Graciela Iturbide: Los disfraces.*

Veronica Volkow translated by Margaret Sayers Peden

Arcano IV: El emperador

Entallaron la piedra
hasta que recordara:
ejércitos como ecos que estampan las colinas,
lanzas y saetas ciertas con la muerte erizadas
y volutas veloces que deslizan el río.
Las plantas y las bestias, tributos derramados,
y hundidos en un número idénticos esclavos.
Extrajeron el mundo de la roca,
le pusieron cuatro esquinas al tiempo
y guardaron en muros
lo interior del espacio.
Crear un hueco, un patio,
la nada de lo abstracto,
la moneda en la mano,
la rueda que al vaciarse avanza,
el dibujo del que un ser deserta;
o tomar entre manos exactas lo perdido,
cantera y cántaro la estatua,
agua imposible y piedra.
Formas con el poder de su vacío,
su ceñido abismo, su llamado,
como vasos traídos del reino de los muertos.
La espada creó la forma del imperio;
el cincel, los muertos, las estatuas que habitamos.
Somos el despertar de su escritura,

Arcana IV: The Emperor

They sculpted stone
until it remembered:
armies like echoes imprinting the hills,
lances and sure arrows bristling with death,
and scrolled stems glissading the river.
Plants and beasts, prodigal tributes,
and slaves indistinguishable in their numbers.
They extracted the world from rock,
put four corners to time
and protected within walls
the interior of space.
To create hollowness, a courtyard,
absence of the abstract,
coin in hand,
the wheel that advances as it is consumed,
sketch of what being abandons;
or to take in precise hands what is lost,
quarry and container the statue,
impossible water and stone.
Forms with the power of their emptiness,
their constricted abyss, their summoning,
like goblets from the kingdom of the dead.
The sword created the shape of empire;
the chisel, the dead, the statues we inhabit.
We are the awakening of their writing,

su mundo interno, su añoranza humeante,
la materia es un hueco en que soñamos.

Arcano VIII: La justicia

Una ola en la mano es la balanza,
todo acto es fiel,
un borde empuja,
quieto, el otro es forma.
Hay un brazo diestro
aferrado al mundo en la certeza,
que ancla en lo preciso,
y otro que es zurdo y muy ligero se eleva
como un pájaro o un sueño.
Una mitad mía es de carne,
la otra es sombra,
noche vaga y navegante,
resto herido,
ola en tierra,
ala en suelo.

Ángel bajo los pies, la sombra, que vuela
entre las cosas
y no se eleva o se va.
Espejo caído,
leve estanque, muerte mía;
reencuentro de pronto allí,
que no pienso,
donde la arena habito o la piedra.
Olvido en que al mundo
más pertenecemos.
Arca la sombra que aguarda
que nos guarda.

their internal world, their steaming nostalgia,
matter is that hollowness in which we dream.

Arcana VIII: Justice

The scales are a wave in the hand,
every function is faithful,
one edge presses,
quiet, the other is form.
There is a right arm
clinging to the world in certainty,
anchored in precision,
and another that is left-handed, and rises lightly
like a bird or a dream.
One of my halves is flesh,
the other is shadow,
night vague and voyaging,
wounded residue,
wave on dry land,
wing on the ground.

Angel beneath feet, a shadow, that flies
among things perceived
but does not rise up or depart.
Fallen mirror,
light pool, my death;
suddenly again I find
that where I dwell with sand, or stone,
I do not think.
I forget what in this world
we most belong to.
Ark the shadow that waits,
that watches over us.

Arcano X: La fortuna

Como una piedra sin mano, el azar
que lanzan infinitas manos,
es el rostro del todo
imprevisto en lo incierto,
la esfinge en cada piedra
que sueña en el silencio.

El azar guarda, sí, un enigma,
en el enigma hay un espejo
y sólo en lo que soy me rompo
en la piedra de este espejo.

Con la mirada adentro
va el camino.
La rueda avanza afuera
pero regresa su memoria.
En el volver hay un volverse,
en el tiempo, molinos
de luz y desenlaces.

Arcano XII: El colgado

Inverso, suspendido
como hundido en un espejo, el colgado
es quizás una sombra
de alguna posibilidad más real.
Pisa el aire y no avanza,
acaso vuela
o titubea
como hojas en suspenso,
golpea sus propios muros como péndulo,
fuera del tiempo, extraviado.

Fruto es pendiente de otro mundo
o tal vez va en la nada,
el colgado,

Arcana x: Fortune

Like a stone without a hand, chance,
cast by countless hands,
is the face of all things
unforeseen in uncertainty,
the sphinx in every stone
that resounds in silence.

Chance holds, yes, an enigma.
In the enigma there is a mirror
and only in what I am do I break
in the stone of this mirror.

With inward gaze
the pathway travels on.
Outward, the wheel advances
but its memory regresses.
In the returning is a turning back
in time, windmills
of light and denouements.

Arcana xii: The Hanged Man

Inverted, suspended
as if sunken in a mirror, the hanged man
is perhaps a shadow
of some more real possibility.
He treads air but goes nowhere,
perhaps he flies
or hesitates
like airborne leaves,
strikes his own walls like a pendulum,
outside of time, lost along the way.

The hanged man is pendant
from another world, or perhaps
in nothingness,

allá en el otro lado del espejo.
Por lo inasible ahogado,
es náufraga su voluntad sin tierra.
¿El viento que lo mueve
es una música en que danza,
o es ya viento el que danza
y con los astros gira y se detiene?
¿A quién su cuerpo suelto
en su obediencia escucha?
El mundo se interrumpe en el espejo,
y del otro lado es el mar
sin ser que nos enfrentan los reflejos.
¿Es ya un vértigo el canto de sirena,
su caída también un vuelo
en un mundo al revés?
A lo desconocido se va, así,
                              perdido.

La historia del laberinto

Sólo el oído del laberinto
escuchó gritar a la princesa,
la escuchó gritar e imprimió los pasos
de su reiterada imagen en los pasillos.
Sí, la princesa gritó
y su grito recorrió múltiples veces
la interminable enramada de pasillos.
No tenía nada que hacer la princesa
                    o casi nada
si acaso repetir todos los días el laberinto
esos pasillos idénticos como espejos de pasillos,
esos caminos revueltos
como nudos de caminos.
¿A dónde ir,
dónde encontrar la puerta secreta tras el espejo?
¿Dónde en pleno día, con un paso,
se puede acceder a otro espacio, a otra parte realmente?
Sí, el laberinto tiene seguramente un ojo
pero cómo saber si mira hacia otra parte

there on the other side of the mirror.
Drowned by the ungraspable
his exiled will is shipwrecked.
Is the wind that moves him
music he is dancing to
or is what dances already wind
that whirls with the stars, then stops?
To whom does his untethered body
listen in obedience?
The world is interrupted in the mirror
and from the other side it is the
soulless sea reflections place before us.
Is the song of the siren already vertigo,
and his fall also flight
in a world seen in reverse?
He goes to the unknown like this,

lost.

The Story of the Labyrinth

Only the ear of the labyrinth
heard the princess scream,
it heard her scream and imprinted the footsteps
of her reiterated image in its corridors.
Yes, the princess screamed
and her scream echoed and rechoed
through the endless branching of passageways.
The princess had nothing to do
         or almost nothing
except perhaps each day retrace the labyrinth:
those identical corridors like mirrors of corridors,
those twisting paths
like knots of paths.
Where to go?
where to find the secret door behind the mirror?
Where, in the light of day, with one step,
may one come to another space, a true elsewhere?
Yes, surely the labyrinth has an eye
but how to know if it is looking elsewhere

o si fija hacia dentro solamente lo mismo.
Y quizá la princesa ahora sea una imagen
de una princesa anterior que mira el ojo. ¿Cómo saberlo?
En todo caso la princesa
no se siente real,
y todas las mañanas delinea
obsesivamente su rostro.
La mano del laberinto, mientras tanto,
teje silenciosamente sus pasos,
deshace invisiblemente su vida.

Varas

Tus palabras queman
banderas sobre tu boca
¿de qué fuerzas?
¿de qué causas?
banderas de tu vida
banderas de tus sueños
los sueños son de fuego
incendian otros sueños
árboles imágenes
árboles intensidad
árboles que hablan lo que miran
hojas bocas
y hojas ojos
mirando adentro
        deseando
árboles día
adentro de la noche
árboles día
que desde el corazón se prenden
manos de fuego
que esto inventaron
este otro día
este otro espacio
raíz de sombras nuestra
sombras luz y raíz fuego
lo que no es

or if it focuses inward on sameness.
And maybe the princess now is but an image
of a former princess gazing into the eye. How to know?
In any case the princess
does not feel real,
and every morning, obsessively,
she outlines her face.
The hand of the labyrinth, meanwhile,
silently weaves her footsteps,
invisibly unravels her life.

Wands

Your words blaze
banners across your lips
of what forces?
of what causes?
banners of your life
banners of your dreams
are dreams of fire
they light other dreams
trees images
trees intensity
trees that speak what they see
leaves lips
and leaves eyes
gazing inward
        desiring
trees day
within night
trees day
that from the heart hang
hands of fire
that invented this
this other day
this other space
our root of shadows
shadows light and root fire
the not-is

nos sustenta
lo que no somos.

En el valle de Zapata

La noche subió desde la tierra:
magueyes, piedras, matas,
ahora sombra.
La tierra se irradia lentamente,
y el día se cierra en lo alto como un lago,
     próximamente
otro cualquiera de los astros.
Las nubes cruzan lentamente
anaranjadas y grises,
tierras sol,
espejos tornasol,
y más allá, más lejos… antes
retorciendo su niebla blanquísima
     infinitamente desgarrada
las nubes que calcaban sus formas en los montes.
Sombras que son tenues duplicados
¿o es la presencia diurna de una noche privada de las cosas?
     unánime ahora
una única sombra sobre el valle,
     una roca
labrada apenas por una luz muy tenue.
Los faros del automóvil borran la oscuridad
siguiendo el camino,
maíces deshilachados en el viento,
unas cuantas luces a lo lejos
¿son los focos
o los cuartos iluminados en la distancia
     como pequeños focos?
Está chispeando,
los campesinos aquí dirían, "está huixtleando"
con su español mantenido en el pasado
donde se escucha un "vide" o "trujeron"
junto con "fab" o "volkswagen",
palabras que se han añadido a sus vidas

sustains
the we-are-not.

The Valley of Zapata

Night rose up from the earth:
magueys, stones, shrubs,
now shadow.
Slowly the earth releases light
and day lingers overhead like a lake,
    soon to become
just another of the stars.
Slowly, clouds drift by
shades of orange and gray,
earth's sun,
mirrors sunflower,
and beyond, farther... once
swirling their radiantly white mist
    infinitely raveling
clouds that duplicate their shape on the mountains.
Shadows that are faint copies
or day's decalcomanias on night's emptiness?
    now all-encompassing
a single shadow above the valley,
    a rock
barely sculpted by tenuous light.
Headlights' beams obscure the darkness
probing the road,
maize shredded in the wind,
a few glimmers in the distance
are they automobiles
or rooms illuminated in the distance
    like tiny headlights?
It's shooting sparks,
the campesinos here would say, "It's *huixtleando*"
in their Spanish borrowed from the past
where you hear a "*vide*" or "*trujeron*"
in the same breath with "Fab" or "Volkswagen,"
words that have been added to their lives

como las bolsas de plástico o los botes de lata
en el piso de tierra y la piedra
donde las mujeres se hincan a amasar el maíz desde siglos,
español paralizado como la miseria,
abandonado por la historia
también como la miseria,
donde el paso del tiempo solo arroja
pedacitos de plástico, corcholatas
en el lodazal más antiguo que las calles.

like plastic bags and tin cans
in the dirt and rock
where women have knelt for centuries to knead maize,
Spanish paralyzed like misery,
abandoned by history,
also like misery,
where the passing of time merely means more
torn plastic and bottle caps
in mud much older than the streets.

HERIBERTO YÉPEZ

TIJUANA, 1974 · Heriberto Yépez is a poet, essayist, short-story writer, and transla-
tor. He received a degree in philosophy from the Autonomous University of Baja
California, where he currently teaches. His publications include the poetry collec-
tion *Por una poética antes del paleolítico y después de la propaganda,* two collections
of essays, and the e-book *Obras electrónicas selectas* (www.hyepez.com). With
Laura Jáuregui he cotranslated the volume *Jerome Rothenberg: Poesía escogida.* He
edited the forthcoming *Horst Matthai: Ensayos selectos.*

Heriberto Yépez translated by Harry Polkinhorn, Mónica de la Torre, and Mark Weiss

"Maníacos y locos"

Maníacos y locos
rencos ubicuos con las greñas tiesas y la ropa
puerca y desgarrada
deambulan por las calles atoradas
hurgan entre los montones de basura colectiva, los desperdicios
afuera de las escuelas, comen la escamocha de los restaurantes meten
    la mano y el hocico en las capitaneadas cajitas de comida china
    y revuelta,
recogen la lechuga rancia tirada alrededor de las taquerías
       permanecen cerca de los puestos de comida callejera
porque esa es su única esperanza de comida tibia,
pero huyen de los taqueros porque sus delantales blancos embarrados
de sangre y pellejos les recuerdan los horrores de las enfermerías,
los maníacos pepenan las verduras pachichis afuera de la central de
    abastos,
comen gatos y palomas que asesinan y calientan
en los callejones y luego alacenan en los sobacos,
beben aguas negras en los parques públicos
y en los charcos que se anidan en los baches de asfalto,
rejuntan frascos, buscando latas entre las alcantarillas calamitosas
pordioserando botellas y alambres,
en sus rostros se extreman los rasgos del mundo externo
y la catacumba interior,
monjes locos
       limosneros poseídos

"Maniacs and Crazies"

Maniacs and crazies
ubiquitous gimps with matted hair
and greasy clothes
walking down bottleneck streets,
digging through piles of garbage, the remains
of school lunches and restaurant scraps, plunging their hands and
      muzzles into boxes of mixed leftovers of Chinese takeout,
harvesting half-rotten lettuce tossed into the street by taco stands,
        hovering around food vendors,
their only hope for a mouthful of warm food,
although the taco makers' blood-spattered aprons terrify them
reminding them of the horrors of psych wards.
Maniacs recycling dried-up vegetables outside cut-rate markets,
eating cats and pigeons that they kill and cook
on dead-end streets, using their armpits as cupboards, drinking water
from gutters in public parks or puddles
in the asphalt's potholes, gathering soda bottles,
searching the manholes of despair for aluminum cans,
panhandling for empty bottles and scraps of baling wire,
their features a mockery of the face of the world outside
and of the catacomb within.
Crazy monks
          possessed mendicants

ciegos embrutecidos, lisiados cínicos,
salen al paso
                en la avenida
piden monedas aventando su mal aliento en la cara
de los cuerdos,
deformados por los días tronando
                        un vaso de plástico en la acera cicatrizada
por los pasos,
                acosan escaparates y taxistas,
se mean en postes fálicos
                    e hidrantes estupefactos,
cruzan la calle desnudos enseñando la quemadura extensa,
tocan a secretarias semana inglesa y horas extras,
molestan a estudiantes a punto de titularse
de muerte por hambre, hacen caras
a ejecutivos esperando la luz verde del semáforo sobornado
por el reglamento municipal,
                        son incurables
los maníacos
            jalan la camisa de los transeúntes, raspan
la ventanilla de los conductores,
se dejan crecer la barba hasta que una infección los deja
molachos y sin cejas,
empujan carritos de mercado
                        pandeados y ruidosos,
hacen muecas y oraciones
                        engendros de la ingeniería social
sordomudos heroinómanos
exigen su limosna
                los más depravados se esconden
en algún sitio, una parada de camión,
un tiradero, una banca, los techos bajos
para aguardar benefactor o víctima,
los recoge la policía y la gerencia del hospital psiquiátrico local
no quiere saber nada de ellos, los dementes
son inmigrantes que enloquecieron
por el calor del pavimento,
drogadictos que se quedaron arriba,
extranjeros enajenados,
desempleados que a los pocos meses
de perder su escritorio, también perdieron la cabeza,

the brutish blind and the disabled who calculate
the profits of disability
                              encountered on the avenue
asking for coins in exchange for foul breath blown into the faces
of the sane, the deformed tapping
                              their plastic cups all day on the cracked sidewalk,
pressing grotesque faces to shop windows,
pissing on phallic telephone poles and
                                        dumb fire hydrants,
crossing the streets naked, their skin burned and blistered,
fondling secretaries from high-class companies and the others
who work to exhaustion in sweatshops,
hassling students about to graduate into god-knows-what,
making faces at executives waiting for the light to change according to
    the government schedule of corruption.
Incurable maniacs
                    tugging at the shirtsleeves of passersby and scratching
at windshields,
letting their beards grow as their teeth fall out because of infections,
    losing even their eyebrows,
pushing precarious shopping carts
                                    with broken wheels,
grimacing, addressing orations to the streets at large,
these products of social engineering,
deaf-mute heroin addicts
demanding alms,
                    the more depraved in hiding
anywhere, in bus shelters
empty lots, on a bench beneath the eaves, in wait
for victim or benefactor.
The police gather them in, but the authorities at the local psychiatric
    hospital
don't want to know anything about them — the deranged
migrants who lost it
because of the sidewalk's heat
drug addicts who've never come down
foreigners cut off from home
unemployed workers who a few months back
lost jobs and minds, men and women

hombres y mujeres expatriados de su familia
apestados sociales
vociferan denuncias y estupideces
mientras se sostienen el transfigurado trapo
que usan de pantalones,
                              locos urbanos por todas las calles
gritando, arrastrándose,
                         llagados, apestosos,
pervertidos sexuales, vendedores de mercancías
robadas, carteristas, asalta indígenas y turistas,
sacos de golpear, criaderos de gangrena,
robachicos, violadores, desaparecidos
tostados por el sol, arruinados por el ruido de los
automóviles, muertos de escalofrío nocturno,
más asustados que cualquier otro ciudadano
de los tiroteos en la vía pública,
                         los locos caminan sin parar
se tropiezan con el gentío, los atropella el tráfico
maníacos y locos de una ciudad
que sólo les escupe baños de agua fría, golpizas
y monedas borradas por la codicia digital de los dedos contables,
para que se retiren de la vista
                    y no asusten
cuando la noche se desploma y los edificios abandonados
se vuelven espantosos, las farmacias apagan sus luces
exteriores, las zapaterías mandan a casa a sus
empleadas, y sólo queda el ruido de otros locos,
repegándose contra los pocos comercios donde al tocar la cortina de
    hierro no exclama la alarma,
los maníacos callejeros comienzan a golpearse la cabeza,
se esconden unos de otros,
se meten a dormir en cajas de cartón desechadas por los
    consumidores
y las pizzerías,
                tambos o cobijas arañadas,
repasan en la mente el mundo de los empleados y los cuerdos
(los hombres que pagan renta o lavan su auto),
y caen en la segunda parte de un viaje moribundo
pues
        cuando la ciudad amenaza con hacerse noche

divorced from their families,
social outcasts
shouting nonsense and denunciations
while clutching the transfigured rags
they wear in place of pants,
                                  street crazies on every corner
screaming, crawling,
                          suppurating, stinking,
perverts, fences, pickpockets, muggers
of tourists and Indians,
punching-bags, nurseries of gangrene
abductors of children, rapists, runaways
roasted by the sun wrecked
by the noise of cars and at night chilled to the bone.
Even jumpier from the sounds of gunshots in the streets
than the rest of us they're always
                            in motion, bumping
through crowds, run down by traffic
the maniacs and crazies of a city
that spits at them cold showers beatings
and coins rubbed thin by avarice — which is why
no longer frightening
                        they hide from view at nightfall
when abandoned buildings become terrifying and the drugstores
have shut their streetlights, the shoestore clerks
have left for home and there's no sound
but the other crazies,
and they huddle against the gratings of the few stores whose alarms
    don't go off at the merest touch.
Then the street crazies beat their heads with their fists they hide
from one another they sleep
in cardboard cartons discarded by consumers and pizzerias,
in barrels, or wrapped
                    in shredded blankets,
the world of the employed, the normal
(those who pay the rent and wash their cars)
rehearsed in their minds as they fall
into the second part of a dying voyage,
because
           each time the city's day threatens to turn to night

sus locos mueren
                en cierto porcentaje.

En la calle Coahuila

en las rancias cantinas y fachadas de mala cara
antros sarros de la calle Coahuila
coyotes y polleros norteados
afónicos pordioseros
encueratrices peludas de los sobacos
canallas freak, padrotes panzones
transas de ojos torcidos, dealers enjoyados
y travestis de grandes tetas puntiagudas
esperan al cliente y al conecte
gordas quinceañeras
aprietan el paisaje
—putas cuyo lápiz labial
es la neblina
gringos llevados por bilingües taxistas
pierden su American Express
en un masaje a los huevos
que cuesta 20 pesos
en la calle Coahuila
talleres, changarros, carcachas
y cadáveres son recogidos por las grúas
magros inmigrantes siguen
la fiable dirección del viento
que se les mete por los huesos
—a tres cuadras
está la malla metálica que los separa
de Estados Unidos
miles de faldas fosforescentes
despedazadas en la violación tumultuaria
de una sola mixteca que lleva una carpa
de ropa puesta
tiendas de segunda y aparadores de fayuca
casetas de larga distancia en las que se tienen

a certain proportion
                    of its crazies die.

                                        — *M.W.*

On Coahuila Street

in rancid dives with gaudy fronts,
the sleazy joints of Coahuila Street,
coyotes and mixed-up go-betweens,
mumbling beggars,
strippers with hairy underarms,
freaked-out hustlers, fat pimps,
con men with twisted eyes, pushers flashing rings and chains,
transvestites with enormous bullet-tits
wait for clients and connections,
fat fifteen-year-old girls
crowd out the landscape,
whores whose lipstick
is the fog,
gringos in bilingual taxis
losing their credit cards
getting their balls rubbed for two bucks.
On Coahuila Street
repair shops, hash houses, jalopies
and cadavers are harvested by tow trucks,
emaciated immigrants follow northwards
the trustworthy wind
which chills them to the bone
— three blocks away
is the metal barrier that separates them
from the U.S.,
yards of phosphorescent fabric
shredded in the tumultuous rape
of a lone Mixteca, her clothing
a tent of cloth,
secondhand shops and hot merchandise,
long-distance phone booths for making calls

que hacer llamadas tan cortas
como la esperanza
agujas de tatuaje descalabradas
en antebrazos de yeso
policías, estéreos y cervezas calientes
pueden comprarse
en billares falsos donde se consigue
cristal virginal y la dirección vital
de la tumba de Juan Soldado
milagros donde obtienes menesterosa invisibilidad
para cruzar el bordo
sin que la migra vea,
sin que la migra vea,
moteles de escaleras esperpénticas
donde prostitutas asoleadas
te introducen a la muerte
sin quitarse el brasier
mercancías gato por liebre
en la calle Coahuila
la banqueta está llena de veladoras
y orines,
casas de cambio clandestinas, taquerías terregosas
y puestos de revistas tienen un mismo
estatus
la nulidad absorta
como si nada
como si nada
en la calle Coahuila
los baños públicos son casi tan temibles
como la mente
las instancias más humanas
son las carrocerías
el rumor de un mingitorio alado y justiciero
puede desatar la huida repentina
de todos los inspectores municipales
marquesinas molachas y luz de neón
en plena bancarrota
en la calle Coahuila
las niñas, las niñas

as short as hope,
needles shattered tattooing the casts on broken arms —
you can buy
cops, stereos, warm beer
at the billiard parlor — a front
for unstepped-on meth and the essential address
of the tomb of Juan Soldado*
who grants the miracle of invisibility
needed to cross the border
invisible to the migra,
invisible to the migra,
motels with tortuous stairways
where prostitutes too long in the sun
introduce you to death
without even removing their bras,
another rip-off.
On Coahuila Street
the sidewalk is covered with piss and mortuary candles,
black-market currency exchanges, dust-covered taco shops
and newspaper stands,
none of them matter,
none of them matter.
On Coahuila Street
the public bathrooms are almost as scary
as the mind,
body shops are more humane
than people
and a tall tale about a urinal with wings
come to dispense justice
could panic all the city inspectors
into scattering like rats.
Gap-toothed marquees and neon lights
on their last legs
on Coahuila Street
the girls the girls.

* *"John the Soldier," Juan Castillo Morales, local saint, patron of illegal immigrants
and coyotes. A private in the Mexican army, he was courtmartialed and executed in
Tijuana in 1938 for the rape and murder of a little girl. Popular lore has it that he
was innocent of the crime, which had been committed by one of his superiors. He is
buried three blocks from the border. His feast day is June 24, when hundreds gather
at the cemetery to honor him. Many miracles have been credited to his intervention.*

en la calle Coahuila
la civilización se apaga a las
10 de la mañana
se reanuda el destrampe,
las locas, la brujería
en la calle Coahuila
así es la vida, la vida
en la calle Coahuila
la vida, la vida

La vida de una mujer cucapá

Ahora tengo estufa de gas.
Y ya mi casa no es mi cuerpo enroscado
a un lado del fuego que puso mi abuelo.
Mi casa actual está amueblada.
Tengo estufa integral,
pero me ahoga y prefiero hacer la comida
en el fogón de afuera.
Rete a gusto en la noche
haciendo mi quehacer.
Desgraciadamente, no hay manera
de conservar las costumbres de los indios
¿quién las va a usar ya?
Rete a gusto en la noche
haciendo mi quehacer.
Mucha gente me dice "¿qué estás haciendo?
¿qué, no tienes gas? Sí,
sí tengo, pero si me traen leña
más a gusto hago los frijoles.
Rete a gusto en la noche
haciendo mi quehacer.
No, pero deveras, señor,
aquí nadie de nosotros conserva
sus costumbres.
Yo cocino en la noche, nada más.
A veces, cuando otro indio me visita,

On Coahuila Street
civilization is shut off
at 10 AM
when the mayhem starts again
drag queens and witchcraft
on Coahuila Street.
On Coahuila Street
That's life.

— *M.W.*

The Life of a Cucapá Woman

Now I have a gas stove.
And my house is no longer
this twisted body
beside the fire
my grandfather made.
My new house is furnished.
I have a store-bought stove,
but it suffocates me,
and I prefer to cook
outside, on an open fire.
I love doing my chores
at night.
Many people ask me,
"What are you doing? What,
you don't have gas?" I do,
but cooking beans
makes me happier
if they bring me wood.
I love doing my chores
at night.
In truth, sir, no one
maintains our ways here
anymore. It's just
I cook at night.
And sometimes, when another Indian

ese día lo aprovecho hasta llenarme de
hablar cucapá.
Porque a mí me gusta mi idioma,
    cuando lo hablo
parece que viera
        y reviviera
toda mi gente que ya se fue.

(Poema construido con las palabras de Adela Portillo [n. 1923], hija de madre
cucapá, en entrevista con Everardo Garduño)

— H.P.

Del estilo de vida "poco común" de los indios cucapá citados por R.W. Haly Hardy, teniente Británico explorando el Golfo de California

Entre nosotros
existe la tendencia a no discutir o arrebatar
la propiedad de otros hombres.
Vivimos contentos en grupo
nuestros vecinos están felices con nosotros.
En la guerra somos invencibles
en la paz somos corteses.
Nuestras mujeres cuidan a los niños.
Conocen la valentía, no la venganza.

¡Entre cristianos qué diferente!

Ellos beben fuego
consideran esa bebida como nosotros
consideramos a nuestros dioses
el fuego que beben los convierte en locos
Apuestan a sus familias
Asesinan a sus amigos
Se roban ellos mismos
Son capitaneados por tiranos crueles

visits me I gorge myself on
speaking Cucapá.
Because I love my language,
        when I speak it
I seem to see
                and see again
all of my people
who now are gone.

                    (*after Adela Portillo, as interviewed by Everardo Garduño*)

                                                    — H.P.

On the "Unusual" Lifestyle of the Cucapá Indians as Recorded by R.W. Hardy, British Lieutenant, While Exploring the Gulf of California

We tend not to argue among ourselves,
nor do we steal the property of others.
We live contentedly together,
our neighbors are happy with us.
In war we are invincible
in peace affable.
Valiant, not vengeful, our women
care for the children.

How different the Christians are!

They drink fire
they think of this drink
as we think of our gods
the fire they drink makes them crazy
They wager their families
They murder their friends
They rob one another
Their leaders are tyrants
The cross gives them authority

Bajo el signo de la cruz persiguen a los que se defienden
Engañan a los fuertes

¡Entre cristianos qué diferente!

Sus ancianos no son buenos para dar consejo.
Sus hombres jóvenes nos han hecho sufrir sólo
con venir hacia nosotros.
Nuestro pueblo está dispuesto a estar en paz
con ellos, pero nuestros guerreros
han jurado que no van a sufrir
viviendo entre los blancos.

¡Entre cristianos qué diferente!

(*Construido a partir de una cita contenida en Robert William Hale Hardy en* Travels in the Interior of Mexico in 1825, 1827, and 1828, *Londres, 1829*)

Juan Martínez, Juan Nadie, Juan Todos

a Juan Vicente Anaya

Vate y vato
en una cueva escarpada
en playas de Tijuana
bañándose a las cinco de la mañana
en la heladez apriorística del agua
el mar
una semilla desparramada
la amada parra y su semilla
vino que destruye la ilusión
de la ciudad y el intelecto
la vida cotidiana
es un chicle muy mascado
comer una torta rancia
con la barba crecida hasta

to persecute the weak
and deceive the strong

How different the Christians are!

Their old men give bad advice
and the young men have made us suffer
merely by approaching us.
We are prepared to make peace,
but our warriors have sworn
never to allow themselves
to live among white men.

How different the Christians are!

(*After Robert William Hale Hardy*, Travel in the Interior of Mexico in
1825, 1827 and 1828, *London 1829*)

– *H.P.*

Juan Martínez, Juan Nobody, Juan All

for Juan Vicente Anaya

Bard and *vato*
in a steep cave
in the beaches of Tijuana
bathing at 5 AM
in the aprioristic iciness of water
the ocean
a spilled seed
the beloved grapevine and its seed
a wine that destroys the illusions
of city and intellect
daily life
is an overchewed piece of gum
to eat a rancid *torta*
with a beard long enough

las raíces de los árboles
escuchar a los dioses
mientras la caderona mesera
de la fonda chamagosa
sintoniza la radio averiada
decir una verdad directa
en la cara del que miente
eso es Juan Martínez
un poeta renombrado de acuerdo
al principio del anonimato
poeta de las calles y los escondites
de los decires y del toreo de los autos
una semilla
que desperdiga
el mundo de Arriba
el mundo de Abajo
una semilla
Juan Martínez
un nombre y apellido
tan comunes
como Juan Nadie
Juan Todos
podría llamarse Milarepa
Rumi o Lao Tse
escribir sin hacer leyendas en las
revistas
prefiere las almas
a las notas de pie de página
sabio que si explica qué es
la literatura mexicana
el Macrocosmos está Arriba
el Microcosmos está Abajo
nosotros estamos en el Centro
Juan Martínez
apelativo tan vulgar
que parecería el pseudónimo
de alguien que quiere escamotear
su identidad
llamarse
Juan como Todos
Martínez como el resto

to reach the tree's roots
to hear the gods
while the wide-hipped waitress
of a scuzzy diner
tunes in a beat-up radio
to utter a direct truth
to the liar's face
that is Juan Martínez
an agreed-upon renowned poet
at the beginning of his anonymity
a poet of the streets and the hiding places
of common sayings and the dodging of cars
a seed
that disseminates
the world of Above
the world of Below
a seed
Juan Martínez
a first and last name
as common
as Juan Nobody
Juan All
he could be called Milarepa
Rumi or Lao-tzu
write without generating
legends
in magazines
he prefers souls
rather than footnotes
a wise man who explains
what Mexican literature is
Macrocosm is Above
Microcosm is Below
we are in the Center
Juan Martínez
a vulgar designation
that would seem the pseudonym
of he who wishes to nullify
his identity
be called Juan like All
Martínez like the rest

algo así
como nada nada así nomás
Juan Martínez
pleonasmo
de la mismidad amable
Juan
es el Cosmos
lavando coches
en el centro de Tijuana
un lavacoches
que es uno de los diezmil poetas
que tiene el universo
en sus diez mil sucursales
adjuntas
lavando coches
como los niños callejeros
canillitas arruinados, chemos
recibiendo insultos y monedas
abyectas contra el parabrisas,
chicleros, limpiavidrios, adictos
Juan Martínez
me inclinaría a pensar
que no existe
y su historia
es un heterónimo
de quienes editaron
sus poemas
una talega de palabras
que revientan
en el viento retacado
de anuncios
quienes lo conocen
desperdigan sus anécdotas
iluminaciones súbitas
en las calles céntricas
colonias periféricas
de la ciudad de los parabrisas
que rechinan
en cuanto ven a un lavacoches
inician las redadas, abren
las esposas y la cárcel

something like that
nothing
as simple as Juan Martínez
pleonasm
of the agreeable sameness
Juan
is the Cosmos
washing cars
in the center of Tijuana
a car washer
one of the ten thousand poets
that exist in the universe
in its adjoining
ten thousand branches
washing cars
like street boys
ruined petty criminals, junkies
receiving insults and abject coins
against the windshield
selling bubble gum, wiping windshields, addicts
Juan Martínez
I'm inclined to think
that he doesn't exist
and that his story
is a heteronym
fashioned by those who edited
his poems
a sack of words
that burst
in the wind
riddled by billboards
those who know him
spread out his anecdotes
his abrupt illuminations
in the downtown streets
peripheral neighborhoods
of the city of windshields
that squeak
when they see a car washer
the raids begin, open
the handcuffs and jail

limpian los vidrios de los carros
enfilados por el semáforo
limpiándolos con un trapo
un bote de agua
un cepillo de mango plástico
limpiando la mente
de la ciudad cuando se detiene
el poeta trepado
30 segundos para dejar impecable
el vidrio
30 segundos
lo que dura un poema
lo que dura en limpiar
Juan Martínez el parabrisas
la mente
el lenguaje
el vidrio límpido
lo que dura un milenio
sale sobrando
sólo 30 segundos
para limpiar el parabrisas
para decir
el Macrocosmos está Arriba
el Microcosmos está Abajo
Juan Martínez
en
el
Centro
de
Tijuana
lavando
autos

they clean the windshields of cars
lined up before a light
wiping them with a rag
and a bucket of water
a brush with a plastic handle
cleaning the mind
of the city when it stops
the poet perched on the hood
has 30 seconds to leave the windshield
spotless
30 seconds
what a poem lasts
what it takes Juan Martínez
to clean the windshield
the mind
language
the spotless glass
what a millennium lasts
is beside the point
only 30 seconds
to wipe a windshield
to say
Macrocosm is Above
Microcosm is Below
Juan Martínez
in
the
center
of
Tijuana
washing
cars.

— M.T.

Spanish Versions of Indigenous-Language Poems

BÚFFALO CONDE

Flor de oro

Fuente de huertos de mi amado,
noria de aguas sagradas para mi honor,
que corren del campo donde descansa el búfalo:
venga mi amado Legendario.

"Ya vine a mi campo, oh amada, compañera mía;
mi agua y mi jugo he bebido, esposa mía:
tomad abundante jugo, amada mía."
Es la voz de mi esposo que llama.

Tiempo de bailar los árboles

Ponme como un sello sobre tu corazón, como una marca sobre tu brazo.
Las muchas aguas no podrán apagar el amor,
ni lo ahogarán los ríos ni los pozos
sobre las montañas de los aromas de mi ropa.

Desde que fui en sus ojos como la que lleva alegría,
yo soy muro y mis pechos bonitas puertas;
por los sustos de la noche de mi alma,
tus cabellos como parvadas de palomas negras.

Regala la mentira

¿Qué es tu dueño más que otro dueño,
oh la más bella de todas las Vírgenes de mi Pueblo?
Mi dueño es moreno, condenado a escribir versos,
su cabello como azabache color de cuervo.

Sus cabellos muy suaves, negros como cuervo;
sus ojos como búfalo junto a los ríos de las aguas;
sus labios, como azucena que destila miel aromática;
su cuerpo, como torre de oro.

JUAN GREGORIO REGINO

Cantares

I

Cuatrocientos zontles de distancia.
Cuatrocientas leguas al infinito,
luz, obscuridad, imágenes.
Hasta allí llega la voz del sabio,
el cantor sobador de dolores.
Entre las imágenes divinas.
Entre las imágenes terrenales.
Se escucha su voz suave,
su cantar divino,
su plegaria piadosa.
El cruza la senda de la vida,
llega hasta el *ndabua isien.**
Allá platica,
allá discute,
allá aboga
con los dioses que rigen el destino del mundo.
La brisa lo arrulla,
el rayo dormido lo acecha,
retumba su voz piadosa
en el centro del universo.

II

Señor de los cerros, dice.
Señor de las cuevas, dice.

* *nido de imágenes, lugar sagrado donde existe la perfección*

II

Señor de los cerros, dice.
Señor de las cuevas, dice.
Duendes del arroyo, dice.
Padre de la tempestad, dice.

Diosa de la fertilidad, dice.
Madre de los huérfanos, dice.
Mujer arrastradora, dice.
Dueña del fuego, dice.

Plumas de guacamaya, dice,
carrizos de aguardiente, dice,
flores perfumadas, dice,
polvo de tabaco, dice.

Lluvias del oriente, dice.
Cerro del mundo, dice,
Tierra fértil, dice.
Puentes colgantes, dice.

Puertas del cielo, dice.
Fuerzas superiores, dice.
Poniente y oriente, dice.
Lugar de imágenes, dice.

III

Así es como está tendido el día.
Así es como está tendida la imagen,
siete leguas de distancia,
siete zontles al infinito.
Hasta aquí se escucha mi voz.
Hasta aquí se tiende mi espíritu,
casa de seres principales.
Soy yo quien hace su presencia,
el sabio, el guía, el adivinador.
Porque yo tengo el permiso.
Porque yo tengo la licencia
de entrar al lugar sagrado
donde yacen los libros sabios.
Benditos sean ustedes
por vivir en la casa limpia.
Gracias por la luz que alumbra.

Gracias por la noche que llega.
Hasta aquí llegan mis pasos.
Hasta aquí llega mi presencia.
En esta casa que da sombra.
En esta casa que refresca.

IV

Yo soy el sabio cantor.
Yo soy el sabio sobador.
Yo soy quien extrae de la oscuridad
a los espíritus cautivos.
¿En dónde está su espíritu?
¿Qué fue lo que sucedió?
Yo lograré arrancarlo.
Yo lograré liberarlo.
Yo lograré levantarlo.
Aunque sea debajo del agua.
Aunque sea debajo de la piedra.
Entre las imágenes del cielo.
Entre las imágenes de la tierra.
Yo lo libraré.
¿Qué fue lo que sucedió?
¿En dónde está su falta?
¿En dónde está su error?
Yo vengo a poner orden.
Yo vengo a hacer justicia.
Porque es parte de mi carne.
Porque es parte de mi sangre.
Porque soy abogado justo.
Porque soy explorador de caminos.
Hasta aquí llegan mis pasos.
Hasta aquí llegan mis palabras.
Está tendida el alma.
Está tendido el tiempo.

V

Desde el fondo de la tierra
donde vive nuestro abuelo el trueno.
Invoco su nombre para llamar a su fiesta.
Él viene de remotos tiempos,
de jornadas largas.
Está cansado, está agotado.

No es la tortilla su alimento.
No es el agua su bebida.
Él es nuestro abuelo limpio.
Él es nuestro abuelo santo.
Que venga el sabio mayor.
Que venga el sabio director.
Que venga el sabio encantador
a entregar nuestras plegarias.
Eso alegraría su corazón.
Cuando venga el sol,
cuando se despeje la neblina,
cuando se esté levantando el día,
entonces nacerán como derrumbes
nuestros cantos.

VI

Entre nosotros viven.
Entre nosotros están
los brujos, los come-hombres,
los de dos rostros, los de dos caras.
Aquí están los de las uñas largas,
los de los siete cuernos.
Con el humo del copal los ahogaremos;
él los arrastrará,
él se los llevará.
Entre nosotros comen.
Entre nosotros andan,
los nahuales, los hechiceros,
los envidiosos, los perversos.
Aquí están los de la lengua-lumbre.
Aquí están los de la lengua que arde.
Sólo la fuerza de nuestra oración
los apartará de nuestro camino,
los quitará de nuestra vida.
Entre nosotros caminan.
Entre nosotros se arrastran,
los travestis, los incestores,
los lunáticos, los intrigosos.
Aquí están los de la literatura falsa.
Aquí están los padres de la mentira.
En poder de los grandes *chikones*
los ahuyentará de nuestras tierras,
los dispersará de nuestras casas.

VII

Ya llegó la hora.
Ya llegó el momento.
Así es como nace el día.
Así es como nace la luz.
Ya está preparado el *chical*.
Ya está preparado el machete.
Ya es hora de pensar
en el lugar de nuestro trabajo,
en el lugar donde está nuestra fuerza.
Es hora de partir.
Es hora de empezar.
Está la lluvia fresca.
Está el padre sol.
Cae el agua.
Cae el calor.
Patrón San Isidro,
dame permiso,
dame autoridad.
Yo soy labrador.
En mis manos hay huellas,
en mis uñas hay polvo.
Déjame tocar la tierra
que el gran Dios nos heredó.
De ahí saldrá mi alimento.
De ahí saldrá mi semilla.
De ahí saldrán mis flores,
mis árboles, mis raíces.
Así es como crecemos.
Así es como nos multiplicamos.
Señor San Isidro,
concédeme la gracia,
concédeme el favor.
Yo soy labrador.
En mi rostro hay sudor.
En mi ropa hay lodo.
En mi mano hay semilla.
En mi mano hay vida.

VIII

Hoy vengo ante tí.
¿Cómo es tu rostro?
¿Cómo es tu alma?

Soy yo quien te invoca.
Soy yo quien te implora.
Madre leche.
Madre senos.
Madre rocío.
Madre tierra.
Madre zontle.
Tú pusiste la primera huella.
Tú diste el primer paso.
Madre antigua.
Madre abuela.
Tu oración es lo más alto
en este mundo de maíz,
en este mundo de agua,
en este mundo fértil.
Tú eres la frescura.
Tú eres el rocío.
Entre tus manos.
Entre tus dedos
se endureció el árbol,
se endureció la piedra,
se abrió el cielo,
brotó la luna.
Salieron las estrellas.
Porque tú venciste.
Porque tú detuviste
a los hombres *jnó**
a los hombres *nk'ien*.**
Tú nos diste la luz.
Tú nos diste el fuego.
Madre guía.
Madre luminosa.
Madre retoño.
Tú pusiste la primera huella.
Tú pusiste el primer paso.
¡Bendita seas!
Santísima Trinidad.

* *Seres que vivieron antes de la aparición de la luz.*
** *Seres que viven en el infierno.*

IX

Aquí está mi perfumado incienso.
Aquí está mi codiciado cacao.
Aquí está mi medicina fresca.
Aquí está mi pluma que sube.
Llévatelos, a ti te los entrego.
Es el pago por permitirme,
por darme el permiso
de tocar tu cuerpo.
Sobre tu cuerpo crezco.
Sobre tu cuerpo vivo.
He manchado mis manos,
para herir tu cuerpo.
Así Dios lo dispuso.
Así Dios lo ordenó.
De ti saldrá mi alimento,
de ti saldrá mi bebida.
Un poco para ti,
otro poco para mí.
Tú también tienes hambre.
Tú también tienes sed.
Aquí está mi tributo.
Aquí está mi gratitud.
Tómalos, llévalos.
Eso te dará fuerza.
Eso te dará vida.

X

Con mi luz encendida.
Con mi vela blanca prendida.
Así como pido fuerza.
Así como pido su merced.
¿Cómo voy a sobrevivir?
¿Cómo voy a prolongar mis días?
¿Dónde está la calma?
¿Dónde está la frescura?
¿Dónde está el camino?
¿Dónde está la verdad?
Así es como pido fuerza.
Así es como pido su merced.
Tú que eres padre.
Tú que eres madre,
límpiame, bendíceme,

protégeme, encamíname.
Aquí traigo mi luz encendida.
Aquí traigo mi vela blanca.

XI

Con sacrificios, con humildad,
he llegado al *ndabua isien.*
Voy a poner orden
en el interior de tu cuerpo.
Voy a reparar el error que existe
con lo que te rodea.
Yo sí podré desahogarlo.
Yo sí podré enmendarlo.
Porque así me fue dado.
Porque así me fue concedido.
¿Qué fue lo que pasó?
¿Dónde está tu alma?
¿Dónde está tu espíritu?
¿Quién lo tiene preso?
¿Acaso el duende de la puerta?
¿Acado el duende de la loma?
¿Acado alguien te ha enviado
y castigado en el *ndabua isien?*
Yo sí podré rescatarte.
Yo sí podré iluminarte.
¿Acaso hay envidia?
¿Acaso hay maldad?
¿Acaso hay rencor?
Yo voy a poner orden.
Yo voy a interceder.
En donde está la falta.
En donde esta el error.

XII

Nada quedará al vacío.
Nada quedará olvidado.
Hay un lugar el Universo
donde está registrada
la memoria del tiempo.
Ahí serán registradas mis palabras.
En los libros limpios.
En los libros puros.

En los libros de oro.
En los libros de luz.
En los libros de paz.
Porque estoy escribiendo
con el lápiz sagrado,
con el lápiz retoño,
con el lápiz de luz blanca.
Así me siento seguro.
Así me siento sabio.
Mi palabra es sagrada.
Mi aliento es puro.
Desde ahí nace.
Mi lenguaje es fresco.
Serán escuchadas.
Serán escritas.
En los libros limpios.
En los libros puros.
En los libros de oro.
En los libros de luz.
En los libros de paz.
Van a llegar allá mis palabras.
En la mesa blanca.
En la mesa madre.
En la mesa clara.
En la mesa sabia.
Porque no son palabras vacías,
Porque no son palabras huecas.
Porque estoy hablando con humildad.
Porque estoy pidiendo clemencia.
Porque estoy pidiendo justicia.
No estoy hablando al vacío.
Tengo mi luz encendida.
Tengo mi pecho abierto.
Tengo mi corazón puro.
Desde ahí nace.
Desde ahí brota.
Desde ahí germina.
Tengo mi lápiz de ternura.
Tengo mi lápiz de bondad.
Tengo mi lápiz de luz.
Tengo mi lápiz de retoño.
Entre mis manos está.
Entre mi puño está.
Llegarán a la casa limpia.

Llegarán a la casa blanca.
Llegarán a la casa celestial.
Llegarán a la casa de flores.
Porque estoy rogando clemencia.
Porque estoy pidiendo justicia.
Nada oculto existe.
Nada escondido existe.
Estas imágenes hablan.
Estas imágenes abogan.
Entre tantas letras muertas.
Entre tantos fusiles criminales.
Entre tantas palabras
que no llegan al cielo.
Ahora lo entrego.
Ahora le envío.
Hasta donde llega la luz infinita.
Hasta donde llega la luz blanca.
En la casa limpia.
En la casa blanca.
En la casa celestial.
Allá llegarán mis palabras.
Porque no hay mentiras.
Porque no hay maldad.
Porque lo entrego humildemente.
Porque lo pido con palabras justas.
Porque mi lenguaje es puro.
Porque mi palabra es sabia.
Porque mi oración es sagrada.
Porque mi aliento es fresco.
Serán recibidas,
serán escuchadas.
En la casa de la pureza.
En la casa de la castidad.
Donde está tendida
la mesa pulcra.
La mesa blanca.
La mesa madre.
La mesa clara.
La mesa del amanecer.
Allá llegarán
como medicina fresca.
Como hojas nuevas.
Como tiernos retoños.
Como blanco rocío,

limpias y transparentes.
Así como habla mi abuelo.
Así como se expresa mi madre.
Mi madre retoño.
Mi madre ternura.
Mi madre pura,
Mi madre rocío.
Así entrego esta palabra.
Así entrego este libro.
Así entrego este sentir.

VÍCTOR TERÁN

La tarde caía

De tu garganta
un grito quebrado.
Un grito rojo
todo entero
rodó sobre la cama.

Caía la tarde.
Lo supe
por los dos zapatos animosos
que pasaron resonando en la calle.

Vertí mi aliento
sobre tus hombros.
Mientras mis vigorosas manos asidas
iban debilitándose, soltando tu cuerpo
hasta ser uno conmigo en el suelo.

La tarde iba sumiéndose.
Lo supe enteramente
por los tardos movimientos
de tus párpados.

En la palma de mi mano

En la palma de mi mano
toma sus alimentos la tarde:
caballo gris abandonado por viejo,
caballo encorvado, sucio.

Existe un sendero
detrás del cerro
que se mira desde acá.
Y en el cielo
tres pañuelos blancos
consumiéndose
me dicen adiós.
La nostalgia instala
su hamaca dentro de mi corazón.
Y el rencor
afila presurosamente sus armas.

Declives por dondequiera,
tierra de arbustos con espinas, tierra pedregosa.
Humos y nubes bajo el cielo.
Nubes, humos y pesares.

El sendero que va zigzagueando
detrás de aquella loma,
es el que conduce a tu casa.
¿La nube larga desplegada en el cielo?
Tal vez la estás mirando,
tal vez la miras.
No del tamaño de esa nube es mi amor,
no de ese tamaño.

Duda

Sobre un camino
que se bifurca
confundido
me hallo.

Ésta
me ama,
aquélla
la amo.

Lluvia,
lluvia,
lava con mucho esmero
el alma mía.

Sol en flor,
sol en flor,
barre el humo
de mis ojos.

Seis variaciones acerca del amor

I

El amor
viene siendo como algo pesado
que no se puede llevar por mucho tiempo
sin que uno no maldiga.

II

El amor
es una pluma en el aire.
Aunque también es el sol.
Sube y baja.
Va y viene.

III

El amor
es miel que mana del árbol,
savia de maíz tierno
desprendido en la madrugada.
Savia que corre
en la huerta íntima de una mujer.

IV

Flor de higuera es el amor,
nagual de la iguana, mano de una diosa.
Lo sabrás hormigueando tu alma
más no lo verás nunca.

V

El amor
va y viene como la noche.
El que no vuelve, huye robándose un trozo de alma,
el que viene, llega a saquear
al corazón sangrante.

VI

El amor
florece sin desvelo
como una enfermedad,
no entiende razones
como la muerte.

Se acabó

Se acabó
y eso es todo.
Sobre tus pasos encontrarás
las cosas mismas que hallaste
durante los días
que fuiste su sombra;
un perro, un cerdo,
una persona.
Nada cambiará
y los mismos zanates
que te ensuciaron la cabeza
blanquearán la del joven
que tomó tu lugar.
Y detrás de la casa
donde se recostaban
ella asentará su olvido.
Nada cambiará,
sin embargo supondrás
que no tiene sentido ya
el movimiento de la tierra,
ya no existen motivos
para aferrarse a la vida.
Y morderás tu hombría,
tu corazón vibrará
con las alas a punto de golpear la tierra,
y tus brazos y tus piernas
los pondrás en el olvido,
perdido en tu sitio
te verás moviendo tontamente
los ojos y brazos de norte a sur.

Na tacha

(curandera y nahual)

Ojos de nubes bicolores
inundan las arrugas de na Tacha.
La sombra que la dibuja está llena de fisuras
y de vocación dual.
Los vientos la transformaron en el Calvario
convirtiéndola en un perro
golpeado por sus víctimas y su madre.
Tuvo dos hijos que nunca nacieron,
ella misma bebió la sangre de su vientre
para darle vida a su tótem.
Las manos de na Tacha:
son la pléyade más fuerte
que ha conocido el corazón de mi piel.

Zenaida

(vendedora de pollos)

Envidia el corazón
la cárcel que te anuda.
Mi piel luna roja
es un crucifijo que se enreda
con los hilos de la hamaca,
un nudo de seda marina
que se entrega a la soledad
como las manos de un preso.
Tu encierro
es una hoja de olivo
donde Dios se escondió.

La casa de Olga

(bordaba telas y hacía hamacas)

Péndulos de hilo
habitaron el patio de mi infancia.
Agujas de madera
cruzan el algodón incierto de esos días.

Una mujer indómita
bordaba el terciopelo negro de la espera.
De sus manos
surgía un manojo de formas
para los telares que tiñen su anochecido oficio.

Dormíamos colgadas bajo un pochote marino.

Las fotos del pintor de pelo largo
un baúl lleno de tiempo
una llave enorme
y miles de hamacas eran mi casa.

El tálamo de Olga siempre fue el lugar de los colores.

Templo

Ojo en el centro del triángulo
de un Dios que a nadie mira.
La mano de Minerva golpea mi brazo,
largo y delgado como serpiente de agua.
Pulso convulsionado,
coágulo de vida.
Una voz tiene el ojo:
en qué pantano dejaste tu cuerpo cobarde.
Estremece la albahaca.
La espina de mi piel cae.

Espanto tonto

Esqueleto enterrado
en los labios del río.
Hombres que pasan sus huevos
sobre la cabeza del miedo.

Na Aurea

(vendía comida, hacía dulces y en su juventud montaba caballos)

En el callejón marino
junto al flamboyán naranja
vive na Aurea cantando
en un corredor de muros anchos y pretiles grises
la soledad y su voz:

una casa llena de cal y de sábilas.
Mientras duerme la leña se consume
en un horno de barro.
La alegría de na Aurea es
todos los tambores entrando a la iglesia
un conjunto de grillos para siempre.
La alegría de na Aurea es
el grito de una sirena olvidada.

Marcelina

(*curandera*)

Serena e iluminada
de los ojos y las manos.
Ser alfa y omega
de todos los cielos que no principian, no terminan.
Santa Teresa niña del mar se hace presente
para recoger de tus manos la albahaca marchita,
la cebolla morada, los limones obscuros
de las pieles sombrías.
Con el viento de tus labios
retiras el polvo de los ojos,
les devuelves el color y la alegría,
liberas del cuerpo la calentura
y el sudor comienza a recuperar los sentidos.

Na hermila limón

(*vendedora de limones y loca*)

Viajar por los mares del silencio
volverse nada en la espuma
como si el cuerpo no tuviera signo.
Los ojos sujetos a una nave,
y la suerte del equilibrio
encontrándose como péndulo
en los extremos.
Perderse en un cuadro que Matisse
el ciego nos indicó por la forma del papel.
Hacer ese viaje
como quien se queda en un dibujo
y no regresa nunca.

Cielo Min

Nací rompiendo las telas del alba
y la seda de mi madre.
Una hilera de niños
mojaron las paredes con su orín
ahuyentando las malos espíritus.
Regalé alegría a los de mi casa
y ellos la llenaron de papel de China
envolviendo para siempre mi amor al tiempo.
Sin embargo extraño pararme en el sol,
regalar dulces en un callejón lleno de pescadores y lodo
extraño el canasto de mis múltiples oficios
a la niña habladora y despeinada
extraño las cosas que aprendí descalza
bajo un tamarindo que contaba historias.
Tuve un maestro con ojos de gato y sin piernas;
me enseño a caminar en el papel.
Esos días se han ido.

Revelación

Flores moradas
nacen en la espalda del muro.
Cantera alfombrada en el aire
que mueve y desprende.
Un pico de ave me despierta,
arranca un pedazo de mí
salta mi cuerpo en el petate
es la gallina del miedo.
Sólo existe un paso
para estar en la tierra: Rodar.

Agrícola

(*cantinera y vecina*)

En el umbral de madera
una enagua se contonea, se contiene, se quiebra;
sonríe con su voz ronca y sus dientes de oro,
invita, la invitan,
se levanta el huipil, baja y sube los hombros

empieza a girar con sus senos de plenilunio
enormes y arrugados.
Mientras, unos niños de puntitas
la observan en silencio,
tras la puerta de madera de dos hojas
de todos los ojos bendecidos
que la vimos bailar *streap tease.*

Bertha Beninu

(*vendía pescados*)

Bajo el higo es octubre
las seis treinta es la hora más sensible del día.
Los rezos, murmullo de mujeres hincadas en todas las casas.
Los perros silban en el aire como un arcoiris
las sombras de los muertos dibujan las paredes
y recogen sus pasos por la tierra.
Las seis treinta la sonrisa de Bertha Beninu
se asoma al callejón de los pescadores
levanta el polvo y su enagua,
un remolino de espejos en los ojos del tiempo.
En las ramas del higo
mil insectos viven bajo las sábanas del miedo.

Na Victórica litru

(*vendía huevos de tortuga*)

Siempre la frente vendada
un dolor que revienta el cielo de su frente
provocando una llovizna constante en los ojos.
Su voz estentórea
permaneció junto al higo de su casa
su sombra fue cubierta por sus propias hojas.
El día de su muerte
la belleza la arropó.

Curanderas

(*Motivos y significados*)

Tulipán	Senos de niña
Albahaca	Luto verde
Nube	Dispersión
Ojo	Flor amarilla
Agua	Felicidad
Manos	Abuela haciendo tortillas
Anisado	Mapa que escurre
Huevos	Cuerpo enfermo
Blanco	Posesión
Soplo	Adivinanza en el rostro
Revelación	Enemigos
Curanderas	Posibilidad

Natalia

(*poeta y cocinera*)

Hay días en que amanezco hermosa
y no me es posible
cumplir con el rostro iluminado,
entonces tengo que emborracharme
porque jamás he soportado ser bella.

La sombra que dibuja la luz

Los retratos sostienen paredes
despintan el tiempo
son gestos
que creyeron permanecer en el momento del ácido.
Sólo tengo imágenes para el equinoccio
sombras fantásticas que disparó la luz
figuras donde el lunar de mi padre
y el mío son un sólo rostro.

About the Translators

ESTHER ALLEN has translated a number of books from Spanish and French, including Octavio Paz's *Hieroglyphs of Desire* and Blaise Cendrar's *Modernities and Other Writings*. She has recently completed a study of nineteenth century travel writing between the Americas and edited, annotated, and translated *José Martí: Selected Writings* (Penguin Classics, 2002).

INDRAN AMIRTHANAYAGAM was born in Colombo, Sri Lanka. He has published poetry and translations in English, Spanish, and French. His collections include *The Elephants of Reckoning* (winner, 1994 Paterson Poetry Prize) and *Ceylon R.I.P.* Amirthanayagam's translations of the poetry of Manuel Ulacia will be published in 2002 by Green Integer. Amirthanayagam is a member of the United States Foreign Service, serving in Chennai (Madras).

SUSAN BRIANTE was born in New Jersey and studied at Northwestern University and the Universidad Nacional Autónoma de México. She has served as the English language editor for the magazine *Artes de México* and in 1995 she was awarded the Beca del Fideicomiso Award from the U.S.-Mexico Fund for Culture. She currently teaches at Florida International University.

CHRISTIAN VIVEROS-FAUNÉ is an art critic and codirector of Roebling Hall, a gallery in Williamsburg (Brooklyn). Mr. Viveros-Fauné is the art critic for *New York Press* and a regular contributor *The New Yorker.* He is currently working on "Maximum Volume," a large-scale exhibition of Brooklyn, to open at Barcelona's Virreina Palace in winter, 2002.

DONALD FRISCHMANN has explored Mexico's cultures and peoples for over thirty years through travel and formal study. He holds Ph.D. in Latin American literature from the University of Arizona, and is Associate Professor of Spanish and Latin American studies at Texas Christian University. He has written extensively on Mexico's popular theater and on Mayan drama in Chiapas and Yucatán. As a Senior Fulbright Scholar at the Universidad de las Américas (2000), a U.S.-Mexico Fund for Culture grantee (2002), and a NEH Fellow (2002), he is working on a multilingual anthology of contemporary Mexican indigenous writers. He is based in Fort Worth, Texas, and Nepantla de Sor Juana Inés de la Cruz, Estado de México.

FORREST GANDER, Director of the Creative Writing Program at Brown University, is the author of six poetry books, most recently *Torn Awake* and *Science & Steepleflower.* He is the editor of *Mouth to Mouth: Poems by 12 Contemporary Mexican Women* and the translator of *No Shelter: Selected Poems of Pura López Colomé* and (with Kent Johnson) *Immanent Visitor: Selected Poems of Jaime Saenz.* He has received a number of awards, including The Whiting Award for Writers and The Gertrude Stein Award for Innovative North American Poetry.

REGINALD GIBBONS was born in Houston and studied at Princeton and Stanford University. He has published six books of poems, a novel, a collection of short prose pieces, three volumes of translation and a critical study and has edited many other books. His most recent books of poems are *Sparrow: New and Selected Poems* (Louisiana State University Press, 1997) and *Homage to Longshot O'Leary* (Holy Cow! Press, 1999). His most recent fiction is the novel *Sweetbitter* (Penguin, 1996). His translations include a new version of Euripides' *Bakkhai* and *Selected Poems of Luis Cernuda.* He is at work on a collection of poems, a novel, and a translation of Sophocles' *Antigone.*

GEOFF HARGREAVES is a playwright and translator who lives in Victoria, British Columbia, Canada, and in San Miguel Allende, Mexico. His translations of Fabio Morábito's *Toolbox* were published by Picador / Bloomsbury in 1999, and his translation of Carmen Boullosa's *Leaving Tabasco* by Grove / Atlantic in 2000.

JEN HOFER is a poet and translator who divides her time between California and Mexico City. She is the author of *as far as* (a+bend press, 1999), *Laws* (A.BACUS 2001), *Slide Rule* (Subpress, 2001) and collaborated on *The 3:15 Experiment* (The Owl Press, 2001). Her translations include *The First Book* by the Chilean poet Soledad Fariña (Duration

Press, 2001) and an anthology of contemporary poetry by Mexican women (forthcoming from University of Pittsburgh Press and Ediciones Sin Nombre).

SUZANNE JILL LEVINE's most recent book is her literary biography, *Manuel Puig and the Spider Woman: His Life and Fictions* (Farrar Straus & Giroux). She is a distinguished translator and a professor of Latin American literature at the University of California in Santa Barbara (Ph.D. New York University, 1977). Her other books include *El espejo hablado: un estudio de* Cien años de soledad (Caracas: Monte Avila, 1975), *The Subversive Scribe: Translating Latin American Fiction* (Graywolf Press, 1991), as well as numerous articles, chapters, interviews, reviews, and creative translations of major Latin American and Hispanic writers. Her honors include a Guggenheim Fellowship, the PEN American Award for Career Achievement in Hispanic Studies, and several grants and fellowships from the National Endowment for the Arts and from the National Endowment for the Humanities.

JOAN LINDGREN edited and translated the work of the Argentine poet, Juan Gelman, *Unthinkable Tenderness* (University of California Press) and the Guatemalan poet Francisco Morales Santos in *La tarea de relatar / The Task of Telling* (Trask House Books). Her translations of Spanish and Latin American poets have appeared in the *American Poetry Review, DoubleTake, Poetry International,* and *Luna.* A Fulbright Border Scholar, Lindgren lives on the Tijuana / San Diego border, where she has taught cross-border translation workshops. Her own work has appeared in *The Leap Years* (Beacon Press).

C.M. MAYO, is the author of *Sky Over El Nido,* which won the Flannery O'Connor Award for Short Fiction, and *Miraculous Air: Journey of a Thousand Miles through Baja California, the Other Mexico.* Mayo's stories, essays, and poems have appeared in numerous U.S. literary magazines, including *The Paris Review, Southwest Review, Tin House,* and *Witness,* as well as the *Los Angeles Times* and *Wall Street Journal.* Mayo is also the founding editor of the bilingual literary journal, *Tameme,* which showcases new writing from Canada, the United States, and Mexico. Her web site is www.cmmayo.com.

MARGARET SAYERS PEDEN's translations of Latin American poetry and fiction have been published in more than forty books, and include the work of Isabel Allende, Carlos Fuentes, Sor Juana Inés de la Cruz, Pablo Neruda, Mario Vargas Llosa, Juan Rulfo, and many others.

HARRY POLKINHORN is a permanent visiting professor in the Ph.D. program in semiotics and communication of the Pontifical Catholic University of São Paulo, Brazil, and Director of San Diego State University Press. He has published, as author and editor, over thirty books of poetry, fiction, translation, and scholarship. He has translated works from Italian, Portuguese, German, and Spanish. He is currently editing with Mark Weiss for Junction Press *Across the Line / Al otro lado: The Poetry of Baja California.* Among his booklength publications are *The Border: The Future of Postmodernity, The Flight of the Eagle: Poetry on the U.S. / Mexico Border,* and *The Line: Essays on Mexican / American Border Literature.*

ALASTAIR REID, a minister's son, was born in Scotland. He graduated with honors from St. Andrews University after serving in the Royal Navy. He taught at Sarah Lawrence College (1951–1955) and, after his appointment as staff writer at the *The New Yorker* in 1959, occasionally enjoyed visiting professorships across the United States and in England, teaching Latin American studies and literature. Reid is a poet, translator, essayist, and author of children's books, moving between genres as easily as he has moved between countries. Reid has lived in Spain, Morocco, the United States, France, Greece, Switzerland, and Central and South America.

ALBERTO RÍOS is the author of nine books of poetry and prose, including *The Smallest Muscle in the Human Body, Teodoro Luna's Two Kisses, Capirotada, The Curtain of Trees, Pig Cookies,* and *The Lime Orchard Woman.* His poetry, stories, nonfiction, and translations have appeared in more than 350 magazines, newspapers, and anthologies, with his credits including *The New Yorker, The Paris Review,* and *The American Poetry Review,* as well as *The Norton Anthology of American Literature, Best American Poetry, 1996,* and *1999,* and *After Aztlan: Latino Poets of the Nineties.* His awards include the Walt Whitman Award from the Academy of American Poets, a Guggenheim Fellowship in Poetry, and the 2000 Latino Literary Hall of Fame Book Award.

MARK SCHAFER is a literary translator and visual artist who lives in Cambridge. He has translated novels by Alberto Ruy Sánchez and Virgilo Piñera, short stories by Jesús Gardea and Sonia Rivera-Valdés, essays by Eduardo Galeano and Antonio José Ponte, and poetry by David Huerta and Gloria Gervitz, among others. When he is not translating, Schafer is hard at work reassembling the world in his map col-

lages. His first solo exhibit, "Imaginary Maps, Invented Landscapes," took place in a map store.

GUSTAVO V. SEGADE is Professor Emeritus of Spanish and translation studies at San Diego State University. An advocate, translator, and teacher of the literature of Baja California, his translations have appeared in many books, including *Points of Departure: Contemporary Mexican Short Fiction* (edited by Monica Lavin: City Lights Books), and *Line of Fire: Detective Stories from the Border* (edited by Leobardo Saravia Quiroz: SDSU Press).

REBECCA SEIFERLE has lived in New Mexico since the early seventies with her husband and three children. Seiferle is the author of three books of poetry, including *Bitters* and *The Ripped-Out Seam,* and translations of Cesar Vallejo's *Trilce* and *Black Heralds.* Her work has won the Bogin Memorial Award (1991) and the Cecil Hemley Memorial Award (1998) from the Poetry Society of America, the Writers' Exchange Award from *Poets & Writers* (1990), and The National Writer's Union Prize (1986). She is the founding editor of *The Drunken Boat,* a magazine of international poetry and translation online at www.thedrunkenboat.com She lives in Farmington, New Mexico, and teaches creative writing at San Juan College.

JOHN OLIVER SIMON has translated the work of many Mexican poets, some of whom appear in the anthology, *Light from a Nearby Window.* John Oliver Simon was born in New York City in 1942 and educated at Putney School, Swarthmore College, and the University of California Berkeley. His books of poetry include *Roads to Dawn Lake, Rattlesnake Grass, Son Caminos,* and *Caminante.* He is a former director of California Poets in the Schools and a member of the American Literary Translators Association. His journal of travels among the Latin American poets, *The Road to Iguazú,* is currently seeking a publisher and he is hard at work on a science-fiction novel, *The Book of Raven.*

ROBERTO TÉJADA is a Los Angeles–born poet, translator, and curator. His poetry has been featured in *The Best American Poetry, 1996* and is the author of *Gift Verdict* (Leroy, 1999) and *Amulet Anatomy* (Phylum, 2001). He has published critical reviews and writings on contemporary Latin American artists and photographers in *Aperture, Artes de Mexico, SF Camerawork,* and *ThirdText.* After ten years in Mexico City, editing *Mandorla: New Writing from the Americas,* an annual of advanced poetry and poetics, Tejada now lives in Buffalo, New York.

MÓNICA DE LA TORRE edited and translated a volume of selected poems by Gerardo Deniz published by Lost Roads and Ditoria in 2000. With artist Terence Gower she is coauthor of *Appendices, Illustrations & Notes* (Smart Art Press, 1999). She was brought up in Mexico City and moved to New York in 1993, when she received a Fulbright grant to study for an MFA in poetry at Columbia University. She is currently pursuing a doctorate in comparative literature at the same university. Her writings about art, poems, and translations have appeared or are forthcoming in numerous journals, including *American Poetry Review, ArtNews, BOMB, Boston Review, Cabinet, Fence, The Germ, Mandorla, Pierogi Press, Review: Latin American Literature and Arts,* and *Verse.*

ELIOT WEINBERGER's essays are collected in *Works on Paper, Outside Stories,* and *Karmic Traces,* all published by New Directions. He is the author of a study of Chinese poetry translation, *19 Ways of Looking at Wang Wei,* and the editor of the anthology *American Poetry Since 1950: Innovators & Outsiders.* His many translations of the work of Octavio Paz include the *Collected Poems 1957–1987, In Light of India, Sunstone,* and *An Erotic Beyond: Sade.* Among his other translations are Vicente Huidobro's *Altazor,* Xavier Villaurrutia's *Nostalgia for Death,* Jorge Luis Borges' *Seven Nights,* and *Unlock* by Bei Dao. His edition of Jorge Luis Borges' *Selected Non-Fictions* received the National Book Critics Circle Award for criticism. In 1992, he was given the first PEN / Kolovakos Award for his work in promoting Hispanic literature in the United States and, in 2000 he became the first American literary writer to be awarded the Order of the Aztec Eagle by the government of Mexico.

MARK WEISS has earned degrees from Johns Hopkins University, Columbia University, and Yeshiva University and has taught literature, writing, film making, and psychology at the University of California, San Diego; Hunter College of the City of New York; Columbia University; the University of Arizona; and the State University of New York, Old Westbury. He is the publisher of Junction Press. He is currently editing, with Harry Polkinhorn, *Across the Line / Al otro lado: The Poetry of Baja California,* and *The Revolution in Cuban Poetry, 1944 to the Present,* both bilingual anthologies. He is also editing and translating book-length selections of two Cuban poets, José Kozer and Raúl Hernández Novás. His poetry collections include *Intimate Wilderness, Fieldnotes,* and *Figures.*

MICHAEL WIEGERS has worked for the past decade in independent literary publishing as an editor. His reviews, translations, and criticism

have appeared in *American Poetry Review, Publishers Weekly, Rain Taxi, The City Pages, The St. Paul Pioneer Press,* and *Portlandia,* among other publications. He has edited two forthcoming anthologies, *The Poet's Child* (2002) and *This Art* (2003). He is the Managing Editor at Copper Canyon Press and lives in Port Townsend, Washington.

ASA ZATZ, a native New Yorker, was translpanted to Mexico where he became a translator out of necessity. He worked there for thirty-three years, translating a wide variety of work, but never touching poetry, a genre for which he had such respect that he could not imagine touching it with the intent to translate. He wrote an admonitory essay for students in his translation workshop entitled, "Never Translate Poetry Unless You Absolutely Have To." Zatz refused a colleague's request that he translate a small book by a Mexican poet, whereupon his colleague sent him a copy of the book anyway. (The selections in this anthology are taken from that book.) By the first page, Zatz was hooked. Among the authors he has translated are: Cardosas y Aragón, Carpentier, Fuentes, García Márquez, Galeano, José Luis González, Eloy Martínez, Sábato Sarmiento, Vargas Llosa, Valenzuela, and Valle-Inclán.

Index of English Titles

and moist. Loosely turning over,
they bring themselves up under the
sky midway between light and
shadow. Voiceless they wilt,
sluggish they die, 31

Index of Spanish Titles

Index of Indigenous Titles

Lannan Literary Selections

Copper Canyon Press wishes to acknowledge the support of
Lannan Foundation in funding the publication and distribution
of exceptional literary works.

LANNAN LITERARY SELECTIONS 2002

Cesare Pavese, *Disaffections,* translated by Geoffrey Brock

Kenneth Rexroth, *The Complete Poems of Kenneth Rexroth,*
edited by Sam Hamill and Bradford Morrow

Alberto Ríos, *The Smallest Muscle in the Human Body*

Ruth Stone, *In the Next Galaxy*

C.D. Wright, *Steal Away: Selected and New Poems*

LANNAN LITERARY SELECTIONS 2001

Hayden Carruth, *Doctor Jazz*

Norman Dubie, *The Mercy Seat: Collected & New Poems, 1967–2001*

Theodore Roethke, *On Poetry & Craft*

Ann Stanford, Holding Our Own: *The Selected Poems of Ann Stanford,*
edited by Maxine Scates and David Trinidad

Reversible Monuments: Contemporary Mexican Poetry,
edited by Mónica de la Torre and Michael Wiegers

LANNAN LITERARY SELECTIONS 2000

John Balaban, Spring Essence: *The Poetry of Hồ Xuân Hương*

Sascha Feinstein, *Misterioso*

Jim Harrison, *The Shape of the Journey: New and Collected Poems*

Maxine Kumin, *Always Beginning: Essays on a Life in Poetry*

W.S. Merwin, *The First Four Books of Poems*

*Copper Canyon Press is also grateful
for the support of the following organizations
for their assistance in publishing this book.*

THE ERIC MATHIEU KING FUND was established in 1995 to support
the publication of poetry books in the United States. It provided grants
to support the publication of individual volumes of poetry at non-
commercial presses. The Eric Mathieu King Fund was part of the Atlas
Fund, an umbrella fund established by the Academy of American Poets
to provide financial assistance to publishers of poetry.

THE NATIONAL ENDOWMENT FOR THE ARTS provides national recog-
nition and support to significant projects of artistic excellence, thus
preserving and enhancing our nation's diverse cultural heritage. The
Endowment was created by Congress and established in 1965 as an in-
dependent agency of the federal government. Since then, it has awarded
more than 113,000 grants to art organizations and artists in all fifty
states and the six U.S. jurisdictions.

THE WITTER BYNNER FOUNDATION FOR POETRY is a memorial to
the poet Harold Witter who lived and worked in Santa Fe, New Mexico
for over forty years until his death in 1968. Established in 1972, the
Foundation provides annual Fellowships-in-Poetry through the Library
of Congress and grant support to translators of poetry, and programming
that encourages poetry as an integral part of the human experience.

THE U.S.-MEXICO FUND FOR CULTURE
supports cultural exchange and collabo-
ration between Mexico and the United
States. The program was created in 1991
through a joint initiative of Mexico's Na-
tional Fund for Culture and the Arts
(FONCA), the Bancomer Cultural Foundation and The Rockefeller
Foundation. The Fund is headquartered in Mexico City, and its purpose
is to strengthen communication and creative dialogue between the
artistic and cultural communities of both countries.

The font used in this book is FF Acanthus Text,
designed by Akira Kobayashi after a
type specimen from 1788 by Henri Didot.
Interior design by Valerie Brewster, Scribe Typography.
Printed on archival-quality Glatfelter Author's Text
at McNaughton & Gunn.